21세기 수리와
과학적으로 검증되는 신운세론

동자삼 작명학

남 시 모 지음

가림출판사

추 천 사

　동서양을 막론하고 고도화된 과학의 발전은 인류 공동의 관심사가 아닐 수 없으며, 이 모든 발전적 경향은 비단 과학의 발전에만 국한되는 것이 아니라 제반 영역에 걸쳐 사람의 손이 미치는 한 모두 그러할 것이다. 21세기를 맞이하여 과학문명의 발전에 따라 지성이 더욱 더 필요하게 된 현대 문명인들에게 있어서 진리의 철학은 인간사의 비애를 어떻게 할 것인가?

　옛날이나 지금이나 한자 문화권에 살면서 음양 오행 사주팔자 등의 운명과 평생 한 번 만날 수밖에 없는 부부 궁합을 보는 사람이 많이 있으며 또 신생아의 이름을 전문 작명가에게 맡기기도 한다.

　본인은 40여 년 간 음양 연구를 해왔으며, 1976년 『대운 오천년 숨겨진 비밀』 1 · 2권, 『남자의 길』 1 · 2권, 『대운용신 영부적』, 『대운 성명학』, 『운명의 길 한국』 등을 출간한 바 있다.

　새천년을 기념하여 남시모 선생께서 최초로 한글을 바탕으로 한 『동자삼작명학』을 만들고 그 이론에 의거한 검증결과는 감히 어느 것과도 비교될 수 없을 정도로 신통함을 나타내고 있다.

　본인은 평소에 금세기에 어느 누구에 의하여 한글 성명학이 연구되어 획기적인 선언이 있을 것이라는 예감을 하고 있던 터에 동자삼을 대하니 올 것이 왔구나 하는 생각이 든다.

실제로 본인은 남시모 선생과 함께 개인의 운명을 논하기로 하였는데 동자삼작명학과 사주를 병합하여 운명을 예측하고 또 작명도 하여 보았더니 상상을 초월한 놀라운 사실들이 속속 밝혀져 감탄하지 않을 수가 없었다.

이제 새로운 천년을 맞이하여 동자삼과 사주가 조화를 이루어 인간대사를 예견할 수 있음은 동양철학의 일대 변혁이요, 철학사상의 획기적인 신조류로서 초유의 역사적인 일이다.

앞으로 변화무쌍한 시대 흐름에 적절히 대응하는 신운명론의 새로운 장을 열게 되고 한글의 독창성·우수성·과학성이 운명철학 차원에서 검증되고 있음은 우리 모두의 자랑이다.

본인은 한자 문화권에서만 점쳐졌던 사람의 운명이 한글 성명학의 동자삼작명학에서도 가능하게 된 것에 대하여 진심으로 경의를 표하는 바이다.

2000년 7월

신정음양연구회
신 정 인 당

회장 정 재 원(鄭再原)

책 머 리 에

시대는 하루가 다르게 변화되고 과학과 문명은 눈부시게 발달하고 있는데 작명기법은 다람쥐 쳇바퀴 돌듯 구태의연한 굴레 속에 발달은커녕 오히려 퇴보되고 있는 실정이다. 이를 극복하기 위하여 성명학자들은 노력하고 있지만 시대를 앞서가고 새 천년을 선도할 신지식의 작명학은 오리무중이다.

이러한 현실에서 필자는 어릴 적부터 나의 이름에 대하여 몹시도 불만을 느끼면서 살아오던 중 1970년에 동자삼의 계시를 받아 오늘날까지 연구를 거듭하여 '동자삼작명학'을 창출하게 되었다.

'동자삼작명학'이라 함은 한글 성명만으로 사람의 운세를 초년, 중년, 말년으로 구분하여 예견하고 검증하여 주는 새로운 인생항로의 잣대이다.

이 원리는 한글의 자음과 모음에 고유번호를 부여하여 사람의 성명마다 인운인자를 발생하게 된다. 이것은 과학적이고 수학적인 기법에 의하여 산출된 인운인자의 결합과 한글성명의 NSM 그래프가 인연과 성명에 대하여 과거·현재·미래의 성공과 실패를 분명히 확인시켜 주는 특성을 가지고 있다. 다만, 인생의 지엽적이고 근시적인 아주 적은 부분의 생활 움직임을 파악할 수 있는 것이 연구되지 않았음이 지적되고 있을 뿐이다.

따라서 '동자삼작명학'의 원리는 아주 간단명료하나 실제적인 활용방법은 매우 다양할 뿐만 아니라 해법기법도 세분화되어 복잡다난하며 최고도의 기술적인 응용을 내포하고 있으므로 너무 어려운 내용이 많이 있다. '동자삼작명학'은 1990년에 그 전모가 완성되어 다시 한번 검증단계를 거쳐 1998년에 일반인에게 서서히 파급되는 과정에서 같은 해 8월 7일 일간스포츠 신문에 NSM 그래프가 소개되었고, 곧이어 8월 21일 KBS 2TV에서도 성명감정이 방영되었다.

이로 인하여 신문구독자와 TV 시청자로부터 '동자삼작명학'에 대한 문의가 전국에서 쇄도하여 오늘에 이르기까지 책의 발간을 재촉하는 성원에 못 이겨 집필을 서두르게 된 것이다.

그러나 이번에 '동자삼작명학'에 대한 내용 전부를 게재한다는 것은 힘겨운 일이므로 '동자삼작명학' 내용 중에서 가장 핵심적인 원리와 현실적으로 실용화되는 부분을 일목요연하게 발췌하여 '동자삼작명학'의 실체를 알림과 동시에 어느 누구도 알기 쉽게 인연과 성명을 감정할 수 있도록 하였다. 또 NSM 그래프와 동자삼(DJS) 작명방식에 의한 신생아의 이름을 작명할 수 있고, 감정결과를 중심으로 이미 맺어진 인연의 재고와 사람과의 만남에 대한 새로운 인식을 깨닫게 됨으로써 인간 대세의 흐름을 신통하게 느낄 것이다.

한편으로는 오랫동안 우리 주변에 뿌리내린 주역, 사주학, 성명학, 토정비결 등과도 비교하여 검토될 수 있을 것이다.

이 책에 제시된 한글성명의 표기는 본명으로 간주하여 감정하였고, 존칭은 편리상 생략하였으며 용어는 이해하기 쉬운 말을 사용하였다.

이제 새로운 천년을 맞이한 이 시점에서 최초유의 한글만으로 사람의 운세를 예측할 수 있는 책을 지어 이 세상에 알리게 된 것을 동자삼과 함께 큰 영광으로 생각하는 바이다.

끝으로 오랫동안 책의 발간을 성원하여 주신 여러분께 감사 드리고, 『동자삼작명학』을 출간하여 주신 가림출판사 강선희 사장님과 직원 여러분께 감사 드린다.

2000년 7월
남 시 모(南時模)

제 1 장
동자삼작명학 총론

제 2 장
인 연 해 법

제 3 장
NSM 그래프 해법

NSM 그래프의 기본지식 · 203

제 4 장
작 명

제 5 장
인연해법의 검증

제 6 장
NSM 작명 그래프의 검증

제 7 장
개 운

부 록
동자삼 작명의 기본양식

동자삼작명학 총론

동자삼작명의 연구

1. 동자삼작명의 연구 동기

   필자의 성명은 호적상으로는 남시모이고, 집에서는 '남세모'라 불리었다. 아마 신생아 때 처음으로 할아버지께서 '세모'로 이름지어 부르다가 출생 신고시에 '시모'로 등재된 것 같다.

   필자는 이름 때문에 많은 일을 겪었는데, 특히 초등학교 시절에 동네사람들과 소꿉 친구들로부터 받은 놀림은 어린 마음에 많은 상처를 주었다. 지금 생각하면 아무 것도 아닌 일인데, 아마도 놀림의 뜻보다는 누군가에게 놀림감의 대상이 된다는 사실이 싫었던 것 같다. 당시 친구들이나 동네사람들은 나를 '세모네모'라고 불렀고, 나는 그 때문에 많이 울기도 하고 불려질 때마다 싸우기도 했지만 이 못난 별명은 좀처럼 사라지지 않았다.

   그 후 중학교에 진학해서는 주로 '모시모시'라고 불려지거나, 일본의 항구 이름인 '시모노세키'의 이름을 따서 불려졌다. 유달리 애성이 많은 나는 내 이름에 대한 원망을 한없이 하였지만, 개명하여 줄 사람은 아무도 없었다.

   고등학교 시절 같은 반 친구와 매우 심하게 다툰 적이 있다. 그 친구는 나를 보기만 하면 줄기차게 '시모노세키'라고 부르며 놀렸다. 그 날 집에 돌아와 아버님께 여쭈었더니, "그 이름이 뭐가 나쁘냐, 너희 조부께서 지어주신 이름이고 모(模)자가 돌림자"라며 오히려 나를 꾸중하셨다.

   또 교직생활을 할 때 반 학생들에게 이래저래 잔소리를 하면 '시어머니 모시가 노래한다'고 하기도 하고, 또 다른 학생들은 '모시모시 선생, 모시모시센세이 오하요 고자이마스'라고 하기도 했다. 학생 과장으로 있을 때 교내외를 순시하면 학생들은 '모시떴다'라고 하였고, 장난이 짓궂은 학생은 전화를 걸어 '모시노 모시노 시모노세키 시모나 안녕!'이라 했다.

신학기를 맞아 첫 수업시간에 칠판에 '남시모'라는 이름을 적으면 학생들은 벌써부터 '모시모시'라고 수근거렸다. 그런가 하면 농업고등학교 농업책의 공예작물 중에서 '모시'라는 섬유작물이 있는데 내 이름을 내가 거꾸로 불러가면서 수업을 진행한 적도 있었다. 결국 학생들에게 '시모'를 '모시'로 확인시켜 준 수업을 한 셈이다.

평상시 전화상으로 생면부지의 사람과의 통화에서 이름을 알릴 경우 '남시모입니다'라고 하면 '남심오', '남히모' 등으로 되물어 온다. '때 시·법 모자입니다'라고 하면 법 모자를 모르는 사람은 다시 물어오기 일쑤였다. 그래서 순수한 우리말로 시간 '시', 모자 '모'입니다 라고 했는데 그제서야 상대방은 남시모라고 올바르게 적었다.

그리고 나는 그동안 한자 성명의 南時模가 무슨 의미로 부여된 것인지 도저히 알 수가 없었지만, 근래에 와서 한글 성명 남시모의 기와 정기는 한자 표기 南時模의 기와 정기가 서로 통한다는 원리를 연구·개발하였다.

한 번은 이 세상에 나와 같은 이름의 소유자가 있는지를 알아보기 위하여 서울을 비롯하여 광역시 등에 전화를 걸어 동성동명과 동명이인을 확인하여 보았다. 불행하게도 한 사람도 찾지 못했다. 그제서야 내 이름의 희소성 가치를 깨달았다.

특히 독자와 시청자들로부터 '남시모라는 이름이 독특하여 쉽게 기억할 수 있었다'라는 소리를 들으면, 그 동안 이름으로 인해 누적된 피로가 말끔히 씻겨내려가는 것을 느낄 수 있었다.

오늘날 자신의 이름에 대하여 불만인 사람이 어디 나뿐이겠는가.

아무튼 오랫동안 이름과 싸움질하는 가운데 어느 날 동자삼이 꿈에 나타나서 자기의 이름을 연구하라. 그 후 꿈속에 이름 모를 이름에 대한 계시가 형형색색으로 나타났다. 처음에는 내가 곧 황천길로 가는 줄 알고 몹시도 불안했으나 깊이 생각해보니 그 본뜻을 깨닫게 되었다. 이후 각고의 노력 끝에 비로소 오늘날의 『동자삼작명학』을 볼 수 있게 되었다.

● 동자삼작명학의 원리

1. 아라비아 숫자의 운동

아라비아 숫자가 수의 개념을 나타내는 것 이외에 인위적으로 숫자에 특별한 의미를 부여하여 활용되고, 실제적으로 아라비아 숫자는 시간, 번호, 번지, 암호, 문자, 행동 등으로 우리 일상 생활과 밀접하게 관련되어 있다. 이에 대한 연구를 한 결과 아라비아 숫자 중에서 0~28까지를 일직선상에 일정한 간격으로 배치하여 원을 그려 그 숫자가 점유하고 있는 원의 면적을 지정된 숫자의 생활 영역권으로 규정하였다.

그리고 원의 중심점 O를 '실패'로, 숫자 28의 영역을 '성공'으로 표시하였다. 또 모든 숫자는 자기의 생활 영역권에서 중심부 방향으로 이동될 경우 내부침입운동으로 간주하고, 외부 방향으로 이동될 경우 외부탈출운동을 하게 되는데 여기에서 짝수와 홀수의 상대성 원리가 작용하고 있음을 알게 되었다.

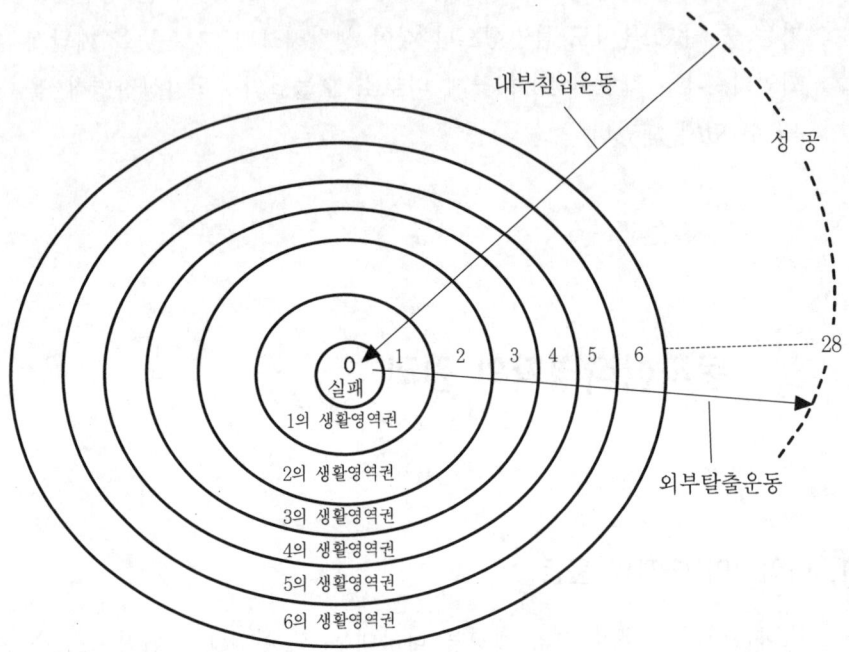

표 1. 숫자 운동원리

다시 말해서 모든 숫자가 자기의 현 위치에서 내부침입운동을 하면 실패하는 부정적인 측면이 전개되고, 외부탈출운동을 하면 성공하는 긍정적인 측면으로 매사가 잘 이루어진다는 숫자의 해법을 마련하였다.

2. 숫자 0 ~ 28까지의 특수기능 부여

① 짝수 2 · 4 · 6 · 7 · 8 · 10 · 12 · 14 … 28은 성선설을 나타내는 선한 일에 관여하고, 홀수 1 · 3 · 5 · 7 · 9 · 11 · 13 … 27은 성악설을 나타내는 악한 일에 관여하는 기능을 갖는다.

② 성선설의 강도를 부등호로 나타내면 2<4<6<8<10<12<14 …<28로 되어 짝수 숫자가 높으면 높을수록 성공률이 매

우 높다.

③ 성악설의 강도를 부등호로 나타내면 1>3>5>7>9>11>13 ⋯ >27로 되어 홀수 숫자가 낮으면 낮을수록 실패율이 매우 높다.

④ 짝수 2·4·6·7·8·10·12·14 ⋯ 28은 내부침입운동과 외부탈출운동을 끊임없이 하고 있는데, 이 진행과정에서 짝수를 만나면 긍정적인 측면이 강화되어 성공적인 일이 효과적으로 잘 추진되고 그 강도는 앞의 ②항의 순이며, 이때 홀수를 만나게 되면 부정적인 측면이 촉진되어 모든 일이 실패되는 경향이고 그 강도는 앞의 ③항의 순서이다.

⑤ 홀수 1·3·5·7·9·11·13 ⋯ 27은 내부침입운동과 외부탈출운동을 끊임없이 하고 있는데, 이 진행과정에서 짝수를 만나면 전화위복의 계기가 마련될 가능성이 있고 그 강도는 앞의 ②항의 순이며, 이때 홀수를 만나게 되면 부정적인 측면이 더욱 강화되어 모든 일이 실패할 가능성이 있는데, 그 강도는 앞의 ③항의 순서이다.

⑥ 짝수와 홀수는 쉬지 않고 내부침입과 외부탈출운동을 하고 있는데, 이것을 윤회운동의 본성이라 한다.

⑦ 짝수 2·4·6·7·8·10·12·14 ⋯ 28이 내부침입운동과 외부탈출운동을 진행하는 과정에서 동일한 짝수를 만날 경우는 100%의 인연을 의미하여 기대 이상의 좋은 결실을 얻는다.

⑧ 홀수 1·3·5·7·9·11·13 ⋯ 27이 내부침입운동과 외부탈출운동을 진행하는 과정에서 동일한 홀수를 만날 경우는 서로 상극현상이 일어나 모두 대패하는 최악조건을 만나게 된다.

⑨ 짝수는 홀수를 기피하는 본성이 있고 또 이를 지배하고, 홀수는 짝수를 좋아하는 성질을 가지며, 홀수끼리는 서로 싫어한다.

⑩ 큰 수는 작은 수보다 우월권을 가지며, 작은 수를 다스리는 주체 능력을 갖는다.

⑪ 아라비아 숫자 1~28까지의 수는 세종성왕이 한글을 창제할 당시 한글 자모의 수이다.

3. 한글의 인운인자 창출

개체명으로부터 얻어지는 인운인자의 근간은 그 나라의 국민이 사용하는 문자를 모체로 하여, 각국 나라의 문자 나열 순서에 따라 아라비아 숫자를 대입시켜, 그 문자에 해당하는 수가 곧 인운인자를 결정하는 요인으로 정하는 것이다.

이를테면 우리 나라는 한글의 자음과 모음 순서에 따라 아라비아 숫자가 처음부터 차례대로 부여되어 자음·모음에 의한 인운인자가 한글 인운인자 치환표(표2)와 같이 결정된다.

우리 한글은 1443년 음력 12월 세종 25년에 훈민정음이 창제되어 1446년 음력 9월인 세종 28년에 반포되었다. 훈민정음은 자음 17자와 모음 11자의 28자로 되어 있고, 이들이 서로 결합함에 따라 하나의 글자를 만들어 의사소통과 표현의 자유로 언어생활을 구사하고 있다.

한글은 세계 어느 나라도 모방할 수 없는 우리의 국어요 과학적인 글이며 세계에서 으뜸가는 문자이다.

처음에는 훈민정음의 28글자 중 자음 17자와 모음 11자를 사용하여 왔으나 세월이 흐르는 사이 자음 17자 중에서 ㆁ, ㆆ, ㅿ 은 현재 사용하지 않고 있으므로 인운인자와 관계되는 글자는 실제로 자음 14자만 적용된다.

그래서 인운인자 치환은 자음 'ㄱ'에서 시작하고 'ㄱ'에 해당되는 인운인자는 1이며 이와 같은 방법으로 자음 'ㅎ'에 해당하는 인운인자는 14이다.

그리고 모음은 11자인데 이 중에서 ·(아래아)는 사용하지 않으므로 10자만이 인운인자와 관계된다. 모음의 'ㅏ'는 아라비아 숫자 1에서 시작하여 모음의 차례대로 숫자를 순서에 맞게 대입시키면 모음 'ㅣ'는 인운인자 10에 해당된다.

이와 같은 방식으로 이루어지는 인운인자는 우리 나라 모든 사람들의 성명에 적용되어 그 사람의 인운인자가 결정되는 결과를 얻었다. 한글 인운인자 치환표는 다음과 같으며 된소리는 분리하여 사용한다.

표 2. 한글 인운인자 치환표

인운인자	1	2	3	4	5	6	7	8	9	10	11	12	13	14
자 음	ㄱ	ㄴ	ㄷ	ㄹ	ㅁ	ㅂ	ㅅ	ㅇ	ㅈ	ㅊ	ㅋ	ㅌ	ㅍ	ㅎ
모 음	ㅏ	ㅑ	ㅓ	ㅕ	ㅗ	ㅛ	ㅜ	ㅠ	ㅡ	ㅣ				

※ ㄲ→ㄱ,ㄱ   ㄸ→ㄷ,ㄷ   ㅃ→ㅂ,ㅂ   ㅆ→ㅅ,ㅅ
  ㅉ→ㅈ,ㅈ   ㅘ→ㅗ,ㅏ   ㅐ→ㅏ,ㅣ

4. 한글 성명의 결합 원리

사람의 성명에 내포되어 있는 인운인자와 인연인자는 사람과 사람의 만남으로 인하여 결합체계도를 갖는다.

표 3의 인운인자와 인연인자의 결합체계도에서 보듯이 사람과 사람은 외형적으로는 얼굴이 서로 만나는 것이고, 내면적으로는 제각기 가지고 있는 인연인자와 인운인자가 결합하는데, 그 작용이 마음과 마음으로 기와 정기가 서로 통하여 인연의 좋고 나쁨을 알게 된다는 원리이다.

표 3. 인운인자(인연인자)의 결합 체계도

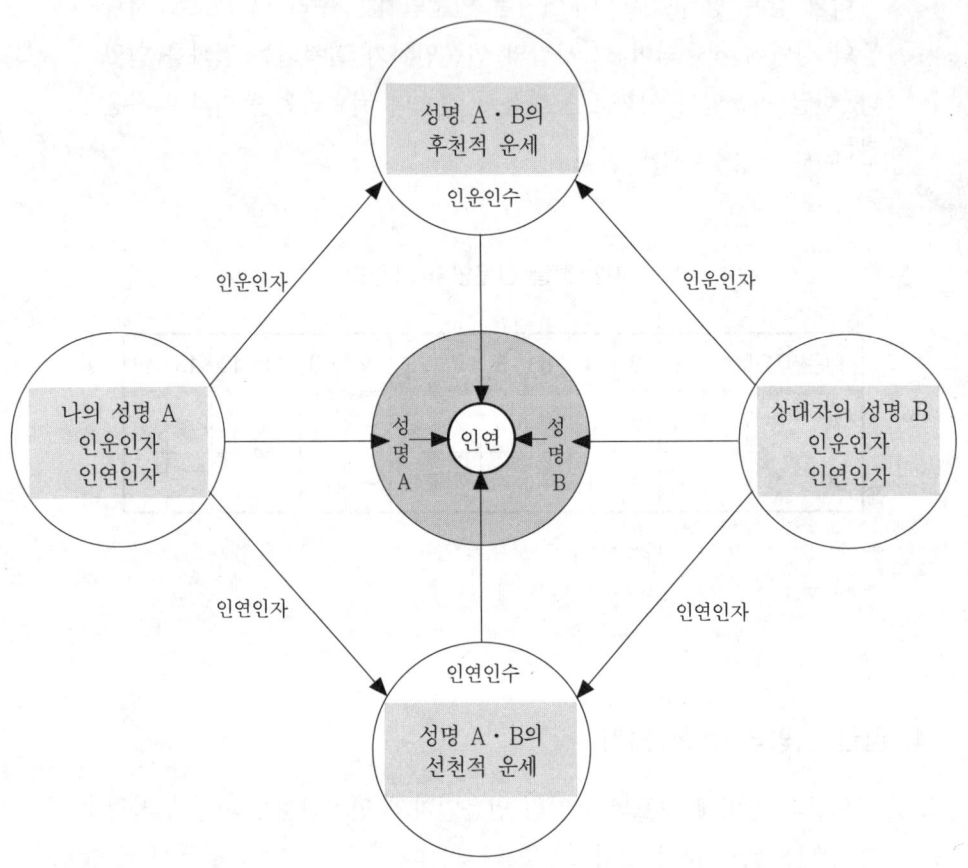

5. NSM 그래프 연구

모든 물건은 그 형상에 따라 이름이 지어지고 이름이 있으므로 그의 값이 형성되는 것인데, 물건의 모양과 이름과 값은 물건을 식별하거나 차별화하는 기본 요소가 되고 여기에는 사람도 포함된다.

사람의 대표적인 모양은 얼굴이며, 이름짓기는 얼굴에 어울리는 한글성명이고, 그 존재가치는 개인의 건강·명예·재산·인격·행동 등으로 나타난다. 이러한 것들은 사람을 구별하여 주고 사람의 만남과 인연을 맺는 평가기준으로의 가치가 있기 마련이다.

우리는 사람을 오랫동안 잘 기억하기 위하여 그 사람에 대한 기록, 사진, 초상화, 영상, 육성녹음 등의 방법을 활용하고 있으며, 또 사람의 이름을 잊지 않기 위하여 상대자의 이름을 적거나 명함을 교환한다. 최근에는 개인의 정보자료를 컴퓨터에 입력하고 언제든지 그의 면면을 찾아볼 수 있다. 그러나 일반적으로 우리는 사람의 이름을 기억하면 그 사람의 모습과 행적을 알 수 있다.

필자는 평범한 일상생활을 하면서 왠지 모르게 '사람마다 각기 다른 얼굴이 있듯이 성명 그 자체도 알 수 없는 얼굴과 같은 그 어떤 모양이 있을 것'이라는 착각 아닌 착각을 갖게 되었다. 그래서 이미 연구된 인운인자에 의한 '한글성명의 새 얼굴' 찾기에 전심전력을 쏟아부은 결과 오늘의 인연해법과 NSM 작명 그래프 해법 및 동자삼(DJS) 작명방식 등이 연구·개발되었다.

NSM 그래프는 인류사상 처음으로 세종대왕이 창제하신 한글 28자에 의하여 만들어지고, 한글성명의 자음과 모음을 숫자로 치환하여 그래프를 그리면 기하학의 가장 기본이 되는 여러 가지 △형 모양이 형성된다. NSM 그래프는 그 사람의 건강·명예·재산·성공·실패·호불호인연 등을 예측하고, 검증하여 바람직한 인생항로의 길잡이가 될 것이다. 모든 사람은 NSM 그래프의 해법을 통해 자신은 물론 상대자와 함께 화목하게 화합하고 건강과 번영을 누리며 잘 살 수 있다.

이제부터 모든 사람들은 자신의 NSM 그래프를 직접 그려볼 수 있고, 성명에 대한 새로운 인식으로 성명의 소중함과 가치성의 진가를 발견하게 될 것이며, 또한 신생아의 이름이 NSM 그래프에 의하여 한글성명으로 지어져야 된다는 원리를 비로소 깨닫게 될 것이다.

동자삼작명 이론

1. 동자삼 6대 덕목 -표4-

인연덕목 항목		의 의	행동강령	해법도구
1	사랑	·아끼고 위하여 정성과 힘을 다하는 마음 ·이성에 끌리어 몹시 그리워하는 마음 ·일정한 사물을 즐기거나 좋아하는 마음	·개인사랑 ·가족사랑 ·이웃사랑 ·동포사랑 ·나라사랑	표1. 숫자운동원리 표2. 한글 인운인자 치환표 표3. 인운인자(인연인자) 결합 체계도 표4. 동자삼작명 6대 덕목 표5. 동자삼작명 이론 구성도 표6. 짝수운세 추가기능 표7. 홀수운세 추가기능 표8. 짝수, 홀수 운세 혼합기능 표9. 짝수변수 보너스 기능 표10. 홀수변수 보너스 기능 표11. 동자삼운세 용어체계도 표12. 동자삼운세 표시 형식 표13. 짝수·홀수 운세 강약원리 표14. 짝수·홀수 운세 종합기능 표15. 동자삼작명 운세분류
2	화합	·화목하게 합하는 것	·화목한 가정 ·화목한 이웃 ·화목한 직장 ·화목한 사회 ·통일된 한국	표16. 인생행로 변수 기능 표17. 동자삼작명 감정체계도 표18. 동자삼운세 산출양식 표19. 인연 윤회운동 원리도 표20. 인연 위치 명칭도 표21. 인연윤회 운동 해법도해 표22. 인연윤회 운동 조건표 표23. 인연 결합기능 표24. 상위처자 인생행로 29코스 표25. 하위처자 인생행로 29코스 표26. 인생항로 감정 항목
3	화목	·서로 뜻이 맞아 정다움		
4	화평	·마음이 평안함		
5	건강	·몸에 아무 탈이 없이 튼튼함 ·사고나 사상 등이 건전함 ·분수를 지키고 과욕을 삼가함	·건강한 개인 ·건강한 가정 ·건강한 이웃 ·건강한 직장 ·건강한 사회 ·튼튼한 국가	표27. 초·중·말년운세 풀이 산출표 표28. 잘사는 운세 풀이법 표29. 잘사는 운세 유형 표30. 가장 잘사는 운세 평가 기준 표31. 계속 잘사는 운세 풀이법 표32. 못 사는 운세 풀이법 표33. 못 사는 운세 유형 표34. 못 사는 운세 평가 기준 표35. 계속 못 사는 운세 풀이법 표36. 보통운세 풀이법 표37. 보통운세 평가기준 A형 표38. 보통운세 평가기준 B형 표39. 행복한 운세 풀이법 표40. 불행한 운세 풀이법 표41. 예측불허형 운세 풀이법 표42. 예측불허형 운세 평가 기준 표43. 인생항로 변수기능 풀이법
6	번영	·일이 성하게 잘 되어 영화로움 ·일이 성하게 이루어져 귀하게 되고 몸이 세상에 드러나 이름이 빛남	·개인의 번영 ·가정의 번영 ·이웃의 번영 ·직장의 번영 ·사회의 번영 ·조국의 번영	표44. 인연감정표 표45. 성명 내재가치 산출표 표46. 인연감정 종합 환산 조견표 표47. 성명 내재가치 등급 규정표 표48. NSM 그래프 인연점과 번영등급 규정 표49. NSM 그래프 그리기 표50. NSM 그래프의 영역과 명칭도 표51. NSM 그래프의 성공패턴과 실패패턴의 기본형 표52. NSM 그래프의 성공선과 성공패턴 표53. NSM 그래프의 실패선과 실패패턴 표54. NSM 그래프의 합심선 안정성과 안전패턴 표55. NSM 그래프의 긍정패턴과 부정패턴 표56. NSM 그래프의 고행형 성공패턴과 실패패턴 표57. NSM 그래프의 출동점과 출동패턴 표58. NSM 종고 나쁜 작명잦대 유형 표59. NSM 그래프의 작명 위임장 표60. NSM 그래프의 신생아 작명 체계도

2. 동자삼 해법의 이론 구성도 -표5-

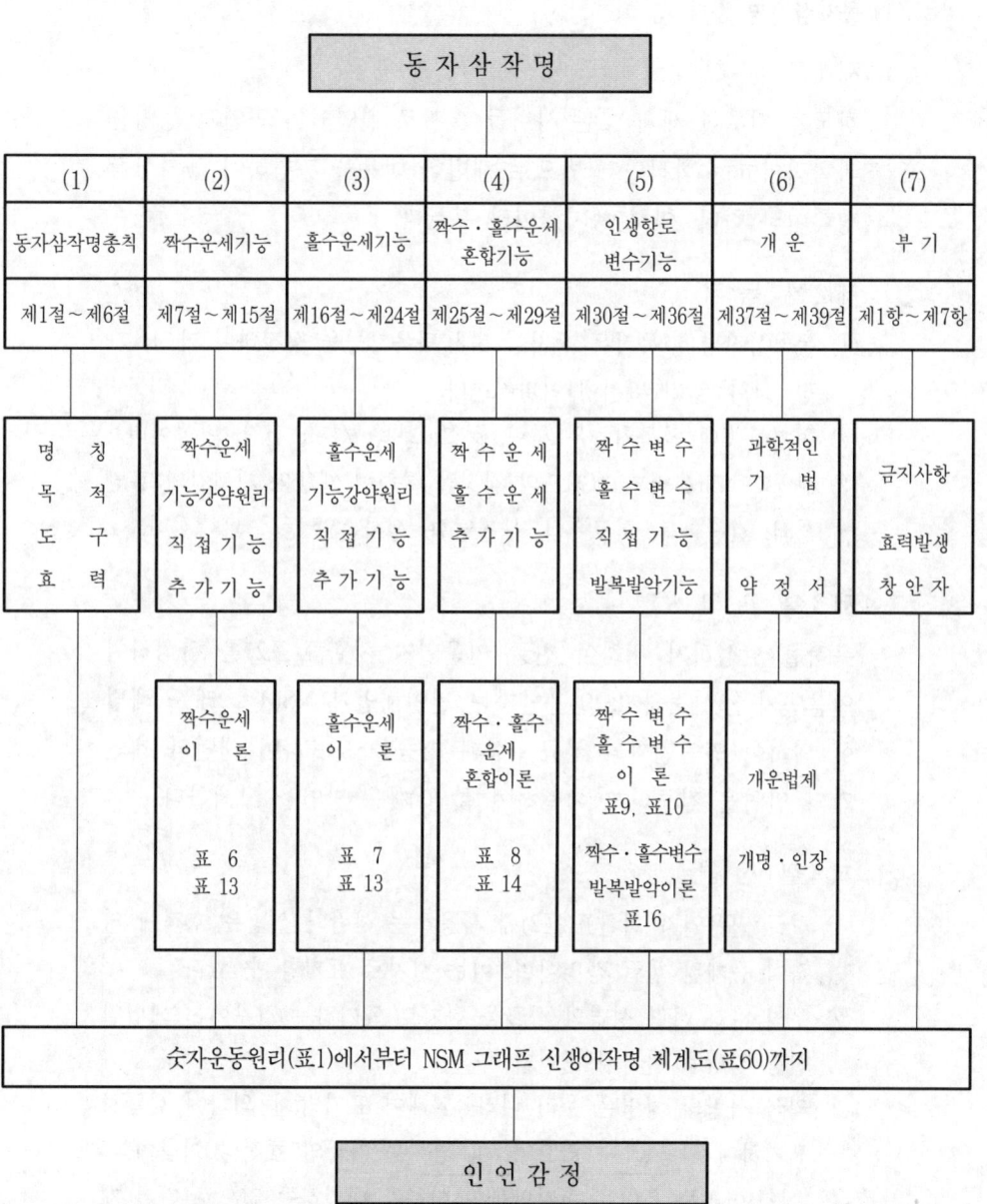

동 자 삼 작 명

(1)	(2)	(3)	(4)	(5)	(6)	(7)
동자삼작명총칙	짝수운세기능	홀수운세기능	짝수·홀수운세 혼합기능	인생항로 변수기능	개 운	부 기
제1절~제6절	제7절~제15절	제16절~제24절	제25절~제29절	제30절~제36절	제37절~제39절	제1항~제7항

| 명 칭
목 적
도 구
효 력 | 짝수운세
기능강약원리
직접기능
추가기능 | 홀수운세
기능강약원리
직접기능
추가기능 | 짝수운세
홀수운세
추가기능 | 짝수변수
홀수변수
직접기능
발복발악기능 | 과학적인
기 법
약 정 서 | 금지사항
효력발생
창 안 자 |

| | 짝수운세
이 론

표 6
표 13 | 홀수운세
이 론

표 7
표 13 | 짝수·홀수
운세
혼합이론

표 8
표 14 | 짝수변수
홀수변수
이 론
표9, 표10
짝수·홀수변수
발복발악이론
표16 | 개운법제

개명·인장 | |

숫자운동원리(표1)에서부터 NSM 그래프 신생아작명 체계도(표60)까지

인 언 감 정

3. 동자삼작명 해법

(1) 동자삼작명 총칙

제1절 명 칭

한국을 비롯한 세계 모든 사람들이 서로 결연되는 인연과 성명을 과학적이고 수학적인 방법으로 해법한 내용을 총칭하여 동자삼작명학이라 한다. 이하 동자삼이라 부른다.

제2절 목 적

① 동자삼작명의 목적은 동자삼 6대 덕목기능을 설정하여 개인, 가정, 사회, 국가 발전에 이바지한다.
② 동자삼 6대 덕목기능은 사랑, 화합, 화목, 화평, 건강, 번영이다.
③ 성명과 NSM 작명 그래프의 감정을 통하여 개체와 개체간의 흥망성쇠, 길흉화복, 희로애락, 부귀영화, 생사존망 등을 예측한다.

제3절 원 리

목적을 달성하기 위하여 한글 인운인자 치환표(표2)를 작성하여 인운인자를 산출하고, 인운인자는 인연해법과 NSM 그래프 해법에 의하여 인연인자와 성공·실패 기능을 도출하며 개인과 개인간의 인연을 검증하고 예측하여 삶의 개운 방안을 모색한다.

제4절 성 명

① 한글 인운인자 치환표(표2)에 사용하는 사람의 성명은 호적에 의하여 등재된 한글 성명이며, 이는 한자로 표기할 수 있다.
② 우리 나라 사람 성명의 한글을 한자로 표기하는 경우에는 대법원 선정 임명용 한자에 준한다.
③ 외국 사람의 성명은 우리 나라 '외래어 표기법'에 의하여 한글로 표기하여 사용할 수 있으며, 이 경우는 자국의 호적상 이름이다.
④ '성명'이라는 용어는 천지만물의 이름을 대변하는 것으로 다른 개

체명으로 바꾸어 사용할 수 있다.

⑤ 성명의 기, 정기, 인정은 인연감정 종합환산 조견표(표46)에 의하여 성공률과 실패율로 나타난다.

제 5 절 기 능

① 동자삼작명의 3대 기능은 인연해법, NSM 그래프 해법, 작명이다.

② 전항의 기능 표시는 합리성, 객관성, 과학성, 미래성을 기본으로 하여 수학적으로 처리되어 문자, 수리, 모양 등으로 표현된다.

③ 동자삼작명의 목적을 달성하기 위하여 과학적인 해법도구를 창출하며, 기본이 되는 활용 잣대는 아래와 같다.

동자삼 해법도구 일람표

제 6 절 효력

① 모든 사람과 모든 사람과의 만남으로 인한 결합 관계를 과학적으로 규명함으로써 바람직한 인연과 연분이 형성된다.

② 모든 사람들은 각자가 앞날의 성공 가능성을 사전에 탐구한다.

③ 모든 사람들은 결혼할 때 좋은 연분의 만남을 선택한다.

④ 모든 사람들은 사람을 만나기 전에 선천적 인연감정을 통하여 상대자와 상호간에 호불의 인연과 연분 운세를 예측하고 검증하여 삶의 대책 방안을 사전에 수립한다.

⑤ 모든 사람들은 후천적 인연감정을 하는데, 사람들이 서로 만나 생활하면서 상대자 상호간에 호불의 인연과 연분의 운세를 검증하고 예측하여 삶의 개운 방안을 현실적으로 수립한다.

⑥ 모든 사람들은 동자삼작명 해법대로 준행하면, 동자삼작명 6대 덕

목의 효력 발생권에 포함되어 행복하게 산다.

⑦ 모든 사람들은 NSM 작명 그래프에 의하여 호불호인연과 성공예측으로 진로를 예견한다.

⑧ 모든 작명은 DJS작명 방식에 의하여 좋은 이름이 지어진다.

(2) 짝수운세 기능

제 7 절 짝수운세 기능

짝수운세 기능이라 함은 짝수 · 홀수운세 강약 원리(표13) 중에서 짝수운세 기능 판독 내용이 짝수운세 종합기능(표14), 동자삼작명 6대 덕목기능(표4), 짝수운세 추가기능(표6), 짝수변수 보너스기능(표9) 등이 좋은 영향력이 미치는 정도를 총괄한 성공형의 힘이다.

제 8 절   짝수운세 직접기능 범위

짝수 · 홀수운세 강약원리(표13)에서 짝수운세 기능의 기준은 2이고 최종 짝수운세는 60이며, 직접기능의 내재가치는 성공률(%)로 표시한다.

① 짝수운세 기능의 2라 함은 짝수 · 홀수운세 강약원리(표13) 중에서 짝수운세 기능 판독 내용이 짝수운세 종합기능(표14), 동자삼작명 6대 덕목 기능(표4), 짝수운세 추가기능(표6), 짝수변수 보너스기능(표9) 등이 서로 조화를 이루고 결합하여 생산된 성공률이 50 % 인정되며 실패율은 0 %이다.

② 짝수운세 기능이 60이라 함은 짝수 · 홀수운세 강약원리(표13) 중에서 짝수운세 기능 판독 내용이 짝수운세 종합기능(표14), 동자삼작명 6대 덕목기능(표4), 짝수운세 추가기능(표6), 짝수변수 보너스기능(표9) 등이 서로 조화를 이루고 결합하여 생산된 성공률이 160 % 인정되며 실패율은 0 %이다.

③ 다만, 짝수운세 기능 22부터 60까지는 성공률이 1 %씩 증가한다.

④ 0은 앞의 운세가 짝수운세이면 성공률은 50~144%의 범위로서 긍정적 예측형이다.

제 9 절   짝수운세 기능 강화

짝수운세 기능은 2를 기준으로 짝수운세가 크면 클수록 그 기능이 증가되어 짝수운세의 기능을 강화하는 현상을 초래한다.

▶ 짝수운세 기능 상승

짝수운세 2 기준 ⟶ 짝수운세 강화현상 ⟶ 짝수운세 60

제 10 절   짝수운세 기능 저하

짝수운세 기능은 60을 기준으로 짝수운세가 작아지면 작아질수록 그 기능이 저하되어 짝수운세 기능을 약화하는 현상을 초래한다.

▶ 짝수운세 기능 저하

짝수운세 60기준 ⟶ 짝수운세 약화현상 ⟶ 짝수운세 2

제 11 절 짝수운세 위계질서

짝수운세의 인연질서를 확립하기 위하여 짝수운세는 경계선을 중심으로 상위치와 하위치를 불문하고 큰 짝수운세가 작은 짝수운세에 대하여 직접 기능과 추가효력을 가지며, 그 효율성은 다음 각 항과 같다.

① 큰 짝수운세의 직접기능이라 함은 짝수·홀수 강약원리(표13) 중에서 짝수운세 기능 판독 내용이 짝수운세 종합기능(표14), 동자삼작명 6대 덕목 기능(표4), 짝수운세 추가기능(표6), 짝수변수 보너스기능(표9) 등에 직접으로 작용하여 큰 짝수운세가 작은 짝수운세보다 우월성을 발휘한다.

② 추가효력이라 함은 내재가치의 강화작용으로 큰 짝수운세가 작은 짝수운세보다 우선권을 잠재하여 발휘할 가능성을 의미한 긍정적인 영향력을 행사한다.

제 12 절 짝수운세 동일형

짝수운세가 상·하위치에서 동수일 때는 우정형으로서 유비무환의 특별 보너스 성공률 10 %를 획득한다. 그 판독은 다음 각 호의 기준에 의한다.

① 인생항로변수의 호불호 운세 중에서 짝수변수 수효가 많은 사람이 특별 보너스 성공률을 획득한다.

② 인생항로변수의 호불호 운세 중에서 짝수변수의 수효가 동수일 때는 호불호 운세의 큰 짝수변수가 많은 사람이 특별 보너스 성공률을 획득한다.

③ 인생항로변수의 호불호 운세가 짝수변수 수효와 큰 짝수변수가 동수일 때는 큰 홀수변수를 많이 가진 사람이 특별 보너스 성공률을 획득한다.

제 13 절 짝수운세 추가기능

① 짝수운세로 이루어지는 상위치와 하위치의 초년운세·말년운세를 서로 비교하여, 무조건 큰 짝수운세는 작은 짝수운세를 추가로 지배하여 긍정적인 박력을 가하게 되는데 그 영향력은 다음과 같다.

표 6. 짝수운세 추가기능

기 능 ＼ 상·하 운세 차이(±)	2	4	6	8	10	12	14	16	18	20	22	24	26	28
큰 짝수운세의 추가 성공률	20	30	40	50	55	60	65	70	75	80	85	90	95	100

② 짝수운세 중에서 특수기능을 가진 운세는 다음과 같다.

짝수운세 2는 기능향상과 만복의 근원지, 짝수운세 4는 기능약진과 다복형, 짝수운세 6은 기능증대와 호사다마형, 짝수운세 8은 기능비대와 과유불급형, 짝수운세 10은 기능도약과 안하무인형, 짝수운세 12, 14는 수복강녕 등의 특수의미를 보유하고 있다.

제 14 절 짝수운세의 위치

큰 짝수운세가 작은 짝수운세를 지배하는 직접기능과 추가기능을 부등호로 표시하면 다음과 같다.

22 > 18 > 16 > 14 > 12 > 10 > 8 > 6 > 4 > 2

제 15 절 짝수운세의 개운

큰 짝수운세와 작은 짝수운세의 상호관계는 작은 짝수운세의 소유자가 큰 짝수운세의 소유자 편으로 결합되어 양보하고 순종하는 것이 삶의 최대 개운 방안이다.

▶ 짝수운세의 개운 방안

작은 짝수운세 ⟶ | 존경·양보·순응 협력·협조·합심 | ⟶ 큰 짝수운세

(3) 홀수운세 기능

제 16 절   홀수운세 기능

홀수운세 기능이라 함은 짝수·홀수운세 강약원리(표13) 중에서 홀수운세 기능 판독 내용이 홀수운세 종합기능(표14), 동자삼작명 6대 덕목 기능(표4), 홀수운세 추가기능(표7), 홀수변수 보너스기능(표10) 등이 나쁜 영향력을 미치는 정도를 총괄한 실패형의 힘이다.

제 17 절   홀수운세 직접기능 범위

짝수·홀수운세 강약원리(표13)에서 홀수운세 기능의 기준은 1이고 최종 홀수운세는 59이며, 직접기능의 내재가치는 성공률(%)과 실패율(%)로 표시한다.

① 홀수운세 기능의 1이라 함은 짝수·홀수운세 강약원리(표13) 중에서 홀수운세 기능 판독 내용이 홀수운세 종합기능(표14), 동자삼작명 6대 덕목 기능(표4), 홀수운세 추가기능(표7), 홀수변수 보너스 기능(표10) 등이 서로 불화를 자초하여 부정적인 활동으로 변화되는 것을 말한다. 성공률은 10 % 인정되며 실패율은 90 %이다.

② 홀수운세 기능이 59라 함은 짝수·홀수운세 강약원리(표13) 중에서 홀수운세 기능 판독 내용이 홀수운세 종합기능(표14), 동자삼작명 6대 덕목 기능(표4), 홀수운세 추가기능(표7), 홀수변수 보너스기능(표10) 등이 서로 불화를 자초하여 부정적인 활동으로 생산된 것을 의미한다. 성공률은 120 % 인정되며 실패율은 0 %이다.

③ 다만, 홀수운세 기능 21부터 59까지는 성공률은 1 %씩 증가하고, 실패율은 0 %이다.

④ 0은 앞의 운세가 홀수운세이면 실패율은 10~90 % 범위로서 부정적 예측형이다.

제 18 절 홀수운세 기능 감소

홀수운세 기능은 1을 기준으로 홀수운세가 크면 클수록 그 기능이 약화되어 홀수운세는 긍정적인 기능을 초래한다.

▶ 홀수운세 기능 저하

홀수운세 1기준 → 홀수운세 약화현상 → 홀수운세 59

제 19 절 홀수운세 기능 강화

홀수운세 기능은 59를 기준으로 홀수운세가 작아지면 작아질수록 그 기능이 강화되어 홀수운세는 부정적인 기능 강화현상을 초래한다.

▶ 홀수운세 기능 상승

홀수운세 59기준 → 홀수운세 강화현상 → 홀수운세 1

제 20 절 홀수운세 위계질서

홀수운세의 인연질서를 확립하기 위하여 홀수운세는 경계선을 중심으로 상위치와 하위치를 불문하고 큰 홀수운세가 작은 홀수운세에 대하여 긍정적인 기능과 추가효력을 가지며 그 효율성은 다음 각 항과 같다.

① 큰 홀수운세의 긍정적인 기능이라 함은 짝수·홀수 강약원리(표13) 중에서 홀수운세 기능 판독 내용이 홀수운세 종합기능(표14), 동자삼작명 6대 덕목 기능(표4), 홀수운세 추가기능(표7), 홀수변

수 보너스기능(표10) 등이 긍정적으로 작용하여 큰 홀수운세가 작
은 홀수운세보다 우월성을 발휘한다.
② 추가효력이라 함은 부정적인 내재가치를 긍정적으로 보완해 주는
작용으로 큰 홀수운세가 작은 홀수운세보다 우선권을 잠재하여
발휘할 가능성을 의미한다.

제 21 절 홀수운세 동일형

홀수운세가 상·하 위치에서 동수일 때는 난파형으로 자제력의
특별 보너스 성공률 10 %를 획득한다. 그 판독은 다음 각 호의 기준
에 의한다.

① 인생항로변수의 호불호 운세 중에서 짝수변수 수효가 많은 사람
이 특별 보너스 성공률을 획득한다.
② 인생항로변수의 호불호 운세가 짝수변수의 수효가 동수일 때는
호불호 운세의 큰 짝수변수가 많은 사람이 특별 보너스 성공률을
획득한다.
③ 인생항로변수의 호불호 운세가 짝수변수 수효와 큰 짝수변수가
동수일 때는 큰 홀수변수를 많이 가진 사람이 특별 보너스 성공률
을 획득한다.

제 22 절 홀수운세 추가기능

① 홀수운세로 이루어지는 상위치와 하위치의 초년·중년·말년운세를
서로 비교하여, 무조건 큰 홀수운세는 작은 홀수운세보다 추가하여
긍정적인 박력을 가하게 되는데 그 영향력은 다음과 같다.

표 7. 홀수운세 추가기능

기능 ＼ 상·하 운세 차이 (±)	2	4	6	8	10	12	14	16	18	20	22	24	26	28	30
큰 홀수운세의 추가성공률	40	45	50	55	60	61	62	63	64	65	66	67	68	69	70

② 홀수운세 중에서 특수기능을 가진 홀수운세는 다음과 같다.

홀수운세 1은 패가 망신형과 좌충우돌형 및 기능마비, 홀수운세 3은 낭패형과 곤란형 및 기능추락, 홀수운세 5는 추진력, 함정과 고집, 홀수운세 7은 칠전팔기와 기능장애, 홀수운세 9는 기능조절, 홀수운세 11, 13은 전화위복 등의 특수의미를 보유하고 있다.

제 23 절 홀수운세의 위치

큰 홀수운세가 작은 홀수운세를 지배하는 직접효력 또는 추가적인 긍정기능을 부등호로 표시하면 다음과 같다.

① 21 ＞ 19 ＞ 17 ＞ 15 ＞ 11 ＞ 9 ＞ 7 ＞ 5 ＞ 3 ＞ 1

제 24 절 홀수운세의 개운

큰 홀수운세와 작은 홀수운세의 상호관계는 작은 홀수운세가 큰 홀수운세의 소유자 편으로 결합되어 양보하고 순종하는 것이 삶의 최대 개운 방안이다.

▶ 홀수운세의 개운 방안

작은 홀수운세 →　존경 · 양보 · 순응
협력 · 협조 · 합심　→ 큰 홀수운세

(4) 짝수 · 홀수운세 혼합기능

제 25 절　짝수 · 홀수운세의 혼합기능 범위

① 짝수 · 홀수운세 혼합기능이라 함은 동자삼운세 표시형식(표12)에서 홀수운세와 짝수운세는 상 · 하 위치에 서로 배치되면서 짝수운세와 홀수운세의 차이에 의한 힘의 발생을 총칭한다.

② 이 경우 큰 짝수운세와 큰 홀수운세는 작은 짝수운세와 작은 홀수운세에 대한 외형적인 것과 내재가치의 우월성을 확보하여 직접 지배하고, 인연 질서를 엄격히 확립하여 동자삼 6대 덕목기능을 극대화하는 힘이다.

제 26 절　혼합형의 위계질서

짝수 · 홀수운세 혼합기능에서 이루어지는 상위치와 하위치의 초년 · 중년 · 말년운세를 서로 비교하여, 외형적으로는 큰 운세가 작은 운세를 지배하고, 내적으로는 짝수운세가 홀수운세를 지배한다. 따라서 짝수운세와 홀수운세의 강화 기능은 다음과 같다.

표 8. 짝수 · 홀수운세 혼합기능

상 · 하 운세차이 (±) ＼ 기 능	1	2	3	4	5	6	7	8	9	10	11	12	13	14	15
짝수운세 추가 성공률 홀수운세 추가 실패율	20	30	40	50	55	56	57	58	59	60	61	62	63	64	65
상 · 하 운세차이 (±) ＼ 기 능	16	17	18	19	20	21	22	23	24	25	26	27	28	29	30
짝수운세 추가 성공률 홀수운세 추가 실패율	66	67	68	69	70	71	72	73	74	75	76	77	78	79	80

제 27 절 혼합형의 추가기능

① 짝수·홀수운세 혼합기능의 강·약화현상은 큰 짝수운세가 작은 홀수운세를 지배할 경우는 짝수·홀수운세 종합기능(표14) 내용이 추가하여 긍정적인 방향으로 강화된다.

② 큰 홀수운세가 작은 짝수운세를 지배할 경우는 짝수·홀수운세 종합기능(표14) 내용이 추가로 부정적인 방향으로 강화된다.

제 28 절 혼합형의 짝수운세 개운

짝수·홀수운세 혼합기능에서 큰 짝수운세와 작은 홀수운세의 개운 방안은 큰 짝수운세가 작은 홀수운세를 흡수하여 수용한다.

▶ 혼합형 짝수운세의 개운 방안

큰 짝수운세 ← | 인내·이해·유도 |
                | 안내·지도·포용 | ← 작은 홀수운세

제 29 절 혼합형의 짝수운세와 홀수운세 개운

짝수·홀수운세 혼합기능에서 큰 홀수운세와 작은 짝수운세의 개운 방안은 상호간의 성공률과 실패율의 대소에 따라 작은 짝수운세가 큰 홀수운세 쪽으로, 또는 큰 홀수운세가 작은 짝수운세 쪽으로 흡수하여 수용된다.

▶ 혼합형 운세의 개운 방안

큰 홀수운세   ← | 존경·양보·순응 | ←
             → | 협력·협조·합심 | →   작은 짝수운세

(5) 인생항로 변수기능

제 30 절 인연의 변수기능

① (2) 짝수운세 기능, (3) 홀수운세 기능, (4) 짝수·홀수운세 혼합기능에서 변수가 작용하는데, 호불호 변수기능의 짝수변수와 홀수변수는 가장 큰 영향력을 행사한다.

② 호불호 변수 기능이라 함은 짝수변수는 호재성의 발복기능을 지원하고, 홀수변수는 악재성의 발악기능을 지원함으로써, 초년·중년·말년의 기본운세가 변화된다.

③ 짝수변수와 홀수변수의 영향력은 초년운세에 15 %, 중년운세에 70 %, 말년운세에 15 %씩 각각 직·간접적으로 작용한다.

④ 짝수변수와 홀수변수의 발생시기와 정도는 인연결합기능(표23)과 인연환경에 따라 일정하지 않다.

제 31 절 짝수변수 기능

호불호 변수기능의 짝수변수는 짝수운세 종합기능(표14), 짝수운세 강약원리(표13), 짝수운세 추가기능(표6)의 영향력을 강화 또는 촉진하는 역할을 한다.

① 짝수변수의 내재가치는 짝수운세 강약원리(표13)에서 산출되고 각 운세의 반영비율은 제 30절 ③항에 준한다.

② 짝수변수는 수효에 따라 + α 의 보너스 성공률을 보유하고 각 운세의 반영비율은 제 30절 ③항에 준한다.

표 9. 짝수변수 보너스 기능

기 능 ＼ 짝수변수 수효 (개)	1	2	3	4	5	6	7	8	9	10	11	12	13	14
보너스 성공률 (%)	20	30	40	50	55	60	65	70	75	80	85	90	95	100

③ 짝수변수의 특수기능은 발복성 호재로써 짝수운세 종합기능(표14)
   의 성공가속력, 불로소득, 길복의 다양성, 재운의 활력, 명예회복,
   전화위복, 특기신장 등에 추가로 관여한다.

제 32 절   홀수변수 기능

호불호 변수 기능의 홀수변수는 홀수운세 종합기능(표14), 홀수운
세 강약원리(표13), 홀수운세 추가기능(표6)의 영향력을 강화 또는
촉진하는 역할을 한다.

① 홀수변수의 내재가치는 홀수운세 강약원리(표13)에서 산출되어
   각 운세의 반영비율은 제30절 ③항에 준하여 반영된다.
② 홀수변수의 수효에 따라 $-\alpha$ 의 보너스 실패율을 보유하고 각 운
   세의 반영비율은 제30절 ③항에 준한다.

표 10. 홀수변수 보너스 기능

기 능 \ 홀수변수수효 (개)	1	2	3	4	5	6	7	8	9	10	11	12	13	14
보너스 실패율 (%)	10	20	30	40	45	50	55	60	65	70	75	80	85	90

③ 홀수변수의 특수기능은 발악성 악재로서 홀수운세 종합기능(표14)
   의 대실패, 매사 실망촉구, 흉화의 다발성, 직업의 다변화, 재운의
   몰락, 명예 실추, 특기 전무상태, 대형사건·사고, 송사, 급사, 교
   통사고, 화재, 재난, 분쟁, 소송 등에 해악의 영향력을 추가로 발휘
   한다.

제 33 절 호불호 변수기능의 개운

① 인생항로 변수기능은 호불호 운세의 짝수변수와 홀수변수를 서로
   비교하여 짝수변수의 수효가 많으면 많을수록, 또 큰 짝수변수의
   큰 것이 많으면 많을수록 절호의 기회인 발복성 호재가 예측되므
   로 호기를 상실해서는 안 된다.

② 상대자와 짝수변수, 홀수변수를 서로 비교하여 상대편의 홀수변수
   가 많으면 많을수록, 또 홀수변수의 작은 것이 많으면 많을수록
   위기일발의 발악성 악재가 예측되므로 특별히 명심하여 슬기와
   지혜로 위험 고비를 넘겨야 한다.

▶ 짝수변수와 홀수변수의 개운

작은 짝수변수
작은 홀수변수   →   존경·양보·협력·협심   →   큰 짝수변수
                                              큰 홀수변수

제 34 절 인연감정 비율

① 동자삼작명 해법이 인연감정에 미치는 삶의 감정력은 초년운세
   판독에 15 %, 중년운세 판독에 70 %, 말년운세 판독에 15 %로 반
   영된다.

② 인생항로의 대세는 중년운세에 의하여 좌우될 수 있다.

제 35 절 인연의 운세 효력 발생 범위

① 초년운세는 만남의 초기단계로서 일의 초기 진행 상황 또는 연령
   적으로는 30세 이하의 삶이다.

② 중년운세는 만남의 중간단계로서 일의 중간 진행 상황 또는 연령
   적으로는 31세에서 50세 사이의 삶이다.

③ 말년운세는 만남의 마무리 단계로서 일의 종료 또는 51세 이상의

삶이다.

④ 초·중·말년의 연령은 기준이며 두 사람의 인연감정 시 평균화한다.

제 36 절 인연의 감정 능력

① 동자삼작명 감정 C급은 인연의 기본적인 인연해법의 이해와 해설에 능통한 사람

② 동자삼작명 감정 B급은 동자삼작명 감정 C급의 내용을 완전히 이해한 후 인연 고속 감정방법에 능통한 사람

③ 동자삼작명 감정 A급은 동자삼작명 감정 C급, B급의 내용을 완전히 이해한 후 인연의 초정밀 감정방법에 능통한 사람

④ 동자삼작명 감정 A+급은 동자삼작명 감정 C급, B급, A급의 내용을 완전히 이해한 후 인연의 고난도 감정 기술에 능통한 사람

(6) 개 운

제 37 절 인연과 NSM 작명 그래프 감정에서 불운이 예측될 경우에는 개운 조치를 취한다.

① 인연감정 결과 곤난형·낭패형·패가망신형·상극형

② NSM 작명 그래프 감정결과 역웅비형·역다이아몬드형·충돌형·실패형

제 38 절 개운방법은 개운 약정서에 의한다.

① 개운 약정서의 내용은 목적, 시기, 개운법제, 개운소명자료 등이 별도 규정에 의하여 작성한다.

제 39 절 효력 발생

① 개운 수혜자와 동자삼의 인연감정에서 긍정적일수록 양호하다.

② 개운 약정서를 잘 준수할수록 효험이 증대된다.

③ 개운조치에 의한 동자삼의 계시는 즉시 나타난다.

④ 개운기간 중에 개운자가 사정과 형편에 따라 한시적으로 동자삼의 기를 보강하면 효과가 향상된다.

(7) 부 기

1항 : 동자삼작명 해법은 39절 및 부기 7항으로 규정한다.

2항 : 동자삼작명 해법의 개정은 창안자만이 가능하다.

3항 : 동자삼작명 해법은 본 법칙에 위배되는 판독·왜곡·남용 등과 같은 일을 금지한다.

4항 : 동자삼작명 해법의 내용에 관한 제반 사항은 하시 하처 하인도 모방·표절할 수 없다.

5항 : 동자삼작명 해법은 창안자에 의하지 아니하고 타인이 임의대로 일본어, 중국어, 영어, 독일어, 불란서어 등의 세계 각국어로 번역될 수 없다.

6항 : 동자삼작명 해법은 2000년 1월 1일부터 그 효력이 발생한다.

7항 : 동자삼작명 해법은 1970년부터 동자삼의 계시를 받아 경상북도 영덕의 남시모(南時模)가 연구하여 만든 것이다.

4. 동자삼작명 용어 체계도 -표11-

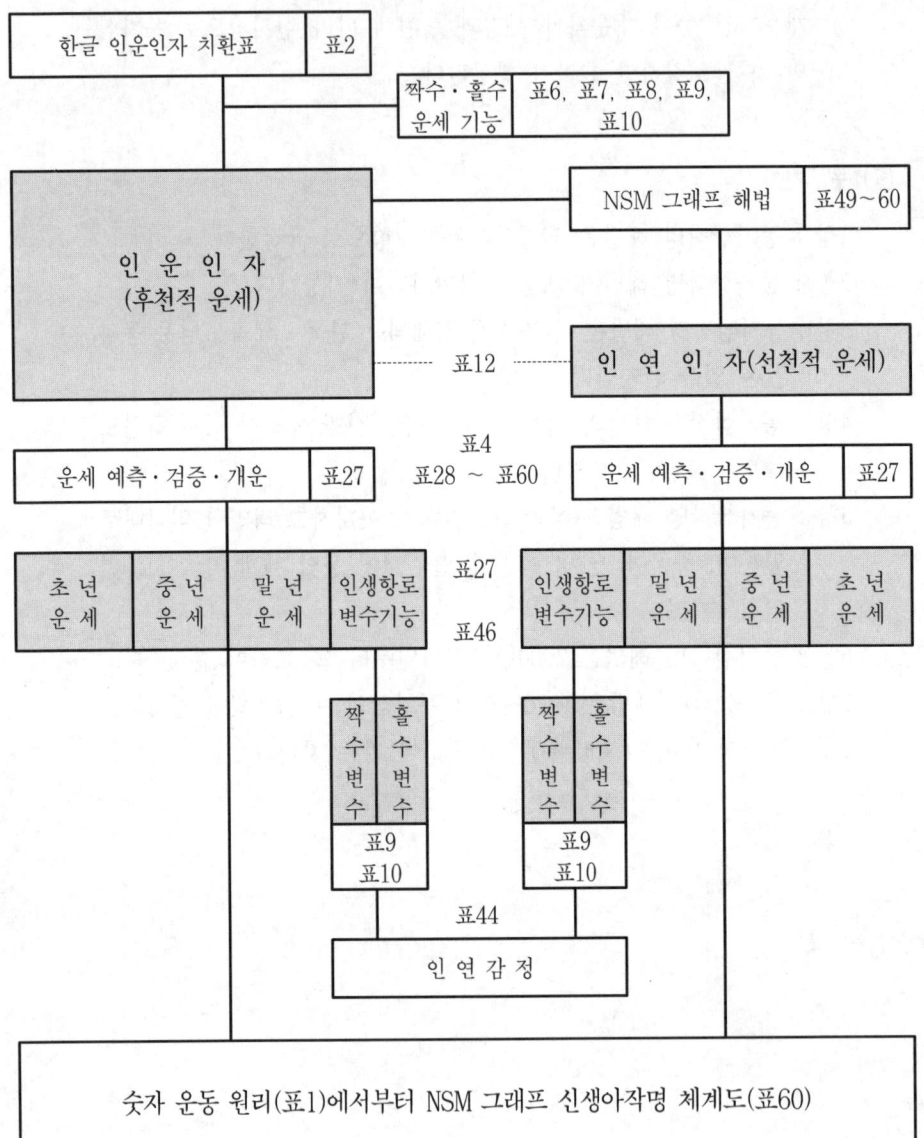

| 한글 인운인자 치환표 | 표2 |

| 짝수·홀수 운세 기능 | 표6, 표7, 표8, 표9, 표10 |

| NSM 그래프 해법 | 표49~60 |

인 운 인 자
(후천적 운세)

.... 표12 .... 인 연 인 자(선천적 운세)

표4
표28 ~ 표60

| 운세 예측·검증·개운 | 표27 |

| 운세 예측·검증·개운 | 표27 |

| 초년 운세 | 중년 운세 | 말년 운세 | 인생항로 변수기능 |

표27
표46

| 인생항로 변수기능 | 말년 운세 | 중년 운세 | 초년 운세 |

| 짝수변수 | 홀수변수 |
| 표9 표10 |

| 짝수변수 | 홀수변수 |
| 표9 표10 |

표44

| 인 연 감 정 |

| 숫자 운동 원리(표1)에서부터 NSM 그래프 신생아작명 체계도(표60) |

5. 동자삼작명 표현방법

① 동자삼운세의 표시 형식은 다음과 같다.

표 12. 동자삼의 표시 형식

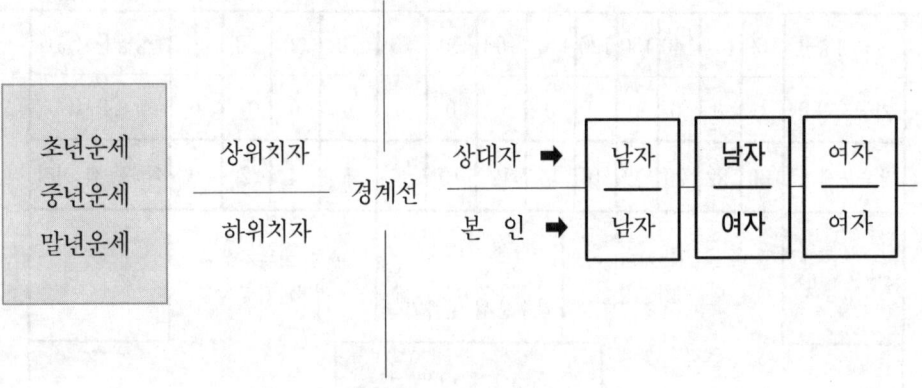

② 표기 형태

진분수 운세형 : $\frac{2}{3}$, $\frac{1}{3}$, $\frac{3}{3}$ 등

가분수 운세형 : $\frac{9}{5}$, $\frac{8}{4}$, $\frac{4}{2}$ 등

③ 읽는 방법

하위치의 상위치, 즉 $\frac{4}{5}$ 는 5분의 4로 읽는다.

④ 운세·인연·연운은 인연인수와 인운인수의 합성용어이고, 인연 인수는 인연인자의 결합이며 인운인수는 인운인자의 결합이다.

⑤ 두 사람이 서로 만나 맺은 인연으로 인하여 인생항로가 초년, 중년, 말년으로 결정되는데 이것을 그 사람의 운세라 한다.

⑥ 운세에는 선천적 운세와 후천적 운세로 구분되며 선천적 운세는 두 사람의 **NSM** 그래프에서 생산된 인연인자가 서로 결합되는 것 인데 이것을 인연인수라 하고, 후천적 운세는 두 사람의 한글성명

이 한글 인운인자 치환표(표2)에 의하여 산출된 인운인자가 서로 결합하는 것이다. 이것을 인운인수라 한다.

⑦ 일반적으로 운세라 함은 주로 후천적인 인운인수를 말한다.

6. 짝수·홀수 운세 강약 원리 -표13-

기능상승률	160	141	140	130	120	110	100	90	80	70	60	50	·	성공률 (%)
기능저하율	0	0	0	0	0	0	0	0	0	0	0	0	0	실패율 (%)
짝수운세 끝	60	22	20	18	16	14	12	10	8	6	4	2	0	짝수운세 시작

가장 좋다	발복 기능저하→ ←발복 기능상승	성선설 짝수운세기능 짝수운세 발복기능	발복 기능저하→ ←발복 기능상승	좋다

동자삼 6대 덕목 기능
인생항로변수기능
초년·중년·말년운세기능
NSM 그래프 성공예측기능
인 연 윤 회 운 동
인 연 결 합 형

좋다	←발악 기능저하 발악 기능상승→	성악설 홀수운세기능 홀수운세 발악기능	←발악 기능저하 발악 기능상승→	가장 나쁘다

실패율 (%)	0	0	0	10	20	30	40	50	60	70	80	90	·	실패율 (%)
홀수운세 끝	59	21	19	17	15	13	11	9	7	5	3	1	0	홀수운세 시작
성공률 (%)	120	101	100	90	80	70	60	50	40	30	20	10	0	성 공 율

7. 짝수 · 홀수운세 종합 기능 -표14-

구분 / 분류	짝 수 운 세 기 능	홀 수 운 세 기 능
기능기저	성선설, 성공, 긍정, 행복, 좋다.	성악설, 실패, 부정, 불행, 나쁘다.
기능강도	성공률(%) · 50 60 70 80 90 100 110 120 짝 인 수 0 / 2 4 6 8 10 12 14 16	실패율(%) · 90 80 70 60 50 40 30 20 홀 수 인 수 0 / 1 3 5 7 9 11 13 15
기본기능	명예 · 재산 · 건강 → ①사랑 ②화합 ③화목 ④화평 ⑤건강 ⑥번영	
심적기능	• 바라다(소망) • 바라보다(전망) • 우러러보다(앙망) • 속이 시원하다(마음이 상쾌하다) • 속이 없다(악의가 없다) • 속을 주다(숨김없이 드러내 보이다) • 속이 트인다(마음이 넓고 언행이 대범하다) • 속이 풀리다(감정 · 화가 누그러지다) • 마음이 안정되다(정서안정) • 마음이 편안하다 • 마음이 흐뭇하고 기쁘다(유쾌) • 마음이 넓다(도량) • 마음이 침착하다 • 마음이 온화하다 • 마음이 착하다(선행, 선인) • 마음이 좋다(호감, 호의, 호평)	• 허망하다(욕심) • 잊다(망각, 건망증) • 가엾이 여기는 마음(긍휼) • 속이 상하다(마음이 불편 · 괴롭다) • 속이 썩다(마음이 몹시 상하다) • 속이 보이다(엉큼한 마음이 들여다 보이다) • 속이 달다(마음이 죄이고 안타까워지다) • 속태우다(걱정이 심해 마음이 졸리다) • 마음이 불안하다(정서불안) • 마음이 안절부절하다 • 못마땅하여 기분이 좋지 않다(불쾌감) • 마음이 좁다(협심) • 마음이 조급하다(성급) • 성내다(노기, 격노, 분노) • 마음이 모질고 악하다(악독) • 마음이 나쁘다(악의, 악역)
행동기능	• 사랑하다(애인, 애정) • 사이가 좋다(화합, 화평) • 부드럽다(유연, 온화, 화애) • 잘하다(선용, 선처, 선전) • 친하다(친선, 선린) • 길하다(길사, 대길, 길조) • 즐기다(쾌락, 요산요수) • 일다, 일어나다, 성하다(부흥) • 일으키다, 시작하다, 행하다 • 흥겹다, 기쁘다(감흥, 흥미, 흥취) • 살다(생존, 생활, 생명) • 아름답다(미덕, 미녀, 호남, 찬미) • 가능하다(유리) • 성서럽다(성은, 성덕, 성철, 성인) • 힘쓰다(노력) • 베풀다(은혜, 감사, 관용)	• 시기 · 미워하다(시기, 혐기) • 화나다(화근, 화기, 재화, 재앙) • 능력이 모자라거나 어리다 • 질이 낮다, 서투르다(악질, 조악) • 친절하지 아니하다(불친절) • 불길하다(악일, 악몽) • 미워하고 싫어하다(증오) • 잃다, 없어지다(망실) • 멸하다, 멸망하다(패가망신) • 슬프다(비관, 비극, 비애, 비련) • 죽다(사망, 망부, 망자) • 아름답지 못하고 추잡하다(불미) • 불가능하다(불리) • 망하여 없어지다(멸망, 멸종, 파멸) • 게으르다(태만, 태홀) • 강하다(강력, 강권, 강압, 착취, 쟁탈)
감정기능	• 기쁘다(희열, 환희, 희보) • 이루어지다, 되다(성공,성취,성과,성립,달성) • 늘다, 붙다(증가, 증산, 급증) • 풍부하다(흑자전환, 잉여) • 이익을 얻다(소득증대) • 잘 산다(삶의 질 향상) • 성공형이다 • 행복하다(복리, 복덕, 축복, 행운) • 좋다(기분 상쾌하다, 훌륭, 선두, 긍정, 성공)	• 서글프다, 섭섭하고 언짢다. 불쌍하다. • 쇠하다, 약하여지다(쇠퇴, 쇠망, 좌절, 절망) • 줄다(감소, 축소, 위축) • 부족하다(적자전환, 결핍) • 소득이 없다(무임금, 무보수) • 못 산다(삶의 질 저하) • 실패형이다 • 불행하다(불운, 불쾌, 비운, 사고) • 나쁘다(기분, 불쾌하다, 열등감, 멸망, 실패)

8. 동자삼작명 운세 분류 -표 15-

동자삼작명			판독	용어 의미	발생범위	대상자와 감정기능
결합 명칭	인자 산출	운세 종류	인연 결합형			
인연 또는 연운	N S M 작 명 그 래 프 해 법	인연인수 (선 천 적 인 연 감 정)	초년 운세	사람과 사람의 인연인자가 서로 같은 인자끼리 결합된 상태	30세 이하 청소년기 청년기, 결혼기 초기 상황	· 감정 상대자는 일생동안 만나게 되는 사람으로 남녀노소 불문이고 연령에 제한이 없다. · 인연감정은 선천적 인연감정과 후천적 인연감정으로 구분하고, 본인과 상대자의 성품, 성질, 마음씨, 경영 주도권, 생활 위계질서, 우월권, 성공·실패, 길흉사, 진로 등을 검증하고 예측하여 바람직한 개운 대책을 제시한다.
			중년 운세	사람과 사람의 인연인자가 각각 서로 틀리는 인자끼리 결합한 상태	31세~50세 청년기 말기~ 장년기 말기 중간 상황	
			말년 운세	초년운세와 중년운세가 서로 합한 상태	51세 이상 장년기 말기~ 노년기 마무리 상황	
			호불 운세	인생의 변수 기능으로 홀수 변수와 짝수변수가 제 기능을 갖는다.	청장년기~노년기 시작~끝	· 좋고 나쁜 인연인자 및 인운인자의 활동시기는 일생 동안 하시하처 불문하고 유효적절하게 발동한다.
			성공 예측도	성명감정 그래프에 나타난 △형	유년기~노년기	· NSM 그래프에 의하여 나타난 △형의 위치·모양에 따라 재운, 직업운, 출세운, 명예운, 사업운을 예측한다.
	한 글 인 운 인 자 치 환 표	인운인수 (후 천 적 인 연 감 정)	초년 운세	사람과 사람의 인운인자가 서로 같은 인자끼리 결합된 상태	처음단계·초기 30세 이하 유년기, 청소년기 청년기, 결혼기	· 감정상대자는 일생동안 만나게 되는 사람으로 남녀노소 불문이고 연령에 제한이 없다. · 인연감정은 선천적 인연감정과 후천적 인연감정으로 구분하고, 본인과 상대자의 성품, 성질, 마음씨, 경영 주도권, 생활 위계질서, 우월권, 성공·실패, 길흉사, 진로 등을 검증하고 예측하여 바람직한 개운 대책을 제시한다.
			중년 운세	사람과 사람의 인운인자가 각각 서로 틀리는 인자끼리 결합한 상태	중간단계·중기 31세~50세 청년말기~ 장년기말기	
			말년 운세	초년운세와 중년운세가 서로 합한 상태	끝단계·말기 51세이상 장년기말기~ 노년기	
			인생 항로 변수	인생의 변수 기능으로 홀수 변수와 짝수변수가 제 기능을 갖는다.	초·중·말기 처음, 중간, 끝단계 청년기~노년기	· 좋고 나쁜 인연인자 및 인운인자의 활동시기는 일생 동안 하시하처 불문하고 발동한다.

9. 인생항로 변수기능 -표16-

호불호 운세 \ 인연 가능 구분	호불호 짝수변수 발복기능			호불호 홀수변수 발악기능		
	초년운세	중년운세	말년운세	초년운세	중년운세	말년운세
기능 발생 시기	30세 이하 결혼, 신혼기 사업초창기 초기활동상황	31~50세 청장년기, 사업중반기 중간활동상황	51세 이상 노년기 마무리시기 마무리상황	30세 이하 결혼, 신혼기 사업초창기 초기활동상황	31~50세 청장년기, 사업중반기 중간활동상황	51세 이상 노년기 마무리시기 마무리상황
반영 비율	15%	70%	15%	15%	70%	15%

보너스 성공률 / 보너스 실패율

동자삼작명 제31절 2항 규정(표9)

짝수 변수 수효 \ 기능	1	2	3	4	5	6	7	8	9	10	11	12	13	14
보너스 성공률	20	30	40	50	55	60	65	70	75	80	85	90	95	100

동자삼작명 제32절 3항 1호 규정(표10)

홀수 변수 수효 \ 기능	1	2	3	4	5	6	7	8	9	10	11	12	13	14
보너스 실패율	10	20	30	40	45	50	55	60	65	70	75	80	85	90

내재 가치

짝수변수에 대한 표46의 성공률	홀수변수에 대한 표46의 성공률과 실패율

발복 발악 기능

동자삼작명 해법 제31절 ③항의 전화위복, 성공 가속력 배가, 불로소득, 가화만사성, 길복의 다양화, 기쁜 날, 재운의 일취월장, 재벌가, 사업번창, 명예회복, 입신출세, 예체능, 특기 등의 강화작용	동자삼작명 해법 제32절 ③항의 실패, 가정불화, 실패 촉구, 직업의 다변화, 흉화의 다발, 불행한 일, 슬픈 일, 재운의 몰락, 삶의 질 저하, 명예실추, 대형 사건사고, 교통사고, 화재, 재난 등의 강화작용

변수 기능

새옹지마, 호사다마, 시시비비, 호불호, 역지사지, 권선징악, 유비무환, 대기만성, 전화위복, 칠전팔기, 주객전도, 임기응변, 흥망성쇠, 희로애락, 성공실패, 과유불급, 패가망신, 낭패, 구사일생, 호사, 난파, 우정, 명예, 재산, 건강

10. 동자삼작명 감정 체계도 -표17-

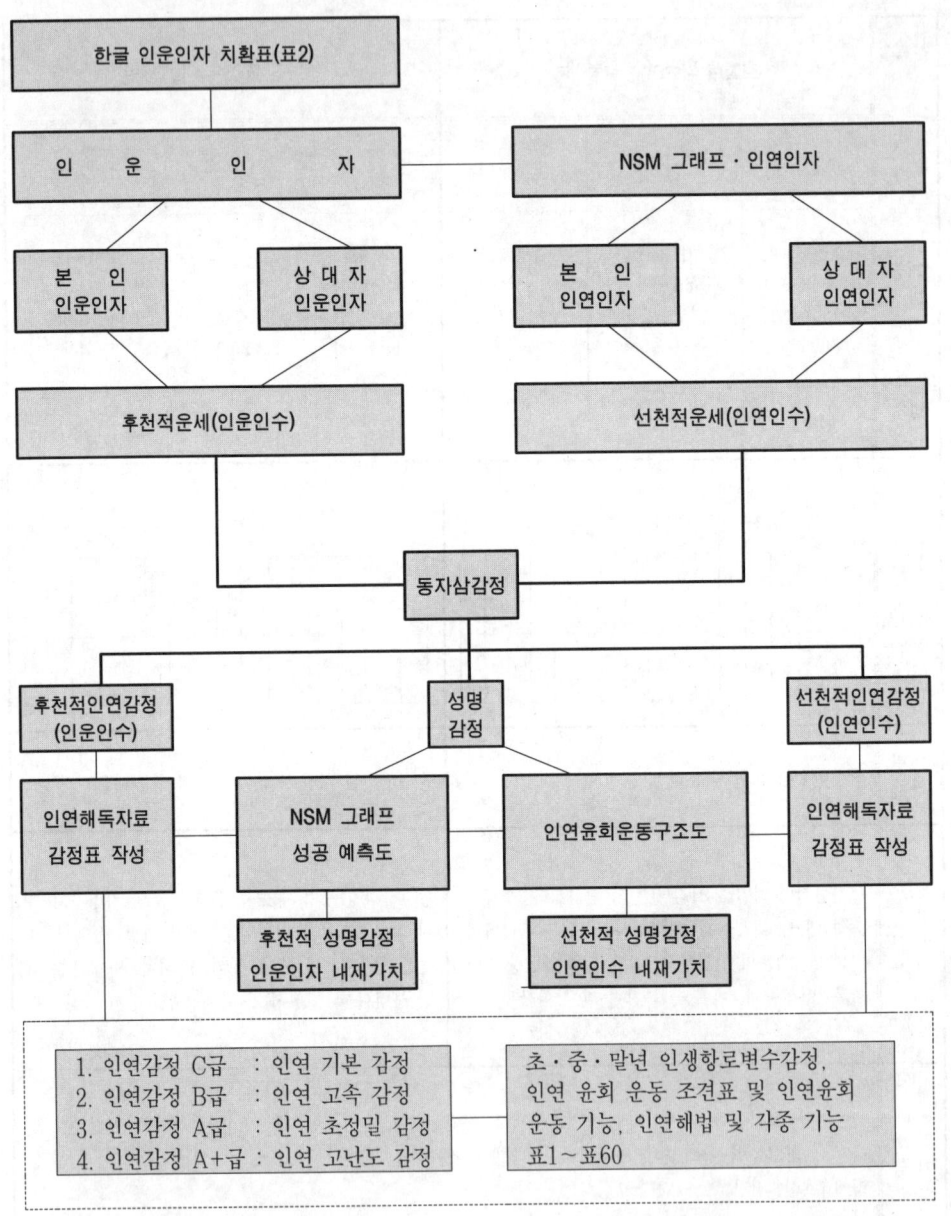

한글 인운인자 치환표(표2)

인 운 인 자 ─── NSM 그래프 · 인연인자

| 본 인 인운인자 | 상 대 자 인운인자 | 본 인 인연인자 | 상 대 자 인연인자 |

후천적운세(인운인수) 선천적운세(인연인수)

동자삼감정

후천적인연감정 (인운인수) 성명 감정 선천적인연감정 (인연인수)

| 인연해독자료 감정표 작성 | NSM 그래프 성공 예측도 | 인연윤회운동구조도 | 인연해독자료 감정표 작성 |

후천적 성명감정 인운인자 내재가치 선천적 성명감정 인연인수 내재가치

1. 인연감정 C급 : 인연 기본 감정
2. 인연감정 B급 : 인연 고속 감정
3. 인연감정 A급 : 인연 초정밀 감정
4. 인연감정 A+급 : 인연 고난도 감정

초·중·말년 인생항로변수감정, 인연 윤회 운동 조견표 및 인연윤회 운동 기능, 인연해법 및 각종 기능 표1~표60

11. 동자삼운세 산출양식

표18. 본인과 상대자와의 후천적 운세풀이 산출표

한국인연감정원 동자삼작명소⑪			사 업 진행단계	초기	중간	말기	④ 인생항로 변수기능	
			기준연령	30세 미만	31~ 50세	51세 이상	선	악
			인생항로 점유비율	15%	70%	15%	좋은일 발 전	나쁜일 촉 진
관계	성명	인운인자산출	운세	초년 운세	중년 운세	말년 운세	④ 호불호 변수기능	
							짝수변수	홀수변수
남	남시모	2,①,5,⑦,10,5,5		2	5	7	2,10	5,5,5
여	정숙자	9,3,8,⑦,⑦,①,9,①		4	4	8	8	3,9,9

위에서 산출된 두 사람의 초, 중, 말년 운세의 기본적인 상호관계
는 다음 그림에서의 →와 같다.

표 18-1. 인연감정 이해도

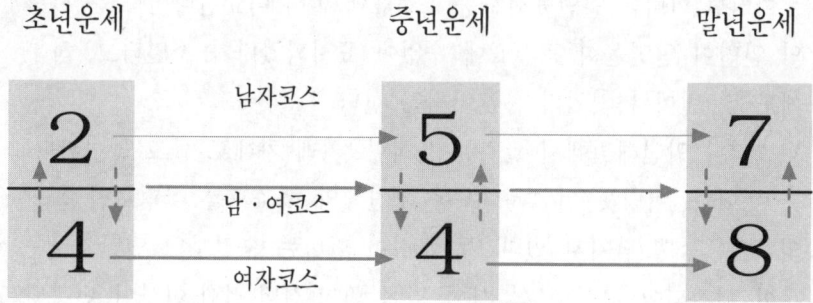

| 초년운세 | 중년운세 | 말년운세 |

표 18-2. 두 사람의 결합좌표

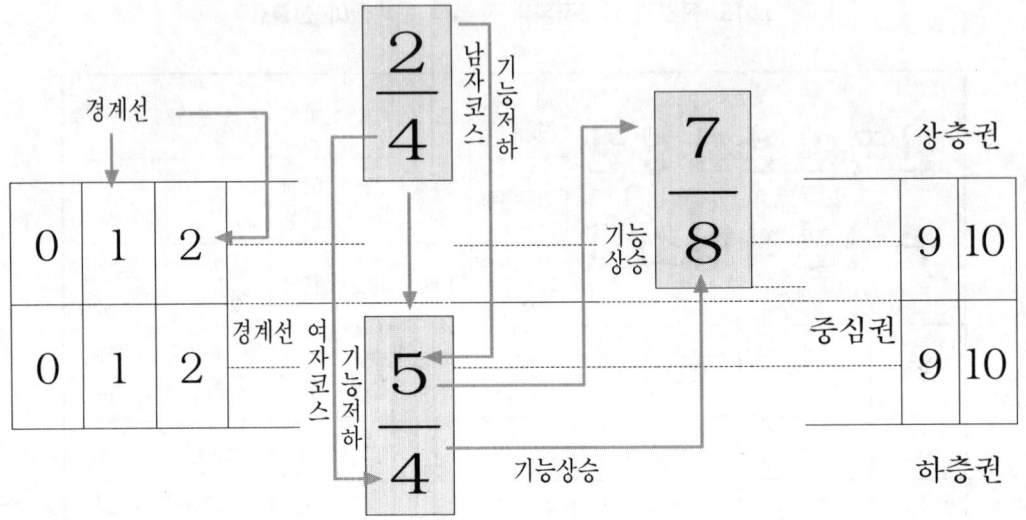

12. 인연윤회운동

(1) 인연윤회운동의 뜻

윤회운동은 불가에서 말하는 것으로 사람이 죽었다가 다시 태어나고 또 다시 죽는 것이 끝없이 반복하는 것을 의미한다.

이러한 의미를 인연윤회운동 조견표에 굳이 비교한다면 모든 사람의 인연이 인연윤회 조견표에 수없이 표시되었다가 소멸되고, 하루에도 몇 번이나 맺었다가 끊어지곤 한다.

그러나 인연해법에서 말하는 윤회란 '차례 차례로 돌고 돌아간다'는 뜻이다. 이렇듯 인연윤회운동 조견표의 구조도를 살펴보면 윤회의 뜻이 듬뿍 담겨져 있다. 두 사람이 만나는 순간부터 인연자전운동이 시작되어 하루도 쉴 사이 없이 만남-결별-집합-이산이 반복되고, 또 재발생된다.

그러므로 인연윤회운동 조견표(표22)에 나타난 중심권은 중심권 내에서 윤회운동을 하고, 상층권은 상층권 영역 내에서, 하층권은 하층권 영역 내에서, 상하좌측권·상하우측권 영역 내에서 각각 윤회운동을 한다는 것이다.

이와 같은 기능을 도해하여 정리하면 인연윤회운동 원리도(표19)와 같다.

① 인연윤회운동의 원점은 0/0이고, 끝점은 60/60이다.
② 인연이 중심권의 어느 위치에 형성되든지 간에 처음 이루어지는 초년운세의 좌표가 중심권 내 소정의 위치에 자리잡으면 이 좌표를 중심으로 하여 좌측으로 이동하면 기능저하, 우측으로 이동하면 기능상승 효과를 가져온다.
③ 초년운세의 좌표에서 중년운세와 초년운세가 상층권으로 이동하면 기능상승, 하층권으로 이동하면 기능저하가 된다.
④ 상층권의 인연은 진분수로 나타내고 하층권의 인연은 가분수로 나타낸다.
⑤ 두 사람의 인연은 끊임없는 윤회운동을 하지만 홀수운세 동일형의 경우는 윤회운동이 마찰을 일으키고, 짝수운세 동일형은 서로 융화를 이루며, 홀수운세와 짝수운세의 혼합은 서로 갈등을 초래한다. 홀수운세와 짝수운세는 짝수운세를 상대자로 취급한다.

(2) 인연윤회운동 원리

인연윤회운동 조견표(표22)의 기본원리는 사람을 모방한 원리이다.

인연윤회운동 원리도(표19)를 가만히 들여다보면 머리형이 보이고 몸체가 나타나며 두 다리가 좌우로 대칭 관계를 이룬다. 또한 중심이나 경계선의 좌측과 우측에는 외형적으로 균형 잡힌 역할 기능이 잘 편성되어 있다.

인연윤회운동 구조도는 사람이 두 팔을 몸체에 밀착시킨 상태에서 두 다리를 벌린 형국이다. 그리고 심장은 몸체의 중심이며 이 중심을 향해 인연이 윤회운동을 끊임없이 하는데, 중심으로 들어가는 초년·중년·말년운세가 있고 반면에 나오는 운세가 있어 마치 사람의 동맥과 정맥의 흐름과 비교하면 조금도 다를 바가 없다는 것이다.

그래서 중심권에서 적은 운세로 시작하여 중심권에서 멀어질수록 큰 운세·적은 운세가 차례차례로 나열되어 움직이는 현상은 동맥의 흐름과도 같다는 것이며, 또 상층권과 하층권에서 중심으로 들어가는 운세가 큰 것에서 작은 운세로 변화되는 것도 정맥의 역할과 같다. 그러므로 인연 자체는 살아 있는 생물체와 같다.

표 19. 인연윤회운동 원리도

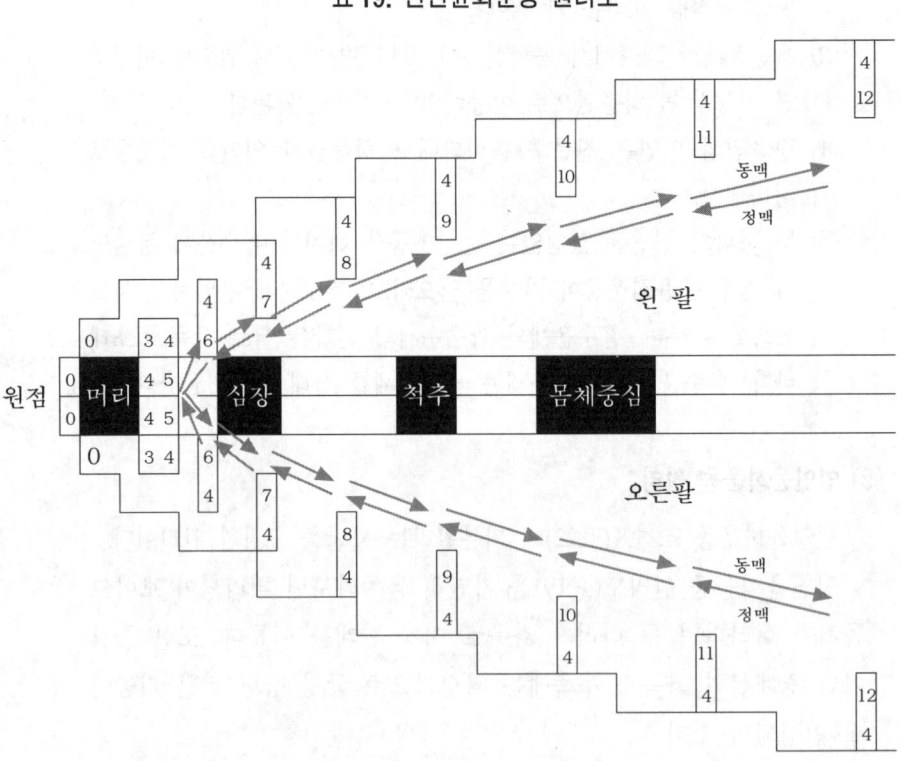

▶ 원점 $\frac{0}{0}$의 근원지 검증

원점의 근원지는 지금으로부터 약 30년 전에 필자의 맏아들 원구
와 원욱의 인연감정에서 비롯되었다.

원구 · 원욱의 운세풀이 산출표

관계	성 명	인 운 인 자	초년운세	원점근원지 중간운세	말년운세	호불호 변수 짝수 변수	홀수 변수
동생	남원욱	ㄴ ㅏ ㅁ ㅇ ㅜ ㅓ ㄱ ㄴ ㅇ ㄱ ② ① ⑤ ⑧ ⑦ ③ ② ⑧ ⑦ ①	10	O	10	·	·
형	남원구	② ① ⑤ ⑧ ⑦ ③ ② ① ⑦ ㄴ ㅏ ㅁ ㅇ ㅜ ㅓ ㄴ ㄱ ㄱ	9	O	9	·	·

(3) 인연 위치 명칭도와 해법

표 20. 인연위치 명칭도

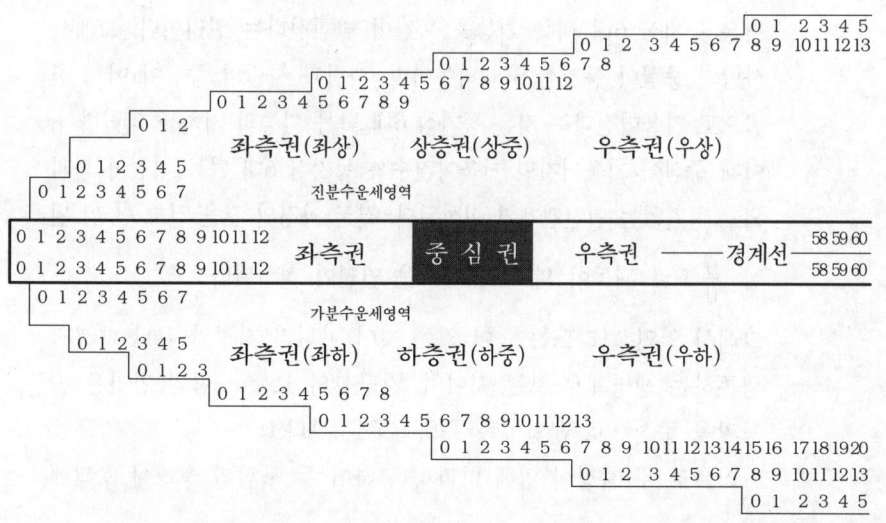

① 중심권 : 아라비아 숫자를 0에서 60까지 나열하여 상위치와 하위치에서 서로 같은 수끼리 겹을 만들고 진분수로 구성하여 1이 되는 것을 중심권이라 부른다.

중심권의 수배열 상태는 $\dfrac{홀수}{홀수} = \dfrac{1}{1} \dfrac{3}{3} \dfrac{5}{5} \dfrac{7}{7} \dfrac{9}{9} \dfrac{11}{11} \dfrac{13}{13} \cdots$

$\dfrac{59}{59}$ 는 모두 나쁜 운세의 결합형인데, 인연 판독 구조도에서 가장 나쁜 운세 배열은 첫 번째가 $\dfrac{1}{1}$ 이며 두 번째가 $\dfrac{3}{3}$ 그 다음은 $\dfrac{5}{5}$, $\dfrac{7}{7}$, $\dfrac{9}{9}$ 의 순서이며, $\dfrac{11}{11}$ 에서 $\dfrac{59}{59}$ 까지 올라가면 발악 상태에서 벗어나고, 인연 원리 구조도에서 가장 좋은 운세는 $\dfrac{60}{60}$ 이며, $\dfrac{60}{60}$ 에서 시작하여 $\dfrac{2}{2}$ 까지 내려오는데 짝수운세 배열은 무조건 홀수운세 배열보다 좋다.

중심권은 인연의 중심 부분이고 두 운세가 겹이 되어 하나가 되므로 '일치', '하나'의 뜻을 의미하는데 이것은 동자삼 6대 덕목 기능, 사랑·화합·화평·건강·번영의 뜻이다.

사람과 사람의 만남으로 인하여 이루어지는 두 마음이 하나가 된다는 것은 동자삼 6대 덕목 기능을 똑같이 발휘한다는 원리이다. 그래서 사람의 중심이 동자삼 6대 덕목이며, 사람과 사람의 중심이 어느 한편으로 기울어진다는 것은 동자삼 6대 덕목 기능의 저하를 의미한다. 이때 중심이 기울어지면 기울어질수록 동자삼 6대 덕목 기능이 파괴되고 형편없는 인간관계가 형성된다. 결국 파경의 길을 걷고 난 뒤 원점 $\dfrac{0}{0}$ 으로 되돌아 와서 또 새로운 인연이 형성된다.

그래서 인연 원리도는 죽어 있는 것이 아니라 지구가 끝날 때까지 생존하는 생명체로 보는 것이며, 지구상의 모든 사람의 인연은 중심권을 중심으로 끊임없는 윤회운동을 한다.

그러므로 두 사람이 법에 따라 혼인하여 두 사람의 성명이 호적에 등재되는 날이 처음으로 그 인연이 인연윤회운동 조견표(표22)에 기록된다는 뜻이다. 또한 혼인한 남·여가 이혼을 하거나 어느 한 편이 죽으면 죽음과 이혼의 호적 정리가 되는 날에 바로 그 두 사람의 인연은 자동적으로 인연윤회운동 조견표에서 소멸되고, 반대로 이혼한 사람이 다시 재혼하여 호적에 등재되면 인연윤회 조견표(표22)에도 새롭게 기록된다는 원리이다.

또 인연은 윤회운동에 의하여 이동하게 되고 이동되는 상황에 따라 그 인연의 모든 기능이 발휘된다. 그러므로 사람과 사람이 한 번 만나 결혼하여 산다는 것이 쉬운 얘기가 아니다.

그래서 만나기는 쉬워도 헤어지는 것은 어려우며 만나서 헤어지는 그 모든 기능 판독은 중심권, 즉 동자삼 6대 덕목 기능이 어느 한 편으로 넘어진 후 다시 한 번 똑바로 일어서지 못하는 경우이다. 결론적으로 우리 나라 사람이 결혼하여 호적에 등재하면 한 사람도 빠짐없이 인연윤회운동 조견표(표22) 안에 있고 헤어지는 순간까지 윤회운동에 의하여 삶이 영위된다는 것이다.

② **경계선** : 두 짝수운세 또는 홀수운세가 만나기 전이나 만나는 후라도 모든 운세는 서로서로 경계한다 해서 경계선의 명칭을 붙인다.

경계선은 중심권에만 있는 것이 아니라 인연윤회운동 조견표(표22) 어디에서라도 두 운세가 만나면 반드시 자연적으로 경계선이 형성되어 이를 중심으로 상위치와 하위치로 구분된다. 이것은 자연의 섭리와도 같은데 세상에 삼라만상이 만나면 경계선이 자연적으로 성립된다.

저 넓고 넓은 바다의 물도 더운물과 찬물의 경계선이 있고, 공기도 더운 공기와 찬 공기의 경계선이 있으며, 남자는 남자끼리, 친구는 친구끼리, 부부는 일심동체이지만 그 속에도 경계선이 있다. 그래서 중심도 중심 가운데 경계선이 있다는 것이다.

사람과 사람의 만남에 있어 입 속의 밥을 서로 주고받아 먹어도 그 사람과 그 사람 사이에 형성되는 경계선이 무너지면 두 번 다시 입의 밥이 교환되지 않는다는 것이다. 이를테면 서로 간에 사랑이 없고 화합은 갈라지게 되고 화평은 불안으로 화목은 불화가 되며 번영은 멸망을 건강은 죽음을 가져온다는 원리이다. 결국 사람과 사람과의 만남으로 인하여 길흉화복의 경계선이 깨어져 희로애락의 바람 잘 날이 없게 된다는 것이다.

물과 땅의 경계선이 없으면 인류는 멸망하고 사람과 사람 사이에 법이 없으면 세상은 순식간에 수라장의 난장판이 되는 것과 같이 인연의 운세와 운세 사이에도 사방으로 경계선이 그려져 있다.

③ 상층권 : 중심권 윗부분의 인연이 윤회운동을 하는 영역을 상층권이라 말하고 인연이 상층권 영역에서 윤회운동을 상하좌우로 하면 인연의 모든 기능이 상승·저하의 의미가 있지만 그 중에서도 우측권으로 이동하면 기능상승의 가속력이 붙고 상층권 내부에서 수직 상승하면 기능상승, 수직 하강하면 기능저하, 좌측권으로 이동하면 기능저하가 발생한다.

④ 하층권 : 중심권 아래부분의 인연이 윤회운동을 하는 영역을 하층권이라 말하고 인연이 하층권 영역에서 윤회운동을 상하좌우로 하면 인연의 모든 기능이 기능저하하는데 그 중에서도 좌측권으로 이동하거나 수직 방향의 아래로 이동하면 기능저하의 가속력이 붙고 우측권으로 이동되면 될수록 기능상승, 수직 방향의 위로 이동되면 기능상승이다.

(4) 인연윤회운동 조견표 보는 법

연윤회운동 해법 도해는 인연윤회운동 조견표에 나타난 중심권, 경계선, 상층권, 하층권, 윤회 운동이 실제로 일어나는 상황을 그대로 체계화한 것이다.

오늘도 쉬지 않고 사람을 만나고 그 사람과 만나서 활동하는 인생항로가 이미 예정된 인연윤회운동 내에서 이루어지고 있다는 것이다.

다시 강조하면 초년운세·중년운세·말년운세가 다음 도표와 같이 계속 활동한다.

표 21. 인연윤회운동 해법 도해

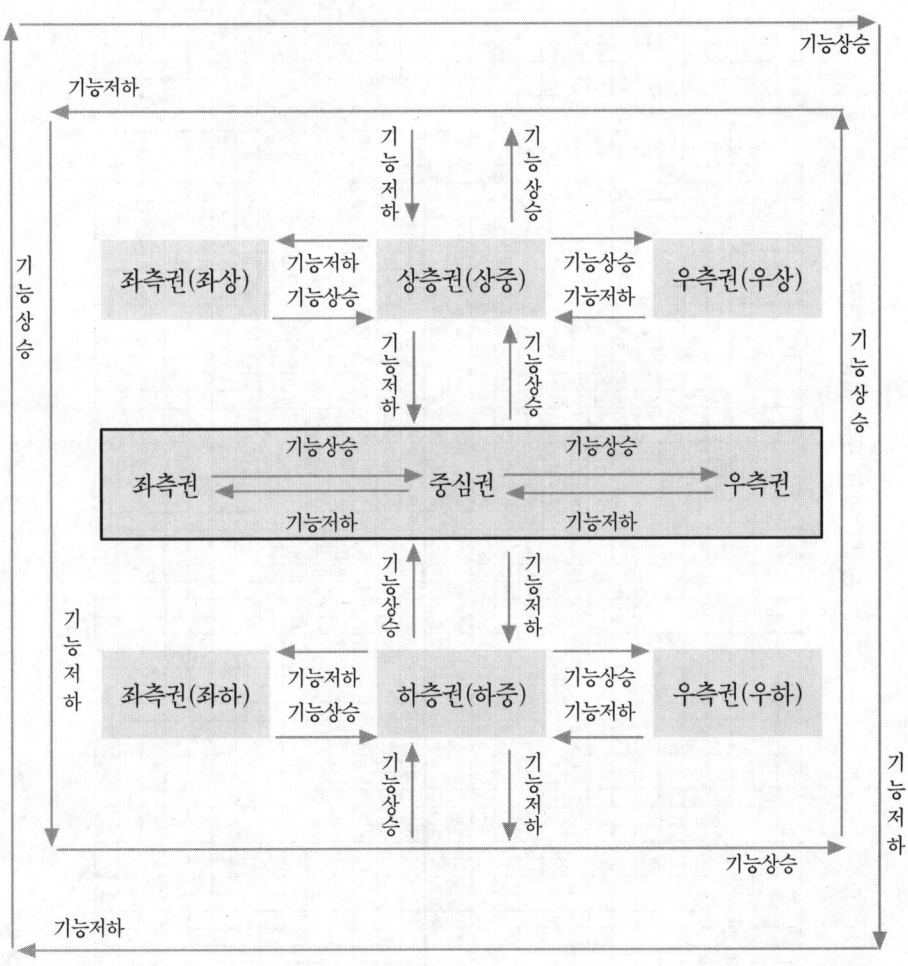

표 22. 인연 윤회 운동 조건표

13. 인연결합 기능

　두 사람이 인연과 연분을 맺으면 인정이 발생되는데 그 인정의 척도를 인연결합 기능이라 한다. 즉 친밀감, 친화성, 성공, 실패, 조화, 원근감, 화합, 단결성 등의 정도를 수치로 나타낸 것이다. 운세의 차이가 크면 클수록 인정이 없고, 상호간에 윤기가 떨어지며, 인색하고, 이해가 부족하며, 극단적인 이기주의가 발발하여 사이가 멀어진다. 그러나 인연차이가 적으면 적을수록 위의 내용과 반대 현상을 일으킨다. 다정다감에 인정이 두텁고 매사가 잘 결합되어 조화와 균형이 형성되어 아름다운 삶을 이루게 된다. 짝수와 홀수로 구성되는 운세결합에 따라 나타나는 인정 차이는 다음과 같다.

표 23. 인연결합 기능

① 최고결합형

- 가형 100 % 인연 : 짝수 - 짝수=0의 관계

짝수운세	2	4	6	8	10	12	14	16	…………	60
짝수운세	2	4	6	8	10	12	14	16	…………	60

- 나형 95 % 인연 : 짝수 - 짝수 = ±2의 관계

짝수운세	2	4	6	8	10	12	14	16	…………	60
짝수운세	4	6	8	10	12	14	16	18	…………	60

짝수운세	4	6	8	10	12	14	16	18	…………	60
짝수운세	2	4	6	8	10	12	14	16	…………	60

• 다형 90 % 인연 : 짝수 - 짝수 = ±4의 관계

짝수운세	2	4	6	8	10	12	14	16	………	60
짝수운세	6	8	10	12	14	16	18	20	………	60
짝수운세	6	8	10	12	14	16	18	20	………	60
짝수운세	2	4	6	8	10	12	14	16	………	60

• 라형 85 % 인연 : 짝수 - 짝수 = ±6의 관계

짝수운세	2	4	6	8	10	14	16	18	………	60
짝수운세	8	10	12	14	16	18	20	22	………	60
짝수운세	8	10	12	14	16	18	20	22	………	60
짝수운세	2	4	6	8	10	14	16	18	………	60

• 마형 80 % 인연 : 짝수 - 짝수 = ±8의 관계

짝수운세	2	4	6	8	10	12	14	16	………	60
짝수운세	10	12	14	16	18	20	22	24	………	60
짝수운세	10	12	14	16	18	20	22	24	………	60
짝수운세	2	4	6	8	10	12	14	16	………	60

- 바형 75 % 인연 : 짝수 - 짝수 = ±10 이상의 관계

짝수운세	2	4	6	8	10	12	14	16	…………	60
짝수운세	12	14	16	18	20	22	24	26	…………	60
짝수운세	12	14	16	18	20	22	24	26	…………	60
짝수운세	2	4	6	8	10	12	14	16	…………	60

② 보통결합형

- 사형 70 % 인연 : 짝수 - 홀수 = ±1의 관계

홀수운세	1	3	5	7	9	11	13	15	…………	59
짝수운세	2	4	6	8	10	12	14	16	…………	60
짝수운세	2	4	6	8	10	12	14	16	…………	60
홀수운세	1	3	5	7	9	11	13	15	…………	59

홀수운세	3	5	7	9	11	13	15	17	…………	59
짝수운세	2	4	6	8	10	12	14	16	…………	60
짝수운세	2	4	6	8	10	12	14	16	…………	60
홀수운세	3	5	7	9	11	13	15	17	…………	59

• 아형 60 % 인연 : 짝수 - 홀수 = ±3의 관계

홀수운세	1	3	5	7	9	11	13	15	…………	59
짝수운세	4	6	8	10	12	14	16	18	…………	60
짝수운세	4	6	8	10	12	14	16	18	…………	60
홀수운세	1	3	5	7	9	11	13	15	…………	59

홀수운세	5	7	9	11	13	15	17	19	…………	59
짝수운세	2	4	6	8	10	12	14	16	…………	60
짝수운세	2	4	6	8	10	12	14	16	…………	60
홀수운세	5	7	9	11	13	15	17	19	…………	59

• 자형 50 % 인연 : 짝수 - 홀수 = ±5의 관계

홀수운세	7	9	11	13	15	17	19	21	…………	59
짝수운세	2	4	6	8	10	12	14	16	…………	60
짝수운세	2	4	6	8	10	12	14	16	…………	60
홀수운세	7	9	11	13	15	17	19	21	…………	59

홀수운세	1	3	5	7	9	11	13	15	17	…………	59
짝수운세	6	8	10	12	14	16	18	20	22	…………	60
짝수운세	6	8	10	12	14	16	18	20	22	…………	60
홀수운세	1	3	5	7	9	11	13	15	17	…………	59

③ 최저결합

- 차형 40 % 인연 : 짝수 - 홀수 = ±7의 관계

홀수운세	9	11	13	15	17	19	21	23	…………	59
짝수운세	2	4	6	8	10	12	14	16	…………	60

짝수운세	2	4	6	8	10	12	14	16	…………	60
홀수운세	9	11	13	15	17	19	21	23	…………	59

홀수운세	1	3	5	7	9	11	13	15	17	…………	59
짝수운세	8	10	12	14	16	18	20	22	24	…………	60

짝수운세	8	10	12	14	16	18	20	22	24	…………	60
홀수운세	1	3	5	7	9	11	13	15	17	…………	59

- 카형 30 % 인연 : 짝수 - 홀수 = ±9 이상의 관계

홀수운세	11	13	15	17	19	21	23	25	…………	59
짝수운세	2	4	6	8	10	12	14	16	…………	60

짝수운세	2	4	6	8	10	12	14	16	…………	60
홀수운세	11	13	15	17	19	21	23	25	…………	59

홀수운세	1	3	5	7	9	11	13	15	17	…………	59
짝수운세	10	12	14	16	18	20	22	24	26	…………	60
짝수운세	10	12	14	16	18	20	22	24	26	…………	60
홀수운세	1	3	5	7	9	11	13	15	17	…………	59

④ 최악결합

• 타형 0 % 인연 : 홀수 - 홀수 = 0의 관계

홀수운세	1	3	5	7	9	11	13	15	…………	59
홀수운세	1	3	5	7	9	11	13	15	…………	59

• 파형 5 % 인연 : 홀수 - 홀수 = ±2~3의 관계

홀수운세	1	3	5	7	9	11	13	15	…………	59
홀수운세	3	5	7	9	11	13	15	17	…………	59
홀수운세	3	5	7	9	11	13	15	17	…………	59
홀수운세	1	3	5	7	9	11	13	15	…………	59

- 하형 10 % 인연 : 홀수 - 홀수 = ±4～7의 관계

홀수운세	5	7	9	11	13	15	17	19	21	…………	59
홀수운세	1	3	5	7	9	11	13	15	17	…………	59
홀수운세	1	3	5	7	9	11	13	15	17	…………	59
홀수운세	5	7	9	11	13	15	17	19	21	…………	59

홀수운세	5	7	9	11	13	15	17	19	21	…………	59
짝수운세	1	3	5	7	9	11	13	15	17	…………	59
짝수운세	1	3	5	7	9	11	13	15	17	…………	59
홀수운세	5	7	9	11	13	15	17	19	21	…………	59

홀수운세	7	9	11	13	15	17	19	21	23	…………	59
홀수운세	1	3	5	7	9	11	13	15	17	…………	59
홀수운세	1	3	5	7	9	11	13	15	17	…………	59
홀수운세	7	9	11	13	15	17	19	21	23	…………	59

- 허형 20 % 인연 : 홀수 - 홀수 = ±8∼9의 관계

홀수운세	9	11	13	15	17	19	21	23	25	…………	59
홀수운세	1	3	5	7	9	11	13	15	17	…………	59
홀수운세	1	3	5	7	9	11	13	15	17	…………	59
홀수운세	9	11	13	15	17	19	21	23	25	…………	59

- 호형 25 % 인연 : 홀수 - 홀수 = ±10이상의 관계

홀수운세	11	13	15	17	19	21	23	25	27	…………	59
홀수운세	1	3	5	7	9	11	13	15	17	…………	59
홀수운세	1	3	5	7	9	11	13	15	17	…………	59
홀수운세	11	13	15	17	19	21	23	25	27	…………	59

⑤ 예측불허 O형(0%) : 긍정적 · 부정적 예측형

0	0	0	0	0	0	0	0	0	0	0	0
짝수 · 홀수운세	0	1	2	3	4	5	6	7	8	9	10

짝수 · 홀수운세	0	1	2	3	4	5	6	7	8	9	10
0	0	0	0	0	0	0	0	0	0	0	0

14. 인생항로

(1) 인연 58코스

　삶에 있어 사람과 사람, 개인과 단체 사이에는 인과관계가 성립되고, 그 결과는 대체로 좋다, 나쁘다로 표현된다. 물론 각자의 목적을 성취하기 위한 수단과 방법에 따라 상당한 차이가 있고 또 개인적인 사정은 선천적인 환경과 후천적인 환경의 영향과 무관하지 않다. 하지만 사람들은 분명히 인연 58코스 원리에 따라 서로가 가야 할 길을 가기 때문에 양자간에는 대체로 제 갈 길이 따로 정해져 있다고 볼 수 있다.

　남녀를 불문하고 개인으로 태어나 삶을 영위한다는 것은 행복한 개인 생활에서 시작하여 행복이 가득한 가정의 탄생 그리고 이것이 원동력이 되어 사회와 국가에 이바지하여 삶의 보람을 느끼는 것이다.

① 우주는 무한하고 시간은 영원히 이어지는데 우리 인간은 기껏해야 1세기 미만을 살다 가는 것이다. 인생은 짧지만 한 개인의 생존가치와 대를 잇는 후손들을 생각할 때 삶은 주옥과 같다.

② 사람은 누구나 인생의 목적을 쉽게 정하지만, 그 목적에 도달하기까지는 수많은 우여곡절을 겪어야 한다. 인생 항로는 혼자서 가는 길이 아니라 반드시 상대자가 있고, 협력자와 동반자가 있다. 그렇기 때문에 하루도 빠짐없이 타인을 만나고 헤어지고 또다시 만날 것을 기약한다.

이러한 가운데 외길 인생을 사는 사람들을 종종 보게 된다. 인생의 단 한가지 목적을 위해 한평생 열정을 쏟아 부어 끝내 성공하고야 마는 그 사람들은 진정 고독한 삶을 사는 것이다.

외길 인생의 경우 홀수운세의 길로 가면 항상 외롭고 힘들고 고독하게 자기 삶을 추구하다가 실패하면 낭패를 보는 것이고, 짝수운세의 길로 간다면 반드시 성공한다는 것을 인연코스가 규명하여 준다.

③ "원수는 외나무다리에서 만난다"고 하는 말이 있는데, 외나무다리는 겹나무다리가 아니라는 점에 유의할 필요가 있다. 외나무다리는 두 개로 된 나무다리가 아니고 외톨의 것이므로 혼자만이 오갈 수 있다.

이때 두 사람이 중간에서 딱 마주 친다고 생각해 보자. 그야말로 성과 패가 정면충돌하여 자칫 낭패를 당할 수도 있다. 외는 홀수이며 겹은 짝수이다. 외는 외롭고 쓸쓸하지만 겹은 넓고 두껍고 푹신하고 따뜻하며 온정에 두 손을 잡을 동무가 있다.

홀수운세의 길로 가면 공교롭게도 꺼리고 싫어하는 대상을 만나게 된다. 사람은 누구나 홀수운세의 외길을 피하고, 짝수운세의 겹길로 가야 한다. 우리는 모두 혼자 사는 것이 아니라 더불어 함께 사는 인생의 동무이기 때문이다.

요컨대 인연해법은 두 사람이 만나서 동거동락을 하는 이상 외길을 걷는 것이 아니라, 둘이 하나가 되는 겹길을 걸어야 한다는 취지에서 생겨났다.

두 사람이 만나고 또 몇몇 사람을 만나는 일과 오랫동안 만나거나 잠시 만나는 일에도 사람과 사람 사이의 인생 항로는 인연해법에서 각각 29코스로 규명되고 있다.

우리는 누구나 29코스 중에서 자기 체질에 맞는 방식으로 한두 가지 코스를 선택하거나 또는 복합적인 코스를 가려서 걷고 있다.

우리가 인생을 개척하여 살아가는 과정에서 서로 다른 의견과 소극적인 방안이 제시되면 개인과 개인, 개인과 소속 직장, 부부 형제 사이에 사랑, 화합, 화목, 화평, 번영, 건강에 금이 가기 마련이다.

그렇지만 두 사람의 인생 코스와 일치할 경우는 짝수운세의 진행 코스를 선택하므로 동자삼 6대 덕목기능, 짝수운세기능, 발복운세

기능이 직·간접적으로 그 영향력을 행사하여 두 사람의 인연이 성공할 수 있게 만드는 일이다.

④ 그러나 한 지붕, 한 직장에 소속되어 언행일치가 각각 다르고 제 팔다리를 멋대로 흔들어 댄다면 쌍방의 만남은 원수가 되어 증오, 언쟁, 분쟁, 흑백 논리, 시비 등의 갈등에 휩싸여 인간미를 상실하게 된다. 이러한 부정적인 현상을 인연코스에서 탐구하게 되는데, 이것은 홀수 운세의 진행코스로 걷고 있기 때문이다.

우리는 구태의연한 운명론에서 출발하여 살아왔으나 지금부터는 구시대의 사고방식과 지난날의 인생궁합방식에서 탈피하여 자신과 상대자와의 인연을 합리적이고 과학적인 방법으로 접근하여 행복하게 살아야 한다.

(2) 이상적인 인생항로

① 두 사람이 만나 살아가는 인연 코스의 선택 원칙은 짝수운세 방향으로 가는 것이 최우선이고, 호불호 짝수변수가 많은 쪽을 선택한다.

② 짝수운세 동일형과 홀수운세 동일형의 경우는 호불호 짝수변수 수효가 많고 큰 짝수변수 소유자 편으로 기울어져야 한다.

③ 두 사람은 인연해법에 의하여 운세를 산출하고 인연코스를 선택하여 처음만나 검은머리 파뿌리 될 때까지 바람직한 인연코스대로 다정하게 두 손을 잡고 걸어가면 반드시 동자삼 6대 덕목기능이 나타나게 된다.

결론적으로 두 사람이 만나는 인연은 우연이 아니며, 항상 하늘이 맺어준 것이라 생각하여야 됨에도 불구하고 잘못을 남의 탓으로 넘기는 일은 인연해법에서 용납될 수 없는 위반행위이며, 두 사람이 만나 우여곡절을 겪으며 생활이 고달프고 곤경에 처하는 일은 인연 29코스를 모두 한 번씩 경험하고자 하는 것이니 어찌 이를 피할 수 있겠는가.

인연 29코스 중에는 반드시 두 사람이 가야 할 선택의 길이 있다. 이 길은 두 사람이 조금만 양보하면 외길이 아니고 겹길이 될 수 있다. 왜 자꾸만 좋은 길을 제쳐두고 나쁜 길로만 가려고 하는지.

이것은 인연코스에 마력이 붙어 사람을 유혹하려는 속성이 있기 때문인데 절대로 현혹되어 함정과 고집에 빠지면 안된다.

인연 29코스에서 이 길로 가면 '된다, 성공한다'라는 정답은 짝수운세 코스에 호불호 짝수변수가 많고 큰 수인 편이다.

다시 강조하면 인연위계질서를 지켜 홀수운세코스와 홀수변수를 피하여 가면 모든 것이 나날이 좋아질 것이며, 가정에는 만사가 평통하게 된다. 곧 인연 29코스는 피흉취길이다.

(3) 상위치자 인연 29코스 -표 24-

• 상위치자 인생 항로 1 · 2 코스

관계	성 명	인운(인연)인자	초년운세	중년운세	말년운세	인생항로변수	
						짝수변수	홀수변수
		상위치자 인생코스	1 2	·	·		
				·	·		

• 상위치자 인생 항로 3 · 4 코스

관계	성 명	인운(인연)인자	초년운세	중년운세	말년운세	인생항로변수	
						짝수변수	홀수변수
		상위치자 인생코스					
				3 4			

• 상위치자 인생 항로 5 · 6 코스

관계	성 명	인운(인연)인자	초년운세	중년운세	말년운세	인생항로변수	
						짝수변수	홀수변수
		상위치자 인생코스	5 6				

• 상위치자 인생 항로 7 · 8코스

관계	성 명	인운(인연)인자	초년운세	중년운세	말년운세	인생항로변수	
						짝수변수	홀수변수
		상위치자 인생코스		7 8			

• 상위치자 인생 항로 9 · 10 코스

관계	성 명	인운(인연)인자	초년운세	중년운세	말년운세	인생항로변수	
						짝수변수	홀수변수
		상위치자 인생코스					
				· 9 10			

• 상위치자 인생 항로 11 · 12 코스

관계	성 명	인운(인연)인자	초년운세	중년운세	말년운세	인생항로변수	
						짝수변수	홀수변수
		상위치자 인생코스					
				11 12			

• 상위치자 인생 항로 13 · 14 코스

관계	성 명	인운(인연)인자	초년운세	중년운세	말년운세	인생항로변수	
						짝수변수	홀수변수
		상위치자 인생코스		13 14			

• 상위치자 인생 항로 15 · 16 코스

관계	성 명	인운(인연)인자	초년운세	중년운세	말년운세	인생항로변수	
						짝수변수	홀수변수
		상위치자 인생코스					

• 상위치자 인생 항로 17 코스

관계	성 명	인운(인연)인자	초년운세	중년운세	말년운세	인생항로변수	
						짝수변수	홀수변수
		상위치자 인생코스					

• 상위치자 인생 항로 18 코스

관계	성 명	인운(인연)인자	초년운세	중년운세	말년운세	인생항로변수	
						짝수변수	홀수변수
		상위치자 인생코스					

- 상위치자 인생 항로 19 · 20 코스

관계	성 명	인운(인연)인자	초년운세	중년운세	말년운세	인생항로변수	
						짝수변수	홀수변수
		상위치자 인생코스					

- 상위치자 인생 항로 21 · 22 코스

관계	성 명	인운(인연)인자	초년운세	중년운세	말년운세	인생항로변수	
						짝수변수	홀수변수
		상위치자 인생코스					

- 상위치자 인생 항로 23 · 24 코스

관계	성 명	인운(인연)인자	초년운세	중년운세	말년운세	인생항로변수	
						짝수변수	홀수변수
		상위치자 인생코스					

• 상위치자 인생 항로 25·26 코스

관계	성 명	인운(인연)인자	초년운세	중년운세	말년운세	인생항로변수	
						짝수변수	홀수변수
		상위치자 인생코스					

• 상위치자 인생 항로 27 코스

관계	성 명	인운(인연)인자	초년운세	중년운세	말년운세	인생항로변수	
						짝수변수	홀수변수
		상위치자 인생코스					

• 상위치자 인생 항로 28 코스

관계	성 명	인운(인연)인자	초년운세	중년운세	말년운세	인생항로변수	
						짝수변수	홀수변수
		상위치자 인생코스					

- 상위치자 인생 항로 29 코스

관계	성 명	인운(인연)인자	초년운세	중년운세	말년운세	인생항로변수	
						짝수변수	홀수변수
		상위치자 인생코스	29				

(4) 하위치자 인생 29코스 -표25-

- 하위치자 인생 항로 1 · 2 코스

관계	성 명	인운(인연)인자	초년운세	중년운세	말년운세	인생항로변수	
						짝수변수	홀수변수
		하위치자 인생코스	1 2				

- 하위치자 인생 항로 3 · 4 코스

관계	성 명	인운(인연)인자	초년운세	중년운세	말년운세	인생항로변수	
						짝수변수	홀수변수
		하위치자 인생코스	3 4				

- 하위치자 인생 항로 5 · 6 코스

관계	성 명	인운(인연)인자	초년운세	중년운세	말년운세	인생항로변수	
						짝수변수	홀수변수
		하위치자 인생코스					

- 하위치자 인생 항로 7 · 8 코스

관계	성 명	인운(인연)인자	초년운세	중년운세	말년운세	인생항로변수	
						짝수변수	홀수변수
		하위치자 인생코스					

- 하위치자 인생 항로 9 · 10 코스

관계	성 명	인운(인연)인자	초년운세	중년운세	말년운세	인생항로변수	
						짝수변수	홀수변수
		하위치자 인생코스					

• 하위치자 인생 항로 11 · 12 코스

관계	성 명	인운(인연)인자	초년운세	중년운세	말년운세	인생항로변수	
						짝수변수	홀수변수
				11 · 12			
		하위치자 인생코스					

• 하위치자 인생 항로 13 · 14 코스

관계	성 명	인운(인연)인자	초년운세	중년운세	말년운세	인생항로변수	
						짝수변수	홀수변수
		하위치자 인생코스		13 14			

• 하위치자 인생 항로 15 · 16 코스

관계	성 명	인운(인연)인자	초년운세	중년운세	말년운세	인생항로변수	
						짝수변수	홀수변수
		하위치자 인생코스	15 · 16				

• 하위치자 인생 항로 17 코스

관계	성 명	인운(인연)인자	초년운세	중년운세	말년운세	인생항로변수	
						짝수변수	홀수변수
		하위치자 인생코스	17				

• 하위치자 인생 항로 18 코스

관계	성 명	인운(인연)인자	초년운세	중년운세	말년운세	인생항로변수	
						짝수변수	홀수변수
		하위치자 인생코스	18				

• 하위치자 인생 항로 19 · 20 코스

관계	성 명	인운(인연)인자	초년운세	중년운세	말년운세	인생항로변수	
						짝수변수	홀수변수
		하위치자 인생코스	19 20				

• 하위치자 인생 항로 21 · 22 코스

관계	성 명	인운(인연)인자	초년운세	중년운세	말년운세	인생항로변수	
						짝수변수	홀수변수
		하위치자 인생코스		21 22			

• 하위치자 인생 항로 23 · 24 코스

관계	성 명	인운(인연)인자	초년운세	중년운세	말년운세	인생항로변수	
						짝수변수	홀수변수
		하위치자 인생코스		23 24			

• 하위치자 인생 항로 25 · 26 코스

관계	성 명	인운(인연)인자	초년운세	중년운세	말년운세	인생항로변수	
						짝수변수	홀수변수
		하위치자 인생코스	25 26				

• 하위치자 인생 항로 27 코스

관계	성 명	인운(인연)인자	초년운세	중년운세	말년운세	인생항로변수	
						짝수변수	홀수변수
		하위치자 인생코스	27				

• 하위치자 인생 항로 28 코스

관계	성 명	인운(인연)인자	초년운세	중년운세	말년운세	인생항로변수	
						짝수변수	홀수변수
			28				
		하위치자 인생코스					

• 하위치자 인생 항로 29 코스

관계	성 명	인운(인연)인자	초년운세	중년운세	말년운세	인생항로변수	
						짝수변수	홀수변수
		하위치자 인생코스	29				

동자삼 예진력

1. 인연감정의 예진력

사람은 한치 앞을 내다볼 수 없는 상황에서 활동하고 있는데, 인간관계가 과연 어떻게 진행되어 어떤 결과를 가져올 것인가에 대한 해답은 실로 막연하다. 실제로 초면에 만난 두 사람은 상대가 서로 어떤 사람인지도 모르고, 그 사람이 어떤 행동을 할는지도 알 수 없다.

즉, 만날 장소, 시기, 원인, 이유, 사연 등에서부터 그 사람의 성격, 용모, 체구, 기질, 개성, 성질, 학벌, 일의 처리 기능 등등의 사정을 전혀 모르는 상태에서 한글 성명만으로 사전에 그 무엇을 할 수 있단 말인가.

평범한 생각으로는 필자의 말을 도저히 알 수 없는 허황된 소리로밖에 들을 수 없을 것이다. 게다가 지금까지 한글성명으로 그 무엇을 풀어낼 수 있다는 연구도 거의 이루어진 바 없다. 그런데 나와 동자삼이 하나가 되어 한글성명만으로 두 사람의 인생항로를 알 수 있다고 소리 높여 외치고 있다.

좌우지간에 이론이야 어떻든 과학적, 수학적, 현실적으로 맞는다는 것이면 그 속에 진리가 있을 것이다. 이에 따라 창출한 동자삼작명은 두 사람의 인연을 감정한 결과 다음과 같은 결론을 얻었다.

① 자신과 상대자와의 만남으로 인하여 맺어진 인연, 결혼대상자·사업대상자·우정·연애·친구·동료와의 인간관계의 호불을 바람직하게 예진할 수 있다.
② 실제로 인연을 맺고 있지는 않지만 앞으로 인연을 맺을 상대자에 대하여서는 사전에 상대자와의 인간관계가 어떻게 진행될 것인지를 유추할 수 있다.

③ 두 사람과의 인간관계를 감정하는 내용은 처음 단계 (초년운세), 중간 단계 (중년운세), 마무리 단계 (말년운세)로 구분하여 인생항로의 큰 흐름을 정확히 짚어줄 수 있다.

④ 동자삼작명의 감정은 두 사람과의 인생항로에서 주별, 일별, 시간대별로 일어나는 운세에 대하여는 연구·개발중이며 연별과 월별의 예측은 확실하다.

표 26. 인생항로 감정항목

감 정 항 목	동자삼 예진력
1. 짝짓기와 연분	• 좋은 연분인가, 나쁜 연분인가. • 잘 사느냐, 못 사느냐. • 성질은 누가 더 좋고, 더 나쁜가. • 마음은 누가 더 좋고, 더 나쁜가. • 누가 돈을 더 많이 벌고, 적게 버는가. • 가정의 주도권을 누가 갖게 되는가. • 여자 덕분에 남자가 출세할 수 있나. • 남자 덕분에 여자가 편안하게 살 수 있나. • 서로가 싸우는 타입인가. • 서로가 이해하고 생활 동반자로서의 정이 있는가. • 파산·도산·위험사고·결별·이혼·사별 등이 발생하는가. • 복이 남자에게 있는가, 여자에게 있는가. • 타인으로부터 누가 더 인심을 얻는가. • 남자의 성질변화가 어떻게 되는가. • 여자의 성질변화가 어떻게 되는가. • 초년·중년·말년의 건강·재산·명예는 누가 더 좋은가. • 문제가 있다면 누구에게 있는가. • 누가 가정윤리를 파괴하는가.

감 정 항 목	동자삼 예진력
2. 생활 주변인	• 누가 먼저 좋아하는가. • 성질이 좋은가, 나쁜가. • 마음씨가 착한가, 불량한가. • 믿을 수 있나, 없나. • 도움을 받을 수 있나, 없나. • 누가 성공하는가. • 누가 실패하는가. • 교제를 해야 되나, 안 해야 하나. • 한평생 우정의 대상인가, 아닌가. • 성질이 서로가 맞나, 안 맞나. • 성질이 좋은가, 넓은가, 급한가, 여유가 있는가. • 고집이 있는가, 없는가. • 추진력이 있는가, 없는가. • 상대자와 경쟁하면 이기는가, 지는가. • 누가 더 일을 잘 하는가. • 누가 주도적인 역할을 담당하는가. • 누가 사업상 이익을 더 보는가. • 뜻밖의 사고가 일어나는가, 모면할 수 있는가. • 누가 실패형인가, 성공형인가. • 누가 누구의 뜻대로 보필하여야 되나. • 누가 누구의 덕을 보고 지내는가. • 서로 사이 좋게 마무리를 하는가. • 서로의 정은 있는가, 없는가.
3. 소송·담판	• 재판에서 승소와 패소는 누구인가. • 당사자간의 이해득실은 누가 더 유리한가.
4. 부모형제	• 부모와의 인연은 좋은가, 나쁜가. • 형제간의 우애가 있나, 없나.
5. 고 부	• 고부간의 사이는 좋은가, 나쁜가. • 누가 경영 주도권을 갖고 있나.
6. 이 웃	• 이웃 사람과는 정이 있나, 없나. • 서로간의 입장이 어떻게 전개될 것인가.
7. 애 정	• 누가 누구를 더 좋아하여 이루어진 관계인가. • 현재의 정은 어느 정도이고, 앞으로 어떻게 발전될 것인가.

2. NSM 그래프의 예진력

NSM 그래프의 예진력은 다음과 같다.

① NSM 그래프는 개체명의 평가 잣대로써 그 개체의 성공과 실패를 분석하여 주고, 사람의 경우 그 사람의 얼굴과 같은 모양이다. 그리고 호연과 악연의 결연 및 성명의 선천적 내재가치를 산출하여 그 사람의 건강과 명예와 재산에 대한 성취도를 총체적으로 예진하는 능력이 있다.

② 오늘날 우리 사회에서 한글성명 표기가 일상생활에서 차지하는 비율이 거의 95 %에 달해 이에 부응하는 한글성명학의 연구가 절실히 요구되는 이때 NSM 그래프의 창출은 안성맞춤이다.

③ NSM 그래프에서 한글성명이 그 사람의 인생항로를 판단하는데 미치는 영향력은 기본적으로 33 %이다.
한글성명은 그 성명에 맞는 연분이 이루어지면 두 사람의 인생항로에 66 %를 차지하고 또 두 사람의 연분에 맞는 한글성명과 인연을 맺어 살게 되면 인생항로의 99 %를 점유하는 힘을 발휘할 수 있다.

④ 동명이인과 동성동명 또는 쌍둥이의 한글성명은 NSM 작명 그래프는 똑같지만, 어떤 한글성명과 연분을 맺느냐와 어떤 한글성명과의 인연을 맺어 활동하는가에 따라 인생항로가 각각 다르게 나타나게 한다.

⑤ NSM 그래프에 나타나는 좋은 이름은 상대방의 좋은 이름을 만나면 더욱 좋아지거나 과유불급을 나타내고, 좋은 이름과 나쁜 이름이 서로 만나면 한글성명이 보완관계를 유지하여 좋아지며, 나쁜 이름과 나쁜 이름이 결합되면 더욱 나쁘기는 하지만 전화위복의 계기를 맞이하게 되는 경우를 만들어 줄 수 있다.

⑥ NSM 그래프는 개인의 심볼 마크 · 사인 · 각인 · 스티커 · 사진화하여 한글성명과 병행하여 사용할 수 있도록 개발될 것이다.

제 2 장

인 연 해 법

● 운세 뽑기

1. 인운인자 산출 방법

우리 나라 사람의 성명은 한글로 표시되어 성을 포함하여 대체적으로 3자 또는 2자 등으로 되어 있는데 인연해법에서는 반드시 출생신고시에 등재된 호적상의 한글만을 그 사람의 성명으로 인정한다. 이제부터 실례를 들어 운세를 산출하는 방법을 설명하여 보자.

필자의 성명은 호적상에는 1942년 5월 15일 남시모로 기록되었으므로 이에 대한 인운인자를 한글 인운인자 치환표(표2)에 의하여 작성하여 보면 다음과 같은 내용을 가지게 된다.

남시모 인운인자 셈표

이 름	남시모(자음·모음)	ㄴ	ㅏ	ㅁ	ㅅ	ㅣ	ㅁ	ㅗ
	한글 인운인자 치환표(표2)	2	1	5	7	10	5	5

위에서 보는 바와 같이 남시모의 인운인자 산출방법은 먼저 남시모의 성명을 자음과 모음으로 분리하여 반드시 순서대로 나열시키고 한글 인운인자 치환표(표2)에 의하여 해당되는 숫자를 찾아내면 된다.

즉, ㄴ→2, ㅏ→1, ㅁ→5, ㅅ→7, ㅣ→10, ㅁ→5, ㅗ→5가 되므로 남시모의 인운인자는 2, 1, 5, 7, 10, 5, 5로 구성되어 있다.

인연과 연분을 감정하려면 상대자가 있어야 하고 두 사람과의 만남으로 형성되는 인간관계를 알아보려면 초년운세·중년운세·말년운세·호불호 짝수변수와 홀수변수를 산출해야 된다.

그 방법은 다음과 같은데 두 사람의 이름을 적은 위치는 남자는 상위치에 여자를 하위치에 그리고 상대자는 위에 본인은 아래에 적는 것이 원칙이다.

초년, 중년, 말년 운세 산출표

관계	성 명	인 운 인 자	① 초년운세	② 중년운세	③ 말년운세	④ 인생항로 변수기능	
						짝수변수	홀수변수
남편	남시모	ㄴ ㅏ ㅁ ㅅ ㅣ ㅁ ㅗ 2 ① 5 ⑦ 10 5 5					
처	정숙자	ㅈ ㅓ ㅇ ㅅ ㅜ ㄱ ㅈ ㅏ 9 3 8 ⑦ ⑦ ① 9 ①					

위의 표에서는 인연을 감정하고자 하는 상대자의 한글성명을 자음과 모음으로 각각 순서대로 분리하여 한글 인운인자 치환표(표2, p.27)에 해당되는 숫자를 기입한 것이다.

(1) 초년운세 산출방법

두 사람의 인운인자가 서로 같은 것을 헤아린 수효가 곧 초년운세이다.

즉, 두 사람의 숫자가 같은 것끼리 ○표한 것의 수효이다.

초년운세 뽑기

성 명	인 운 인 자	① 초년운세	중년운세
남 시 모	2 ① 5 ⑦ 10 5 5	2	
정 숙 자	9 3 8 ⑦ ⑦ ① 9 ①	4	

※ 두 사람의 인운인자가 서로 같은 것끼리 ○표를 한 뒤 ○의 수를
세어서 그 수효를 '초년운세'란에 각각 기입한다.
남시모는 ①⑦의 ○표가 2개 있으므로 초년운세는 2이고, 정숙자
는 ⑦⑦①①의 ○표가 4개 있으므로 초년운세는 4이다.

(2) 중년운세 산출방법

두 사람의 인운인자가 서로 틀린 것을 헤아린 수효가 곧 중년운세
이다.
즉, ○표가 없는 숫자를 헤아린 수효이다.

중년운세 뽑기

성 명	인 운 인 자	② 중년운세	말년운세
남 시 모	2 ① 5 ⑦ 10 5 5	5	
정 숙 자	9 3 8 ⑦ ⑦ ① 9 ①	4	

※ 두 사람의 인운인자가 서로 틀린 것의 수효를 세어서 그 수효를
'중년운세'란에 각각 기입한다.
따라서 남시모는 2, 5, 10, 5, 5로서 수효가 5이고, 정숙자는 9, 3,
8, 9로서 수효가 4개이므로 중년운세는 4이다.

(3) 말년운세 산출방법

초년운세 + 중년운세 = 말년운세이다.

보기 3 말년운세 뽑기

인연명 성 명	초년운세	중년운세	말년운세	인생항로 변수기능	
				짝수변수	홀수변수
남 시 모	2	5	7		
정 숙 자	4	4	8		

※ 초년운세 + 중년운세 = 말년운세

남시모의 말년운세 = 2 + 5 = 7

정숙자의 말년운세 = 4 + 4 = 8

(4) 호불호 변수기능 산출방법

짝수변수 : 중년운세에 해당되는 인운인자 중에서 짝수이다.

홀수변수 : 중년운세에 해당되는 인운인자 중에서 홀수이다.

보기 4 호불호 변수 뽑기

인연명 성 명	인 운 인 자	초년 운세	중년 운세	말년 운세	④ 인생항로변수기능	
					짝수변수	홀수변수
남 시 모	2 ① 5 ⑦ 10 5 5				2, 10	5, 5, 5
정 숙 자	9 3 8 ⑦ ⑦ ① 9 ①				8	9, 3, 9

※ 남시모의 짝수변수는 ○표하지 않은 2, 5, 10, 5, 5의 인운인자 중
에서 짝수인 2, 10을 '짝수변수'란에 그대로 이기한다.

홀수변수는 ○표하지 않은 2, 5, 10, 5, 5 중에서 홀수인 5, 5, 5를

'홀수변수'란에 그대로 옮겨 적는다.

정숙자의 짝수변수는 ○표하지 않은 9, 3, 8, 9의 인운인자 중에서
짝수변수인 8을 '짝수변수'란에 그대로 이기한다.

홀수변수는 ○표하지 않은 9, 3, 8, 9 중에서 홀수인 9, 3, 9를 '홀
수변수'란에 그대로 옮겨 적으면 된다.

2. 후천적 운세 풀이 산출

이상과 같은 방법으로 남시모와 정숙자의 후천적 인연 감정자료를
산출하면 아래와 같다.

표 27. 본인과 상대자의 후천적 운세 풀이 산출표

한국인연감정원 동자삼작명소⑩	사업 진행단계	초기	중간	말기	④ 인생항로 변수기능	
	기준연령	30세 미만	31 ~ 50세	51세 이상	선	악
	인생항로 점유비율	15%	70%	15%	좋은일 발전	나쁜일 촉진

관계	성명	인운인자산출	운세	초년 운세	중년 운세	말년 운세	④ 호불호 변수기능	
							짝수변수	홀수변수
남편	남시모	ㄴ ㅏ ㅁ ㅅ ㅣ ㅁ ㅗ 2 ① 5 ⑦ 10 5 5		2	5	7	2, 10	5, 5, 5
아내	정숙자	ㅈ ㅓ ㅇ ㅅ ㅜ ㄱ ㅈ ㅏ 9 3 8 ⑦ ⑦ ① 9 ①		4	4	8	8	3, 9, 9

①초년운세 $\frac{2}{4}$ ②중년운세 $\frac{5}{4}$ ③말년운세 $\frac{7}{8}$

④호불호변수기능

ㄱ 남시모 : 짝수변수 2, 10 홀수변수 : 5, 5, 5

ㄴ 정숙자 : 짝수변수 8   홀수변수 : 3, 9, 9

표28에서부터 표42까지의
내용 중에서 어디에 해당되
는지를 찾아 총체적으로
풀이한다.

3. 인연인자 산출 방법

인연인자의 산출은 NSM 작명 그래프의 인연축에 나타난 인연점이 곧 인연인자이며, 선천적 인연해법은 후천적 인연해법에 준하여 처리한다.

운세풀이 잣대

1. 인연감정 잣대 해독원칙

① 한글의 자음과 모음에 아라비아 숫자를 부여하여 한글성명으로 인연을 감정하고, 외국인의 경우는 이에 준한다.

② 인연감정은 자신과 상대방과의 인간관계를 과학적이고 수학적인 방법으로 성공과 실패, 행복과 불행, 좋음과 나쁨, 만남과 이별 등의 대세를 초년, 중년, 말년으로 구분하여 판독하는데 중년의 운세가 인생의 70 %를 차지하고 있으므로 가장 중요시하고 있다.

③ 인연감정은 자신과 상대방과의 인생항로에서 과거와 현재를 검증하고 미래를 예측함으로써 개인의 불행을 사전에 방지한다.

④ 짝수기능은 성선설에 의하여 선행을 추구하고, 홀수기능은 성악설에 의하여 악을 행한다. 짝수와 홀수의 효율성 차이는 짝수는 숫자가 높으면 높을수록 좋은 효력이 강하게 나타나고, 홀수는 숫자가 낮으면 낮을수록 나쁜 효력이 강화된다.

⑤ 짝수는 홀수보다 우세한 지위를 확보하여 경영 주도권을 장악하게 되므로 홀수를 다스리며 홀수는 짝수편으로 통합되어 짝수를 보조하고 보필하는 의무를 충실히 이행해야 행복을 얻는다.

⑥ 작은 짝수는 큰 짝수편으로 흡수되고, 작은 홀수는 큰 홀수편으로 흡수통합되어야 하며, 홀수는 짝수편으로 결합되어야 짝수와 홀수는 바람직한 상호관계를 유지하여 생활한다.

⑦ 0의 기능은 예측불허인데, 홀수를 만나면 부정적 예측형이고, 짝수를 만나면 긍정적 예측형이다.

⑧ 짝수와 홀수의 결합에서 0, 1, 3이 발생하는 인연이 성립되지 않도록 유념해야 한다. 다만, 호불호 변수기능에서 짝수변수가 큰 수로 나타나거나 그 수효가 2개 이상일 경우는 예외로 할 수 있다.

⑨ 두 사람의 인연 감정에서 행복과 불행, 성공과 실패의 운세 판독에 0, 1, 3은 비정상적인 일과 뜻밖의 사태를 야기시키는 주체이다.

⑩ 짝수와 홀수의 결합에서 짝수와 홀수가 각각 지니고 있는 특수 의미를 항상 기억하여 인연을 감정한다.

⑪ 자신과 상대방이 인연감정 원리 원칙에 위배되는 인연을 맺거나 스스로 파괴하거나 이행하지 않으면 서로가 불행을 자초하여 파국을 면하기 어렵다.

⑫ 인연에는 인연질서가 절대적이며, 인연위계질서에 역행하는 일이 일어나지 않도록 사전에 스스로 알고 행동하면, 동자삼 6대 덕목 기능이 실현된다.

2. 잘 사는 운세 풀이법(짝수운세)

(1) 짝수운세 결합형

짝수운세는 자신과 상대자와의 인연을 감정하여 초년, 중년, 말년운세에 짝수로 각각 나타나는 운세이다. 대체적으로 본인과 상대방은 건강, 명예, 재산이 매우 좋게 되는데, 다음의 해법대로 운세를 풀이한다. 다만, 인생항로의 변수기능인 짝수변수와 홀수변수의 작용은 포함하지 않았다.

표 28. 잘 사는 운세 풀이법

짝수운세 항 목	짝수 2, 4, 8, 10, 12, 14 등이 서로 결합된 초년, 중년, 말년의 운세 예시 ($\frac{4}{2}$. $\frac{2}{4}$. $\frac{8}{6}$. $\frac{6}{8}$. $\frac{2}{10}$. $\frac{10}{2}$. $\frac{12}{14}$. $\frac{14}{12}$. $\frac{2}{6}$. $\frac{4}{10}$ 등)

기본풀이	① 짝수는 성선설에 의하여 선행을 추구한다. ② 짝수의 성질은 부드럽고, 순하며, 조화와 타협을 모색한다. ③ 짝수는 식견이 넓고, 합리적인 사고방식에 대화를 통하여 순리적으로 처리한다. ④ 짝수는 현실에 긍정적이고, 이해가 많으며, 매사에 유연한 활동을 통하여 성공한다.

풀 이 말	① 짝수는 홀수보다 ~가(이, 은) 좋다, 잘된다, 있다, ~을 극복한다. ② 큰 짝수는 작은 짝수보다 ~가(이, 은) 좋다, 잘된다, 있다, ~을 극복한다. 　따라서 일반적으로 짝수는 홀수보다 긍정적인 측면에서 활동하고 또 큰 짝수는 작은 짝수보다 더 우세한 여건에서 일하게 된다.

운세분류

짝수의 ~가 좋고, ~가 잘된다, ~가 있다, ~을 극복한다 등의 정도차이는 짝수의 수가 높으면 높을수록 최상급의 좋은 상황이다.

운세풀이말 구　분 짝　수 운세 분류	~가 좋다, ~가 잘된다, ~가 있다, ~을 극복한다						
	하			중		상	
	하	중	상	중	상	중	상
짝　수	2	4	6	8	10	12	14
성공률(%)	50	60	70	80	90	100	110

특수기능

짝수운세는 특수한 임무를 발휘하고 있으므로 잘 기억하여 확실하게 해석한다.

임무 운세	특수 기능	임무 운세	특수 기능
2	생활기능기반 구축 만복의 근원	10	생활기능도약, 자기도취형
4	생활기능 향상, 다복형	12	만사형통형, 오만불손형
6	생활기능 증대, 호사다마형	14	소원성취로 인한 수복강녕의 안하무인형
8	생활기능 비대, 과유불급형		

행동강령

① 큰 짝수는 작은 짝수에 대하여 경영주도권을 장악하여 작은 짝수를 다스린다.
② 작은 짝수는 큰 짝수편으로 기울어져 큰 짝수의 경영방식대로 살아가야 한다.
③ 짝수끼리의 결합된 운세는 서로가 인생의 보람을 남기고 특히 동일한 짝수의 만남은 더욱 그러하다.
④ 짝수형은 짝수 12, 14와 만나면 지나치고, 보통 4, 6, 8의 결합이 좋고 2는 만복의 밑거름이다.

(2) 잘사는 운세 유형(짝수형 운세)

짝수형 운세 등급은 자신과 상대방 사이에 이루어지는 초·중·말년의 운세 중에서 쌍방이 짝수로 결합되는 것을 말하며, 짝수형 운세는 건강, 명예, 재산의 형성이 서로가 양호하여 부유한 생활을 하게 된다. 이러한 생활의 정도 차이는 1~7등급으로 분류되고 이 중에서 안하무인형, 과유불급형, 호사다마형, 호사다복형으로 구분된다. 하지만 모든 짝수형 운세에도 반드시 두 사람의 짝수변수와 홀수변수가 각각 작용하여 인생항로에 변수가 일어난다는 사실을 알고 감정해야 한다.

표 29. 잘 사는 운세 유형

짝 수 형 운세등급	안하무인형			과유불급형		호사다마형	
	1 등급	2 등급	3 등급	4 등급	5 등급	6 등급	7 등급
1호	$\dfrac{14}{14}$	$\dfrac{14}{12}$	$\dfrac{14}{10}$	$\dfrac{14}{8}$	$\dfrac{14}{6}$	$\dfrac{14}{4}$	$\dfrac{14}{2}$
2호	$\dfrac{12}{14}$	$\dfrac{12}{12}$	$\dfrac{12}{10}$	$\dfrac{12}{8}$	$\dfrac{12}{6}$	$\dfrac{12}{4}$	$\dfrac{12}{2}$
3호	$\dfrac{10}{14}$	$\dfrac{10}{12}$	$\dfrac{10}{10}$	$\dfrac{10}{8}$	$\dfrac{10}{6}$	$\dfrac{10}{4}$	$\dfrac{10}{2}$
4호	$\dfrac{8}{14}$	$\dfrac{8}{12}$	$\dfrac{8}{10}$	$\dfrac{8}{8}$	$\dfrac{8}{6}$	$\dfrac{8}{4}$	$\dfrac{8}{2}$
5호	$\dfrac{6}{14}$	$\dfrac{6}{12}$	$\dfrac{6}{10}$	$\dfrac{6}{8}$	$\dfrac{6}{6}$	$\dfrac{6}{4}$	$\dfrac{6}{2}$
6호	$\dfrac{4}{14}$	$\dfrac{4}{12}$	$\dfrac{4}{10}$	$\dfrac{4}{8}$	$\dfrac{4}{6}$	$\dfrac{4}{4}$	$\dfrac{4}{2}$
7호	$\dfrac{2}{14}$	$\dfrac{2}{12}$	$\dfrac{2}{10}$	$\dfrac{2}{8}$	$\dfrac{2}{6}$	$\dfrac{2}{4}$	$\dfrac{2}{2}$

① 안하무인형

안하무인형의 운세는 짝수형 중에서 매우 잘 사는 것으로 1등급, 2등급, 3등급으로 분류된다. 즉, $\frac{10}{10} \cdot \frac{12}{10} \cdot \frac{14}{10}$, $\frac{10}{12} \cdot \frac{12}{12} \cdot$ $\frac{14}{12} \cdot \frac{10}{14} \cdot \frac{12}{14} \cdot \frac{14}{14}$ 의 운세는 좋은 일이 집중되어 부유한 생활을 하게 되다 보니 오만과 자존심으로 타인을 경멸하는 풍조가 일어난다.

② 과유불급형

과유불급형의 운세는 짝수형 중에서 잘 사는 것이 중간 정도 이상인데, 4등급과 5등급이다. 즉, $\frac{6}{6} \cdot \frac{8}{6} \cdot \frac{10}{6} \cdot \frac{12}{6} \cdot \frac{14}{6} \cdot$ $\frac{6}{8} \cdot \frac{8}{8} \cdot \frac{10}{8} \cdot \frac{12}{8} \cdot \frac{14}{8} \cdot \frac{6}{10} \cdot \frac{8}{10} \cdot \frac{6}{12} \cdot \frac{8}{12} \cdot \frac{6}{14}$ $\cdot \frac{8}{14}$ 의 운세는 지나친 성공은 오히려 미치지 아니하는 것보다 못하다는 것으로 매사가 잘 풀린다고 해서 과욕을 부리면 큰 실수를 범하게 된다는 내용이다. 큰 실수를 범할 수 있는 홀수변수 1, 3, 5의 출현을 매우 조심해야 한다.

뜻하는 일이 잘 진행되고 있는 중에 이상을 일으킬 경우 두 사람의 인연운세 중에서 홀수변수 1, 3, 5가 있는지를 다시 확인하여 보아야 되고, 이와 같은 홀수변수가 있으면 인연위계질서대로 어느 한쪽이 절대 양보하지 않으면 안 된다.

③ 호사다마형

호사다마형의 운세는 짝수형 중에서 잘 사는 유형으로서 6등급과 7등급이다. 즉, $\frac{2}{14} \cdot \frac{2}{12} \cdot \frac{2}{10} \cdot \frac{2}{8} \cdot \frac{2}{6} \cdot \frac{14}{6} \cdot \frac{2}{2} \cdot \frac{4}{2} \cdot$

$$\frac{6}{2} \cdot \frac{8}{2} \cdot \frac{10}{2} \cdot \frac{12}{2} \cdot \frac{14}{2} \cdot \frac{2}{4} \cdot \frac{4}{4} \cdot \frac{6}{4} \cdot \frac{8}{4} \cdot \frac{10}{4} \cdot \frac{12}{4}$$

$\cdot \frac{14}{4} \cdot \frac{4}{6} \cdot \frac{4}{8} \cdot \frac{4}{10} \cdot \frac{4}{12} \cdot \frac{4}{14}$의 운세는 하는 일들이 순
조롭게 잘 풀어져 대내외적으로 좋은 일이 성사되는데 때때로 마가
끼어 결과가 나쁜 현상을 초래하고, 특히 홀수변수 5가 나타나면 함
정과 고집 등에 걸려 매사가 처음에는 잘 진행되지만 나중에는 실패
를 범할 수도 있다.

항상 홀수변수 5를 조심해야 한다. 이 와중에 홀수변수 1,3이 있으
면 문제는 심각하다.

④ 호사다복형

호사다복형은 짝수형 중에서 자신과 상대방의 운세가 동일한 짝수
를 나타내는 경우인데, 이를테면 $\frac{14}{14} \cdot \frac{12}{12} \cdot \frac{10}{10} \cdot \frac{8}{8} \cdot \frac{6}{6} \cdot$
$\frac{4}{4} \cdot \frac{2}{2}$이다. 이들의 운세는 100%의 인연으로 정의가 두텁고 천
생배필이며 다복하고 행복을 향유한다.

하지만 홀수변수에서 1과 3이 1개 또는 2개 이상 나타나면 1과 3
은 비정상적이고 뜻밖의 일을 만들어 좋게 진행되는 일에 장애역할,
저지역할, 방해작용, 시기, 질투, 혐오, 대립, 극한 상황을 초래하므로
홀수 1, 3을 조심하지 않으면 안 된다.

또한 홀수변수 5가 겹치면 함정과 고집에 말려들 수 있다.

본인과 상대방간에 다정다감한 생활환경이 점차로 쇠퇴하여 악화
될 경우, 매사가 잘 진행되고 있는 과정에서 의외의 일이 일어날 경
우, 처음 여건이 승승장구하다가 어느 날 갑자기 무너질 경우 등이
이에 속한다.

(3) 잘 사는 운세 조견표 보는 방법

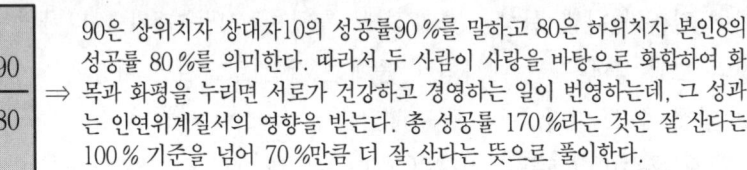

$$\frac{10 \mid 90}{8 \mid 80} \Rightarrow \frac{10}{8}\frac{\text{(상위치자 : 상대자)}}{\text{(하위치자 : 본 인)}}$$

본인과 상대자간의 초년, 중년, 말 : 년의 운세 중에서 어느 하나가 이에 속한다.

$$\frac{90}{80} \Rightarrow$$ 90은 상위치자 상대자10의 성공률90％를 말하고 80은 하위치자 본인8의 성공률 80％를 의미한다. 따라서 두 사람이 사랑을 바탕으로 화합하여 화목과 화평을 누리면 서로가 건강하고 경영하는 일이 번영하는데, 그 성과는 인연위계질서의 영향을 받는다. 총 성공률 170％라는 것은 잘 산다는 100％ 기준을 넘어 70％만큼 더 잘 산다는 뜻으로 풀이한다.

표 30. 가장 잘 사는 운세 평가기준

짝 수 형 운세등급	1등급 운세	1등급 성공률%	2등급 운세	2등급 성공률%	3등급 운세	3등급 성공률%	4등급 운세	4등급 성공률%	5등급 운세	5등급 성공률%	6등급 운세	6등급 성공률%	7등급 운세	7등급 성공률%
1호	$\frac{14}{14}$	$\frac{110}{110}$	$\frac{14}{12}$	$\frac{110}{100}$	$\frac{14}{10}$	$\frac{110}{90}$	$\frac{14}{8}$	$\frac{110}{80}$	$\frac{14}{6}$	$\frac{110}{70}$	$\frac{14}{4}$	$\frac{110}{60}$	$\frac{14}{2}$	$\frac{110}{50}$
2호	$\frac{12}{14}$	$\frac{100}{110}$	$\frac{12}{12}$	$\frac{100}{100}$	$\frac{12}{10}$	$\frac{100}{90}$	$\frac{12}{8}$	$\frac{100}{80}$	$\frac{12}{6}$	$\frac{100}{70}$	$\frac{12}{4}$	$\frac{100}{60}$	$\frac{12}{2}$	$\frac{100}{50}$
3호	$\frac{10}{14}$	$\frac{90}{110}$	$\frac{10}{12}$	$\frac{90}{100}$	$\frac{10}{10}$	$\frac{90}{90}$	$\frac{10}{8}$	$\frac{90}{80}$	$\frac{10}{6}$	$\frac{90}{70}$	$\frac{10}{4}$	$\frac{90}{60}$	$\frac{10}{2}$	$\frac{90}{50}$
4호	$\frac{8}{14}$	$\frac{80}{110}$	$\frac{8}{12}$	$\frac{80}{100}$	$\frac{8}{10}$	$\frac{80}{90}$	$\frac{8}{8}$	$\frac{80}{80}$	$\frac{8}{6}$	$\frac{80}{70}$	$\frac{8}{4}$	$\frac{80}{60}$	$\frac{8}{2}$	$\frac{80}{50}$
5호	$\frac{6}{14}$	$\frac{70}{110}$	$\frac{6}{12}$	$\frac{70}{100}$	$\frac{6}{10}$	$\frac{70}{90}$	$\frac{6}{8}$	$\frac{70}{80}$	$\frac{6}{6}$	$\frac{70}{70}$	$\frac{6}{4}$	$\frac{70}{60}$	$\frac{6}{2}$	$\frac{70}{50}$
6호	$\frac{4}{14}$	$\frac{60}{110}$	$\frac{4}{12}$	$\frac{60}{100}$	$\frac{4}{10}$	$\frac{60}{90}$	$\frac{4}{8}$	$\frac{60}{80}$	$\frac{4}{6}$	$\frac{60}{70}$	$\frac{4}{4}$	$\frac{60}{60}$	$\frac{4}{2}$	$\frac{60}{50}$
7호	$\frac{2}{14}$	$\frac{50}{110}$	$\frac{2}{12}$	$\frac{50}{100}$	$\frac{2}{10}$	$\frac{50}{90}$	$\frac{2}{8}$	$\frac{50}{80}$	$\frac{2}{6}$	$\frac{50}{70}$	$\frac{2}{4}$	$\frac{50}{60}$	$\frac{2}{2}$	$\frac{50}{50}$

(4) 계속 잘 사는 운세 풀이법(짝수 연속 운세)

상대자와 인연을 감정하여 초년, 중년, 말년에 짝수가 연속 배열되는 운세는 좋은 일들이 계속 이어져 건강, 명예, 재산이 장기간 양호한데 다음 운세풀이로 해석한다. 그리고 인생항로의 변수기능인 짝수변수와 홀수변수가 작용하는 것은 별도로 추가되는 것이다.

표 31. 계속 잘 사는 운세 풀이법

<table>
<tr><td colspan="2">구 분 　운 세</td><td>초년운세</td><td>중년운세</td><td>말년운세</td><td colspan="2">호불호 변수기능</td></tr>
<tr><td colspan="2"></td><td></td><td></td><td></td><td>짝수변수</td><td>홀수변수</td></tr>
<tr><td rowspan="6">본인 · 상대자
짝 수 인 연</td><td>예시 A</td><td>6</td><td>2</td><td>8</td><td>2, 2</td><td>1, 3, 5</td></tr>
<tr><td>예시 B</td><td>4</td><td>4</td><td>8</td><td>4, 6, 8</td><td>5, 7, 1</td></tr>
<tr><td>예시 C</td><td>4</td><td>2</td><td>6</td><td>10, 2, 8</td><td>1, 9, 5</td></tr>
<tr><td>예시 D</td><td>8</td><td>2</td><td>10</td><td>12</td><td>9, 9, 7</td></tr>
<tr><td>예시 E</td><td>2</td><td>6</td><td>8</td><td>8, 8</td><td>5, 3, 5, 5</td></tr>
<tr><td>예시 F</td><td>6</td><td>6</td><td>12</td><td>10, 10, 12, 6</td><td>3, 3, 1, 9</td></tr>
<tr><td>계속 잘 사는
짝 수 운 세
풀 이 법
(예 시)</td><td colspan="6">※ 본인 또는 상대자의 운세가 짝수로 연결되는 사람은 호사발전형이다.
① 짝수가 초년, 중년, 말년에 각각 나타나면 계속 좋은 일이 일어나 삶이 행복스러운데 문제가 발생하거나 더욱 좋은 일은 다음과 같다.
　가. 짝수변수는 좋은 일을 더욱 좋게 한다(예시 A, B).
　　A의 경우 6 → 2 → 8에서 짝수변수 2, 2는 좋은 일의 촉진 역할을 한다
　　B의 경우 4 → 4 → 8에서 짝수변수 4는 초 · 중년운세 4를 만나 좋은 일을 촉진한다.
　나. 홀수변수 중에서 특히 1과 3은 좋은 일을 방해한다(예시 A, B).
　　A의 경우 6 → 2 → 8에서 홀수변수 1, 3, 5는 방해요인이다.
　　B의 경우 4 → 4 → 8에서 홀수변수 5, 7, 1는 방해요인이다.
② 짝수가 초년, 중년, 말년에 각각 나타나면 계속 좋은 일이 일어나 삶이 행복스러운데 문제가 없다(예시 D).
　　D의 경우 8 → 2 → 10에서 짝수변수 12, 홀수변수 7, 9, 9
　　짝수변수 12는 좋은 일을 강화하여 주고 홀수변수 9, 9는 조절을 한다.
③ 짝수가 초년, 중년, 말년에 각각 나타나면 계속 좋은 일이 일어나 삶이 행복스러운데 함정에 걸린다(예시 E).
　　E의 경우 2 → 6 → 8에서 홀수변수 5, 5, 5는 고집과 함정역할을 한다
④ 짝수가 초년, 중년, 말년에 각각 나타나면 계속 좋은 일이 일어나 삶이 행복스러운데 너무 좋아 분에 넘친다(예시 F).
　　F의 경우 6 → 6 → 12에서 짝수변수 10, 10, 12, 6의 작용은 과유불급이 일어나기 쉽고 홀수변수 1, 3, 3이 잠재하고 있다.</td></tr>
</table>

3. 못 사는 운세 풀이법(홀수운세)

(1) 홀수운세 결합형

자신과 상대자와의 인연을 감정하여 초년, 중년, 말년에 홀수가 각각 나타나면 일반적으로 본인과 상대방은 건강, 명예, 재산이 계속 나빠지는데, 다음의 해법대로 운세를 풀이한다. 인생항로의 짝수변수와 홀수변수의 작용을 포함하지 않았다.

표 32. 못 사는 운세 풀이법

홀수운세 / 항 목	홀수 1, 3, 5, 7, 9, 11, 13 등이 서로 결합된 초년, 중년, 말년의 운세 예시($\frac{1}{3}\cdot\frac{3}{1}\cdot\frac{5}{3}\cdot\frac{3}{5}\cdot\frac{7}{3}\cdot\frac{9}{5}\cdot\frac{13}{11}\cdot\frac{11}{13}$ 등)
기본풀이	① 홀수는 성악설에 의하여 악행을 추구한다. ② 홀수의 성질은 날카롭고, 까다롭고, 고집이 세고 융통성이 없다. ③ 홀수는 소견이 좁고, 비합리적인 사고방식에 공격형이며 추진력이 강하나 실속이 없다. ④ 홀수는 현실에 부정적이며, 불만 요소가 많고, 매사에 적극성은 있으나 실패 쪽이다.
풀이말	① 홀수는 짝수보다 ~가(이, 은) 나쁘다, 안 된다, 없다, ~을 극복하기 힘들다. ② 큰 홀수와 작은 홀수는 다 같이 나쁜 환경 속에 있지만, 큰 홀수가 상위치에 있다. 따라서 일반적으로 홀수는 부정적인 측면에서 활동하고 홀수끼리의 결합은 큰 홀수가 유리한 입장이다.

운세분류

홀수의 ~가(이) 나쁘고, ~가(이) 안 된다, ~가(이) 없다, ~을 극복하기 어렵다 등의 정도 차이는 홀수의 수가 낮으면 낮을수록 최악의 상태가 된다.

구 분 운세풀이말	~가 나쁘다, ~가 안 된다, ~가 없다, ~을 극복하기 힘들다						
운세분류	하			중		상	
홀 수 운세분류	하	중	상	중	상	중	상
홀 수	1	3	5	7	9	11	13
실패율 : 성공률(%)	90 : 10	80 : 20	70 : 30	60 : 40	50 : 50	40 : 60	30 : 70

특수기능

홀수는 운세별로 특별한 임무를 발휘하고 있으므로 이를 잘 기억하여 확실하게 해석한다.

임무운세	특수기능	임무운세	특수기능
1	비정상적이고 뜻밖의 일이 발생 생활기능 마비현상, 이혼·사별·결별·패가망신·충돌·대형 사건사고·가정파괴	7	생활기능 장애, 칠전팔기형
		9	생활기능 조절역할형
3	생활기능 추락현상 낭패, 고난, 위험, 빈곤, 곤경, 가정파괴	11	생활기능 회복형
5	함정, 추진력, 고집형, 자존심	13	생활기능 향상형

행동강령

① 큰 홀수는 작은 홀수에 대하여 경영주도권을 장악하여 작은 홀수를 다스린다.
 그러나, 짝수와 결합하면 경영주체의 힘이 박탈당할 수 있다.
② 작은 홀수는 큰 홀수 편으로 기울어져 큰 홀수의 경영방식대로 살아가야 한다.
③ 홀수끼리 결합된 운세는 서로가 인생의 문제점을 남기고 특히 동일한 홀수의 만남은 보통문제가 아니다.
④ 홀수형은 홀수 1, 3과 만나서는 안 되고, 5, 7, 9와의 결합도 피하는 것이 좋으며 11, 13은 좋은 편이다.

(2) 못 사는 운세 유형(홀수형 운세)

홀수형 운세 등급은 자신과 상대방 사이에 이루어지는 초·중·말년의 운세 중에 쌍방이 홀수로 결합되는 것을 말하며, 홀수형의 초년운세는 건강, 명예, 재산의 형성이 순조롭지 못하여 생활수준이 낮은 것이다. 이러한 생활의 정도 차이는 15 ~ 21등급으로 분류되고 이 중에서 패가망신형, 낭패형, 곤란형, 함정형, 빈곤형, 상극형으로 구분된다.

하지만 모든 홀수형 운세에도 두 사람의 인생항로의 변수기능인 홀수변수와 짝수변수가 각각 추가로 작용한다.

표 33. 못 사는 운세 유형

홀 수 형 운세등급	생활 안정형			곤란형		낭패·빈곤형	패가망신형
	15 등급	16 등급	17 등급	18 등급	19 등급	20 등급	21 등급
1호	$\frac{13}{13}$	$\frac{13}{11}$	$\frac{13}{9}$	$\frac{13}{7}$	$\frac{13}{5}$	$\frac{13}{3}$	$\frac{13}{1}$
2호	$\frac{11}{13}$	$\frac{11}{11}$	$\frac{11}{9}$	$\frac{11}{7}$	$\frac{11}{5}$	$\frac{11}{3}$	$\frac{11}{1}$
3호	$\frac{9}{13}$	$\frac{9}{11}$	$\frac{9}{9}$	$\frac{9}{7}$	$\frac{9}{5}$	$\frac{9}{3}$	$\frac{9}{1}$
4호	$\frac{7}{13}$	$\frac{7}{11}$	$\frac{7}{9}$	$\frac{7}{7}$	$\frac{7}{5}$	$\frac{7}{3}$	$\frac{7}{1}$
5호	$\frac{5}{13}$	$\frac{5}{11}$	$\frac{5}{9}$	$\frac{5}{7}$	$\frac{5}{5}$	$\frac{5}{3}$	$\frac{5}{1}$
6호	$\frac{3}{13}$	$\frac{3}{11}$	$\frac{3}{9}$	$\frac{3}{7}$	$\frac{3}{5}$	$\frac{3}{3}$	$\frac{3}{1}$
7호	$\frac{1}{13}$	$\frac{1}{11}$	$\frac{1}{9}$	$\frac{1}{7}$	$\frac{1}{5}$	$\frac{1}{3}$	$\frac{1}{1}$

① 패가망신형

패가망신형의 운세는 홀수형 중에서 매사를 적극적으로 추진하고 있으나 성과가 없어 생활환경이 궁핍하고 하는 일마다 곤란하여 매우 힘든 여건에 속하는 것으로 21등급에 해당된다. 즉, $\frac{1}{1} \cdot \frac{3}{1} \cdot \frac{5}{1} \cdot \frac{7}{1} \cdot \frac{9}{1} \cdot \frac{11}{1} \cdot \frac{13}{1} \cdot \frac{1}{3} \cdot \frac{1}{5} \cdot \frac{1}{7} \cdot \frac{1}{9} \cdot \frac{1}{11} \cdot \frac{1}{13}$ 등의 운세는 자신 또는 상대자가 홀수운세 1로 되면 그 사람의 운세는 패가망신을 당하게 되고, 이로 인하여 상대자 또는 자신이 직·간접적으로 큰 피해를 입는 것을 말한다. 패가망신의 종류는 사별, 이혼, 결별, 대형사고, 파산, 난치병, 자녀문제, 반인륜적 행위, 흉악범죄 등에 직면하는 경우를 포함해서 뜻밖의 일들을 맞이하여 스스로 무너지는 현상이 일어나므로 이런 인연을 피하는 것이 상책이다.

② 낭패형 또는 빈곤형

낭패형의 운세는 홀수형 중에서 추진력은 강하나 결과가 나빠 생활이 도탄에 빠지고 삶마저 위태롭게 되는 것으로 이는 20등급에 해당된다. 즉, $\frac{3}{3} \cdot \frac{3}{5} \cdot \frac{3}{7} \cdot \frac{3}{9} \cdot \frac{3}{11} \cdot \frac{3}{13} \cdot \frac{5}{3} \cdot \frac{7}{3} \cdot \frac{9}{3} \cdot \frac{11}{3} \cdot \frac{13}{3}$ 등의 운세는 자신과 상대자가 홀수운세 3으로 되면 그 사람의 운세가 낭패 또는 곤한한 처지가 되어서 상대자 또는 자신이 직·간접적으로 막심한 화를 당하게 되는 것을 말한다. 낭패와 곤란의 종류는 건강, 명예, 재산 등의 큰 손실로 인하여 자신이 낭패 신세에 처하여 삶이 상실되는 일이므로 이러한 인연은 삼가는 것이 좋다.

③ 곤란형

곤란형의 운세는 홀수형 중에서 고집이 심하고 추진력이 강하지만 자신도 몰래 상대자의 함정과 책략과 술수에 의하여 곤란을 당한 것으로서 18등급과 19등급에 해당된다. 즉, $\frac{7}{7}$ · $\frac{7}{9}$ · $\frac{7}{11}$ · $\frac{7}{13}$ · $\frac{9}{7}$ · $\frac{11}{7}$ · $\frac{13}{7}$ · $\frac{5}{5}$ · $\frac{5}{7}$ · $\frac{5}{9}$ · $\frac{5}{11}$ · $\frac{5}{13}$ · $\frac{7}{5}$ · $\frac{9}{5}$ · $\frac{11}{5}$ · $\frac{13}{5}$ 등의 운세는 자신, 또는 상대자가 홀수운세 5, 7 이 되면 그 사람의 운세는 하는 일마다 곤란한 상태에 걸리고 또한 타인과 상대자로부터 함정에 빠져 생활의 기능이 장애를 일으킨다. 이로 인하여 상대자 또는 자신이 피해를 입게 되어 두 사람의 인간 관계가 파괴되므로 조심하지 않으면 안 된다.

④ 생활안정형

생활안정형의 운세는 홀수형 중에서 15등급, 16등급, 17등급에 해당된 다. 즉, $\frac{9}{9}$ · $\frac{11}{9}$ · $\frac{13}{9}$ · $\frac{9}{11}$ · $\frac{11}{11}$ · $\frac{13}{11}$ · $\frac{9}{13}$ · $\frac{11}{13}$ · $\frac{13}{13}$ 등 은 본인과 상대자가 어려운 일들을 극복하여 생활기반이 견실하여진다.

⑤ 상극형

상극형은 홀수형 중에서 자신과 상대방의 운세가 동일한 홀수로 나타내는 경우인데, 이를테면 $\frac{1}{1}$ · $\frac{3}{3}$ · $\frac{5}{5}$ · $\frac{7}{7}$ · $\frac{9}{9}$ · $\frac{11}{11}$ · $\frac{13}{13}$ 이다. 이들의 운세는 100 % 악연인데 이 중에서 특히 $\frac{1}{1}$ · $\frac{3}{3}$ 은 이 세상에서 최대의 악연으로 서로가 큰 고생과 환난 속에 피할 수 없는 불행을 맞이하게 되고 $\frac{11}{11}$, $\frac{13}{13}$ 은 긍정적이다.

본인과 상대자의 초년운세와 중년운세에서 1과 3이 나타나면 불행한 인생항로가 진행됨을 예견하므로 상대자와의 완전한 타협점을 결정하 지 않으면 앞길이 험난해진다. 이러한 인연은 아예 처음부터 만날 때 미리 염두에 두고 철두철미한 인연위계질서를 각오하면 좋은 성과가 기 대될 수 있다. 또 짝수변수가 큰 수이면서 수효가 많을 경우와 인연역 설 기법에 의하여 좋아질 수도 있다.

(3) 못 사는 운세 조견표 보는 방법

성공률과 실패율은 두 사람의 짝수변수와 홀수변수에 의하여 $\pm\,\alpha$ 가 작용하며 그 효력은 인연위계질서의 준수 여부에 따라 변화된다.

① 못사는 운세풀이 예시

$$\boxed{\begin{array}{c} 50 \\ \hline 3 \end{array}}\ \boxed{\begin{array}{c} 30:70 \\ 20:80 \end{array}} \Rightarrow \boxed{\begin{array}{c} 5 \\ 3 \end{array}}$$

(상위치자 : 상대자)
: (하위치자 : 본 인)

본인과 상대자간 초년, 중년, 말년의 운세 중에서 어느 하나가 이에 해당된다.

$$\boxed{\begin{array}{c} 30:70 \\ 20:80 \end{array}} \Rightarrow$$

30:70은 상위치자가 상대자5의 성공률 30%, 실패율 70%이고 20:80은 하위치자 본인3의 성공률 20%, 실패율 80%의 뜻이다. 따라서 두 사람의 총성공률은 50%이고, 총실패율은 150%이므로 순실패율이 100%인 까닭에 못 사는 것이다.

표 34. 못 사는 운세 평가기준

홀수형 운세 등급	15 등급 운세	성공률%	실패율%	16 등급 운세	성공률%	실패율%	17 등급 운세	성공률%	실패율%	18 등급 운세	성공률%	실패율%	19 등급 운세	성공률%	실패율%	20 등급 운세	성공률%	실패율%	21 등급 운세	성공률%	실패율%
1호	13/13	70/70	30/30	13/11	70/60	30/40	13/9	70/50	30/50	13/7	70/40	30/60	13/5	70/30	30/70	13/3	70/20	30/80	13/1	70/10	30/90
2호	11/13	60/70	40/30	11/11	60/60	40/40	11/9	60/50	40/50	11/7	60/40	40/60	11/5	60/30	40/70	11/3	60/20	40/80	11/1	60/10	40/90
3호	9/13	50/70	50/30	9/11	50/60	50/40	9/9	50/50	50/50	9/7	50/40	50/60	9/5	50/30	50/70	9/3	50/20	50/80	9/1	50/10	50/90
4호	7/13	40/70	60/30	7/11	40/60	60/40	7/9	40/50	60/50	7/7	40/40	60/60	7/5	40/30	60/70	7/3	40/20	60/80	7/1	40/10	60/90
5호	5/13	30/70	70/30	5/11	30/60	70/40	5/9	30/50	70/50	5/7	30/40	70/60	5/5	30/30	70/70	5/3	30/20	70/80	5/1	30/10	70/90
6호	3/13	20/70	80/30	3/11	20/60	80/40	3/9	20/50	80/50	3/7	20/40	80/60	3/5	20/30	80/70	3/3	20/20	80/80	3/1	20/10	80/90
7호	1/13	10/70	90/30	1/11	10/60	90/40	1/9	10/50	90/50	1/7	10/40	90/60	1/5	10/30	90/70	1/3	10/20	90/80	1/1	10/10	90/90

(4) 계속 못 사는 운세 풀이법 (홀수 연속 운세)

상대자와 인연을 감정하여 초년과 중년에 홀수가 연속 배열되는 운세는 나쁜 일들이 계속 이어져 물심양면으로 곤란한데 다음 운세 풀이로 해석한다. 다만 인생항로의 변수기능인 짝수변수와 홀수변수가 작용하는 정도에 따라 역경이 완화 또는 악화된다.

표 35. 계속 못 사는 운세 풀이법

구분 \ 운세		초년운세	중년운세	말년운세	인생항로 변수기능	
					짝수변수	홀수변수
본인 · 상대자 홀수인연	A	7	1	8	2, 6	1, 5
	B	3	7	10	8, 10	7, 3
	C	5	7	13	2, 4	7, 11
	D	1	5	6	4, 8	5, 9
	E	5	3	8	2, 2	3, 7
	F	3	3	6	6, 6	3, 9
계속 못 사는 홀 수 운 세 풀 이 법 (예 시)	※ 본인 또는 상대자의 운세가 초년과 중년에 홀수로 연결되는 경우의 해당자는 불운의 연속이므로 매우 나쁘다. 다만 초년, 중년의 위기를 극복할 수만 있다면 말년의 운세가 전화위복이 되어 호전된다. ① 초 · 중년의 홀수운세가 같은 홀수변수를 만나면 나쁜 일이 강화된다. A의 경우 7 → 1 → 8에서 중간운세 1은 홀수변수 1과 만나면 절대적으로 나쁜 일을 촉진한다. ② 홀수변수 3은 곤란과 낭패유발 요인으로 극히 나쁘다. B의 경우 3 → 7 → 10에서 초년운세 3과 홀수변수 3이 만나면 절대적으로 나쁜 일을 촉진한다 ③ 중간운세 7과 홀수변수 7이 만나면 칠전팔기의 정신이 강화된다. C의 경우 5 → 7 → 13에서 짝수변수 2, 4, 홀수변수 7, 11 초년 5와 중년 7은 본바탕은 전형적인 홀수운세이므로 나쁘지만 짝수변수 2, 4의 도움과 홀수변수 11의 작용으로 어려운 고비를 극복한다면 말년운세 13은 사정이 좋아진다. ④ 초년 · 중년 운세 3은 곤란하거나 낭패를 본다. E의 경우 5 → 3 → 8에서 중간운세 3은 홀수변수 3과 만나면 같은 홀수 3의 결합은 매우 위험하다. F의 경우 3 → 3 → 6에서 초년, 중년의 3은 홀수변수 3과 결합되어 매사가 매우 나쁘지만 이를 극복하기만 하면 말년운세 6은 짝수변수 6, 6의 영향을 받아 고생의 보람을 얻을 수 있다. 과연 3 → 3의 연속 악조건을 인력으로 극복하기에는 역부족일 것이다.					

4. 보통운세 풀이법(짝수 · 홀수 혼합운세)

(1) 보통운세 결합형

자신과 상대자와의 인연을 감정하여 초년, 중년, 말년에 짝수와 홀수가 서로 만나게 되면 건강, 명예, 재산운이 잘되고 못되는 것이 혼합하여 갈등 속에 살게 되는데 다음의 운세 풀이로 해석한다. 다만 인생항로의 변수기능인 짝수변수와 홀수변수의 작용은 포함되지 않았다.

표 36. 보통운세 풀이법

항목 \ 짝·홀수 혼합형	홀수 1, 3, 5, 7, 8, 11, 13과 짝수 2, 4, 6, 8, 10, 12, 14가 서로 결합된 초년, 중년, 말년의 운세 예시 ($\frac{4}{5} \cdot \frac{5}{4} \cdot \frac{3}{6} \cdot \frac{6}{3} \cdot \frac{8}{9} \cdot \frac{10}{9} \cdot \frac{1}{10} \cdot \frac{1}{14} \cdot \frac{13}{12} \cdot \frac{5}{10} \cdot \frac{8}{7}$ 등)
짝수 · 홀수 혼 합 형 운세풀이법 (예시)	① 짝수는 홀수를 지배하여 매사에 경영주도권 행사를 한다. ② 홀수는 자신을 반성하지 않으면 안 된다. ③ 홀수는 짝수 편으로 기울어져 짝수를 위해 양보하고 짝수의 운세대로 살아가는 것이 원리원칙이다. ④ 홀수는 자신의 처신을 스스로 자각하고 회고하여 긍정적인 방향으로 전환하지 않으면, 그만큼 생활의 불편을 느끼고 하는 일마다 잘 이루어지지 않는다. 이를테면, 큰 홀수 13일지라도 짝수 2보다 기능이 저조하다는 의미이고, 큰 홀수 13은 외형적으로는 2보다 6.5배이나 실질적인 내재가치 측면에서는 짝수 2보다 약세이므로 2를 무시하다가는 큰일이 난다. ⑤ 홀수의 운세가 나쁜 인연 환경에는 인생항로 변수기능에서 짝수변수 2, 4, 6, 8, 10, 12, 14가 많이 있고, 이 가운데 큰 짝수가 많으면 많을수록 전화위복의 기회가 가속화될 수 있다. ⑥ 홀수변수 1, 3, 5, 7, 9, 11, 13의 수효가 많으면 많을수록 홀수의 운세는 더욱 악화된다. 특히 1, 3의 수효가 많으면 더욱 그러하다. ⑦ 짝수의 운세가 가속화될 경우에는 호불호 짝수의 변수 2, 4, 6, 8, 10, 12, 14가 많을수록 좋고, 높은 짝수일수록 더욱 좋은 여건이 조성된다. ⑧ 홀수와 짝수는 0, 1, 3과 결합하면 본의 아닌 큰 위험에 봉착하여 풍비박산이 일어날 수 있는데 특히 중년의 0, 1, 3에서 본인과 상대자가 같은 0, 1, 3이면 통상적이다. 인연의 결합이 상상 외로 나쁜 경우는 다음과 같다. 　　초년 1 → 중년 0, 1, 3　　　초년 2 → 중년 0, 1, 3 　　초년 3 → 중년 0, 1, 3　　　초년 4 → 중년 0, 1, 3 　　초년 5 → 중년 0, 1, 3　　　초년 6 → 중년 0, 1, 3 　　초년 7 → 중년 0, 1, 3　　　초년 8 → 중년 0, 1, 3 　　초년 9 → 중년 0, 1, 3　　　초년 10 → 중년 0, 1, 3

(2) 보통운세 조견표 보는 방법 A형

성공률과 실패율은 두 사람의 짝수변수와 홀수변수에 의하여 $\pm \alpha$ 가 작용하며 그 효력은 인연위계질서의 준수 여부에 따라 변화된다.

① 보통운세 풀이 예시 A형

6	70
5	30 : 70

⇒

6	(상위치자 : 상대자)	본인과 상대자간 초년, 중년,
5	(하위치자 : 본 인)	: 말년의 운세 중에서 어느 하나 가 이에 해당된다.

70
30 : 70

⇒ 70은 상위치자 상대자6의 성공률 70%를 말하고 하위치자 30 : 70은 본인5의 성공률 30%와 실패율 70%이므로 순성공률은 30%이다. 따라서 잘산다는 기준 100%에서 30%가 도달한 것으로 아직은 70%가 부족한 상태이다.

표 37. 보통운세 평가기준 A형

짝수홀수 혼합형 운세등급	8 등급 운세	8 등급 성공률%	8 등급 실패율%	9 등급 운세	9 등급 성공률%	9 등급 실패율%	10 등급 운세	10 등급 성공률%	10 등급 실패율%	11 등급 운세	11 등급 성공률%	11 등급 실패율%	12 등급 운세	12 등급 성공률%	12 등급 실패율%	13 등급 운세	13 등급 성공률%	13 등급 실패율%	14 등급 운세	14 등급 성공률%	14 등급 실패율%
1호	$\frac{14}{13}$	$\frac{110}{70}$	30	$\frac{14}{11}$	$\frac{110}{60}$	40	$\frac{14}{9}$	$\frac{110}{50}$	50	$\frac{14}{7}$	$\frac{110}{40}$	60	$\frac{14}{5}$	$\frac{110}{30}$	70	$\frac{14}{3}$	$\frac{110}{20}$	80	$\frac{14}{1}$	$\frac{110}{10}$	90
2호	$\frac{12}{13}$	$\frac{100}{70}$	30	$\frac{12}{11}$	$\frac{100}{60}$	40	$\frac{12}{9}$	$\frac{100}{50}$	50	$\frac{12}{7}$	$\frac{100}{40}$	60	$\frac{12}{5}$	$\frac{100}{30}$	70	$\frac{12}{3}$	$\frac{100}{20}$	80	$\frac{12}{1}$	$\frac{100}{10}$	90
3호	$\frac{10}{13}$	$\frac{90}{70}$	30	$\frac{10}{11}$	$\frac{90}{60}$	40	$\frac{10}{9}$	$\frac{90}{50}$	50	$\frac{10}{7}$	$\frac{90}{40}$	60	$\frac{10}{5}$	$\frac{90}{30}$	70	$\frac{10}{3}$	$\frac{90}{20}$	80	$\frac{10}{1}$	$\frac{90}{10}$	90
4호	$\frac{8}{13}$	$\frac{80}{70}$	30	$\frac{8}{11}$	$\frac{80}{60}$	40	$\frac{8}{9}$	$\frac{80}{50}$	50	$\frac{8}{7}$	$\frac{80}{40}$	60	$\frac{8}{5}$	$\frac{80}{30}$	70	$\frac{8}{3}$	$\frac{80}{20}$	80	$\frac{8}{1}$	$\frac{80}{10}$	90
5호	$\frac{6}{13}$	$\frac{70}{70}$	30	$\frac{6}{11}$	$\frac{70}{60}$	40	$\frac{6}{9}$	$\frac{70}{50}$	50	$\frac{6}{7}$	$\frac{70}{40}$	60	$\frac{6}{5}$	$\frac{70}{30}$	70	$\frac{6}{3}$	$\frac{70}{20}$	80	$\frac{6}{1}$	$\frac{70}{10}$	90
6호	$\frac{4}{13}$	$\frac{60}{70}$	30	$\frac{4}{11}$	$\frac{60}{60}$	40	$\frac{4}{9}$	$\frac{60}{50}$	50	$\frac{4}{7}$	$\frac{60}{40}$	60	$\frac{4}{5}$	$\frac{60}{30}$	70	$\frac{4}{3}$	$\frac{60}{20}$	80	$\frac{4}{1}$	$\frac{60}{10}$	90
7호	$\frac{2}{13}$	$\frac{50}{70}$	30	$\frac{2}{11}$	$\frac{50}{60}$	40	$\frac{2}{9}$	$\frac{50}{50}$	50	$\frac{2}{7}$	$\frac{50}{40}$	60	$\frac{2}{5}$	$\frac{50}{30}$	70	$\frac{2}{3}$	$\frac{50}{20}$	80	$\frac{2}{1}$	$\frac{50}{10}$	90

(3) 보통운세 조견표 보는 방법 B형

성공률과 실패율은 두 사람의 짝수변수와 홀수변수에 의하여 $\pm \alpha$ 가 작용하며 그 효력은 인연위계질서의 준수 여부에 따라 변화된다.

① 보통운세 풀이 예시 B형

$$\begin{array}{|c|c|}\hline 7 & 40:60 \\ \hline 6 & 70 \\ \hline \end{array} \Rightarrow$$

7 (상위치자 : 상대자)
6 (하위치자 : 본 인)

: 본인과 상대자간 초년, 중년, 말년의 운세 중에서 어느 하나가 이에 해당된다.

40 : 60
70
⇒ 40 : 60은 상위치자(상대자)7의 성공률 40 %와 실패율 60 %를 말하고 70은 하위치자(본인) 6의 성공률 70 %를 나타낸다. 따라서 두 사람이 힘을 합하여 열심히 일하면 총성공률 110 %와 총실패율 60 %이므로 순성공률은 50 %이다. 결과적으로 잘산다는 기준 100 %에서 50 %에 도달한 것으로 아직은 50 %가 부족한 상태이다.

표 38. 보통운세 평가기준 B형

홀수짝수 혼합형 운세등급	8 등급			9 등급			10 등급			11 등급			12 등급			13 등급			14 등급		
	운세	성공률%	실패율%	운세	성공률%	실패율%	운세	성공률%	실패율%	운세	성공률%	실패율%	운세	성공률%	실패율%	운세	성공률%	실패율%	운세	성공률%	실패율%
1호	13/14	70/110	30	11/14	60/110	40	9/14	50/110	50	7/14	40/110	60	5/14	30/110	70	3/14	20/110	80	1/14	10/110	90
2호	13/12	70/100	30	11/12	60/100	40	9/12	50/100	50	7/12	40/100	60	5/12	30/100	70	3/12	20/100	80	1/12	10/100	90
3호	13/10	70/100	30	11/10	60/90	40	9/10	50/90	50	7/10	40/90	60	5/10	30/90	70	3/10	20/90	80	1/10	10/90	90
4호	13/8	70/80	30	11/8	60/80	40	9/8	50/80	50	7/8	40/80	60	5/8	30/80	70	3/8	20/80	80	1/8	10/80	90
5호	13/6	70/70	30	11/6	60/70	40	9/6	50/70	50	7/6	40/70	60	5/6	30/70	70	3/6	20/70	80	1/6	10/70	90
6호	13/4	70/60	30	11/4	60/60	40	9/4	50/60	50	7/4	40/60	60	5/4	30/60	70	3/4	20/60	80	1/4	10/60	90
7호	13/2	70/50	30	11/2	60/50	40	9/2	50/50	50	7/2	40/50	60	5/2	30/50	70	3/2	20/50	80	1/2	10/50	90

5. 행복 · 불행 운세 풀이법(짝수 · 홀수 동일운세)

상대자와 인연을 감정하여 초년, 중년, 말년에 짝수 또는 홀수가 똑같은 수를 만나게 될 경우로서 짝수동일형은 건강, 명예, 재산이 우수하고, 홀수동일형은 건강, 명예, 재산이 불량한데 다음 운세풀이로 해석한다. 다만, 인생항로의 변수기능인 짝수변수와 홀수변수의 작용은 포함하지 않았다.

표 39. 행복한 운세 풀이법

항 목 \ 짝수동일형	같은 짝수끼리 결합된 초년, 중년, 말년의 운세가 더욱 좋아지는 방향. $\frac{2}{2} \rightarrow \frac{4}{4} \rightarrow \frac{6}{6} \rightarrow \frac{8}{8} \rightarrow \frac{10}{10} \rightarrow \frac{12}{12} \rightarrow \frac{14}{14}$
짝수동일형 운세풀이법	① 짝수동일형의 결합은 100%의 인연으로 매우 좋다. ② 경영주체는 짝수변수의 수효가 많은 사람이다. ③ 짝수동일형의 결합은 호불호 홀수변수 1, 3, 5, 7, 9, 11, 13을 만나면 좋은 환경이 더욱 불리하게 전개될 수 있는데 1, 3을 만나면 절대적이다. ④ 짝수동일형의 결합은 호불호 짝수변수 2, 4, 6, 8, 10, 12, 14를 만나면 좋은 여건이 더욱 좋은 일로 발전하는데, 이 중에서 큰 짝수변수일수록 더욱 효과가 크다. 이때는 호사다마, 과유불급, 안하무인 등의 현상이 일어날 수 있으므로 분수를 잘 지켜야 한다. 특히 홀수변수 1, 3, 5가 나타나면 의외로 나쁜 일이 생길 수 있다.

표 40. 불행한 운세 풀이법

항 목 \ 홀수동일형	같은 홀수끼리 결합된 초년, 중년, 말년의 운세가 더욱 나빠지는 방향 $\frac{1}{1} \leftarrow \frac{3}{3} \leftarrow \frac{5}{5} \leftarrow \frac{7}{7} \leftarrow \frac{9}{9} \leftarrow \frac{11}{11} \leftarrow \frac{13}{13}$
홀수동일형 운세풀이법	① 홀수동일형의 결합은 0%의 인연으로 인연 중에서 최악의 상태이다. ② 경영주도권 행사는 짝수변수의 수효가 많은 사람이다. ③ 홀수동일형의 결합은 호불호 홀수변수 1, 3, 5, 7, 9, 11, 13을 만나면 하는 일이 더욱 불량해지는데, 특히 1, 3을 만나면 치명적인 손상을 당할 수 있다. ④ 홀수동일형의 결합은 호불호 짝수변수 2, 4, 6, 8, 10, 12, 14를 만나면 전화위복의 계기를 맞이한다. 특히 높은 짝수변수일수록 그 효과가 지대하다. ⑤ 특히 $\frac{1}{1}$ 은 이혼, 결별, 파산, 부도, 도산, 단명, 병사, 충돌, 난치병, 자녀문제, 남녀문제 등을 초래하므로 각별한 주의가 요구된다. 가급적 인연을 맺지 않는 게 좋다. ⑥ $\frac{3}{3}$ 은 $\frac{1}{1}$ 과 같은 현상이 일어나지만, 그 강도가 조금 약할 뿐이므로 낭패와 곤란을 면하기는 어렵다. 따라서 인연을 맺되 항상 조심해야 한다. ⑦ $\frac{5}{5}$, $\frac{7}{7}$ 은 $\frac{1}{1}$ 과 $\frac{3}{3}$ 에 비교하여 그 정도 차이가 점차로 완화된 상태일 뿐이다. 1, 3, 5, 7, 9 등의 특수의미를 잘 기억해야 된다. ⑧ $\frac{9}{9}$ 는 좋고 나쁨이 50 : 50이다. $\frac{11}{11}$ · $\frac{13}{13}$ 은 생활기능이 향상된다.

6. 예측불허 운세 풀이법(운세 0)

(1) 예측불허 운세 유형

상대자와 인연을 감정하여 초년 또는 중년운세에 0이 나타날 경우 0
이 짝수운세가 변화된 것인지 홀수운세가 변화된 것인지에 따라 긍정적
예측형과 부정적 예측형으로 구분되는데 다음 운세풀이로 해석한다.

표 41. 예측불허 운세 풀이법

구분 / 운세 0		초년운세	중년운세	말년운세	인생 변수기능	
					짝수변수	홀수변수
본인 · 상대자 운세	예시 A	7	0	7	·	·
	예시 B	8	0	8	·	·
	예시 C	0	8	8	·	·
	예시 D	0	5	5	·	·
	예시 E	9	0	9	·	·
운세 0의 풀 이 법 (예 시)	※ 본인 또는 상대자의 운세가 초년과 중년에 0이 나타나는 경우 이 사람의 운세는 아래와 같이 구분되어 풀이한다. ① 중년운세 0은 초년운세가 짝수이면 성공률은 0~100% 범위이다. B의 경우 중년운세 0은 성공률이 0~100% 범위이다. C의 경우 초년운세 0은 성공률이 0~100% 범위이다. ② 중년운세 0은 초년운세가 홀수이면 실패율 0~100% 범위이다. A의 경우 초년운세 7이 홀수이므로 중년운세 0은 실패율이 0~100% 범위이다. D의 경우 초년운세 0, 중년운세 5이면 초년운세는 실패율이 0~100% 범위이다. E의 경우 초년운세 9가 홀수이므로 중년운세 0은 실패율이 0~100% 범위이다.					

(2) 예측불허 운세 조견표 보는 방법

성공률과 실패율은 두 사람의 짝수변수와 홀수변수에 의하여 $\pm\alpha$ 가 작용하며, 그 효력은 인연위계질서의 준수 여부에 따라 변화된다.

① 예측불허형 운세 0의 풀이 예시

가. 짝수 예측불허형(긍정적 인생항로) : 운세 0은 초년과 중년에 짝 수운세를 만날 경우이다. 운세 0/14은 자신과 상대자와의 성공률 조견표에서 운세 0의 소유자는 성공률 0~100%가 되고 짝수운세 14는 성공률 110%가 된다.

나. 홀수 예측불허형(부정적 인생항로) : 운세 0은 초년과 중년의 홀 수운세를 만날 경우이다. 운세 0/13은 자신과 상대자와의 성공률 과 실패율 조견표에서 운세 0의 소유자는 0~100%의 실패이고, 홀수운세 13은 성공률 70%과 실패율 30%의 소유자이다.

다. 원점 운세 0/0 (예측불허형) : 운세 0이 초년과 중년에서 짝수운세 를 만나면 성공률은 자동적으로 0~100%가 되고, 홀수운세를 만 나면 0~100%의 실패율이 나타나게 되는 것이 원칙이나 예외가 있을 수 있다.

다만, NSM 작명 그래프가 좋은 작명잣대를 충족할 경우 기대치 이상일 수 있다.

표 42. 예측불허형 운세 평가기준

0의 예측불허형	22 등급 운세	22 성공율%	22 실패율%	23 등급 운세	23 성공율%	23 실패율%	24 등급 운세	24 성공율%	24 실패율%	25 등급 운세	25 성공율%	25 실패율%	26 등급 운세	26 성공율%	26 실패율%	27 등급 운세	27 성공율%	27 실패율%	28 등급 운세	28 성공율%	28 실패율%
1호	$\frac{0}{14}$	110		$\frac{0}{12}$	100		$\frac{0}{10}$	90		$\frac{0}{8}$	80		$\frac{0}{6}$	70		$\frac{0}{4}$	60		$\frac{0}{2}$	50	
	$\frac{14}{0}$	110		$\frac{12}{0}$	100		$\frac{10}{0}$	90		$\frac{8}{0}$	80		$\frac{6}{0}$	70		$\frac{4}{0}$	60		$\frac{2}{0}$	50	
2호	$\frac{0}{13}$	70	30	$\frac{0}{11}$	60	40	$\frac{0}{9}$	50	50	$\frac{0}{7}$	40	60	$\frac{0}{5}$	30	70	$\frac{0}{3}$	20	80	$\frac{0}{1}$	10	90
	$\frac{13}{0}$	70	30	$\frac{11}{0}$	60	40	$\frac{9}{0}$	50	50	$\frac{7}{0}$	40	60	$\frac{5}{0}$	30	70	$\frac{3}{0}$	20	80	$\frac{1}{0}$	10	90

※ 건강·명예·재산의 운세평가 등급 조견표

생활 성취도 / 운세덕목	상 상 상	상 상 중	상 상 하	상 중 상	상 중 중	상 중 하	상 하 상	상 하 중	상 하 하	중 상 상	중 상 중	중 상 하	중 중 상	중 중 중	중 중 하	중 하 상	중 하 중	중 하 하	하 상 상	하 상 중	하 상 하	하 중 상	하 중 중	하 중 하	하 하 상	하 하 중	하 하 하	예측불허형
건강등급	1	2	3	4	5	6	7	8	9	10	11	12	13	14	15	16	17	18	19	20	21	22	23	24	25	26	27	0
재산등급	1	2	3	4	5	6	7	8	9	10	11	12	13	14	15	16	17	18	19	20	21	22	23	24	25	26	27	0
명예등급	1	2	3	4	5	6	7	8	9	10	11	12	13	14	15	16	17	18	19	20	21	22	23	24	25	26	27	0
운세평가구분	잘 사는 운세평가 기준									보통 사는 운세평가 기준 A·B형									못 사는 운세평가 기준									

7. 인생의 변수기능 풀이법(호불호 변수기능)

상대자와 인연을 감정하여 초년, 중년, 말년의 운세가 나쁘더라도 호불호 짝수변수가 나타나면 개선될 수 있는 반면 초년, 중년, 말년의 운세가 좋더라도 호불호 홀수변수에 의해 나빠질 수 있다. 짝수변수와 홀수변수의 운세풀이는 다음과 같이 작용한다.

표 43. 인생항로 변수기능 풀이법

구분 \ 운세		초년운세	중년운세	말년운세	인생항로 변수기능	
					짝수변수	홀수변수
본인·상대자 인생항로 변수기능	예시 A		6		2, 4, 6, 8, 10, 12, 14	1, 3, 5, 7, 9, 11, 13,
	예시 B		3			
	예시 C		4			
	예시 D		5			
인생항로 변수기능 운세풀이법 (예시)	※ 인생항로 변수기능은 초년, 중년, 말년의 운세를 추가적으로 더 좋게 하거나 더 나쁘게 하는데, 같은 수끼리 만나면 그 효력이 강하게 나타난다. ① 짝수변수는 초년, 중년, 말년의 운을 좋은 방향으로 유도하고 가세하여 성공을 이루도록 촉진한다. 따라서 높은 짝수변수일수록 그 효과가 크며 특히 초년, 중년, 말년의 짝수와 짝수변수의 수가 같은 경우 그 효과는 더욱 강하게 나타난다. 　　A의 경우: 중년운세 6은 짝수변수 6과 결합하면 더욱 더 일이 잘된다. 　　C의 경우: 중년운세 4는 짝수변수 4를 만나면 더욱 더 일이 잘되는데 A의 경우보다는 저조하다. ② 홀수변수는 초년, 중년, 말년의 운을 나쁜 방향으로 유도하고 간섭하여 실패가 되도록 악영향을 미친다. 따라서 낮은 홀수변수는 그 힘이 매우 강하여 악화일로가 된다. 특히 초년, 중년, 말년의 홀수와 홀수변수가 같을 경우 악화현상이 급속도로 진전될 가능성이 있다. 　　B의 경우: 중년운세 3은 홀수변수 3과 결합하여 더욱 더 일이 위험하게 된다. 　　D의 경우: 중년운세 5는 홀수변수 5를 만나면 더욱 더 일이 고집과 함정에 걸린다.					

8. 인연역설 해법

(1) 운세 0,1,3의 고난도 풀이법

특 1 호 상위치자와 하위치자의 홀수운세 1이 초년운세가 될 경우에는 상대자의
초년운세가 짝수이면 좌충우돌형이고, 홀수운세이면 패가망신형이다.

예시 1 홀수운세 1의 고난도 풀이

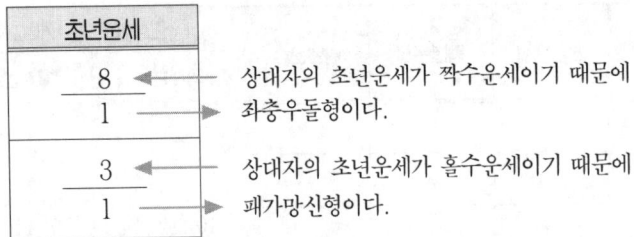

초년운세
8 ◄── 상대자의 초년운세가 짝수운세이기 때문에
1 ──► 좌충우돌형이다.
3 ◄── 상대자의 초년운세가 홀수운세이기 때문에
1 ──► 패가망신형이다.

또 상위치자와 하위치자의 홀수운세 1이 중년운세가 될 경우에는 이것과
연결되는 초년운세가 짝수운세이면 망신충돌형이고, 홀수운세이면 패가
충돌형이다.

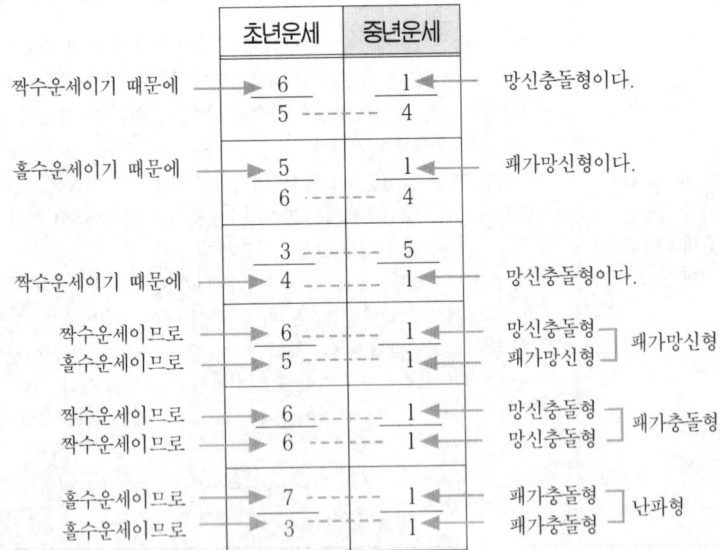

	초년운세	중년운세	
짝수운세이기 때문에 ──►	6	1 ◄──	망신충돌형이다.
	5 -----	4	
홀수운세이기 때문에 ──►	5	1 ◄──	패가망신형이다.
	6 -----	4	
	3 -----	5	
짝수운세이기 때문에 ──►	4 -----	1 ◄──	망신충돌형이다.
짝수운세이므로 ──►	6	1 ◄──	망신충돌형 ┐
홀수운세이므로 ──►	5 -----	1 ◄──	패가망신형 ┘ 패가망신형
짝수운세이므로 ──►	6 -----	1 ◄──	망신충돌형 ┐
짝수운세이므로 ──►	6 -----	1 ◄──	망신충돌형 ┘ 패가충돌형
홀수운세이므로 ──►	7 -----	1 ◄──	패가충돌형 ┐
홀수운세이므로 ──►	3 -----	1 ◄──	패가충돌형 ┘ 난파형

상위치자와 하위치자의 중년운세가 0이 될 경우, 이것과 연결되는 초년운세
가 짝수운세이면 긍정적 예측형이고, 홀수운세이면 부정적 예측형이다.

운세 0의 고난도 풀이

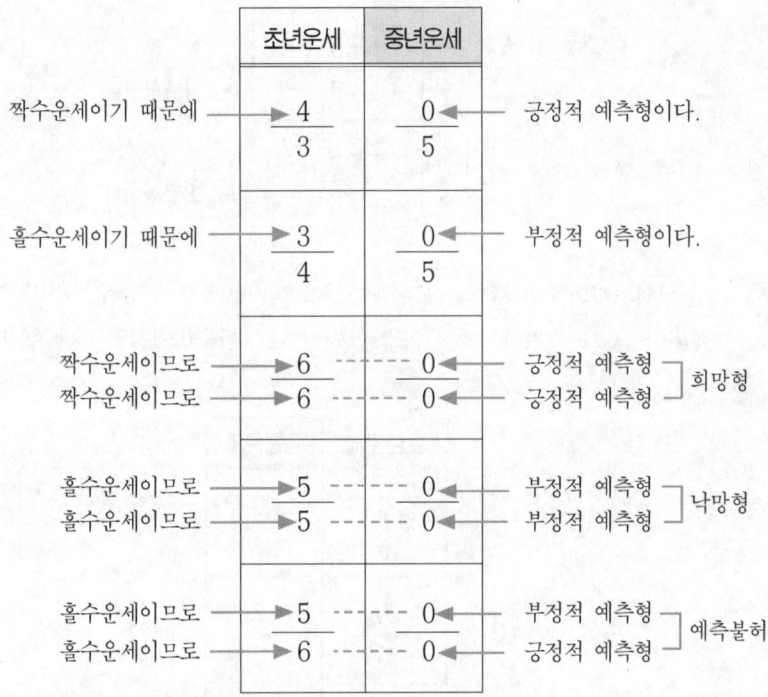

특 3 호 상위치자와 하위치자의 홀수운세 3이 초년운세가 될 경우에는 상대자의
초년운세가 짝수운세이면 곤란형이고, 홀수운세이면 낭패형이다.

운세 3의 고난도 풀이

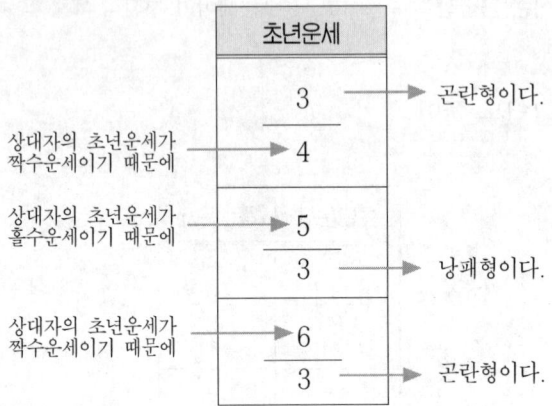

또 상위치자와 하위치자의 홀수운세 3이 중년운세가 될 경우, 이것과 연결되는 초년운세가 짝수운세이면 곤란형이고, 홀수운세이면 낭패형이다.

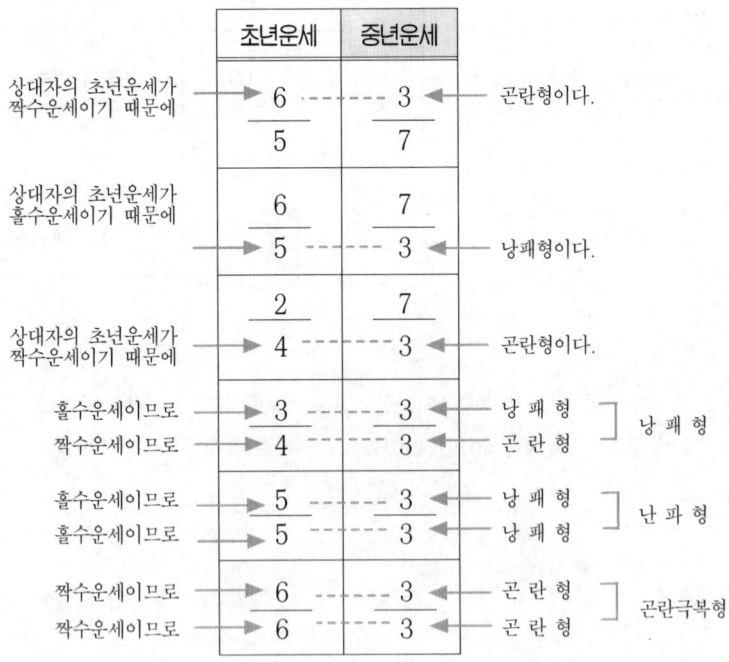

(2) 인연역설해법의 검증

인연역설해법은 두 사람의 인연감정에서 초·중년의 운세가 0, 1, 3으로 결합되어 지극히 나쁜 인연으로 분류됨에도 불구하고 인위적이고 외형적인 목적의식, 새로운 출발, 형식적인 삶, 극단적인 이기주의, 이질체의 집합, 계약적인 인간관계 등에 의하여 결연된 인연이다.

이러한 인연의 결합원리는 피흉이면 취길이고, 피길이면 취흉이 일어나는 것이다. 그러므로 나쁜 인연이 좋은 인연으로 변하거나 좋은 인연이 나쁜 인연으로 변하는 이변이 일어난다. 따라서 절망상태에서 극적인 해결, 결별선언, 재결합선언의 반복 또는 중지현상이다.

우리 생활주변에 이혼한 사람이 다시 만나거나 매일 이혼하자고 하면서도 이혼 못하고 사는 부부, 결혼하고 싶어도 결혼 못하는 사연, 평소에 그렇게도 정이 좋은 사람이 갑자기 문제를 일으켜 헤어지는 일, 어제까지는 무사했는데 오늘에 돌변하는 일, 오늘의 적이 내일에 동지가 되고 오늘의 동지가 내일에 원수가 되는 일 등과 같은 경우는 모두 인연 역설해법에 의한다.

이와 같은 관계에서 0, 1, 3의 초년운세와 중간운세 소유자는 결말이 암살·자살·처형·피살·암·구속·이혼·결별·대형사고 사건 등에 비참한 일들이 일어나는 사례가 많다.

그 이유는 인연운세가 최저바닥에 최악상태로 떨어진 인연환경에서 성명의 기와 정기가 0, 1, 3으로 된다는 것이다. 인연운세가 바닥까지 떨어진 후 새로운 개운의 길을 찾지 못하면 자멸되는 것이고, 길을 찾게 되면 새로운 출발이 시작되기 때문이다.

이와 같은 힘은 짝수변수 2·4·6·8·10·12·14 중에서 큰 수와 짝수변수 수효가 많을 경우 강하게 작용하여 재기하게 되고, 홀수변수 1·3·5가 많으면 멸망한다. 이러한 사실은 검증을 통하여 알 수 있고 현실적으로 어떤 결과가 있을 것인지도 예측하여 유비무환의 자세로 임하여야 될 것이다.

인연역설해법의 검증사례는 우리나라 헌정사상 기록적인 사건의 장본인들을 상대로 하여 인연의 중간운세를 중심으로 결과를 감정하였고, 짝수와 홀수변수의 영향력은 고려하지 않았다.

실제적으로 사람과의 인연을 감정하여 보면 계속 잘 사는 인연은 드물고 상대적으로 맺은 인연에서 중간운세 0, 1, 3에 해당되는 사람이 많아 가정적으로나 사회적으로 문제가 일어나 패가망신, 이혼, 결별, 도산, 곤란, 난치병, 구속·영창, 낭패, 빈곤, 흉악 범죄자, 횡령 등에서 어느 하나가 해당되는데 현실적으로 비일비재하여 이루 헤아릴 수가 없으며 해당자는 인연해법에 따라서 처신해야 된다. 인연역설해법이 적용된 사례는 검증 1의 찾아보기 ①에서 ⑯까지를 본보기로 제시한다.

① 이승만 정권하의 김구는 상대적인 경쟁관계인데 1949년 6월 26일 암살되었는데 두 사람의 인연은 짝수운세 4와 예측불허형 0의 인간관계이다.

② 제3대 정부통령 선거에서 이승만과 경쟁하던 신익희는 대통령 유세 도중 이리에서 뇌일혈로 급서하였다(중간운세 : 1/1).

③ 이승만 정권하에 경쟁관계에 있었던 조봉암은 1959년 7월 31일에 간첩죄목으로 사형이 집행되었다(중간운세 : 3/1).

④ 제5대 정부통령 선거에서 3·15부정선거에 관련된 이승만은 미국으로 망명가서 그곳에서 별세하였고, 부통령 이기붕과 그의 일가 이강석 등은 1960년 4월 28일 동반 자살하였다(중간운세 : 3/1).

⑤ 최인규는 내무부장관으로 4대 정부통령 선거시 3·15부정선거 원흉이 되어 1960년 5월 3일 구속된 뒤 부정선거 두목으로 처형되었다.

⑥ 1949년 6월 26일 낮 12시 36분 육군 소위 안두희는 경교장에서 김구를 피살했다(중간운세 : 5/1).

⑦ 박정희 대통령의 영부인 육영수는 1972년 8월 15일 광복절 기념 행사장에서 제일교포 2세 문세광으로부터 피살되었다(중간운세 : 5/1).

⑧ 박정희 대통령은 1979년 10월 26일 중앙정보부장 김재규, 경호실장 차

지철의 인연에서 피살되고, 김재규는 사형집행되었다(중간운세:3/1).

⑨ 차용애는 김대중과의 연분에서 1960년 5월 29일 사망했다(중간운세 : 3/1).

⑩ 제14대 김영삼 대통령과 제15대 김대중 대통령은 우리 나라 헌정사상 40평생 정치생활을 같이 한 전·후임 대통령으로서 경쟁과 결합과 대립의 연속하에 공존공영의 길을 걸어왔다. 전·후임 대통령의 중간운세는 2와 1의 삶이다.

⑪ 김영삼의 분신인 김동영과 최형우도 예외는 아니다. 김영삼 전대통령을 보필한 김동영은 1991년 8월 15일 55세로 전립선암으로 타계하였고, 최형우는 1997년 8월에 뇌졸중에 우환을 겪었다(중간운세:1/1).

⑫ 김영삼·김현철의 부자인연은 전형적인 3/3관계이므로, 그 당시 현직 대통령의 아들이 1996년 구속 수감된 것이다(중간운세 : 3/1).

⑬ 전 동아그룹 회장 최원석·배인순의 연분은 이혼으로 끝장나고, 최원석은 직장암의 투병생활을 하는데 중간운세 3과 1의 인간관계이다.

⑭ 1997년 가수 조영남과 윤여정은 중간운세 3과 1의 삶으로 이혼할 수밖에 없었다.

⑮ 가수 이선희의 전 남편 윤희중은 1992년 1월에 혼인하여 결혼생활 6년 끝에 이혼한 뒤, 1999년 6월 5일 부천 G여관에서 농약을 마시고 음독자살했다(중간운세 : 0/1).

⑯ 1999년 12월 옷로비 사건의 전 법무부장관 김태정 부인 연정희와 신동아그룹 회장 최순영 부인 이형자의 인연에서 중간운세는 1이므로 이 사건 관련자 중에서 혼자만 2000년 1월 11일 구속 수감되는 일이 발생하였다(중간운세 : 2/1).

이상에서 열거한 두 사람의 인연은 그야말로 세인이 부러울 정도의 좋은 인연이었으나 그 결과는 모두가 한결같이 비극으로 종말을 고하였다. 그 이유는 한 마디로 상대자와의 인연에서 중간운세 0, 1, 3이 나타났기 때문이다.

한국인연감정원 동자삼작명소(인)	사업 진행단계	초기	중간	말기	인생항로변수	
	기준 연령	30세 미만	31~50세	51세 이상	선	악
	인생항로 점유비율	15%	70%	15%	좋은일 발전	나쁜일 촉진

찾아보기	관계	성명	인운인자산출	운세	초년운세	중년운세	말년운세	호불호 변수기능	
								짝수변수	홀수변수
①	제1·2·3대 대통령	이승만	ㅇ ㅣ ㅅ ㅡ ㅇ ㅁ ㅏ ㄴ 8 10 7 9 8 5 1 2		4	4	8	2.8.8	9
	경쟁자	김구	ㄱ ㅣ ㅁ ㄱ ㅜ 1 10 5 1 7		5	0 피살	9		
②	제1·2·3대 대통령	이승만	ㅇ ㅣ ㅅ ㅡ ㅇ ㅁ ㅏ ㄴ 8 10 7 9 8 5 1 2		7	1	8		5
	서거	신익희	ㅅ ㅣ ㄴ ㅇ ㅣ ㄱ ㅎ ㅡ ㅣ 7 10 2 8 10 1 14 9 10		8	1 서거	9	14	
③	제1·2·3대 대통령	이승만	ㅇ ㅣ ㅅ ㅡ ㅇ ㅁ ㅏ ㄴ 8 10 7 9 8 5 1 2		5	3	8	2.10	7
	경쟁자	조봉암	ㅈ ㅗ ㅂ ㅗ ㅇ ㅇ ㅏ ㅁ 9 5 6 5 8 8 1 5		7	1 처형	8	6	
④	제1·2·3대 대통령	이승만	ㅇ ㅣ ㅅ ㅡ ㅇ ㅁ ㅏ ㄴ 8 10 7 9 8 5 1 21		5	3 망명	8	2	5. 9
	부통령	이기붕	ㅇ ㅣ ㄱ ㅂ ㅜ ㅇ 8 10 7 9 8 5 1 2		6	1 자살	7	6	
⑤	제1·2·3대 대통령	이승만	ㅇ ㅣ ㅅ ㅡ ㅇ ㅁ ㅏ ㄴ 8 10 7 9 8 5 1 2		6	2	8		7. 9
	부정선거 원흉	최인규	ㅊ ㅣ ㅣ ㅇ ㅣ ㄴ ㄱ ㅠ 10 5 10 8 10 2 1 8		8	0 처형	8		
⑤	제1·2·3대 대통령	이승만	ㅇ ㅣ ㅅ ㅡ ㅇ ㅁ ㅏ ㄴ 8 10 7 9 8 5 1 2		5	3 망명	8	2	5. 9
		이강석	ㅇ ㅣ ㄱ ㅏ ㅇ ㅅ ㅓ ㄱ 8 10 1 1 8 7 3 1		7	1 자살	8		3
⑤	부	이기붕	ㅇ ㅣ ㄱ ㅂ ㅜ ㅇ 8 10 1 10 6 7 8		6	1 자살	7	6	
	자	이강석	ㅇ ㅣ ㄱ ㅏ ㅇ ㅅ ㅓ ㄱ 8 10 1 1 8 7 3 1		7	1 자살	8		3

한국인연감정원 동자삼작명소(인)			사업 진행단계	초기	중간	말기	인생항로변수	
			기준연령	30세 미만	31 ~50세	51세 이상	선	악
			인생항로 점유비율	15%	70%	15%	좋은일 발 전	나쁜일 촉 진
찾아보기	관 계	성 명	인운인자산출 ＼ 운세	초년 운세	중년 운세	말년 운세	호불호 변수기능	
							짝수변수	홀수변수
⑥	육군소위	안두희	ㅇ ㅏ ㄴ ㄷ ㅜ ㅎ ㅡ ㅣ 8 1 2 3 7 14 9 10	3	5 피살	8	2.4.8	3. 9
	독립운동가	김 구	ㄱ ㅣ ㅁ ㄱ ㅜ 1 10 5 1 7	4	1 암살	5		5
⑦	재일교포 2 세	문세광	ㅁ ㅜ ㄴ ㅅ ㅓ ㅣ ㄱ ㅗ ㅏ ㅇ 5 7 2 7 3 10 1 5 1 8	5	5 사형	10	2. 10	3. 3. 5
	영 부 인	육영수	ㅇ ㅠ ㄱ ㅇ ㅕ ㅇ ㅅ ㅜ 8 8 1 8 4 8 7 7	7	1 피살	8	4	
⑧	대 통 령	박정희	ㅂ ㅏ ㄱ ㅈ ㅓ ㅇ ㅎ ㅡ ㅣ 6 1 1 9 3 8 14 9 10	6	3 피살	9	6. 14	3
	중앙정보 부 장	김재규	ㄱ ㅣ ㅁ ㅈ ㅏ ㅣ ㄱ ㅠ 1 10 5 9 1 10 1 8	7	1 처형	8		5
⑨	대 통 령	박정희	ㅂ ㅏ ㄱ ㅈ ㅓ ㅇ ㅎ ㅡ ㅣ 6 1 1 9 3 8 14 9 10	6	3 피살	9	6. 8. 14	
	경호실장	차지철	ㅊ ㅏ ㅈ ㅣ ㅊ ㅓ ㄹ 10 1 9 10 10 3 4	6	1 피살	7	4	
⑨	제15대 대 통 령	김대중	ㄱ ㅣ ㅁ ㄷ ㅑ ㅣ ㅈ ㅜ ㅇ 1 10 5 3 1 10 9 7 8	5	4	9		3.5.7.9
	전 처	차용애	ㅊ ㅏ ㅇ ㅛ ㅇ ㅎ ㅏ ㅣ 10 1 8 6 8 8 1 10	7	1 사망	8	6	
⑩	제15대 대 통 령	김대중	ㄱ ㅣ ㅁ ㄷ ㅑ ㅣ ㅈ ㅜ ㅇ 1 10 5 3 1 10 9 7 8	7	2	9		3. 9
	제14대 대 통 령	김영삼	ㄱ ㅣ ㅁ ㅇ ㅕ ㅇ ㅅ ㅏ ㅁ 1 10 5 8 4 8 7 1 5	8	1 불화	9	4	
⑪	제14대 대 통 령	김영삼	ㄱ ㅣ ㅁ ㅇ ㅕ ㅇ ㅅ ㅏ ㅁ 1 10 5 8 4 8 7 1 5	8	1 좌절	9		7
	전 국회의원	김동영	ㄱ ㅣ ㅁ ㄷ ㅗ ㅇ ㅇ ㅕ ㅇ 1 10 5 3 5 8 8 4 8	8	1 암사망	9		3

한국인연감정원 동자삼작명소(인)

사업 진행단계	초기	중간	말기	인생항로변수	
기준 연령	30세 미만	31~50세	51세 이상	선	악
인생항로 점유비율	15%	70%	15%	좋은일 발전	나쁜일 촉진

찾아보기	관 계	성 명	인운인자산출	초년운세	중년운세	말년운세	짝수변수	홀수변수
⑪	제14대 대통령	김영삼	ㄱㅣㅁㅇㅕㅇㅅㅏㅁ 1 10 5 8 4 8 7 1 5	7	2	9		1. 1
⑪	전 국회의원	최형우	ㅊㅗㅣㅎㅕㅇㅇㅜ 10 5 10 14 4 8 8 7	7	1 뇌졸중	8	14	
⑫	부	김영삼	ㄱㅣㅁㅇㅕㅇㅅㅏㅁ 1 10 5 8 4 8 7 1 5	6	3 곤란	9	8. 8	7
⑫	자	김현철	ㄱㅣㅁㅎㅕㄴㅊㅓㄹ 1 10 5 14 4 2 10 3 4	6	3 구속수감	9	2. 14	3
⑬	전 동아그룹 회장	최원석	ㅊㅗㅣㅇㅝㄴㅅㅓㄱ 10 5 10 8 7 3 2 7 3 1	7	3 직장암	10		3. 3. 5
⑬	처 (이혼)	배인순	ㅂㅐㅣㅇㅣㄴㅅㅜㄴ 6 11 8 10 2 7 7 2	8	1 이혼	9	6	
⑭	가 수	조영남	ㅈㅗㅇㅕㅇㄴㅏㅁ 9 5 8 4 8 2 1 5	5	3 이혼	8		1. 5. 5
⑭	처 (이혼)	윤여정	ㅇㅠㄴㅇㅕㅈㅓㅇ 8 8 2 8 4 9 3 8	7	1 이혼	8		3
⑮	남 편	윤희중	ㅇㅠㄴㅎㅢㅣㅈㅜㅇ 8 8 2 14 9 10 9 7 8	9	0 음독자살	9		
⑮	처 (이혼)	이선희	ㅇㅣㅅㅓㄴㅎㅢㅣ 8 10 7 3 2 14 9 10	7	1 이혼	8		3
⑯	옷로비 사건	연정희	ㅇㅕㄴㅈㅓㅇㅎㅢㅣ 8 4 2 9 3 8 14 9 10	7	2	9	2	3
⑯	옷로비 사건	이형자	ㅇㅣㅎㅕㅇㅈㅏ 8 10 14 4 8 9 1	6	1 구속수감	7		1

인연감정 길라잡이

자 어떻게 하면 인연풀이를 잘 할 것인가?

두 사람의 인연 즉 연분, 짝짓기, 우정, 사업, 결혼대상자를 동자삼 작명학 해법에 의하여 아래 운세표를 작성하고, 앞에서 설명한 대로 인연을 감정하면서 초년, 중년, 말년 운세가 운세 풀이 표 27~43 가 운데 어디에 속해 있나를 찾아 그 내용을 옮겨 적어서 풀이해 보면 된다. 백문이 불여일견이므로 독자 여러분은 지금 곧 자신과 가까운 사람과의 인연을 감정하여 보면 동자삼의 해법을 실감하게 될 것이 다.

초년 · 중년 · 말년 운세 풀이 산출표

한국인연감정원 동자삼작명소⑪			사 업 진행단계	초기	중간	말기	인생항로 변수기능	
			기준연령	30세 미만	31 ~ 50세	51세 이상	선	악
			인생항로 점유비율	15%	70%	15%	좋은일 발전	나쁜일 촉진
관계	성명	인운인자산출	연 운	초년 운세	중년 운세	말년 운세	호불호 인운인수	
							짝수변수	홀수변수

1. 인연감정의 선행조건

인연감정을 하는데 가정 먼저 이루어져야 할 일은 초·중·말년 운세의 기본지식에 대한 이해가 선행되지 않으면 아무 것도 말할 수 없다. 인연감정 풀이는 기초적인 운세풀이법의 철두철미한 학습에서부터 시작되고, 이러한 일이 자의에 의하여 선행된 뒤에야 비로소 운세풀이, 곧 인연감정이라는 말을 할 수 있게 된다.

다시 강조하면 인연감정의 기초지식 습득 문제 여부가 초·중·말년의 운세풀이에 결정적인 역할을 한다는 것이다.

예컨대, 독자 중에서 이 책의 내용에 대하여 수박 겉 핥기 식의 건성으로 대충 읽고, 지레 짐작하여 인연을 왈가왈부한다면 위험천만이고, 이러한 사람의 인연감정 실력은 백발백중 거짓 진술이며 엉터리 도사에 무책임한 농담일 뿐이다.

흔히들 이 책의 내용이 너무 어렵다 일반인들이 보기에는 힘들다는 말을 하는 사람이 많은데, 참으로 옳은 소리요 당연지사의 말이다.

자, 생각해 보라.

전혀 다른 두 개체가 서로 만나 인연을 맺어 인생항로를 개척하는 그 길은 변화무쌍하여 신도 쉽게 말하기가 힘들 텐데, 하물며 인간이 사람의 앞길을 예견하여 말한다는 것은 여간 어려운 일이 아니다. '맞다, 틀리다'의 부담감이 마음을 항상 압박하고 있다. 또 한편으로는 종교인들로부터 미신으로 취급되어 철저히 외면당하기 일쑤다.

더군다나 인연해법은 인연을 결연하는 두 사람의 인적, 물적, 지적 자원과 개체에 대한 한 점의 정보 없이 오로지 한글성명의 한 글자, 두 글자, 세 글자 등의 자음과 모음으로 하여금 인연의 과거, 현재, 미래를 예지하는 것이니 말해 무엇 하겠는가.

그렇기 때문에 원리와 이론은 과학과 수학의 본바탕이 되고 여기서 창출된 내용은 합리성, 미래성, 객관성, 타당성, 현실성 등이 검토되어 현실적으로 검증된 후 실용가치가 인정을 받아야 된다는 막중한 부담감이 있다. 실제적으로 인연해법을 공부하여 보면 원리와 이론은 너무나 쉽고, 이것을 적용하고 응용하며 활용하는 데는 그 범위가 한없이 넓고 깊다. 이렇듯 극소에서 극대로 활동하기 때문에 어렵다는 말이 스스로 생기게 된다.

결론적으로 인연 해법은 이론과 원리는 일목요연하게 나타나고 실제로 활용하는데는 어려움이 따르기 마련이며, 초, 중, 말년의 운세풀이를 제대로 하려면 기초지식을 조목조목 천천히 여러 번 되새기면서 공부할 수밖에 없다.

따라서 인연해법을 제대로 알려면 운세풀이 방법 9가지를 기본적으로 습득하지 않으면 안 된다.

① 초, 중, 말년의 운세 풀이 아홉 가지 기본지식

2. 길흉화복

초, 중, 말년의 운세가 어디에 해당되는지를 끝까지 추적하여 그 내용을 메모하면 길흉화복을 알 수 있다.

두 사람의 인연감정에서는 초, 중, 말년의 운세가 분수 형식으로 나타나게 된다. 도대체 이것이 무슨 뜻인지를 알 수가 없다.

다시 말해서 아라비아 숫자 1 2 3 … 14가 지닌 내재가치와 의미, 분수의 상·하 관계, 두 사람의 활동 결과, 호불호 등을 알 수가 없다는 말이다.

이것을 이해하기 위해서 초, 중, 말년의 운세가 어디에 속해 있는지를 열심히 찾아야 하고, 그 내용을 메모하여 순서대로 헤아려 보면 두 사람의 길흉화복이 환히 보인다.

지금부터 산출된 초, 중, 말년의 운세가 어디에 있는지 찾아보자!

② 여기를 보면 길흉화복을 알 수 있다

1. 짝수형운세 　　　　　: 가장 잘 사는 운세 평가 기준 … 표 30, p.108
2. 홀수형운세 　　　　　: 못 사는 운세 평가 기준 　…… 표 34, p.114
3. 짝·홀수 혼합형운세 : 보통운세 평가 기준 A형 　…… 표 37, p.117
4. 홀·짝수 혼합형운세 : 보통운세 평가 기준 B형 　…… 표 38, p.118
5. 운세 0 　　　　　　　: 예측불허형 운세 평가기준 …표 42, p.122

예시 1 　초, 중, 말년의 운세 등급과 내재가치를 인연감정 종합환산 조견표(표 46, p. 182)에서 찾아 메모한다.

초년운세 :

2	2의 성공률 50%
4	4의 성공률 60%

: 짝수운세로서 가장 잘 사는 평가기준 표30에서 6등급 7호에 해당된다.

중년운세 :

5	5의 성공률 30%, 실패율 70%
3	3의 성공률 20%, 실패율 80%

: 홀수운세로서 못 사는 운세 평가기준 표34에서 20등급 5호에 해당된다.

말년운세 :	7	7의 성공률 40 %, 실패율 60%	홀수운세로서 못 사는 운
	7	7의 성공률 40 %, 실패율 60%	세 평가기준 표34에서 18등급 4호에 해당된다.

➡ 기본적인 인연감정 골격 : 두 사람이 결혼하여 산다면 초년에는 행복
하게 잘 살다가 중년에는 고전하거나 망하고, 말년에는 운세가 조금
풀린다.

3. 희로애락

인생항로의 변수 기능이 초 · 중 · 말년의 운세에 미치는 원리를
알면 인연의 희로애락이 보인다.

두 사람이 인연감정에서 운세 풀이 산출표에 인생항로의 변수기능
인 짝수변수와 홀수변수가 각각 아라비아 숫자로 나타난다. 이 변수
가 실제적으로 행사하는 영향력에 대해서는 일일이 글로 나타내기
어렵다.

필자가 인연해법 창출에서 가장 힘들고 노력이 투입된 것이 바로
이 부분이고 인생의 변수 기능의 뜻을 제대로 독자들에게 전달하는
길은 강좌를 개설하여 강의를 하는 것이라고 본다.

인연의 진로에서 원기둥은 변화되기가 매우 어렵지만 하루하루의
생활변화, 일별, 주별, 월별의 변수는 짝수변수와 홀수변수의 작용이
고 이들의 기능과 해법이 지금까지 설명되고 있는 것은 빙산(氷山)
의 일각(一角)이다. 특히 이들의 기능 중에서 변수들이 집합하여 1
차 변수를 나타내면 2차에는 어떤 변수가 나타나서 무슨 기능을 발
휘할지 모를 일이다. 인연감정의 감지력이 이를 완전히 해결하기까
지는 시간이 필요하다.

그러므로 개구리가 뛰는 방향을 알 수 없듯이 인생항로의 변수기

능을 갖는 짝수변수와 홀수변수의 영향력은 계속 연구되고 있다. 지금까지 밝혀진 기본적인 이론은 짝수변수에 속하는 2 4 6 … 14 등은 좋은 일에 관여하여 좋은 일을 촉진시키고 결실을 좋게 하는 영역이고, 반대로 홀수변수에 속하는 1 3 5 … 13 등은 나쁜 일에 관여하여 나쁜 일을 촉진시켜 결과를 나쁘게 만든다는 것이다.

이들의 영향력은 숫자의 크기, 인연환경과 인연결합 상태 등에 따라 발생시기와 강도가 각각 다르고, 때와 장소를 불문하고 종횡무진, 자유자재로 활동하는 특성이 있다.

따라서 짝수변수와 홀수변수가 직·간접적으로 작용하는 기능을 열거하여 미흡하지만 그들의 기능을 이해하도록 한다.

(1) 짝수변수 작용

짝수변수는 초, 중, 말년운세의 짝수와 만나면 그 짝수의 기능을 긍정적인 방향으로 계속 유도하여 좋은 일을 촉진시키고, 서로 상부상조하여 아름다운 결실을 맺도록 최대한의 능력을 발휘한다.

특히 동일한 수를 만나면 그 위력은 더욱 강화된다. 이들의 영향력은 초년운세에 15%, 중년운세에 70%, 말년운세에 15%로 각각 배정된다.

인생항로 변수의 짝수변수 기본 풀이

(인연감정 종합기능 환산 조견표46 참조)

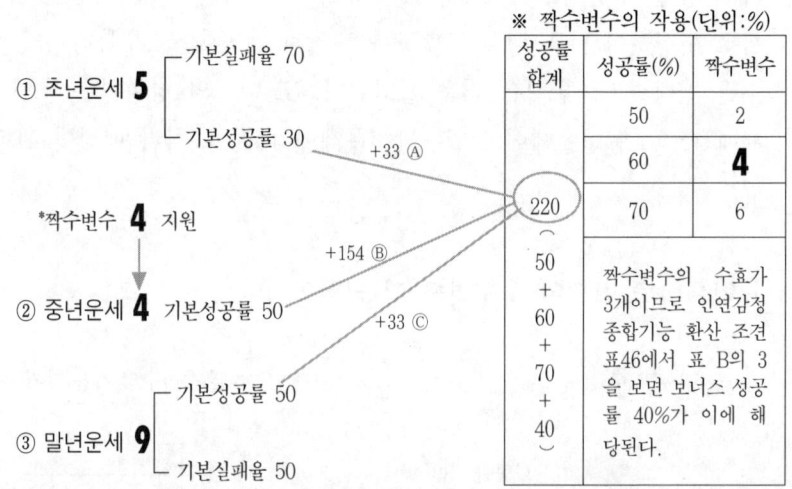

본인운세	기본성취도		짝수변수 작용 계 산 방 법	짝수변수 작용결과	
	성공률	실패율		총성공률	총실패율
초년 5	30	70	Ⓐ $220 \times \dfrac{15}{100} = 33$	30+33=63	70
중년 4	60	.	Ⓑ $220 \times \dfrac{70}{100} = 154$	60+154=214	
말년 9	50	50	Ⓒ $220 \times \dfrac{15}{100} = 33$	50+33=83	50
계	140	120	220	360	120

➡ 기본적인 인연감정 골격 : 이 사람의 초년운세 5는 근본적으로 실패형
이나, 짝수변수의 영향을 받아 삶의 여건이 개선되고, 중간운세 4는 짝
수변수의 특별지원을 받아 대단히 잘 살게 되며 그 결과 말년운세 9도
호전된다. 이는 모두 짝수변수의 호재성 영향권에 속하여 있으므로 잘
산다.

(2) 홀수변수 이론

홀수변수는 초·중·말년운세의 짝수 홀수운세와 만나면 그 운세
의 기능을 부정적 방향으로 계속 유도하며, 나쁜 일을 촉진시키고,
서로 투쟁하여 나쁜 결실을 맺도록 해악과 훼방을 하고 특히 동일한
수를 만나면 그 위력은 더욱 강화된다. 또 이들의 영향력은 초년운
세에 15%, 중년운세에 70%, 말년운세에 15%로 각각 배정이 된다.

예시 3 │ 인생항로 변수의 홀수변수 기본 풀이

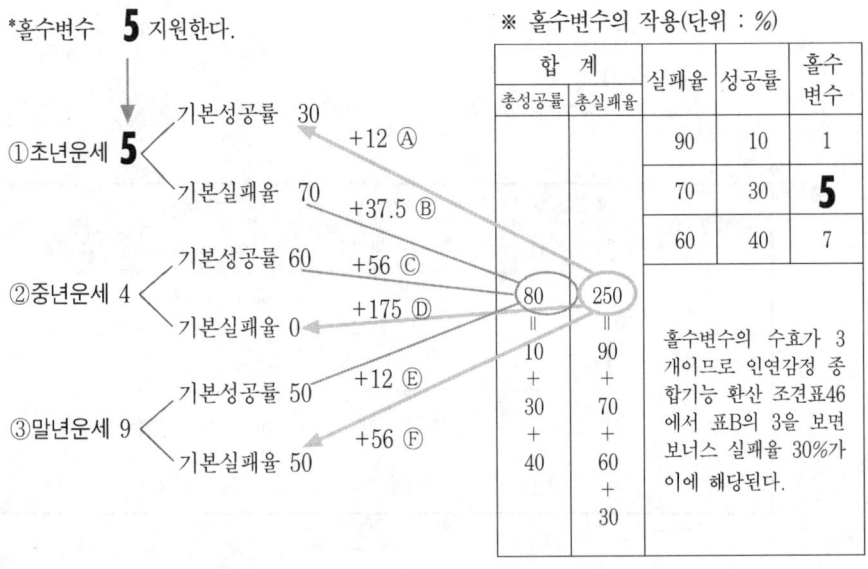

운 세	기본성취도		홀수변수의 작용		홀수변수 작용결과	
	성공률	실패율	성공률	실패율	총성공률	총실패율
초년 5	30	70	ⓐ $80 \times \frac{15}{100} = 12$	ⓑ $200 \times \frac{15}{100} = 37.5$	42	107.5
중년 4	60		ⓒ $80 \times \frac{70}{100} = 56$	ⓓ $250 \times \frac{70}{100} = 175$	116	175.0
말년 9	50	50	ⓔ $80 \times \frac{15}{100} = 12$	ⓕ $250 \times \frac{15}{100} = 37.5$	62	87.5
계	140	120			220	366.0

➡ 기본적인 인연 감정 골격 : 이 사람의 초년운세는 매사가 실패형이고, 중간운세는 성공하도록 되어 있으나 홀수변수가 작용하여 되는 일이 없으며, 말년운세도 불투명한데 이 모두는 홀수변수의 악재성 영향권에 속하므로 못산다.

4. 행복과 불행

운세 0, 1, 3의 고난도 감정 요령에 의하여 특별 감정을 하면 행·불행이 한눈에 보인다.

예시 4 │ 두 사람의 초년운세 $\frac{2}{5}$, 중년운세 $\frac{7}{1}$, 말년운세 $\frac{9}{6}$일 경우, 중년운세 1때문에 특별감정의 대상이 되므로 초정밀 고난도로 인연을 감정한다.

	초년운세	중년운세	말년운세	짝수변수	홀수변수
상위치	2	**7**	9		
하위치	5	**1**	6		**1**

같은 홀수끼리 만나게 되어 해악이 강화된다.

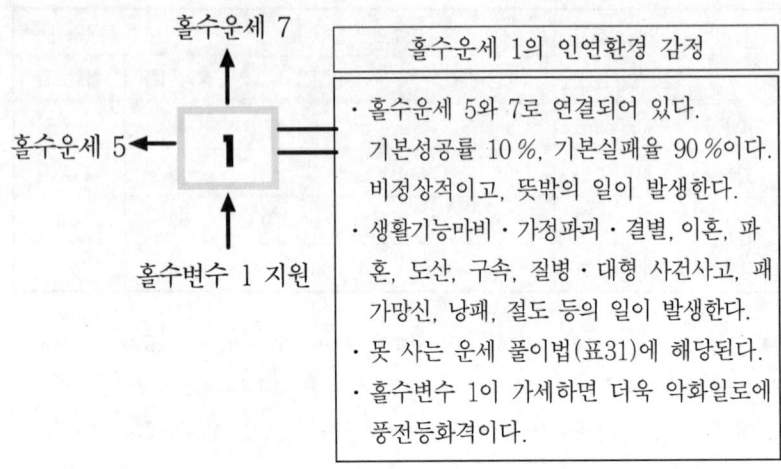

홀수운세 7

홀수운세 5 ← 1

홀수변수 1 지원

홀수운세 1의 인연환경 감정

· 홀수운세 5와 7로 연결되어 있다. 기본성공률 10 %, 기본실패율 90 %이다. 비정상적이고, 뜻밖의 일이 발생한다.
· 생활기능마비·가정파괴·결별, 이혼, 파혼, 도산, 구속, 질병·대형 사건사고, 패가망신, 낭패, 절도 등의 일이 발생한다.
· 못 사는 운세 풀이법(표31)에 해당된다.
· 홀수변수 1이 가세하면 더욱 악화일로에 풍전등화격이다.

➡ 기본적인 인연감정 골격 : 하위치자는 상위치자와 결혼, 사업, 연애 등의 인연을 맺으면 큰 문제가 신변에 일어난다. 중년 운세는 인생의 70%를 차지하고 있으므로 그 영향력은 결정적이다. 즉, 하위치자의 중년운세 1은 홀수 5와 홀수 7의 기능이 작용하는 열악한 인연환경에 포위되어 있는데다가 홀수변수 1이 가세하므로 비정상적이고 뜻밖의 일을 당하여 패가 충돌의 험악한 장면이 일어난다. 이를 호전시키는 짝수변수는 없고 홀수변수 1의 강력한 힘을 저지할 수 없으므로 위험을 모면하기는 어렵다.

5. 건강, 명예, 재산의 척도

한글성명의 후천적 내재가치를 산출하여 건강, 명예, 재산의 등급을 안다.

6. 사랑, 기, 인, 정, 정기의 결합

인연결합 기능(표23, p.67)에서 두 사람이 맺어진 인연의 강도 즉 사랑, 인정, 인연의 기, 정기의 결합상태를 수학적으로 알 수 있다.

7. 흥망성쇄

두 사람의 초·중·말년운세 배열상태를 보면 흥망성쇄를 알 수 있다. 초·중·말년의 짝수운세 배열이 상·하로 진행되면 계속 잘 살게 된다. 다만 홀수변수가 적어야 하고 특히 1, 3, 5가 있으면 행신을 삼가고 인연위계질서를 철저히 이행해야 한다[계속 잘 사는 운세 풀이(표28, p.104), 잘 사는 운세 유형(표29, p.105), 못 사는 운세 풀이(표32, p.110)].

예시 5 두 사람의 초, 중, 말년운세가 홀수 배열상태로 된 풀이는 기본성취도를 중심으로 하였고 변수기능은 반영되지 않았다.

구분＼운세	초년운세	중년운세	말년운세	인생항로 변수
상위치자 운세풀이	**5**	**1**	**6**	짝수변수의 큰 수 수효가 많이 있으면 전화위복이 가능하다. 단, 홀수가 많거나 **1, 3, 5** 가 있으면 큰 문제가 야기된다.
	성공률 30 % 실패율 70 %	성공률 10% 실패율 90%	성공률 70%	
	함정, 돌진, 고집, 자존심, 추진 등이 강함	뜻밖의 일, 이혼, 결별, 충돌, 망신, 대형사고, 파산	생활기능 비대 호사다마형	
하위치자 운세풀이	**3**	**7**	**10**	
	성공률 20 % 실패율 80 %	성공률 40 % 실패율 60 %	성공률 90 %	
	낭패, 곤란, 빈곤, 가정파괴, 위험 등	생활기능 장애 칠전팔기	생활기능 도약 자기도취형	

➡ 기본적인 인연감정 골격 : 상위치자의 초, 중년 운세가 5→ 1의 홀수 배열이므로 계속 나쁜 일이 진행되어 하위치자와 결별, 이혼, 가정파괴, 도산 등의 뜻밖의 일을 당한다. 하위치자는 초년 운세가 극에 도달할 수가 있고, 중년 운세는 칠전팔기 현상이 일어나야 말년에 잘 산다. 따라서 초, 중년의 인생고비를 넘긴다면 말년에는 서광이 비친다.

예시 6 두 사람의 초·중·말년운세가 짝수 배열상태로 된 풀이는 기본성취도를 중심으로 하였고 변수기능이 반영되지 않았다.

운세 구분	초년운세	중년운세	말년운세	인생항로 변수
상위치자 운세풀이	**6**	**2**	**8**	짝수·홀수변수가 골고루 있으면 더욱 좋다. 단 **1,3,5**가 있으면 뜻밖의 일이 있다.
	성공률 70%	성공률 50%	성공률 80%	
	생활기능 증대 호사다마형	생활기반 구축 만복의 근원	생활기능 비대 과유불급형	
하위치자 운세풀이	**4**	**8**	**10**	
	성공률 50%	성공률 60%	성공률 90%	
	생활기능 향상 다복형	생활기능 향상 다복형	생활기능 도약 자기도취형	

➡ 기본적인 인연감정 골격 : 상위치자의 초, 중, 말년 운세는 2→6→10의 짝수형 배열로 계속 좋은 일이 일어나 인생의 즐거움이 충만하다. 하위치자도 4→4→8의 짝수배열의 진행으로 삶이 행복하다. 이러한 인연의 만남은 천생배필로 풀이된다. 다만 불행한 일이 발생된다면 홀수변수 1,3이 있거나 많이 나타날 때와 인연위계질서가 문란할 경우이다.

예시 7 초, 중, 말년의 운세가 짝수 배열과 홀수 배열로 혼합되면, 한 사람은 흥하고 다른 한 사람은 쇄한다. 두 사람의 초, 중, 말년운세가 상반된 배열 상태의 풀이는 변수기능이 반영되지 않았다.

운세 구분	초년운세	중년운세	말년운세	인생항로변수
상위치자	**6** 호사다마형	**2** 만복의 근원	**8** 과유불급형	짝수, 홀수변수에 의하여 +-α가 나타난다. 홀수변수**1,3,5**가 있으면 중간운세 1은 낭패이다.
결연상태 인연등급	+-1의 관계 70% 11등급5호(표37)	+-1의 관계 70% 14등급7호(표37)	+-0관계100% 4등급4호(표30)	
하위치자	**7** 칠전팔기형	**1** 패가망신형	**8** 과유불급형	

➡ 기본적인 인연감정 골격 : 상위치자는 하위치자와 인연을 맺으면 그 상대자로부터 복을 얻어 6→2→8의 짝수 배열로 잘 된다. 하지만 하위치자는 그의 발복성 요소가 강탈되어 7→1의 홀수 배열로 인생 도중에 하차되므로 결연을 신중히 고려해야 후회가 없다.

예시 8 초, 중, 말년의 운세가 상, 하 같을 경우, 짝수동일형은 일심동체이고, 홀수 동일형은 상극형상이 일어난다. (짝수, 홀수 동일형일 경우)

운세 구분	초년운세	중년운세	말년운세	인생항로변수
상위치자	**4** 짝수변수4를 만나면 하는 일이 계속 잘 된다.	**5** 홀수변수5와 결합되면 악재가 강화된다.	**9** 홀수변수9를 만나면 진퇴양난이다.	2, **4**, 6
인정 결연상태	일심동체 100%인연상태	상극현상 0%인연상태	상극현상 0%인연상태	**1**, 3, **5**, 7
하위치자	**4** 짝수변수 4의 도움을 받아 소원성취가 이루어진다	**5** 홀수변수 5가 가세하면 악재가 돌출한다	**9** 홀수변수 9가 가세되면 반신반의다	**9**, 13

➡ 기본적인 인연감정 골격 : 두 사람의 초년운세는 일심동체가 되어 100
%의 인연결합 상태로 화기애애하지만, 30세 이상으로 넘어가면 점차
홀수운세 5가 발동되어 매사에 의견이 좌충우돌되는 까닭에 결별, 파
산, 대형 사고 등 험악한 모양이 연출된다. 이 환경에서 홀수변수 1, 3
이 가세하면 더욱 곤란하다. 이러한 형편이 짝수변수에 의하여 봉합되
더라도 말년운세가 좋은 편은 아니다.

예시 9　초·중·말년의 인연의 기와 정기, 사랑의 결합 강도

운세＼구분	인연표시형식	인연의 기, 정기, 인정강도(표 23)
초년운세	$\dfrac{3}{3}$	표23(p.72)에서 홀수-홀수=0의 관계이므로 최악의 결합이다.
중년운세	$\dfrac{8}{6}$	표23(p.67)에서 짝수-짝수=+-2의 관계이므로 95%의 인연결합이다.
말년운세	$\dfrac{11}{9}$	표23(p.72)에서 홀수-홀수=+-2~3의 관계이므로 5%의 인연결합이다.

➡ 기본적인 인연감정 골격 : 두 사람의 초년운세는 홀수 동일형으로 상
극현상을 일으키고 인연이 맺어서 서로 당겨 지탱하는 결합기능이 0
이므로 헤어질 수밖에 없는데 만약에 짝수의 변수가 작용하여 이를 극
복한다면, 중년운세는 전화위복이 되어 95%의 인연결합 상태를 유지
하여 잘 살게 된다는 뜻이다. 두 사람이 결혼했다면 중년운세를 보고
연분을 맺었을 것이다. 말년운세는 또 다시 처음의 상태로 되돌아가서
상호간의 정이 없으므로 중년운세를 계속 지속할 수 있도록 인연위계
질서를 철저히 이행해야 한다.

8. 인생항로와 인연위계질서

상·하 위치자의 인연 58코스(표24)를 보면 인생항로와 인연위계 질서를 알 수 있다. 이를 잘 지키면 두 사람 사이에 도덕과 인륜이 바로 서서 화평과 화목 속에 인생이 즐겁다. 그러나 인연위계질서를 어기면 분위기는 반대현상을 일으킨다.

① 짝수운세의 개운 → 인연해법 제15절 짝수운세의 개운 ①항

② 홀수운세의 개운 → 인연해법 제24절 홀수운세의 개운 ①항

③ 혼합형의 짝수운세 개운 → 인연해법 제28절 혼합형의 짝수, 홀수운세 개운 ①항

④ 혼합형의 홀수운세 개운 → 인연해법 제29절 혼합형의 홀수운세 개운 ①항

⑤ 호불호 변수 기능의 개운 → 인연해법 제33절 호불호 변수기능의 개운 ③항

⑥ 짝수운세 동일형의 개운 → 인연해법 제12절 짝수운세 동일형 ①②③항

⑦ 홀수운세 동일형의 개운 → 인연해법 제21절 홀수운세 동일형 ①②③항

예시 11 인생항로와 인연위계질서의 원칙은 홀수는 짝수 쪽으로, 작은 수는 큰 수쪽으로 인연질서가 유지된다.

인생항로와 인연 위계 질서 방향 예시 → 표

구분 \ 운세	초년운세	중년운세	말년운세	인생 항로 변수	
				짝수변수	홀수변수
상위치자	**3** ↓	6	9	4, 2	1, 9, 7
하위치자	5	6	11	6, 8	**3**, 5

➡️ 기본적인 인연위계질서 골격 : 초년운세는 하위치자가 경영 주체세력이 되므로 상위치자는 자신을 버리고 하위치자가 주장하는 대로 살아가는 것이 인생항로의 첫 출발점이다. 하위치자는 상위치자를 이끌고 다음 단계의 인생항로를 가야할 책임과 의무를 갖는다. 중년운세는 짝수동일형으로 하위치자가 상위치자보다 우세한 큰 짝수변수를 가졌기 때문에 상위치자는 하위치자에게 몸과 마음을 쏟아 부어야 잘 된다. 말년운세는 큰 홀수형으로 구성되어 있으므로 매사 잘 풀린다. 결과적으로 상위치자는 한 평생 하위치자에 예속되어 그가 하는 일에 협력하면 하위치자 덕분에 잘 먹고 잘 입고 잘 산다.

9. 생활기능의 향상, 증진, 감소

인연윤회운동 조견표(표22)에서 두 사람의 초, 중, 말년의 운세 좌표를 확인하여 생활기능의 향상, 증진, 감소를 확인한다.

예시 11 초 · 중 · 말년운세와 인연윤회운동 조견표(표22)의 상관 표시도

초년운세 → $\dfrac{2}{4}$, 중년운세 → $\dfrac{5}{4}$, 말년운세 → $\dfrac{7}{8}$

※ 진분수 = 중심권 상단부분 판독(예 : $\dfrac{2}{4}$)

```
                                              0  1  2  3
                                     0  1  2  3  4  5  6  7  8  9 10
                            0  1  2  3  4  5  6  7  8  9 10 11 12 13 14 15 16
                   0  1  2  3  4  5  6  7  8  9 10 11 12 13 14 15 16 17 18 19 20 21
             0  1  2  3  4  5  6  7 (8) 9 10 11 12 13 (14)15 16 17 18 19 20 21 22 23 24 25
       0  1 (2) 3  4  5  6  7  8  9 10 11 12    14        18 19 20 21 22 23 24 25 26 27 28
    0  1  2  3 (4) 5  6  7  8  9 10 11 12  기 16  기 20 21 22 23 24 25 26 27 28 29 30
 0  1  2  3  4 (5) 6  7 →8  9         13  능 17  능 21 22 23 24 25 26 27 28 29 30 31
 0  1  2  3  4 (5) 6  7  8  9         13  저 17  상 21 22 23 24 25 26 27 28 29 30 31
    0  1  2  3 (4) 5  6  7  8  9 10 11 12  하 16  승 20 21 22 23 24 25 26 27 28 29 30
       0  1  2  3  4  5  6  7  8  9 10    14        18 19 20 21 22 23 24 25 26 27 28
             0  1  2  3  4  5  6  7 (8) 9 10 11 12 13 (14)15 16 17 18 19 20 21 22 23 24 25
                   0  1  2  3  4  5  6  7  8  9 10 11 12 13 14 15 16 17 18 19 20
                            0  1  2  3  4  5  6  7  8  9 10 11 12 13 14 15 16
                                     0  1  2  3  4  5  6  7  8  9 10
                                              0  1  2  3
```

※ 가분수 = 중심권 하단부분 판독(예 : $\dfrac{5}{4}$)

가분수 = 중심권 하단부분 판독 (예 : $\frac{5}{4}$)

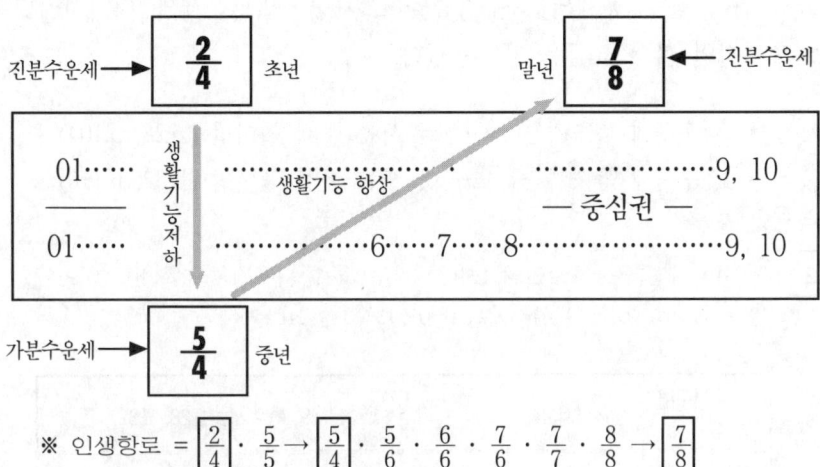

※ 인생항로 = $\boxed{\frac{2}{4}}$ · $\frac{5}{5}$ → $\boxed{\frac{5}{4}}$ · $\frac{5}{6}$ · $\frac{6}{6}$ · $\frac{7}{6}$ · $\frac{7}{7}$ · $\frac{8}{8}$ → $\boxed{\frac{7}{8}}$

➡ 기본적인 인연감정 골격 : 초년운세는 진분수 형식으로 중심권의 위쪽 좌하단에 자리를 잡고 있으므로 길하고 성공할 수 있다. 중년운세는 중심권의 아래부분의 경계선에 접하여 있으므로 기능이 저하 상태이다. 말년운세는 중심권에 위쪽 부분에 좌표를 설정하게 되므로 기능이 향상되고 있다. 다만, 변수기능의 풀이는 하지 않은 상태이다

10. 성공과 실패

두 사람의 NSM 그래프를 보면 성공과 실패 및 선천적 내재가치와 인연등급으로 스스로 자신을 알게 된다.

① NSM 그래프 그리기 ·············· 표49 자신의 NSM그래프 그리기
② 선천적 내재가치 산출하기········ 표45 성명 내재가치표 산출표
③ 인연등급 규정 찾아보기··········표47 성명내재가치 등급
④ NSM 그래프해법도해 찾아보기 ··· p.216~p.252

11. 총체적인 삶의 파악

짝수, 홀수 운세의 특수기능을 초·중·말년운세와 대입시키면 총체적인 삶의 흐름을 알 수 있다.

- 짝수운세 특수기능 …… 잘 사는 운세 풀이법 (표28, p.104)
- 홀수운세 특수기능 …… 못 사는 운세 풀이법 (표32, p.110)

예시 12 두 사람의 초·중·말년의 운세를 짝수, 홀수 특수기능으로 바꾸어 인연을 풀이한다. 이것은 변수기능이 반영되지 않았다.

구분 운세	운세표시형식	짝수·홀수운세의 특수기능(표28, 표32)
초년운세	4	생활기능 향상, 다복형
	5	생활기능 함정, 돌진, 고집형 자존심, 추진력, 결과 실패성향
중년운세	**3**	인생항로에 적색신호가 표시된다. 생활기능 추락현상(낭패, 소송, 구속, 곤란, 위험, 빈곤, 가정파괴 사고 등)
	6	생활기능 증대, 과유불급형
말년운세	7	생활기능 장애, 칠전팔기형
	11	생활기능 회복형

➡ 기본적인 인연감정 골격 : 두 사람이 만나서 인연을 맺거나 연분을 맺어 생활을 같이 한다면, 초년운세는 성공률이 높으면서 다복한 상위치자가 매사를 주도적으로 경영하여 무난하게 잘 되고, 중년운세는 반대로 하위치자가 경영일선에서 활동을 하면 생활이 향상되어 상위치자의 위험이 해소될 수 있으며, 말년운세는 초, 중년을 기반으로 평범한 여생을 보낼 수 있다. 특히, 중년운세의 상위치자 3은 하위치자로부터 위험하고 곤란한 일을 당하여 살기가 어려우므로 무조건 하위치자 쪽으로 몸과 마음을 바쳐야 더불어 잘 산다.

이상에서 보는 바와 같이 인연 감정에 필요한 자료 조사를 처음부터 끝까지 검색하여 찾아낸 내용을 반드시 기록하여 왔다.

두 사람의 인연감정 자료조사 과정에서 인생항로가 부분적으로 파악되기도 하지만, 총체적으로 종합하여 초년, 중년, 말년의 운세를 풀이할 줄 알아야 한다.

인연감정의 적중률은 1차적으로 인연감정 자료의 철저한 조사와 정확한 기록이고, 2차적으로는 축출된 자료를 총체적으로 종합하여 최종 판독하는 현명한 지혜와 슬기의 발휘력이다.

이와 같은 능력 있는 사람은 인연감정 기능사 A급으로서 인연감정과 NSM 그래프 해법에 통달된 사람이다.

또 인연감정 기능사 A+급은 자료 색출과 인연감정에 혼신의 노력과 열정을 쏟아부어 언어 능력과 문장력이 탁월한 작가가 되어야 할 때도 있고, 한편으로 말을 잘하는 달변가의 청산유수, 강·약 흐름의 웅변가, 유효 적절한 언어구사력이 훌륭할 때도 있어야 하고, 결단을 내려야 하는 용기가 필요로 할 때도 있다.

그러므로 인연감정기능사 A+급은 인간과 인간 사이에 이루어지는 모든 일의 궁금증을 인연해법의 과학적이고 수학적인 방법으로 처리하여 육안으로 확인할 수 있게 감정하는 초능력자이다.

인연감정

이 책을 애독하는 독자 여러분은 동자삼작명의 이론에 입각한 인연해법을 익혀 인연의 기본적인 감정방법의 이해와 다양한 감정방법을 다같이 살펴보았다.

그래도 아직은 인연감정의 내용에 관하여 완벽한 이해에 접근하지는 못하였으리라는 느낌이 든다. 이제부터는 최고의 욕구 사항을 충족하기 위하여 연구된 초정밀 인연감정 방법을 소개한다. 이 방법은 인연감정표(표44)를 작성하여 능률적이고 효율적인 인연감정력을 극대화하려는 것으로 두 사람의 인간관계를 종이 한 장에서 전모를 파악할 수 있고, 사업적이고 이기적인 측면까지도 판독하여 인연의 실수를 사전에 예방하고 그 대책을 강구하는 것이다.

이에 수반되는 인연감정표(표44)는 모든 사람에게 해당되므로 예시된 '인연감정표 작성요령'대로 작성하되, 반드시 정확한 자료 추출에 유념해야 한다.

옛말에 "한 마디 말이 맞지 않으면 천 마디 말이 소용이 없느니라" 했듯이 한 번 인연감정의 실수를 범하면 신뢰를 잃어 감정결과를 불신하게 되므로 감정할 때는 인연해법대로 깊이 생각하여 정확한 판독을 해야 된다. 두 사람의 성공률과 실패율 산출방법은 알고 보면 매우 쉽지만 처음에는 이해하기가 어렵다. 따라서 인연감정 기능 종합환산 조견표(표46)와 인연감정표(표44)를 같이 대조하여 보면서 설명한 내용대로 천천히 익히면 이해를 할 수 있을 것이다.

1. 인연감정표 작성요령

※ 준비물 : 인연감정표(표44)와 인연감정 종합환산 조견표(표46)의 복사물

인연감정표(표44)를 보면 선천적( ), 후천적( ) 표시가 있는데, 감정시 해당란에는 ○표를 하고, 그렇지 않은 란에는 ×표로 먼저 표시하여 구분지어 준다.

선천적인 것은 NSM 작명 그래프에 나타난 인연점을 보고 두 사람의 인연을 감정하는 것이고, 후천적인 것은 본인과 상대자 간의 인운인자 산출에 의한 초년, 중년, 말년의 운세를 감정하는 것이다.

① '인연 표시형식'란은 상위치자 성명란에는 상대자의 한글성명을 적은 뒤에 오른쪽 위칸에 상대자의 초년운세·중년운세·말년운세를 차례대로 기입한다.

또 하위치자 성명란에는 본인의 한글성명을 적고, 역시 오른쪽 아래칸에 본인의 초년운세·중년운세·말년운세를 차례대로 적는다.

② '인연결합형'란의 분류는 짝수운세 동일형, 홀수운세 동일형, 짝수운세 결합형, 홀수운세 결합형, 홀수·짝수운세 혼합형으로 구분하여 명시한다.

또는 짝수운세 동일, 홀수운세 동일, 짝수운세형, 홀수운세형, 혼합운세형, 기형으로 표시한다.

예시 1 **인연결합형의 표기**

짝수운세 동일형 $= \dfrac{4}{4}$ 홀수운세 동일형 $= \dfrac{9}{9}$ 짝수운세 결합형 $= \dfrac{4}{6}$

홀수운세 결합형 $= \dfrac{7}{9}$ 짝수·홀수운세 혼합형 $= \dfrac{5}{4}$

예시 2 '인연결합형'란의 기입

4-4 = 0의 경우는 '0'으로 기입하고 5-6 = ±1이면 '1'을, 8-4 = ±4이
면 4를 기입한다.

③ '인연결합 기능'란은 표23에서 찾아 표시된 %를 그대로 기입한다.

예시 3 '인연결합 기능'란의 기입

$\frac{5}{4}$ 를 인연결합 기능(표23)에서 찾아보면 70 % 인연이고, 짝수 - 홀수 = ±1의
관계이므로 70 %를 기입하고, $\frac{4}{5}$ 도 마찬가지이다. $\frac{9}{9}$ 는 표23에서 찾아보면
0 % 인연이고, 홀수 - 홀수 = 0의 관계이므로 0 %를 기입한다.

④ '상・하위치자 성명( )의 운세' 란은 상위치자와 하위치자의 성명
중에서 해당되는 사람의 성명을 한글로 적고, 오른쪽 3개의 빈칸에는
그 사람의 초년, 중년, 말년 운세를 차례대로 각각 기입한다.

예시 4 '상・하위치자 성명( )의 운세'란 기입

A씨 경우 운세는 초년운세 5, 중년운세 4, 말년운세 9를 해당란에 차례대로
각각 5, 4, 9로 기입한다.
B양의 경우 운세는 초년운세 4, 중년운세 5, 말년운세 9를 해당란에 차례대
로 각각 4, 5, 9로 기입한다.

⑤ '인생항로 짝수변수'란 작성순서
ㄱ. 그 사람에 해당되는 짝수변수를 모두 ⑤란에 옮겨 적는다.
ㄴ. 짝수변수가 몇 개인지 헤아려 그 수효를 ( )속에 기입한다.
ㄷ. 짝수변수의 수효에 따라 인연감정 종합환산 조견표46의 표B
에서 보너스 성공률을 찾아서 '수효 %' 란에 기입하고 난 다
음에 왼편에 표시되어 있는 초년운세 15 %, 중년운세 70 %,

말년운세 15 %씩 각각 배정하여 해당란에 적는다.

ㄹ. 짝수변수의 내재가치 산출은 인연감정 종합환산 조견표46의 표A에서 성공률을 찾아 별도 메모지에 적어 성공률 합계를 낸다. 그리고 '내재값' 란에 기입한다. 또, 이 성공률 합계를 초년운세 15 %, 중년운세 70 %, 종합 15 %씩 각각 배정하여 해당란에 기입한다.

ㅁ. 구체적인 호불호 운세 발생시기와 변수기능 계산방법은 초년운세 · 중년운세 · 종합 · 인생항로 변수의 성공률과 실패율을 인연감정 종합환산 조견표46에서 참조한다.

예시 5 **'인생항로 짝수변수'란의 작성순서**

인연감정표(표44) : 짝수변수 기입 A씨의 예시

감정자료 항목 \ 연 운 명		초년운세	중년운세	말년운세	짝수변수 14,4(2)개	홀수변수 3,5(2)개	계
짝수변수 수효의 보너스 성공률	표B	(15%)	(70%)	(15%)	수효 %		30
		4.5	21	4.5	30		
짝수변수 내재가치의 성 공 률	표A	(15%)	(70%)	(15%)	내재값 %		170
		25.5	119	25.5	170		

➡ '수효 %' 란에는 인연감정 종합환산 조견표46의 표B에 의하여 짝수변수 수효에 따른 보너스 성공률을 기입하고, '내재값' 란에는 표A에서 찾은 짝수변수 14, 4의 성공률 합계를 기입한다(14=110%, 4=60%).

⑥ '인생항로 홀수변수'란 작성요령

ㄱ. 사람에 해당되는 홀수변수를 모두 그대로 ⑥ 란에 옮겨 적는다.

ㄴ. 홀수변수가 몇 개인지를 헤아려 그 수효를 ( )속에 기입한다.

ㄷ. 홀수변수의 수효에 따라 인연감정 종합환산 조견표46의 표C에서 보너스 실패율을 찾아서 '수효 %'란에 기입하고, 이것을

왼편에 표시되어 있는 초년운세 15 %, 중년운세 70 %, 말년운세 15 %씩 각각 배정하여 해당란에 적는다.

ㄹ. 홀수변수의 내재가치 산출은 홀수변수를 하나하나씩 인연감정 종합환산 조견표46의 A표에서 성공률과 실패율을 찾아 별도 용지에 메모하여 성공률과 실패율의 합계를 각각 계산한다. 그리고 성공률 합계는 홀수변수 내재가치에 따라 성공률의 '내재값' 란에 기입하고, 이것을 초년운세 15 %, 중년운세 70 %, 말년운세 15 %씩 배정하여 해당란에 각각 기입한다. 또한 실패율 합계는 홀수변수 내재가치에 따라 실패율의 '내재값(%)' 란에 기입하고, 이것을 초년운세 15 %, 중년운세 70 %, 말년운세 15 %씩 배정하여 해당란에 각각 기입한다.

ㅁ. 구체적인 작성제시는 A씨, B양의 인생항로변수 발생시기와 변수기능을, 그리고 계산 방법은 초년, 중년, 말년 호불호 변수의 성공률과 실패율 산출표(표46)를 참조한다.

| 예시 6 | '인생항로 홀수변수'란의 기입

종합인연 감정표(표44) : 홀수변수 기입 예시 B양

연 운 명 / 감정자료 항목		초년운세	중년운세	말년운세	짝수변수	홀수변수 9.9(2)개	계
홀수변수 내재가치에 의한 성공률	표A	(15%)	(70%)	(15%)		내재값 %	100
		15	70	15		100	
홀수변수 내재가치에 의한 실패율	표B	(15%)	(70%)	(15%)		내재값 %	100
		15	70	15		100	
홀수변수 수효에 의한 보너스 실패율	표C	(15%)	(70%)	(15%)		수효 %	20
		3	14	3		20	

➡ '내재값' A란은 표A에서 찾은 홀수변수 9, 9의 성공률 합계이다.
  '내재값' A란은 표A에서 찾은 홀수변수 9, 9의 실패율 합계이다.
  '수효 %' 란은 표C에서 찾은 홀수변수의 보너스 실패율 합계이다.

⑦ 표A에서 해당되는 짝수·홀수운세의 초년운세·중년운세·말년
   운세를 찾아 성공률과 실패율을 계산하면 각각 아래와 같다.

예시 7 **인연감정 종합환산 조견표46의 표A에서 운세별 성공·실패율
계산법**

표A에서 초년운세 5는 성공률 30 %, 실패율 70 %
　　　　중년운세 4는 성공률 60 %, 실패율 0 %
　　　　말년운세 9는 성공률 50 %, 실패율 50 %

※ 기입방법 예시

연 운 명		초년운세	중년운세	말년운세
(A씨)의 운세		5	4	9
짝수·홀수운세 강약원리　성공률	표A	30	60	50
짝수·홀수운세 강약원리　실패율	표A	70	0	50

⑧ 초년운세·중년운세·말년운세 중에서 짝수 = 짝수, 홀수 = 홀수
   동일형일 때는 짝수변수가 많은 사람만이 특별보너스 성공률 10
   %를 획득한다.

예시 8 **짝수·홀수 동일형 운세의 특별보너스 기입**

짝수운세 = 짝수운세 동일형인 $\frac{4}{4}$ 가 초년운세, 중년운세, 말년운세 중에

서 어느 것에 해당하는가에 관계없이 인연해법의 짝수운세 동일형 동자삼
해법 12절 ①, ②, ③항 규정에 따라 상위치자 또는 하위치자 중에서 짝수
변수가 많은 사람이 제1순위이고, 짝수변수가 같으면 짝수변수가 큰 수인
사람이 2순위, 또 전자가 동일한 경우는 큰 홀수변수가 많은 사람이 3순

위로, $\frac{4}{4}$ 해당란에 특별보너스 성공률 '10'을 기입하면 된다.

홀수운세 = 홀수운세 동일형인 $\frac{9}{9}$ 가 초년운세, 중년운세, 말년운세 중에서 어느 것에 해당하느냐에 관계없이 인연해법의 홀수운세 동일형 동자삼 해법 21절 ①, ②, ③항 규정에 따라 상위치자 또는 하위치자 중에서 짝수변수가 많은 사람이 1순위이고, 짝수변수가 같으면 큰 짝수 소유자가 2순위, 또 전자가 동일할 경우는 큰 홀수변수가 많은 사람이 3순위로 $\frac{9}{9}$ 해당란에 '10'으로 기입한다.

⑨ 초년운세·중년운세·말년운세 중에서 짝수운세 결합형은 큰 짝수 소유자가 표F에서 추가 성공률을 갖는다.

예시 9 **짝수운세 결합형의 큰 짝수 추가성공률 기입**

$\frac{6}{4}$ 은 초년운세·중년운세·말년운세 불문하고 6〉4이고, 6 - 4 = ±2의 관계이므로 표F에서 차이점 2는 성공률 20 %인데 큰 짝수 소유자인 상위 치자가 20 %를 획득하므로 '6' 운세에 해당되는 란에 '20'을 기입한다.

⑩ 초년운세·중년운세·말년운세 중에서 홀수〉홀수 운세 결합형은 큰 홀수 소유자가 표G에서 추가 성공률을 갖는다.

예시 10 **홀수운세 결합형의 큰 홀수 추가성공률 기입**

$\frac{3}{7}$ 은 초년운세·중년운세·말년운세 불문하고 7〉3이고, 7 - 3 = ±4의 관계이므로 표7에서 차이점 4는 추가성공률 45 %인데 큰 홀수 소유자인 하위치자가 45 %를 획득하므로 '7' 운세에 해당되는 란에 '45'를 기입한다.

⑪ 초년운세·중년운세·말년운세 중에서 짝수·홀수운세 혼합형에서 짝수운세 소유자는 표46의 표H에서 추가성공률을 얻고, 홀수운세 소유자는 추가실패율을 갖게 된다.

예시 11 짝수·홀수 혼합형의 추가성공률과 추가실패율 기입

$\frac{7}{8}$ 은 초년운세·중년운세·말년운세 불문하고 8〉7이고, 8-7 = ± 1의 관계이므로 표 H에서 차이점 1은 20 %인데 큰 짝수소유자인 하위치자가 추가성공률 20 %를 획득하므로, '8' 운세에 해당되는 성공률란에 '20'을 기입하고, 홀수운세 소유자는 추가실패율 20%를 적는다.

⑫ | 총 계 | 총 성공률 |
  | 총 실패율 | 란은 초년운세·중년운세·말년운세의 성공률과 실패율을 분리하여 사선 상단에는 감정표의 성공률을 모두 합산하고, 사선 하단에는 감정표의 실패율을 합계한다.

⑬ '인연 해독결과' 란은 총성공률 ± 총실패율 = 순성공률, 또는 순실패율을 초년운세·중년운세·말년운세 별로 계산하여 정확성을 재확인한다.

⑭ '인연감정결과' 란은 두 사람이 서로 만나 이루어지는 모든 일에 대하여 그 성과를 총망라하는 것이다. 즉, 삶의 성공이냐, 실패이냐를 구별짓는 최종적인 판단은 여기서 이루어진다.

따라서 총성공률이 많으면 많을수록 성공형의 결합형이며 개인별로 누가 더 성공하느냐가 구별되고, 총실패율이 많으면 많을수록 실패형의 결합이며, 개인별로 누가 더 실패하느냐가 과학적인 수치로 표시된다.

인연감정표(표44)의 총순성공률과 총순실패율은 두 사람이 인연을 맺음으로써 형성되는 건강·명예·재산운에 대한 평가기준이다. 총순성공률과 총순실패율은 두 사람의 소원성취가 각각 100% 달성되었다고 보았을 때 나타나는 잉여와 부족을 의미한다.

초년운세 · 중년운세 · 말년운세 · 호불호 운세의 성공률과 실패율 산출도해

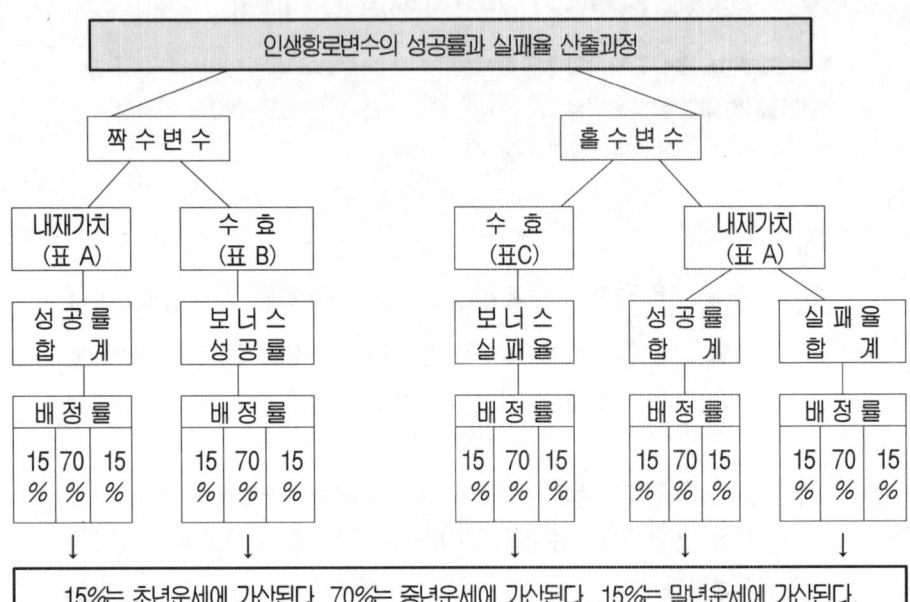

1	내재가치에 의한 성공률과 실패율	표 A
2	상·하위치자의 짝수운세 결합형은 큰 짝수운세의 소유자가 추가성공률을 획득함	표 F
3	상·하위치자의 홀수운세 결합형은 큰 홀수운세의 소유자가 추가성공률을 획득함	표 G
4	상·하위치자의 짝수·홀수운세 혼합형은 짝수운세의 소유자가 추가성공률을 획득함 상·하위치자의 홀수·짝수운세 혼합형은 홀수운세의 소유자가 추가실패율을 획득함	표 H
5	상·하위치자의 짝수운세 동일형과 상·하위치자의 홀수운세 동일형은 호불호 짝수변수 수효가 많은 사람이 1순위자가 되어 특별보너스 성공률 10%를 획득함	인연해법 제12절 제21절
	초년운세 · 중년운세 · 말년운세의 성공률과 실패율 산출과정	

선천적 ( )
후천적 (○)

⑬ 인연감정표작성예시 (표44)

(단위 : %)

※자료:인연감정 종합환산 조견표(표46)

인연감정일자	2000년 5월 15일
인연감정사	남 시 모 ㊞

감정자료 항목	사 업 단 계		초기단계 (초년운세)	중간단계 (중년운세)	마무리단계 (말년운세)	인생항로 변 수		계
① 인연표시형식	상위치자 성명 (A씨)		$\frac{5}{4}$	$\frac{4}{5}$	$\frac{9}{9}$	❺ 짝수 변수	❻ 홀수 변수	계
	하위치자 성명 (B씨)							
② 인연결합형 (짝수동일형, 홀수동일형) (짝수형, 홀수형, 혼합형, 기형)	분류		혼합형	혼합형	홀수동일형	14.4	3.5	
	차이		1	1	0			
③ 인연결합기능 : %로 표시	표23		70	70	0			
④ 상·하위치자 성명(A씨)의 운세			5	4	9	수효 2개	수효 2개	
⑦ 짝수·홀수 강약원리에 의한 성공률	표A		30	60	50			140
⑦ 짝수·홀수 강약원리에 의한 실패율	표A		70		50			120
⑧ 짝수 동일형 또는 홀수 동일형의 경우 짝수변수가 많은 사람이	특별 보너스 성공률		10% 획득					
⑨ 짝수)짝수 결합형의 경우에는 짝수형 큰 짝수 소유자가	추가 성공률	표F						
⑩ 홀수)홀수 결합형인 경우 홀수형 큰 홀수 소유자가	추가 성공률	표G		20				20
⑪ 짝수·홀수 혼합형일 경우 혼합형 짝수 소유자가	추가 성공률	표H						
홀수·짝수 혼합형 경우는 홀수 소유자가 추가	혼합형 실패율	표H	20					20
❺ 짝수변수수효에 의한	보너스 성공률	표B	15% / 4.5	70% / 21	15% / 4.5	수효 % / 30		30
❺ 짝수변수 내재가치에 의한	성공률	표A	15% / 25.5	70% / 119	15% / 25.5	내재값 / 170		170
❻ 홀수변수 내재가치에 의한	성공률	표A	15% / 7.5	70% / 35	15% / 7.5	내재값 / 50		50
❻ 홀수변수 내재가치에 의한	실패율	표A	15% / 22.5	70% / 105	15% / 22.5	내재값 / 150		150
❻ 홀수변수 수효에 의한	보너스 실패율	표C	15% / 3	70% / 14	15% / 3	수효% / 20		20
⑫ 총 계	성공률합계 / 실패율합계		67.5 / 115.5	255 / 119	87.5 / 75.5			410 / 330
⑬ 인연해독 결과	성공률합계 / 실패율합계		0 / 48	136 / 0	0 / 0			80 / 0
⑭ 두 사람의 사업적인 인연감정 결과			총순성공률 : 80		총순실패율 : 0			

선천적 ( )
후천적 (○)

⑭ 인연감정표작성예시 (표44) (단위 : %)

※자료:인연감정 종합환산 조견표(표46)

인연감정일자	2000년 5월 15일
인연감정사	남 시 모 ㊞

감정자료 항목	사 업 단 계		초기단계 (초년운세)	중간단계 (중년운세)	마무리단계 (말년운세)	인생항로 변 수 ❺ 짝수변수	인생항로 변 수 ❻ 홀수변수	계
① 인연표시형식	상위치자 성명 (A씨)		5/4	4/5	9/9			계
	하위치자 성명 (B씨)							
② 인연결합형 (짝수동일형, 홀수동일형) (짝수형, 홀수형, 혼합형, 기형)	분류		혼합형	혼합형	홀수동일형	6,8,14	9. 9	
	차이		1	1	0			
③ 인연결합기능 : %로 표시	표23		70	70	0			
④ 상·하위치자 성명(B 씨)의 운세			4	5	9	수효 3 개	수효 2 개	
⑦ 짝수·홀수 강약원리에 의한 성공률	표 A		60	30	50			140
⑦ 짝수·홀수 강약원리에 의한 실패율	표 A			70	50			120
⑧ 짝수 동일형 또는 홀수 동일형의 경우 짝수변수가 많은 사람이	특별보너스 획득	10%			10			10
⑨ 짝수)짝수 결합형의 경우에는 짝수형 큰 짝수 소유자가	추가 성공률	표F						
⑩ 홀수)홀수 결합형인 경우 홀수형 큰 홀수 소유자가	추가 성공률	표G						
⑪ 짝수·홀수 혼합형일 경우 혼합형 짝수 소유자가	추가 성공률	표H	20					20
홀수·짝수 혼합형 경우는 홀수 소유자가 추가	혼합형 실패율	표H		20				20
❺ 짝수변수수효에 의한	보너스 성공률	표B	15% / 6	70% / 28	15% / 6	수효 % / 40		40
❺ 짝수변수 내재가치에 의한	성공률	표A	15% / 39	70% / 182	15% / 39	내재값 / 260		260
❻ 홀수변수 내재가치에 의한	성공률	표A	15% / 15	70% / 70	15% / 15		내재값 / 100	100
❻ 홀수변수 내재가치에 의한	실패율	표A	15% / 15	70% / 70	15% / 15		내재값 / 100	100
❻ 홀수변수 수효에 의한	보너스 실패율	표C	15% / 3	70% / 14	15% / 3		수효% / 20	20
⑫ 총 계	성공률합계		140	310	120			570
	실패율합계		18	174	68			260
⑬ 인연해독 결과	성공률합계		122	136	52			310
	실패율합계		0	0	0			0
⑭ 두 사람의 사업적인 인연감정 결과			총순성공률 : 310			총순실패율 : 0		

2. 인연감정표 작성 실제(예시)

① 준비물 : 인연감정 종합환산 조견표(표46) 복사
② 자신과 상대자의 후천적 운세풀이 산출표(예시)

한국인연감정원 동자삼작명소⑩			사 업 진행단계	초기	중간	말기	④ 인생항로 변수	
			기준연령	30세 미만	31 ~ 50세	51세 이상	선	악
			인생항로 점유비율	15%	70%	15%	좋은일 발 전	나쁜일 촉 진
관계	성명	인운인자산출	연 운	초년 운세	중년 운세	말년 운세	④ 호불호 변수기능	
							짝수변수	홀수변수
상대자	박철순	ㅂ ㅏ ㄱ ㅊㅓ ㄹ ㅅㅜ ㄴ 6, ①, ①, ⑩, 3, 4, 7, 7, 2		3	6	9	2, 4, 6	3, 7, 7
본 인	김옹이	ㄱ ㅣ ㅁ ㅇ ㅗ ㅇ ㅇ ㅣ ①, ⑩, 5, 8, 5, 8, 8, ⑩		3	5	8	8, 8, 8	5, 5

(1) 초 · 중 · 말년 운세의 내재가치 산출

| 예시 1 | 박철순과 김옹이의 초년운세 $\frac{3}{3}$ 의 기본 성공률과 기본 실패율 산출

초 년 운 세
내 재 가 치 $\boxed{\frac{3}{3}}$
→ 상위치자 3은 표A에서 성공률 20%, 실패율 80%
→ 하위치자 3은 표A에서 성공률 20%, 실패율 80%

홀수 동일형
보너스성공률 $\boxed{\frac{3}{3}}$
→ 하위치자 3은 박철순보다 호불호 짝수변수 수효는 동일하지만 박철순의 짝수변수 2, 4, 6보다 모두 큰 짝수인자 8, 8, 8을 가졌기 때문에 인연해법의 홀수운세 동일형은 표E에 의하여 특별보너스 성공률 10%를 획득한다.

① 초 년 운 세
기　　　　본 $\boxed{\frac{3}{3}}$
성공률 · 실패율
→ 상위치자 남편 박철순은 성공률 20%, 실패율 80%
　: 열 악
→ 하위치자 부인 김옹이는 성공률 20% + 10 %,
　: 열 세　　　　　　실패율 80%

예시 2 박철순과 김옹이의 중년운세 $\frac{6}{5}$ 의 기본 성공률과 기본 실패율 산출

| 중년운세
내재가치 | $\frac{6}{5}$ | 상위치자 6은 표 A에서 성공률 70%, 실패율 0%
하위치자 5는 표 A에서 성공률 30%, 실패율 70% |

| 짝수 · 홀수
혼 합 형
추가 성공률
추가 실패율 | $\frac{6}{5}$ | 상위치자 짝수운세와 홀수운세의 혼합형에서 큰 짝수운세는
6-5=1이므로 표H에서 큰 짝수운세
추가성공률 20% 획득
추가실패율 20% 획득 |

| ② 중 년 운 세
기 본
성공률 · 실패율 | $\frac{6}{5}$ | 상위치자 남편 박철순은 성공률 70 % + 20 % = 90 %,
: 우 세
하위치자 부인 김옹이는 성공률 30 %, 실패율 90 %
: 열 악 |

예시 3 박철순과 김옹이의 말년운세 $\frac{9}{8}$ 의 기본 성공률과 기본 실패율 산출

| 말년운세
내재가치 | $\frac{9}{8}$ | 상위치자 9는 표A에서 성공률 50 %, 실패율 50 %
하위치자 8은 표A에서 성공률 80 %, 실패율 0 % |

| 짝수 · 홀수
혼 합 형
추가실패율
추가성공률 | $\frac{9}{8}$ | 상위치자 짝수운세와 홀수운세의 혼합형에서 큰 짝수운세는
9-8=1이므로 표H에서 큰 홀수운세
추가실패율 20 % 획득
추가성공률 20% 획득 |

| ③ 말 년 운 세
기 본
성 공 률
실 패 율 | $\frac{9}{8}$ | 상위치자 남편 박철순은 성공률 50 %,
실패율 50 % + 20 % = 70 % : 열세
하위치자 부인 김옹이는 성공률 100 %, 실패율 0 %
: 우세 |

(2) 인생항로 짝수·홀수변수의 성공률과 실패율 산출방법

① 인생항로 짝수변수와 홀수변수의 성공률과 실패율은 인운인자의
수효와 내재가치에 의하여 총성공률과 실패율이 산출된다.

| 예시 4 | 박철순과 김옹이의 인생항로변수 산출

박철순의 인생항로변수 : 2·4·6, 3·7·7
(짝수변수 수효 3개, 홀수변수 수효 3개)

짝수변수 수효 3개는	표 B에서	보너스	성공률 40 %			
짝수변수	2는	표 A에서	내재가치 성공률 50 %			
짝수변수	4는	표 A에서	내재가치 성공률 60 %			
짝수변수	6은	표 A에서	내재가치 성공률 70 %			
홀수변수 수효 3개는	표 C에서	보너스	실패율 30 %			
홀수변수	3은	표 A에서	내재가치 성공률 20 %,	실패율	80 %
홀수변수	7은	표 A에서	내재가치 성공률 40 %,	실패율	60 %
+ 홀수변수	7은	표 A에서	내재가치 성공률 40 %,	실패율	60 %

박철순의   인생항로 총변수량   :   총성공률 320 %, 총실패율 230 %

김옹이의 인생항로변수 : 8·8·8, 5·5
(짝수변수 수효 3개, 홀수변수 수효 2개)

짝수변수 수효 3개는	표 B에서	보너스	성공률	40 %		
짝수변수	8은	표 A에서	내재가치	성공률	80 %	
짝수변수	8은	표 A에서	내재가치	성공률	80 %	
짝수변수	8은	표 A에서	내재가치	성공률	80 %	
홀수변수 수효 2개는	표 C에서	보너스			실패율	20 %
+홀수변수	5는	표 A에서	내재가치	성공률	30 % 실패율	70 %

김옹이의   인생항로 총변수량   :   총성공률 340%, 총실패율 160%

② 상위치자와 하위치자의 인생항로 변수 비교

상위치자	인생항로변수 총성공률 ( )%, 총실패율 ( )%
하위치자	인생항로변수 총성공률 ( )%, 총실패율 ( )%

예시 5 | **박철순과 김옹이의 인생항로변수 비교**

상위치자	박철순의 인생항로변수 총성공률 320%, 총실패율 230% : 열세
하위치자	김옹이의 인생항로변수 총성공률 340%, 총실패율 160% : 우세

③ 인생항로변수 총성공률과 총실패율의 변수기능 배정 방법

상위치자와 하위치자의 인생항로변수의 총성공률과 총실패율은 초년운세에 15 %, 중년운세에 70 %, 말년운세에 15 % 배정되는데 다음과 같다.

가. 초년운세 $\begin{cases} \text{기본성공률} + \text{인생항로변수 총성공률} \times \dfrac{15}{100} \\ \text{기본실패율} + \text{인생항로변수 총실패율} \times \dfrac{15}{100} \end{cases}$

나. 중년운세 $\begin{cases} \text{기본성공률} + \text{인생항로변수 총성공률} \times \dfrac{70}{100} \\ \text{기본실패율} + \text{인생항로변수 총실패율} \times \dfrac{70}{100} \end{cases}$

다. 말년운세 $\begin{cases} \text{기본성공률} + \text{인생항로변수 총성공률} \times \dfrac{15}{100} \\ \text{기본실패율} + \text{인생항로변수 총성공률} \times \dfrac{15}{100} \end{cases}$

박철순의 인생항로 변수의 변수기능 배정 실제

▶ **인생항로변수 예시 4에서 총성공률은 320 %이다.**

$320(\%) \times \dfrac{15}{100} = 48\% \Rightarrow$ 초년운세 기본성공률에 가산된다.

예시1의 ①항에서 박철순의 초년운세 3

총성공률 산출은 20 % + 48 % = 68 %이다.

$320(\%) \times \dfrac{70}{100} = 224\% \Rightarrow$ 중년운세 기본성공률에 가산된다.

예시2의 ②항에서 박철순의 중년운세 6

총성공률 산출은 90 % + 224 % = 314 %이다.

$320(\%) \times \dfrac{15}{100} = 48\% \Rightarrow$ 말년운세 기본성공률에 가산된다.

예시 3의 ③에서 박철순의 말년운세 9

총성공률 산출은 50 % + 48 % = 98 %이다.

▶ **인생항로 변수 총실패율은 예시 4에서 230 %이다.**

$230(\%) \times \dfrac{15}{100} = 34.5\% \Rightarrow$ 초년운세 기본실패율에 가산된다.

예시1의 ①항에서 박철순의 초년운세 3

총실패율 산출은 80 % + 34.5 % = 114.5 %이다.

$230(\%) \times \dfrac{70}{100} = 161\% \Rightarrow$ 중년운세 기본실패율에 가산된다.

예시2의 ②항에서 박철순의 중년운세 6

총실패율 산출은 0+161 %이 첨가된다.

$230(\%) \times \dfrac{15}{100} = 34.5\% \Rightarrow$ 말년운세 기본실패율에 가산된다.

예시3의 ③항에서 박철순의 말년운세 9

총실패율 산출은 70 % + 34.5 % = 104.5 %이다.

박 철 순
① 초년운세
김 옹 이

$\dfrac{3}{3}$

→ 상위치자 박철순의 총성공률 68%, 총실패율 114.5%
: 30세 이하의 운세는 실패형이다.

박 철 순
② 중년운세
김 옹 이

$\dfrac{6}{5}$

→ 상위치자 박철순의 총성공률 314%, 총실패율 161%
: 31세~50세의 운세는 성공형이다.

박 철 순
③ 말년운세
김 옹 이

$\dfrac{9}{8}$

→ 상위치자 박철순의 총성공률 98%, 총실패율 104.5%
: 51세 이상의 운세는 보통이다.

예시 7 | 김옹이의 인생항로 변수의 변수기능 배정 실제

▶ 인생항로 변수 예시4에서 총성공률은 **340%**이다.

$340(\%) \times \dfrac{15}{100} = 51\% \Rightarrow$ 초년운세 기본성공률에 가산된다.

예시1의 ①항에서 김옹이의 초년운세 3
총성공률 산출은 30% + 51% = 81%이다.

$340(\%) \times \dfrac{70}{100} = 238\% \Rightarrow$ 중년운세 기본성공률에 가산된다.

예시2의 ②항에서 김옹이의 중년운세 5
총성공률 산출은 30% + 238% = 268%이다.

$340(\%) \times \dfrac{15}{100} = 51\% \Rightarrow$ 말년운세 기본성공률에 가산된다.

예시3의 ③항에서 김옹이의 말년운세 8
총성공률 산출은 80% + 51% = 131%이다.

▶ 인생항로 변수 예시5에서 총실패율은 160%이다.

$160(\%) \times \dfrac{15}{100} = 24\%$ ⇒ 초년운세 기본실패율에 가산된다.

예시1의 ①항에서 김옹이의 초년운세 3

총실패율 산출은 80% + 24% = 104%이다.

$160(\%) \times \dfrac{70}{100} = 112\%$ ⇒ 중년운세 기본실패율에 가산된다.

예시2의 ②항에서 김옹이의 중년운세 5

총실패율 산출은 70% + 112% = 182%이다.

$160(\%) \times \dfrac{15}{100} = 24\%$ ⇒ 말년운세 기본실패율에 가산된다.

예시3의 ③항에서 김옹이의 말년운세 8

총실패율 산출은 0+24%가 가산된다.

(3) 김옹이의 운세 해독 결과

박 철 순
① 초년운세 · $\dfrac{3}{3}$ → 하위치자 김옹이의 총성공률 81%, 총실패율 104%
김 옹 이 · : 30세이하의 운세는 실패형이다.

박 철 순
② 중년운세 · $\dfrac{6}{5}$ → 하위치자 김옹이의 총성공률 268%, 총실패율 202%
김 옹 이 · : 31세~50세의 운세는 성공형이다.

박 철 순
③ 말년운세 · $\dfrac{9}{8}$ → 김옹이의 총성공률 151%, 총실패율 24%
김 옹 이 · : 51세 이상의 운세는 성공형이다.

(4) 운세의 총 성공률과 실패율의 산출결과

초년운세·중년운세·말년운세가 내포하고 있는 모든 내재가치를 합산하여 두 사람의 인연을 합리적이고 과학적인 방법에 의하여 성공여부를 감정한다.

예시 8 | 박철순과 김옹이의 인연감정 결과

운세의 기본성공률과 실패율 + 인생항로변수의 성공률과 실패율이 모두
반영된 결과이다. (※ → 표는 바람직한 인연코스)

① 초년운세
　총성공률  $\dfrac{3}{3}$
　총실패율
　→ 상위치자 박철순의 총성공률 68 %, 총실패율 114.5%
　　: 30세 이하는 실패형이다.(박철순) : 우세
　→ 하위치자 김옹이의 총성공률 81 %, 총실패율 104 %
　　: 30세 이하는 실패형이다.(김옹이) : 약세

② 중년운세
　총성공률 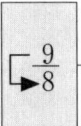 $\dfrac{6}{5}$
　총실패율
　→ 상위치자 박철순의 총성공률 314 %, 총실패율 161 %
　　: 31세~50세는 성공형이다.(박철순) : 우세
　→ 하위치자 김옹이의 총성공률 268 %, 총실패율 202 %
　　: 31세~50세 성공형　　　　　　: 약세

③ 말년운세
　총성공률 $\dfrac{9}{8}$
　총실패율
　→ 상위치자 박철순의 총성공률 98 %, 총실패율 104.5%
　　: 51세 이상은 보통삶이다.　　　: 약세
　→ 하위치자 김옹이의 총성공률 151 %, 총실패율 24%
　　: 51세 이상은 성공형이다.　　　: 우세

위의 예시 1부터 8까지 박철순과 김옹이의 애정관계, 사업적인 측
면 등에서 인연을 감정하는 방법을 익혀왔다. 이것은 인연감정표(표
44)를 정확히 작성하기 위함이다.

두 사람의 인연감정을 요약하면 처음 만남에서 이루어지는 초기단
계는 상극의 만남으로 인연이 이루어지기 힘들지만, 두 사람의 짝수
변수가 많기 때문에 가능하다는 것이다. 변수에 의하여 결연이 된다
면 하는 일마다 곤경에 처하고, 생활은 빈곤하게 된다.

그러나 초년고생을 극복한다면 중·말년은 잘 살 수 있다.

후천적 인연감정표 작성 예시(표44)

※ 자료 : 인연감정 종합환산 조견표(표46)　　　　　　　　(단위 %)

감정자료 항목 ＼ 운세			초년운세	중년운세	말년운세	인생항로 변수 ❺ 짝수 인자	❻ 홀수 인자	계
① 인연표시형식	상위치자 성명 (**박 철 순**)		$\frac{3}{3}$	$\frac{6}{5}$	$\frac{9}{8}$	2, 4, 6	3, 7, 7	계
	하위치자 성명 (김 웅 이)							
② 인연결합형 : 짝수운세 동일형, 홀수운세 동일형, 짝수운세형, 홀수운세형, 혼합운세형, 예측불허형	분류	홀수동일형	혼합형	혼합형	수효 3개	수효 3개	
	차이	0	1	1			
③ 인연결합기능 : %로 표시	표23	0	70	70			
④ 상·하위치자 성명(**박 철 순**)의 운세			3	6	9			
⑦ 짝수·홀수운세 강약원리에 의한　성공률	표A	20	70	50			140
⑦ 짝수·홀수운세 강약원리에 의한　실패율	표A	80		50			130
⑧ 짝수운세 동일형 홀수운세 동일형의 경우 짝수변수가 많은 사람	10% 획득 특별보너스 성공률	80		50			130
⑨ 짝수)짝수운세 결합형의 경우 큰 짝수 소유자가	짝수운세형 추가성공률 표F						
⑩ 홀수)홀수운세 결합형의 경우 큰 홀수 소유자가	홀수운세형 추가성공률 표G						
⑪ 짝수·홀수운세 혼합형의 경우 짝수 소유자가	혼합운세형 추가성공률 표H		20				20
홀수·짝수운세 혼합형의 경우 홀수 소유자가	혼합운세형 추가실패율 표H			20			20
❺ 짝수변수 수효에 의한	보너스 성공률 표B	배정률 15% 6	배정률 70% 28	배정률 15% 6	수효 % 40		40
❺ 짝수변수 내재가치에 의한　성공률	표A	배정률 15% 27	배정률 70% 126	배정률 15% 27	내재값% 180		180
❻ 홀수변수 내재가치에 의한　성공률	표A	배정률 15% 15	배정률 70% 70	배정률 15% 15		내재값% 100	100
❻ 홀수변수 내재가치에 의한　실패율	표A	배정률 15% 30	배정률 70% 140	배정률 15% 30		내재값% 200	200
❻ 홀수변수 수효에 의한 보너스	보너스 실패율 표C	배정률 15% 4.5	배정률 70% 21	배정률 15% 4.5		수효 % 30	30
⑫ 총　계	성공률합계	68	314	98			480
	실패율합계	114.5	161	104.5			380
⑬ 인 운 해 독 결 과	순성공률		153				153
	순실패율	46.5		6.5			53
⑭ 재 운 예 측	초년에는 46.5% 실패율을 갖고 있으나 중년에는 153%의 성공률을 나타내고 말년에는 6.5%의 실패율이 나타난다.						

(박 철 순)의　인 연 감 정 결 과	총순성공률 : 100	총순실패율 : 0

※ 인연감정표는 두 사람의 결연에 따라 형성되는 인생항로에 대한 평가 잣대이다. 그러므로 총순성공률과 총순실패율은 두 사람의 소원성취가 100% 달성되었다고 보았을 때 나타나는 잉여 또는 부족을 나타낸다.

※ 자료 : 인연감정 종합환산 조견표(표46)　　　　(단위 %)

감정자료 항목	운세		초년운세	중년운세	말년운세	인생항로 변수 ❻ 작수인자	인생항로 변수 ❻ 홀수인자	계
① 인연표시형식	상위치자 성명 (박 철 순)		$\frac{3}{3}$	$\frac{6}{5}$	$\frac{9}{8}$	❻ 작수인자	❻ 홀수인자	계
	하위치자 성명 (김 옹 이)					8, 8, 8	5, 5	
② 인연결합형 : 짝수운세 동일형, 홀수운세 동일형, 짝수운세형, 홀수운세형, 혼합운세형, 예측불허형	분류	홀수동일형	혼합형	혼합형	8, 8, 8	5, 5	
	차이	0	1	1			
③ 인연결합기능 : %로 표시	표23	0	70	70	수효 3개	수효 2개	
④ 상·하위치자 성명(김 옹 이)의 운세			3	5	8	수효 3개	수효 2개	
⑦ 짝수·홀수운세 강약원리에 의한	성공률	표A	20	30	50			130
⑦ 짝수·홀수운세 강약원리에 의한	실패율	표A	80	70				150
⑧ 짝수운세 동일형 홀수운세 동일형의 경우 짝수변수가 많은 사람	특별보너스 성공률	10% 획득	10					10
⑨ 짝수)짝수운세 결합형의 경우 큰 짝수 소유자가	짝수운세형 추가성공률	표F						
⑩ 홀수)홀수운세 결합형의 경우 큰 홀수 소유자가	홀수운세형 추가성공률	표G						
⑪ 짝수·홀수운세 혼합형의 경우 짝수 소유자가	혼합운세형 추가성공률	표H			20			20
홀수·짝수운세 혼합형의 경우 홀수 소유자가	혼합운세형 추가실패율	표H		20				20
❻ 짝수변수 수효에 의한	보너스 성공률	표B	배정률 15% 6	배정률 70% 28	배정률 15% 6	수효 % 40		40
❻ 짝수변수 내재가치에 의한	성공률	표A	배정률 15% 36	배정률 70% 168	배정률 15% 36	내재값% 240		120
❻ 홀수변수 내재가치에 의한	성공률	표A	배정률 15% 9	배정률 70% 42	배정률 15% 9		내재값% 60	60
❻ 홀수변수 내재가치에 의한	실패율	표A	배정률 15% 21	배정률 70% 98	배정률 15% 21		내재값% 140	140
❻ 홀수변수 수효에 의한	보너스 실패율	표C	배정률 15% 3	배정률 70% 14	배정률 15% 3		수효 % 20	20
⑫ 총 계	성공률합계		81	268	151			500
	실패율합계		104	202	24			330
⑬ 인 운 해 독 결 과	순성공률			66	127			193
	순실패율		23					23
⑭ 재 운 예 측	초년에는 23% 실패율을 갖고 있으나 중년에는 66%의 성공률을 나타내고 말년에는 127%의 성공률이 나타난다.							
(박 철 순)의 인 연 감 정 결 과	총순성공률 : 170				총순실패율 : 0			

※ 인연감정표는 두 사람의 결연에 따라 형성되는 인생항로에 대한 평가 잣대이다. 그러므로 총순성공률과 총순실패율은 두 사람의 소원성취가 100% 달성되었다고 보았을 때 나타나는 잉여 또는 부족을 나타낸다.

● 성명 내재가치

1. 성명의 내재가치 창출

지구촌에 존재하고 있는 천지만물은 형상마다 명칭이 있고, 이름이 있으면 존재가치가 있다. 이를테면 금은 그 존재가 희귀하여 보물로 취급되면서 모든 물건의 값을 측정하는 기준으로서의 가치가 부가되어 있다. 인류가 사용하고 있는 물건은 귀하면 귀할수록 값이 높고, 물건이 천하여 쓸모가 없으면 그만큼 상품가치가 떨어진다.

그러면 이 세상에 가장 값이 비싼 것은 무엇일까? 각자의 견해에 따라 다르겠지만, 사람의 생명이요 몸값이며 이름의 가치이다.

성서에 '천하를 얻고도 제 목숨을 잃으면 무엇이 유익하겠느냐'로 기록된 것으로 보아 생명의 귀함은 실로 그 무엇에 비길 수 없을 정도다. 사람의 몸값은 그 사람의 건강·명예·재산·환경·행동 등에 따라 결정된다. 가령 생활주변인 중에서 1,000억 원의 현금을 가지고 있는 사람의 한글성명이 강영일이라고 하자. 이 사람의 몸값은 '강영일 = 1,000억 원'으로 인식되어 돈 많은 사람으로 대접을 받는다.

만약 눈먼 장님이 신체불구자로 길거리 바닥에 주저앉아 구걸행위를 하고 있는데 그의 한글성명이 강영일이라고 하면 강영일 = 걸인으로 취급되어 그의 몸값은 천대를 받는다. 그런데 그 사람이 장기기증이나 주검을 의학적인 연구에 제공하게 된다면 그의 몸값은 높이 평가될 수 있을 것이다.

사람 중에는 몸을 팔아 살고 있는 윤락녀가 있는가 하면 돈 많은 사람의 아이를 유괴하여 몸값을 흥정하는 사람도 있고, 실언·추태·망언을 하여 제 이름 값을 못하는 사람도 있다. 또한 이름은 사람에게만 있는 것이 아니라 공장에서 생산되는 물건에도 이름이 있으면 값어치가 있다.

이상에서 열거한 사례를 통하여 알 수 있듯이 '명칭이 있으면 값이 있다'는 결론이고, 그 값은 수치로 나타내거나 추상적인 말로 나타낼 수 있다.

사람의 성명은 고등동물로서 귀중한 개체명이므로 이름의 가치는 그 사람의 행동·명예·재산 등에 따라 평가받을 수도 있고 올바른 인간으로 행동할 때 높은 가치가 매겨지기도 한다. 그런데 이와는 다르게 사람의 성명에 '그 외의 어떤 값'이 존재하고 그 값에 따라 건강·명예·재산이 결부되어 있지는 않을까?

필자는 허무맹랑한 착각, 또는 정신이상자의 경지에서 '무엇인가 있을 것이다'라는 생각하에 연구를 계속했다. 그 긴 세월동안 혼신의 노력과 시간의 낭비, 심신의 피로 등이 산적하여 삶을 후회하고 더 이상 연구해야 할 이유가 없다고 느껴질 순간 동자삼으로 하여금 마침내 한글성명의 내재가치를 수학적으로 창출하였다.

성명의 가치는 선천적 내재가치, 후천적 내재가치, 인연등급, 성공선, 실패선, 안전선, △형 등으로 나타난다. 선천적 내재가치는 성명의 건강·명예·재산을 총칭한 평가잣대이고, 후천적 내재가치는 성명의 명예·재산을 합하여 평가하는 잣대이며, 인연등급은 건강·명예·재산을 총칭하여 나타내는 등급표시이다. 또 NSM 그래프의 △형은 이름의 성공과 실패와 좋고 나쁨을 평가하는 잣대이다.

2. 한글성명의 내재가치 산출방법

(1) 선천적 내재가치 산출 차례

① 성명의 총획수 알기 : 자신의 한글성명의 자음과 모음의 총획수를 헤아려 본다. 한글성명의 총획수가 8자라면 NSM 그래프에서 8호 서식을 선택한다. 한글성명의 총획수에 따라 NSM 그래프 서식이 5 ~ 14호까지 구비되어 있다.

◆ 총획수예시 : 남시모 → ㄴ ㅏ ㅁ ㅅ ㅣ ㅁ ㅗ : 총 7 획

　　　　➡ NSM 그래프 7호 서식

② NSM 그래프에 한글성명 쓰기 : 자기 성명에 맞는 NSM 그래프 양식을 찾아서 '한글성명 자음·모음' 란에 자신의 한글성명을 자음과 모음으로 분리하여 반드시 차례대로 적는다.

③ NSM 그래프에 인운인자 쓰기 : 자신의 호적상 한글성명을 보고 자음과 모음을 차례대로 분리하여 한글 인운인자 치환표(표2)에서 자음과 모음에 해당되는 인운인자를 찾아서 숫자를 옮겨 적는다.

④ NSM 그래프 그리기 : NSM 그래프 그리기 방법(p.206)을 보고 그린다. 이때 두 점의 인연선을 정확히 그어야 하고, 누락된 인연선이 있는지를 반드시 확인하여야 한다. 합심선이 있을 경우는 그을 때 알기 쉽게 ○표로 표시하며, 이 경우에만 인연점은 같은 수를 두 번 적는다.

⑤ 한글성명 내재가치의 형상 찾기 : 인연인자 생활권에서 인연축을 한변으로 나타난 여러 가지 △형 모양을 찾아내어 표시한다.

⑥ 성명 선천적 내재가치 산출표 작성 : NSM 그래프의 인연축에 표시된 인연점을 보고, 성명의 선천적 내재가치 산출양식에다 홀수 인연점과 짝수 인연점을 구분하여 차례대로 옮겨 적는데 인연점은 정수표시를 한다.

⑦ 홀수·짝수 인연점의 성공률과 실패율 적기 : 홀수 인연점은 인

연감정 종합환산 조견표(표46)의 표A에서 홀수 인연점에 해당되는 성공률과 실패율을 각각 찾아서 적는다. 짝수 인연점도 표46의 표A에서 짝수 인연점에 해당되는 성공률을 각각 찾아서 해당란에 적는다.

⑧ 소계란의 성공률과 실패율 합계 : 홀수·짝수 인연점의 성공률과 실패율을 모두 합산하여 해당란에 적는다.

⑨ 짝수 인연점 수효(   )개·보너스 성공률 찾기 : 짝수 인연점이 모두 몇 개인지를 헤아려 그 수효를 (   )개에 적은 다음 인연감정 종합환산 조견표(표46)의 표B에서 짝수인자(인연점)수효 (   )개에 해당되는 보너스 성공률을 찾아서 적는다.

⑩ 홀수 인연점 수효(   )개·보너스 성공률 찾기 : 홀수 인연점이 모두 몇 개인지를 헤아려 그 수효를 (   )속에 적은 다음 인연감정 종합환산 조견표(표46)의 표17의 표C에서 홀수인자(인연점) 수효(   )개에 해당되는 보너스 실패율을 찾아서 적는다.

⑪ 총계 : 홀수 인연점과 짝수 인연점의 성공률과 실패율을 합산하여 해당란에 적는다.

⑫ 순성공률(   ) / 순실패율(   ) : 총성공률과 총실패율을 가감하여 해당란에 ○표를 한다.

⑬ 성명의 선천적 내재가치 감정 제 1, 2, 3항 규정 : 선천적 내재가치의 총성공률을 보고, 한글성명 내재가치 등급규정표(표47)의 선천적 감정 총성공률 중에서 어디에 해당되는지를 찾는다.

⑭ 성명의 선천적 내재가치는 총성공률 (   )%로 나타나고, 문자 표현으로 할 수 있으며, 그 성명의 재산을 종합하여 총체적으로 결집된 수치와 문자로 결과를 나타낸다.

⑮ 인연점의 등급 감정 : NSM 그래프에 나타나는 홀수 인연점과 짝수 인연점은 인연점과 번영 등급(표48)에 의하여 성명의 번영등급 및 호연과 악연을 감정한다.

남시모의 선천적 내재가치 산출표　(단위%)

① 선천적 내재가치감정(표47)제1항규정			
② 인연점의 내재가치는 표46의 표A에서 환산함.			
③ 짝수 인연점	④ 홀수 인연점	성공률	실패율
24		142	
18		130	
18		130	
	17	90	10
	15	80	20
14		110	
	13	70	30
12		100	
	7	40	60
6		70	
	5	30	70
	5	30	70
	5	30	70
	5	30	70
4		60	
4		60	
	3	20	80
⑤ 소　계	성　공　률	1222	
	실　패　율		480
⑥ 짝수 인연점 수효(8)개		70	
⑦ 보너스 실패율 : 표B			
⑧ 홀수 인연점 수효(9)개			65
⑨ 보너스 실패율 : 표C			
⑩ 총　　　계		1292	545
⑪ 순성공률(○)		747	성공률
	순실패율(　)		57.81
⑫ 선천적 내재가치 감정 제 3 항 규정		성공형 C급 (자수성가)	

〈준비물〉 자신의 NSM 작명 그래프
〈복사물〉 남시모 NSM 작명 그래프
인연감정 종합환산 조견표(표46)
한글성명 내재가치 등급규정표(표47)
한글성명 인연점과 번영등급표(표48)

〈설명〉 복사물을 대조하면서 ①~⑫항 작성하기

①항은 자신의 한글성명의 선천적 내재가치는 건강·명예·재산 형성 정도를 총괄하여 수치와 문자로 나타내어 한글성명의 가치를 과학적으로 평가하는 방법이다.

②항은 NSM 그래프의 인연축에 형성된 짝수·홀수 인연점(짝수·홀수운세)의 내재가치를 산출하는 자료로서 짝수 인연점은 성공률만 나타내고 홀수 인연점은 성공률과 실패율을 나타낸다.

③④의 홀수 인연점과 짝수 인연점의 수는 남시모 NSM 그래프에서 인연축에 나타난 점들을 차례대로 적고 난 다음에, 인연감정 종합환산 조견표(표46)의 표A에서 해당되는 인연점의 성공률과 실패율을 적었다.

⑤항은 홀수짝수 인연점의 성공률과 실패율의 합계이다.

⑥⑦항은 짝수 인연점 ④항에서 24, 20, 18, 18, 12, 6, 6, 4, 2는 모두 8개이고 이것을 표46의 표B에서 짝수 인자 수효 8을 보면 보너스 성공률 70%가 표시된 것이다.

⑧⑨항은 홀수 인연점 ③항에서 17, 15, 15, 13, 5, 5, 55, 3은 모두 9개이고 이것을 표46의 표C에서 홀수인자 수효 9를 보면 보너스 실패율 65%가 표시된 것이다.

⑩항은 홀수·짝수 인연점의 총성공률과 총실패율의 합계이다.

⑪항은 총성공률 - 총실패율 = 1292 - 545 = 747로서 순성공률(○)로 표시된다.

⑫항은 한글성명 내재가치 등급규정표(표47)에서 제1항 규정(건강 + 명예 + 재산)을 보면 선천적 감정 총성공률란에 ⑩항의 총성공률 1292 %는 '성공형C'에 해당되고, 이 뜻은 '자수성가'의 말과 동일시된다.

(2) 후천적 내재가치 산출 방법 차례

① 인운인자 찾기 : 자신의 호적상의 한글성명을 자음과 모음으로 분
리시킨 다음에 한글 인운인자 치환표(표2)에서 해당되는 인운인자
를 차례대로 적는다.

예시 1 **한글 인운인자 치환표(표2)에서 인운인자 찾기**

남시모 ⇒　　　ㄴ　ㅏ　ㅁ　ㅅ　ㅣ　ㅁ　ㅗ
　　　　　　　2　1　5　7　10　5　5

② 홀수·짝수 인운인자의 성공률과 실패율 찾기 : 홀수인자와 짝수
인자에 대한 성공률과 실패율은 인연감정 종합환산 조견표(표46)
에서 찾는다.

예시 2 **한글 인운인자 치환표(표2)에서 성공률·실패율 찾기**

호적상의 한글성명 남시모 자음과 모음을 차례대로 분리		ㄴ	ㅏ	ㅁ	ㅅ	ㅣ	ㅁ	ㅗ	합계
한글 인운인자 치환표(표2) 인운인자 찾아 적기		2	1	5	7	10	5	5	
인연감정 종합환산 조견표 표46의 표A	성공률	50	10	30	40	90	30	30	240
	실패율		90	70	60		70	70	360

③ 짝수 인운인자 (　　)개·보너스 성공률 표B : 인연감정 종합환산
조견표(표46)의 표B에서 짝수 인운인자 수효에 해당되는 보너스
성공률을 얻는다.

예시 3 **인연감정 종합환산 조견표(표46)의 표B에서 보너스 성공률 찾기**

남시모의 짝수 인운인자는 2, 10이므로 그 수효는 2개이고 이에 해당되는
보너스 성공률은 30 %이다.

④ 홀수 인운인자 (   )개·보너스 실패율 표C : 홀수 인운인자의
　　수효를 헤아려 인연감정 종합치환 조견표(표46)의 표C에서 홀수
　　인운인자 수효에 해당되는 보너스 실패율을 얻는다.

예시 4 **인연감정 종합환산 조견표(표46)의 표C에서 보너스 실패율 찾기**
남시모의 홀수 인운인자는 1, 5, 7, 5, 5이므로 그 수효는 5이고, 표C에서
이에 해당되는 보너스 실패율은 45%이다.

⑤ 성공률과 실패율의 소계 : 짝수 인운인자와 홀수 인운인자의 성
　　공률과 실패율을 모두 합산하여 성공률 합계와 실패율 합계를 산
　　출한다.
⑥ 총성공률과 총실패율의 총계 : 짝수 인운인자와 홀수 인운인자의
　　총성공률과 총실패율을 산출한다.
⑦ 순성공률(   ) / 순실패율(   ) : 총성공률과 총실패율을 가감하
　　여 해당란에 ○표한다.
⑧ 성명 내재가치감정 제2항 규정 : 후천적 내재가치의 총성공률을
　　보고, 한글성명 내재가치 등급규정표(표47)의 후천적 감정 총성공
　　률 중에 어디에 사정되는지를 찾는다.

예시 5　남시모 성명의 후천적 내재가치 산출표 작성

한글성명의 후천적 내재가치 산출표　(단위%)

①후천적 내재가치 감정(표47)제1항규정			
②인운인자의 내재가치는 표46의 표A에서 환산함			
③짝수 인운인자	④홀수 인운인자	성공률	실패율
2		50	
	1	10	90
	5	30	70
	7	40	60
10		90	
	5	30	70
	5	30	70
⑤ 소 계	성 공 률	280	
	실 패 율		360
⑥ 짝수 인운인자 수효(2)개 ⑦ 보너스 실패율 : 표B		30	
⑧ 홀수 인운인자 수효(5)개 ⑨ 보너스 실패율 : 표C			45
⑩ 총　　　계		310	405
⑪ 순성공률( ) 순실패율(0)		95	실패율 23.45
⑫ 후천적 내재가치 감정 제2항 규정		보통형 A급 (칠전팔기)	

〈준비물〉 자신의 한글성명 인운인자 산출자료

〈복사물〉 남시모 한글성명 인운인자 산출자료
　　　　 인연감정 종합환산 조견표(표46)
　　　　 한글성명 내재가치 등급규정(표47)

〈설 명〉 복사물을 대조하면서 ①~⑫항 작성하기

①항은 자신의 한글성명 내재가치는 명예와 재산의 형성 정도를 총괄한 수치와 문자로 나타낸다.

②항은 인연감정 종합환산 조견표(표46)의 표A에서 성공률, 실패율이 산출된다.

③④항은 남시모 한글성명의 홀수 인운인자와 짝수 인운자를 찾아 〈예시2〉와 같이 산출된 것이다.

⑤항은 짝수·홀수 인운인자의 기본성공률과 실패율의 합계이다.

⑥⑦⑧⑨항은 남시모 한글성명의 짝수 인운인자 수효와 홀수 인운인자 수효가 표B·표C에서 각각 성공률과 실패율을 나타내는데, 〈예시3·4〉와 같다.

⑩항은 남시모 한글성명의 인운인자 내재가치로서 총성공률과 총실패율이다.

⑪항은 총성공률 - 총실패율 = 310 - 405 = -95로 실패율이 더 많아 순실패율(○)로 표시된다.

⑫항은 한글성명 내재가치 등급규정(표47)에서 제2항 규정에 명예와 재산을 총괄하여 감정하는데, 총성공률 310%는 '보통형 A급'에 해당되고, 이 뜻은 '칠전팔기'라는 말과 동일시된다.

(3) 성명의 선·후천적 내재가치 산출 -표45-

예시 6 남시모의 선·후천적 내재가치 산출표

(단위 : %)

선천적 내재가치 감정(표47)제1항규정				후천적 내재가치 감정(표47)제2항규정			
인연인자의 내재가치는 표A에서 환산함				인운인자의 내재가치는 표A에서 환산함			
짝수 인연점	홀수 인연점	성공률	실패율	짝수 인운인자	홀수 인운인자	성공률	실패율
24		142		2		50	
18		130			1	10	90
18		130			5	30	70
	17	90	10		7	40	60
	15	80	20	10		90	
14		110			5	30	70
	13	70	30		5	30	70
12		100					
	7	40	60				
6		70					
	5	30	70				
	5	30	70				
	5	30	70				
	5	30	70				
4		60					
4		60					
	3	20	80				

※ 성명내재가치 분석
· 선천적 내재가치는 성공률 57.81%로 성공형 B급 중에서 하류에 속하나 양호한 것으로 분석된다.
· 후천적 내재가치는 실패율 23.45%는 매우 저조하므로 상당한 어려움이 예상된다.
· 선후천적 종합 내재가치는 뜻하는 바가 이루어진다. 그러므로 타고난 건강, 재운, 명예의 운을 참고로 하여 열심히 노력하면 결과는 본래의 것으로 환원될 수 있다.

소계	성공률	1222		소계	성공률	280	
	실패율		480		실패율		360
짝수 인연점 수효(8)개 보너스 성공률 : 표B		70		짝수 인운인자 수효 (2)개 보너스 실패율 : 표B		30	
홀수 인연점 수효(9)개 보너스 실패율 : 표C			65	홀수 인운인자 수효 (5)개 보너스 실패율 : 표C			45
총 계		1292	545	총 계		310	405
순성공률(○)		747	성공률	순성공률( )		95	실패율
순실패율( )			57.81	순실패율(○)			23.45
선천적 내재가치 감정 제1항 규정		성공형 B급 (만사형통)		후천적 내재가치 감정 제2항 규정		보통형 A급 (철전팔기)	

선·후천적 내재가치 감정 제3항 규정	성공형 C급(소원성취)	제1항 규정(선천성)	건강·명예·재산
		제2항 규정(후천성)	명예·재산
		제3항 규정(종 합)	재산

3. 인연감정 종합환산 조견표 -표46-

(단위 : %)

인연감정 C급			인연감정 B급				인연감정 A급		인연감정 A⁺급					
내재가치			보너스 성공률·실패율				특별보너스 성공률 10%		추가성공률·추가실패율					
표A			표B		표C		표D	표E	표F		표G		표H	
운세별 내재가치			호불호 짝수변수		호불호 홀수변수		짝수운세 상하 동일형	홀수운세 상하 동일형	짝수운세형		홀수운세형		짝수·홀수 혼합운세형	
짝수·홀수운세(인자)	기인·정기정 성공률	정기정 실패율	짝수변수수효	보너스성공률	홀수변수수효	보너스실패율	특별보너스 성공률 10% 획득 우선순위		짝수운세 상하 차이	큰 짝수운세 추가성공률	홀수운세 상하 차이	큰 홀수운세 추가성공률	짝수홀수운세 상하 차이	짝수추가성공률 / 홀수추가실패율
	성공률	실패율	개	%	개	%								
0	50	90	1	20	1	10			0	0	0	0	1	20
0	144	10	2	30	2	20							2	30
1	10	90	3	40	3	30			2	20	2	40	3	40
2	50		4	50	4	40			4	30	4	45	4	50
3	20	80	5	55	5	45							5	55
4	60		6	60	6	50			6	40	6	50	6	56
5	30	70	7	65	7	55			8	50	8	55	7	57
6	70		8	70	8	60		1순위 : 인생항로변수와 호불호 운세 중에서 본인과 상대자의 짝수인자 수효를 비교하여 짝수변수 수효가 많은 사람					8	58
7	40	60	9	75	9	65			10	55	10	60	9	59
8	80		10	80	10	70			12	60	12	61	10	60
9	50	50	11	85	11	75		2순위 : 전항에서 상대자와 본인이 짝수변수 수효가 같으면 두 사람 중에서 큰 짝수변수를 많이 가진 사람					11	61
10	90		12	90	12	80			14	65	14	62	12	62
11	60	40	13	95	13	85			16	70	16	63	13	63
12	100		14	100	14	90							14	64
13	70	30	15	96	15	86			18	75	18	64	15	65
14	110		16	101	16	91		3순위 : 그래도 조건이 같을 경우는 두 사람의 짝수변수 수효가 많은 사람 중에서 큰 홀수변수가 많은 사람					16	66
15	80	20	17	97	17	87			20	80	20	65	17	67
16	120		18	102	18	92			22	85	22	66	18	68
17	90	10	19	98	19	88			24	90	24	67	19	69
18	130		20	103	20	93							20	70
19	100	0	21	99	21	89			26	95	26	68	21	71
20	140		22	104	22	94			28	100	28	69	22	72
21	101		23	100	23	90							23	73
22	141								30	105	30	70	24	74
23	102													
24	142													
25	103													
26	143													
27	104													
28	144													

4. 성명의 내재가치 등급규정

(1) 선천적 내재가치 감정 제1항 규정 (3자)

성명의 선천적 내재가치는 NSM 그래프의 인연점에서 성공률과 실패율이 인연감정 종합환산 조견표(표46)에 의하여 산출되고 사정기준은 인연점(인운인자)의 총성공률에 따라서 성명의 건강·명예·재산의 형성을 총괄하여 수치와 문자로 나타낸다.

선천적 내재가치 산출방법은 NSM 그래프를 먼저 그리고, NSM 그래프에 나타난 인연점을 파악하며 성명의 선천적 내재가치 산출표(표45)와 같이 작성하면 ⑩항의 총계란에 성공률 합계가 집계된다. 이 총성공률은 성명 내재가치등급(표47)에 감정 제1항 규정을 통해 해당되는 감정분류를 판독할 수 있다. 이때 주의할 점은 인연점의 총실패율은 반영하지 않으며, 총성공률로만 사정한다.

(2) 후천적 내재가치 감정 제2항 규정 (3자)

성명의 후천적 내재가치는 인운인자에 의하여 성공률과 실패율이 산출되고 사정기준은 인운인자의 총성공률에 따라서 성명의 명예와 재산형성을 총괄하여 수치와 문자로 사정한다. 이때 주의할 점은 인운운자의 총실패율은 반영하지 않으며, 총성공률로만 사정한다.

후천적 내재가치 산출방법은 성명의 인운인자 산출을 하는데 자신의 성명에서 자음과 모음을 분리시켜 인운인자를 구하고 이것을 선천적 내재가치 산출표45의 ⑪항 총계란에 집계한다. 이 총성공률을 성명 내재가치등급규정(표47)에서 제2항 규정에 적용한다.

(3) 선·후천적 내재가치 감정 제3항 규정 (3자)

성명의 선·후천적인 감정결과 순성공률과 순실패율의 합산을 사정기준으로 하여 재산형성을 총괄한 수치와 문자로 표현한다.

선·후천적 내재가치의 산출방법은 NSM 그래프에 의한 성명의 선천적 내재가치 산출에서 얻어진 표45의 ⑪항의 총성공률과 총실패율 및 성명의 후천적 내재가치 산출에서 얻어진 표45의 ⑪항의 총성공률과 총실패율을 합산한다.

이렇게 하면 순성공률과 순실패율이 계산된다. 이때 순성공률 또는 순실패율을 성명 내재가치 등급규정(표47)의 제3항 규정에 적용한다.

(인연점의 총성공률 + 인운인자의 총성공률) - (인연점의 총실패율 + 인운인자의 총실패율) = 순성공률 또는 순실패율 ⇒ 제3항 규정(재산)에 적용한다.

표 47. 성명 내재가치 등급 규정표

구 분 운세 덕목	감정규정 유 형	구분 등급	내재가치감정 제1항 규정 (건강+명예+재산) 선천적 감정 인 연 점 총 성 공 률	내재가치감정 제2항 규정 (건강+명예) 후천적 감정 인 운 인 자 총 성 공 률	내재가치감정 제3항 규정 (재 산) 선 · 후천적 순성공률 합 계
번 영 ↑ 건 강 + 명 예 + 재 산	영 웅 형		3000이상 전지전능	1500이상 위대	2800이상 부귀영화
	초능력형	A	2700 ~ 2999 신출귀몰	1200 ~ 1499 발명	2400 ~ 2799 재벌
		B	2400 ~ 2699 통치	1000 ~ 1199 혁신	2100 ~ 2399 갑부
		C	2000 ~ 2399 기록	800 ~ 999 창안	1800 ~ 2099 부자
	성 공 형	A	1800 ~ 1999 수복강녕	600 ~ 799 금의환향	1400 ~ 1799 자수성가
		B	1300 ~ 1799 만사형통	500 ~ 599 승승장구	1000 ~ 1399 일취월장
		C	800 ~ 1299 자수성가	400 ~ 499 입신양명	500 ~ 999 소원성취
	보 통 형	A	600 ~ 799 과유불급	300 ~ 399 칠전팔기	300 ~ 499 소득증대
		B	400 ~ 599 호사다마	200 ~ 299 진퇴양난	200 ~ 299 자급자족
		C	0 ~ 399 일장춘몽	0 ~ 199 우여곡절	0 ~ 199 저 소 득
	실 패 형	A	-199 ~ -1 작심삼일	-99 ~ -1 파란만장	-99 ~ -1 호구지책
		B	-299 ~ -200 자포자기	-199 ~ -100 추풍낙엽	-199 ~ -100 초근목피
		C	-300이하 패가망신	-200이하 풍전등화	-200이하 전전걸식

(4) 성명 내재가치 예외규정 (3자 이외)

① 예외규정 가항

두 자 성명의 내재가치 산출규정은 성명의 선·후천적 내재가치 산출표(표45)에서 나타나는 선천적, 후천적 내재가치의 총성공률과 총실패율이 25 % 가산되어 성명 내재가치 등급규정 ①, ②, ③항에 적용된다.

해설 1 두 자 성명 소유자의 성명 내재가치 산출방법

구분＼성명	성 명(이름)	
예시㉮	장	면
	고	건
	허	제

예외규정 가항 풀이

① 2자 성명의 총성공률 = 총성공률 + A

　내재가치 산출표의 총성공률 × 25/100 = A

② 2자 성명의 총실패율 = 총실패율 + B

　내재가치 산출표의 총실패율 × 25/100 = B

② 예외규정 나항

석 자 이상 성명의 내재가치 산출규정은 성명의 선·후천적 내재가치 산출표(표45)에서 나타나는 선천적, 후천적 내재가치의 총성공률과 총실패율은 성명이 4자이면 25 %, 성명이 5자이면 35 %가 각각 감산되어 성명 내재가치 등급규정 ①, ②, ③항에 적용된다.

해설 2 4자 성명 소유자의 성명 내재가치 산출방법

구분＼성명	성 명(이름)	
예시2	남궁	경진
	선우	영현
	황보	미희
	김	고운비

예외규정 나항 풀이

4자 성명의 총성공률 = 총성공률 - C

내재가치 산출표의 총성공률 × 25/100 = C

4자 성명의 총실패율 = 총실패율 - D

내재가치 산출표의 총실패율 × 25/100 = D

5자 성명 소유자의 성명 내재가치 산출방법

성명 구분	성	명(이름)	예외규정 나항 풀이
예시3	김	별빛나리	5자 성명의 총성공률 = 총성공률 - E 내재가치산출표의 총성공률 × 35/100 = E
	남	나리나라	5자 성명의 총실패율 = 총실패율 - F 내재가치 산출표의 총실패율 × 35/100 = F

③ 예외규정 다항

성명이 6자 이상이면 1자 추가마다 15 %가 추가 감산되는데 그 산출방법은 해설 3의 요령과 같으며 주로 외국인이 이에 해당된다.

(5) 인연점과 인연등급 규정

NSM 그래프에 나타나고 있는 인연점(인연인자)의 풀이 규정은 아래와 같다.

제 1 항 : 짝수 인연점은 '좋은 인연'의 만남을, 홀수 인연점은 '나쁜 인연'의 만남을 연령별로 예고하여 주고, 인연점은 인연감정 종합환산 조견표(표46)에 의하여 성공률과 실패율에 의하여 그 뜻이 나타난다.

제 2 항 : 번영등급이라 함은 건강과 명예, 그리고 재산을 총괄한 것으로 100 % 좋다는 기준이 1등급이다.

제 3 항 : 인연의 구분은 기본형, 신임형, 신뢰형, 심복형으로 구별되고 홀수인연은 최악연형, 악연형, 요주의형, 관심형으로 분류한다.

제 4 항 : 인연점과 번영등급은 성명의 글자수와 무관하다.

① 기본형의 인연 : 인간 됨됨이가 바람직하게 형성된 사람으로 번영 4등급이다.

② 신임형의 인연 : 믿고 일을 맡겨 이로움을 얻을 수 있는 사람으로 번영 3등급이다.

③ 신뢰형의 인연 : 믿음과 덕망이 있어 의지할 수 있는 사람으로 번영 2등급이다.

④ 심복형의 인연 : 마음놓고 믿을 수 있는 아래·윗사람으로 번영 1등급이다.

⑤ 최악연형의 인연 : 사나운 운수로 도리에 어긋나는 극악한 행위를 하는 사람으로 번영 8등급이다.

⑥ 악연형의 인연 : 화목하지 못한 부부의 인연과 상대방과의 나쁜 결과를 맺는 사람으로 번영 7등급이다.

⑦ 요주의형의 인연 : 마음에 새겨두고 조심·경계·경고의 대상이 되는 사람으로 번영 6등급이다.

⑧ 관심형의 인연 : 상대방으로부터 마음이 끌리는 사람으로 번영 5등급이다.

제 5 항 : 『동자삼작명』에서 명시된 성명의 호불호 인연의 인연점 유형과 번영등급은 다음과 같다.

표 48. NSM 그래프 인연점과 번영등급

감정구분 짝 수 인연점	인연분류	번영등급 신뢰도(%)	감정구분 홀 수 인연점	인연분류	번영등급 신뢰도(%)
12, 14	심 복 형	1 (90 이상)	11, 13	관 심 형	5 (50~59)
8, 10	신 뢰 형	2 (80~89)	7, 9	요주의형	6 (40~49)
4, 6	신 임 형	3 (70~79)	3, 5	악 연 형	7 (30~39)
2	기 본 형	4 (60~69)	1	최악연형	8 (0~29)

동성동명의 인생항로

1. 동성동명과 동명이인의 인생항로

동성동명과 동명이인은 작명권자가 이름은 지었지만 결과는 남의 성명과 이름을 모방한 것과 같다. 많은 사람 가운데 성도 같고 이름도 같은 사람이 있는가 하면 성은 다르지만 이름이 똑같은 경우가 있다. 전자를 동성동명이라 하고 후자를 동명이인이라 한다. 한 직장 내에서나 한 가문 안에서 동성동명과 동명이인이 있을 경우에 A와 B로 구분하여 호칭하거나 별명·아호·가명 등을 따로 붙여 사용하기도 한다.

NSM 그래프에서는 수많은 동명이인이 있어도 성이 다르기 때문에 NSM 그래프도 각각 다르고, 이에 따라 성명 감정과 인생항로도 다르게 나타난다. 동성동명일 경우는 한글의 성과 이름이 똑같으므로 NSM 그래프가 똑같고 그로 인해 인생항로도 같으리라 믿겠지만 거의 갈길이 따로 있다. 그 이유는 NSM 그래프는 똑같지만, 만나는 사람의 한글성명에 따라 인생항로가 각각 다르다는 것이다.

다만 인생항로가 같을 경우는 동성동명에 상대자도 동성동명이고 인연위계질서대로 똑같이 살아간다면 그 결과는 같다. 그러나 인간은 신도 아니고 기계도 아니기 때문에 인연위계질서대로 똑같이 산다는 것은 거의 불가능하다. 결국 인연위계질서 준수 여하에 따라 살아가는 방식이 달라진다는 것이다.

일란성 쌍둥이의 인생항로가 다르게 나타나는 것은 당연한 것이다. 성은 같지만 이름이 다르고 또 연분을 맺는 부인의 한글성명과 각각 인연을 맺는 사람의 성명이 틀리기 때문에 이들의 인생항로는 각각 다를 수밖에 없다.

2. 동성동명의 NSM 그래프와 인연 검증

동성동명의 NSM 그래프는 한치의 오차도 없이 똑같은데, 어떻게 해서 인생항로가 각각 다른지를 실제 사연을 들어 검증하여 보면 더욱 확실해진다.

헤아릴 수도 없는 수많은 동성동명 중에 1999년 7월 현재, 우리에게 잘 알려진 조세형이라는 이름의 두 사람이 있다. 한 사람은 국민회의 전 총재 권한대행이고, 다른 한 사람은 도둑 출신이다. 이 두 사람의 인연과 NSM 그래프를 비교하여 검증함으로써 모든 동성동명의 인생항로가 다르다는 것이 입증된다.

문제의 초점은 조세형을 NSM 그래프에 그리면 나타나는 △형의 모양은 똑같은데 어찌하여 한 사람은 고관대작이요, 한 사람은 범죄자인가?

대답은 매우 간단하다. 국민회의 전 총재권한 대행인 조세형의 성명은 현직 대통령의 한글성명 김대중과의 인연을 맺었기 때문에 그렇고, 대도의 조세형은 다른 사람과의 인연을 맺었기 때문이다.

또 국민회의 전 총재권한 대행의 조세형은 부인이 있고, 형제자매가 있고, 아들딸이 있으며, 그밖에도 수많은 인연환경에 둘러싸여 있다.

그러나 대도 조세형은 전자와는 정반대이다. 다행히 대도 조세형은 변호사 엄상익이라는 한글성명을 위시하여 임석근, 김영애, 박기준, 김신웅 등의 사람을 만났기 때문에 그의 인생항로는 전화위복을 맞게 되고 앞으로 많은 사람을 만나면 만나는 한글성명에 따라 인생항로가 다르게 나타난다.

이러한 논리에 대한 검증자료를 실제로 검토하여 보자.

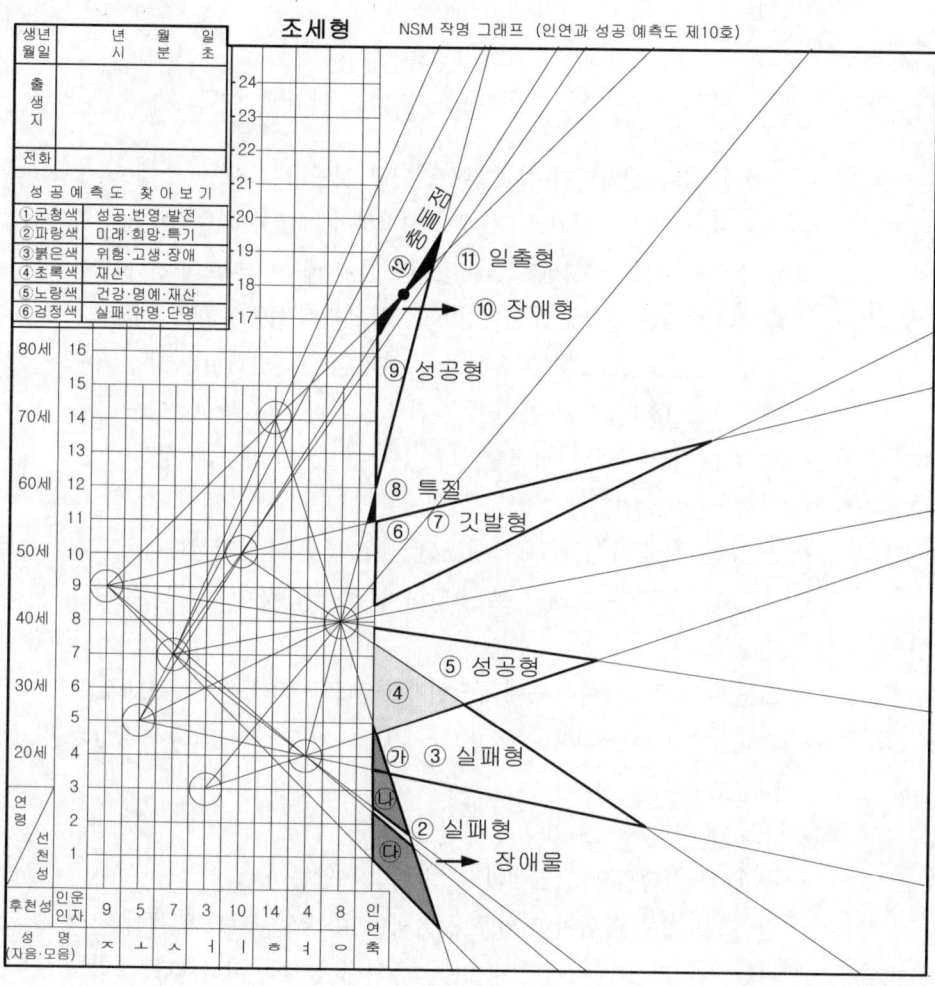

조세형 NSM 작명 그래프 (인연과 성공 예측도 제10호)

조세형 NSM 그래프의 감정은 주로 성공형 패턴과 실패형 패턴 중에서 조세형의 인생항로에 결정적인 요인에 해당되는 부분만 집중 분석한다.

조세형 NSM 그래프의 △형 패턴 성격은 다음과 같다.

- △㉮㉯㉰는 선천적인 실패형이 발달한 것인데 △가 → △나 → △ 다로 추락되며 그 시기는 6세에서 시작하여 25세까지 활동이 왕성하다. NSM 그래프에 형성된 실패형 △형들이 매우 가파르게 경사진 상태인데 이것은 선성공 후실패형 또는 선실패 후성공형으로 분류된다.
- △③은 성공형 △④를 유인하여 실패형으로 변화시킨 대실패형 패턴이고 18세에서 36세까지 점진적으로 활동이 왕성하다.
- △④는 최정상급의 성공형이다. 건강·명예·재산의 형성이 균형을 이루고 있다.
- △⑤는 △④가 발달하여 완성된 매우 좋은 성공패턴이다.
- △⑥과 △⑦은 제2단계로 발달하여 성공의 깃발이 하늘로 휘날리고 있다.
- △⑧은 조세형의 이름 속에 무엇인가 특질(55~60세)을 내포하고 있다.
- △⑨는 △④→△⑤→△⑥→△⑦로 이어지는 노후보장성의 성공형이다.
- △⑩은 성공형 △⑨의 장애현상이다.
- △⑪은 일출형으로 명예가 훗날에까지 남는다.
- 점 ⑫는 상부에 위치한 외부 충돌형이다. 발생시기는 83세이나 만나는 상대자의 성명에 따라 0 ~ 5%의 유동성을 나타낸다. 그러므로 최저 79세에 이르러 사람과의 인연결합에 관심을 가져 인연감정을 철저히 해야 된다. 또한 조세형 NSM 그래프의 외부충돌형 ⑫는 위험한 일의 예고형이다. 이를테면 교통사고, 추락, 분쟁, 재난, 소송 등이 이에 포함된다.

3. 국민회의 전 총재권한대행 조세형의 진로

이 중에서 가장 중요한 △형 패턴은 정 △④이다. 조세형의 NSM 그래프에서 인생항로를 좌우하는 결정적인 부분이다.

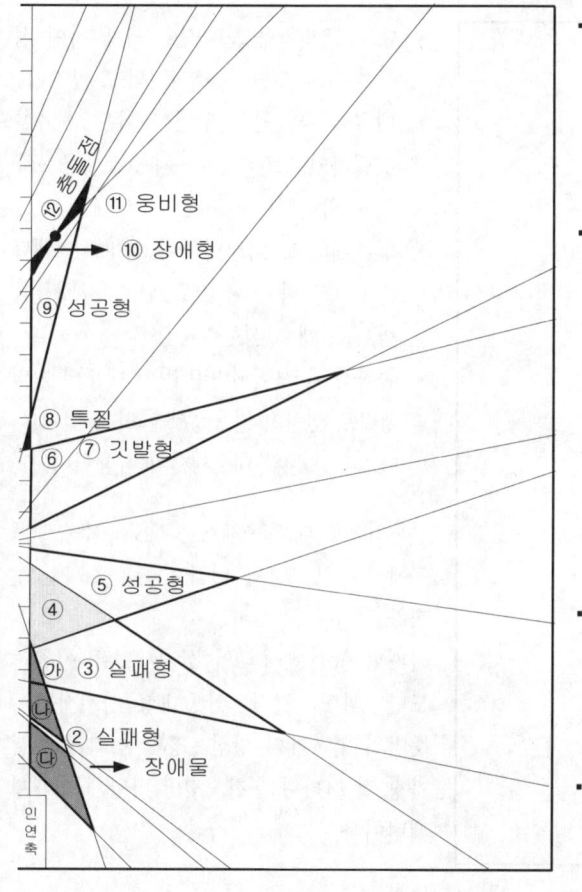

① 전 총재권한대행 조세형

- 국민회의 전 총재권한대행의 깃발 모양은 계속 성공형 ④ → ⑤ → ⑥ → ⑦ → ⑨로 발전하게 된다.

- △④의 효력은 건강·명예·재산의 근원지로 모두 만족한다.
  여기서 가장 중요한 인생항로의 결정적인 요인은 국민회의 전 총재권한대행의 조세형은 조그마한 △㉮를 버리고 큰 정△④를 선택하였다.
  즉, 소(△㉮)를 버리고 대(△④)를 선택하였으므로 대승의 길을 걷게 되었다.

- △실패형③은 △④＋△㉮의 통합이다.
  실패형 ②는 선천적이고 실패형 ③은 후천적이다.

- 국민회의 전 총재권한대행 조세형은 △㉮를 버리고 성공형 ④를 선택하였으므로 그는 성공하게 된다.

결과적으로 국민회의 전 총재권한대행 조세형은 NSM 작명 그래프의 피흉(△㉮③) 취길(△④)을 선택한 것이다.

4. 대도 조세형의 진로

　대도 조세형은 '큰 도둑'질을 하여 성공하려 했지만 그 진로는 추락 방향이었다. 즉, 대(△④)를 버리고 소(△㉮)를 선택한 결과 대도의 길을 걸었다.

② 대도 조세형

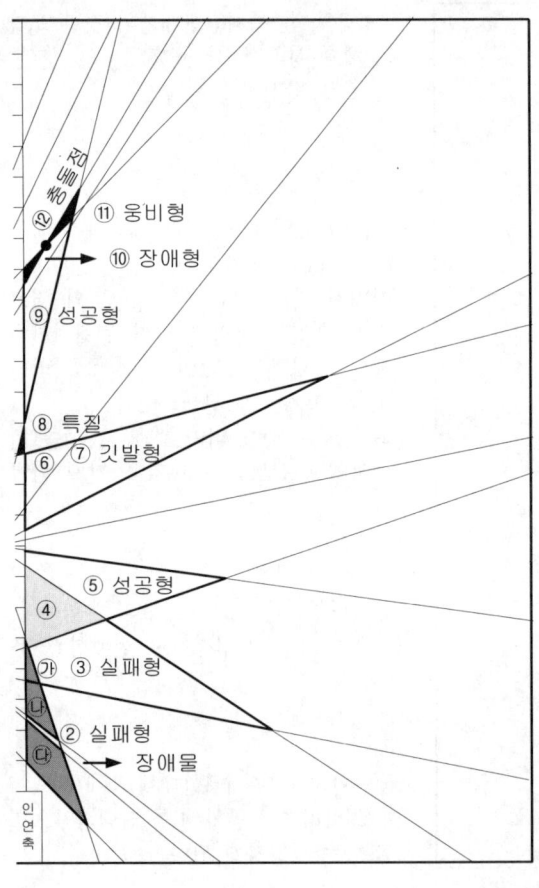

- 대도 조세형은 도둑질을 크게 하여 성공형 ④→⑤→⑥→⑦로 되고 싶었다.
- 대실패형의 근본 원인이 되는 △㉮를 선택하였으므로 ㉮→㉯→장애물→㉰로 추락하였다.
- 실패패턴에 나타나듯이 실패형 패턴 ③은 또 다른 ㉮㉯로 되고 장애물을 받아 크게 고생한다.
- 종착점 ㉰로 끝나버린 것이 대도의 범법 행위로 인하여 감옥생활을 하게 된 것이다. 즉 △③의 대실패형의 작용이다.

결론적으로 대도 조세형은 NSM 작명 그래프에서 피길 △④를 버리고 취흉 △㉮를 선택한 것이다.
실패형 ③△㉮㉯㉰의 실패패턴은 이혼·도난·파멸·결별·암·대형 사건사고·뜻밖의 일·패가 망신·흉악 범죄 등에서 가장 잘 나타나는 전형적인 다단계 실패형 패턴이다.

　이제부터는 조세형과 직·간접적으로 인연을 맺고 있는 사람들을 통해 인연감정을 하면 동성동명의 인생항로가 다른 이유를 알 수 있다.

③ 조세형과 상대자와의 후천적 운세 풀이 산출표

한국인연감정원 동자삼작명소⑩			사업 진행단계	초기	중간	말기	인생항로변수	
			기준연령	30세 미만	31 ~50세	51세 이상	선	악
			인생항로 점유비율	15%	70%	15%	좋은일 발전	나쁜일 촉진
관계	성명	인운인자산출	운세	초년 운세	중년 운세	말년 운세	호불호 변수기능	
							짝수변수	홀수변수
대통령	김대중	1 ⑩ ⑤ ③ 1 ⑩ ⑨ ⑦ ⑧		7	2	9		1, 1
전총재 권한대행	조세형	⑨ ⑤ ⑦ ③ ⑩ 14 4 ⑧		6	2	8	4, 14	
장물아비	정명기	⑨ ③ ⑧ ⑤ 4 ⑧ 1 ⑩		6	2	8	4	1
대 도	조세형	⑨ ⑤ 7 ③ ⑩ 14 4 ⑧		5	3	8	4, 14	7
소년원 친구	남성욱	2 1 ⑤ ⑦ ③ ⑧ ⑧ ⑦ 1		6	3	9	2	1, 1
대 도	조세형	9 ⑤ ⑦ ③ ⑩ 14 4 ⑧		4	4	8	4, 14	9
변호사	엄상익	⑧ ③ ⑤ ⑦ 1 ⑧ ⑧ ⑩ 1		7	2	9		1, 1
대 도	조세형	9 ⑤ ⑦ 3 ⑩ 14 4 ⑧		4	4	8	4, 14	9
청송장로	김신웅	1 ⑩ ⑤ ⑦ ⑩ 2 ⑧ ⑦ ⑧		7	2	9	2	1
대 도	조세형	9 ⑤ ⑦ ③ ⑩ 14 4 ⑧		5	3	8	4, 14	9
합십원 원장	김춘삼	1 ⑩ ⑤ ⑩ ⑦ 2 ⑦ 1 ⑤		6	3	9	2	1, 1
대 도	조세형	9 ⑤ ⑦ 3 ⑩ 14 4 8		3	5	8	4, 14	3, 9, 8
목사	임석근	⑧ ⑩ ⑤ ⑦ ③ 1 1 ⑨ 2		6	3	9	2	1, 1
대 도	조세형	⑨ ⑤ ⑦ ③ ⑩ 14 4 ⑧		6	2	8	4, 14	
순복음 교회권사	김영애	1 ⑩ ⑤ ⑧ ④ ⑧ 8 1 ⑩		7	2	9		1, 1, 1
대 도	조세형	9 ⑤ 7 3 ⑩ 14 ④ ⑧		4	4	8	14	3, 7, 9
친구	이상국	⑧ ⑩ ⑦ 1 ⑧ 2 ⑦ 1		5	3	8		1, 1, 1
대 도	조세형	9 5 ⑦ 3 ⑩ 14 4 ⑧		3	5	8	4, 14	3, 5, 7
교회장로	박기준	6 1 1 1 ⑩ ⑨ ⑦ 2		3	5	8	2, 6	1, 1, 1
대 도	조세형	⑨ 5 ⑦ 3 ⑩ 14 4 8		3	5	8	4, 14	

동성동명 조세형의 제한적인 인연을 소개하면 다음과 같다.

- 조 세 형 : ① 국민회의 전 총재 권한대행의 조세형이다.
  ② 조실부모로 인하여 유년기는 고아원, 소년기는 소
  년원, 성년기는 교도소 생활을 한 대도, 의적의
  수감생활 16년 1998년 11월 청송교도 출감한 조
  세형이다.
- 김 춘 삼 : 거지들의 갱생을 위하여 합심원을 경영한 사람이고 대
  도 조세형은 합심원의 원아로 자랐다.
- 남 성 욱 : 1960년, 당시 12살인 대도 조세형의 죽마고우로 대도
  조세형과 동행하였고, 자주 다투었다.
- 이 상 국 : 대도 조세형의 죽마고우인데, 급성폐결핵 환자로 대도
  조세형의 도움을 많이 받았지만 결국은 사망했다.
- 정 명 기 : 대도 조세형의 장물아비이고, 친구가 되었다.
- 김 신 웅 : 청송에서 가축병원을 경영하면서 선교활동을 하고, 특
  히 보호 감호소에 있는 사람들한테 성자의 소리를 듣
  는 사람으로 대도 조세형에게 50만원의 영치금을 준
  교회의 장로이다.
- 박 기 준 : 청송에서 교도관으로 근무했고 교회의 장로이다.
- 김 영 애 : 서울 순복음 교회 교인으로 청송에서 재소자를 위해
  봉사 활동을 하고 있는 교회의 권사이다.
- 임 석 근 : 폭력전과 6범 출신으로 청송의 보호감호시절 하나님을
  만나 목사가 되었고, 엄상익 변호사에게 대도 조세형의
  무료 변호인이 되어 줄 것을 요청한 교회의 목사이다.
- 재심청구 : 김신웅, 박기준, 김영애
- 엄 상 익 : 대도 조세형의 재심청구 소송의 무료변호인으로 소송
  에 필요한 경비를 모두 부담한 변호사이다.

동성동명의 조세형과 관련된 인연감정의 요점을 정리하면 다음과
같다.

- 국민회의 전 총재권한 대행 조세형은 김대중 대통령과의 인연감
  정에서 6 → 2 → 8 (4, 14)에 짝수변수 4, 14가 가세하여 운세
  가 대길하여 출세하게 된다.
- 대도 조세형은 합심원 김춘삼을 만나 3 → 5→ 8 (4, 14)가 되기
  때문에 처음부터 낭패 → 함정에 시달리다가 짝수변수 4, 14의
  영향을 받아 전화위복이 된다.
- 대도 조세형은 친구 이상국을 만나 4 → 4 → 8 (4, 10, 14)의 인
  연코스로 하는 일이 매우 잘 되지만 남성욱은 6 → 3 → 9 (2, 1,
  1)로 곤란을 면하기 어렵다.
- 대도 조세형은 친구 남성욱을 만나 3 → 5 → 8 (4, 14)의 인연코
  스로 낭패 → 함정에 걸리게 되나 짝수변수 4, 14 때문에 전화위
  복이 된다. 그러나 이상국은 5 → 3 → 8 (1, 1, 1)로서 함정 →
  낭패로 홀수변수 1, 1, 1 때문에 낭패가 된다.
- 장물아비 정명기는 대도 조세형을 만나 6 → 2 → 8 (4)가 되므로
  큰 덕을 보게 되지만, 대도 조세형은 5 → 3 → 8 (4, 14)로 함정
  → 낭패에 처하게 되나 짝수변수 4, 14 때문에 전화위복이 된다.
- 대도 조세형은 김신웅 장로를 만나 인연을 맺었기 때문에 4 → 4
  → 8 (4, 14)의 운수대통이 되고, 김영애 권사와 인연에서도 4 →
  4 → 8 (14)로서 역시 같고, 임석근 목사와의 인연에서도 6 → 2
  → 8 (4, 14)로 운수대통이다. 다만 박기준 장로와의 인연에서는
  3 → 5 → 8 (4, 14)로 낭패 → 함정의 코스이지만 짝수변수 4,
  14가 가세하므로 전화위복이 될 수 있다.
- 대도 조세형은 엄상익 변호사를 만나 5 → 3 → 8 (4, 14)로 함정
  → 낭패의 과정을 거쳐 마지막 단계에서 80％의 성공률을 얻게

된다. 여기에서 짝수변수 4, 14가 가세되면, 낭패가 전화위복되는 것으로 풀이된다.

동성동명인 조세형의 인연환경을 다시 한번 정리하여 보면 조세형이라는 성명은 김대중, 남성욱, 김신웅, 임석근, 김영애와 같은 한글성명의 사람을 만나면 짝수운세 6 → 2 → 8 과 4 → 4 → 8로 되면서 짝수변수 4, 14가 있으므로 운수대길이다.

또 김춘삼, 정명기, 박기준, 엄상익과 같은 한글성명의 사람을 만나면 5 → 3 → 8로 되면서 함정 → 낭패로 되다가 짝수변수 4, 14가 가세하여 전화위복이 된다.

그러나 반대로 김대중, 남성욱, 김신웅, 김영애, 박기준, 임석근, 김춘삼, 남성욱, 이상국의 한글성명은 조세형과 인연을 맺게 되면 모두 불이익을 얻게 되고 특히 공통적으로 나타나는 홀수변수 1, 1은 매우 불길한 운세를 예고하므로 대도 조세형을 경계하지 않으면 안 된다.

다만, 장물아비 정명기의 한글성명은 조세형과 인연을 맺으면 6 → 2 → 8 (4,14)로 되어 운수대길이고 역시 홀수변수 1이 있으므로 조심해야 한다.

결론적으로 동성동명의 조세형은 10사람의 인연환경 중에서 세 사람은 6 → 2 → 8 (4, 14), 또 다른 세 사람은 4 → 4 → 8 (4, 14), 그리고 네 사람은 5 → 3 → 8 (4, 14)의 인연코스를 얻게 되므로, 운수대통의 인연 6사람과 전화위복의 인연 4사람을 만나므로 대도 조세형은 재심청구 소송에서 인연환경의 지배를 받아 승리한 것으로 감정된다.

대도 조세형의 제한적인 인연환경에서 가장 특징적인 것은 그가 만난 10명으로 인해 조세형의 인연결합은 한결같이 짝수변수 4와 14

를 얻는다는 사실이고, 반대로 조세형의 상대자 10명은 모두 하나같이 홀수변수 1, 1을 공유하게 되는 것이다. 즉, 보잘것없는 대도 조세형은 이들의 직·간접적인 인연결합으로 짝수변수 4와 14를 얻어 인생의 변혁을 가져오게 되므로 이들은 모두 조세형의 은인이다.

조세형의 NSM 그래프는 자신의 인연환경에 따라 선성공 후실패형 또는 선실패 후성공형인데 전 국민회의 총재권한 조세형은 선성공형이고, 대도 조세형은 선실패형을 선택하였기에 인생항로가 반대가 된 것이다.

대도 조세형은 NSM 그래프에 나타난 악몽을 이미 체험하였으므로 남은 것은 후성공형이다. 앞으로는 조세형에 맞는 한글성명을 만나면 대성공할 수 있다.

그러나 국민회의 전 총재권한 대행 조세형은 후실패형이 남아 있으므로 뜻밖의 일에 유념하여야 하고, 특히 상부 충돌형에 조심하지 않으면 안 된다.

앞에서 언급하였듯이 사람의 인생항로는 자신의 한글성명이 어떤 한글성명을 만나 어떤 인연환경을 구성하느냐에 따라 달라진다는 사실을 NSM 그래프와 동자삼작명을 통해 다시 한번 확인했다.

다만, 아쉬운 것은 선천적인 인연감정과 성명의 내재가치에 의한 인연감정 및 등장한 인물들의 NSM 그래프 등이 제시되어 검증되지 못한 점이다. 이것은 워낙 방대한데다 지면상의 제약도 생각하지 않을 수 없었음을 이해하기 바란다.

제 3 장

NSM 그래프 해법

NSM 그래프의 기본지식

1. NSM 그래프의 이해

① NSM 그래프의 명칭은 남시모, DJS는 동자삼의 영문이니셜이다.

② NSM 그래프의 규격은 가로·세로 각각 24칸의 정사각형이며, 한 칸의 눈금 길이는 가로·세로 각각 6mm이고, 경우에 따라서는 가로·세로 28칸씩 확대하여 사용할 수 있다.

③ NSM 그래프에 사용되는 성명은 호적상의 한글성명이고 성명 기 재란은 성명의 자음과 모음을 분리하여 차례대로 기입하며, 인운 인자란에는 한글 인운인자 치환표(표2)에 의하여 해당되는 숫자를 기입한다.

④ NSM 그래프의 연령은 20세부터 시작하여 120세까지이며 연령표 시는 년 단위가 기본이나 경우에 따라서는 월 계산도 가능하다.

⑤ 연령의 위치는 고정되어 있는 것이 아니라, 사람의 개성과 그 사람이 만나는 상대자의 성명에 따라 0 ~ 5%의 유동성이 있다.

⑥ NSM 그래프의 선천성이라 함은 연령적으로 15세 이하에 해당되 며, 이 범위 내에서 형성되는 나쁜 작명잣대는 태어날 때부터 타 고난 것으로 연령에 구애를 받지 아니한다.

⑦ NSM 그래프에서 이름이 같을 경우에는 성이 다르기 때문에 감정 상 하등의 문제가 없다.

⑧ 동성동명 경우에는 NSM 그래프는 똑같으나, 그들의 인생항로는 인연을 맺는 상대자의 한글성명에 따라 각각 갈 길이 분별된다.

⑨ NSM 그래프의 영역은 인운인자 생활권과 인연인자 생활권으로 구분된다. 인운인자는 인운인자 생활권 내에서 인연선을 만들어 인연축을 통과하면서 인연점을 형성한다. 인연인자 생활권 내에

서는 인연축을 한 변으로 형성된 △모양에 따라 좋고 나쁜 작명
잣대를 창출한다.

⑩ NSM 그래프의 효력은 연령에 따라 구성되는 △형의 지형지세에
의하여 그 사람의 건강·명예·재산의 흥망성쇠를 함축하고, 효
력의 발생정도는 결연하는 상대자의 성명에 따라 각각 다르게 나
타난다.

⑪ NSM 그래프의 용도표시는 성명의 총획수에 따라 5호에서부터 14
호까지 구분하여 사용한다.

⑫ 성명에 대한 인운인자 산출방법은 성명이 구성하고 있는 자음과
모음에 의하여 인운인자가 창출되는데 그 방법은 다음과 같다.

예시 1 성명의 인운인자 산출방법

| 남 시 모 | ⇒ | 2 1 7 10 5
ㄴ ㅏ ㅅ ㅣ ㅁ
ㅁ ㅗ
5 5 | ⇒ | 인 운 인 자 | 계 |

| | | 2, 1, 5, 7, 10, 5, 5 | |

| 인운인자 구분 | 짝수 인운인자 | 2, 10 | 2개 | 7개 |
| | 홀수 인운인자 | 1,5,7,5,5 | 5개 | |

표 2. 한글 인운인자 치환표

인운인자	1	2	3	4	5	6	7	8	9	10	11	12	13	14
자음	ㄱ	ㄴ	ㄷ	ㄹ	ㅁ	ㅂ	ㅅ	ㅇ	ㅈ	ㅊ	ㅋ	ㅌ	ㅍ	ㅎ
모음	ㅏ	ㅑ	ㅓ	ㅕ	ㅗ	ㅛ	ㅜ	ㅠ	ㅡ	ㅣ				

※ 모든 된소리는 ㄲ → ㄱ, ㄱ ㅟ → ㅜ, ㅣ 등으로 분리하여 적용한다.

⑬ 짝수 인운인자와 인연인자의 최우선 순위는 짝수의 수가 높으면 높을수록 건강, 명예, 재산이 왕성하여진다.

짝수인자의 최우선 순위 : 2 < 4 < 6 < 8 < 10 < 12 < 14 < 16 < 18 < 20 < 22 < 24

⑭ 홀수 인운인자와 인연인자의 최악순위는 홀수의 수가 낮으면 낮을수록 건강, 명예, 재산이 몰락하게 된다.

홀수인자의 최악 순위 : 1 > 3 > 5 > 7 > 9 > 11 > 13 > 15 > 17 > 19 > 21 > 23

⑮ NSM 작명 그래프의 24칸의 24는 현재 자음 14자와 모음 10자의 합이다. 또 외국사람의 경우에는 28칸으로 확대하여 사용한다.

⑯ NSM 그래프의 용어에서 NSM와 그래프 사이와 앞에 모든 형상들의 이름 및 사용목적에 따라 그 명칭을 넣어 사용할 수 있다.

⑰ NSM 그래프의 한글성명은 천지만물의 이름으로 바꾸어 사용할 수 있고 다른 개체명으로 나타내면 그 풀이방법은 한글성명 풀이법에 준한다.

2. NSM 그래프 그리기 실제 -표49-

▶ 실제 1 : 점 2의 인연선 긋기

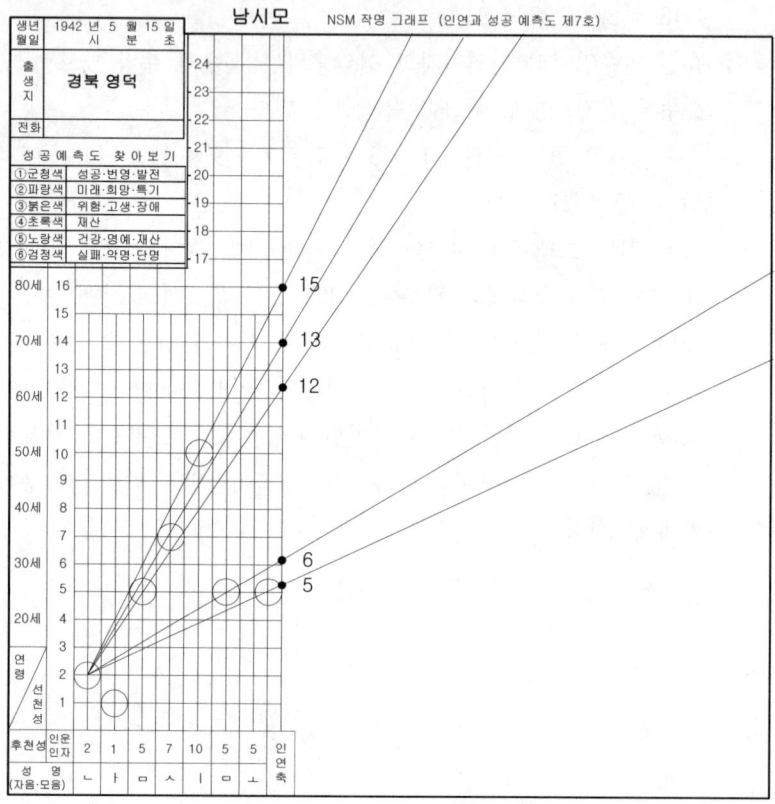

〈그리기 차례 1〉 ㄴ의 인운인자 점2의 인연선 긋기

① 점2(ㄴ)와 점5(ㅗ)의 선분 : 인연인자 5가 생산된다.
  인연점 5는 표48에서 악연형의 8등급이고, 표46에서 성공률 30 %, 실패율 70 %이다
② 점2(ㄴ)와 점5(ㅁ)의 선분 : 인연인자 6을 생산한다.
  인연점 6은 표48에서 신임형의 3등급이고, 표46에서 성공률 70 %이다
③ 점2(ㄴ)와 점5(ㅁ)의 선분 : 인연인자 12가 생산된다.
  인연점 12는 표48에서 심복형의 1등급이고, 표46에서 성공률 100 %이다.
④ 점2(ㄴ)와 점7(ㅅ) 의 선분 : 인연인자 13이 생산된다.
  인연점 13은 표48에서 관심형의 5등급이고, 표46에서 성공률 70 %, 실패율 30%이다.
⑤ 점2(ㄴ)와 점10(ㅣ)의 선분 : 인연인자 15가 생산된다.
  인연점 15는 표48에서는 등급이 없으며 표46에서 성공률 80 %, 실패율 20 %뿐이다.
⑥ 점2(ㄴ)와 점1(ㅏ)의 선분 : 유효점을 벗어나기 때문에 인연인자가 생산되지 않는다.

▶ 실제 2 : 점 1의 인연선 긋기

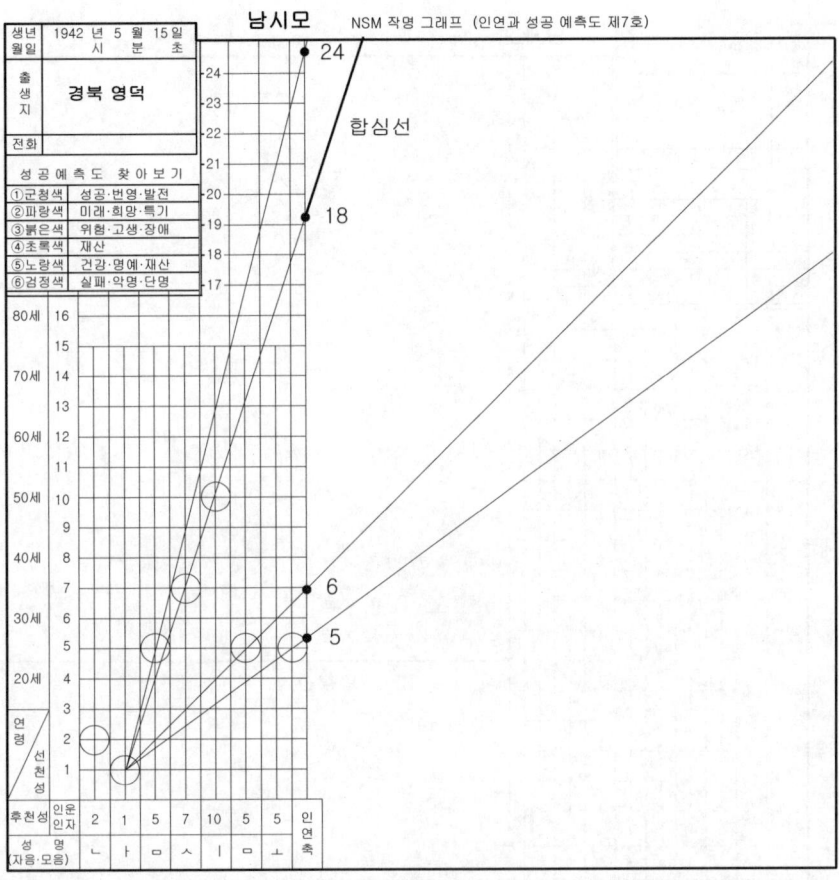

남시모 NSM 작명 그래프 (인연과 성공 예측도 제7호)

생년월일	1942 년 5 월 15일 시 분 초
출생지	경북 영덕
전화	

성 공 예 측 도 찾 아 보 기
① 군청색 | 성공·번영·발전
② 파랑색 | 미래·희망·특기
③ 붉은색 | 위험·고생·장애
④ 초록색 | 재산
⑤ 노랑색 | 건강·명예·재산
⑥ 검정색 | 실패·악명·단명

합심선

〈그리기 차례 2〉 ㅏ의 인운인자 점 1의 인연선 긋기

① 점 1(ㅏ)과 점 5(ㅗ)의 선분 : 인연인자 5가 생산된다. (인연점 5)
② 점 1(ㅏ)과 점 5(ㅁ)의 선분 : 인연인자 7을 생산한다. (인연점 7)
　　인연점 7은 표48에서 요주의형 6등급이고 표46에서 성공률 40%, 실패율 60%이다.
③ 점 1(ㅏ)과 점 7(ㅅ), 점10(ㅣ)의 선분 : 인연인자 18, 18을 생산하고 이를 합심선이라 한다.
　　인연점 18,18은 표46에서 성공률 130%로 각각 계산한다.
④ 점 1(ㅏ)과 점 5(ㅁ)의 선분 : 인연인자 24가 생산된다. 인연점 24는 상유효점에 접근한다.
　　인연점 24는 표46에서 성공률 142%이다.
⑤ 점 1(ㅏ)과 점 2(ㅣ)의 선분 : 인연축의 유효점을 벗어나서 인연인자를 생산하지 않는다.

▶ 실제 3 : 점 5의 인연선 긋기

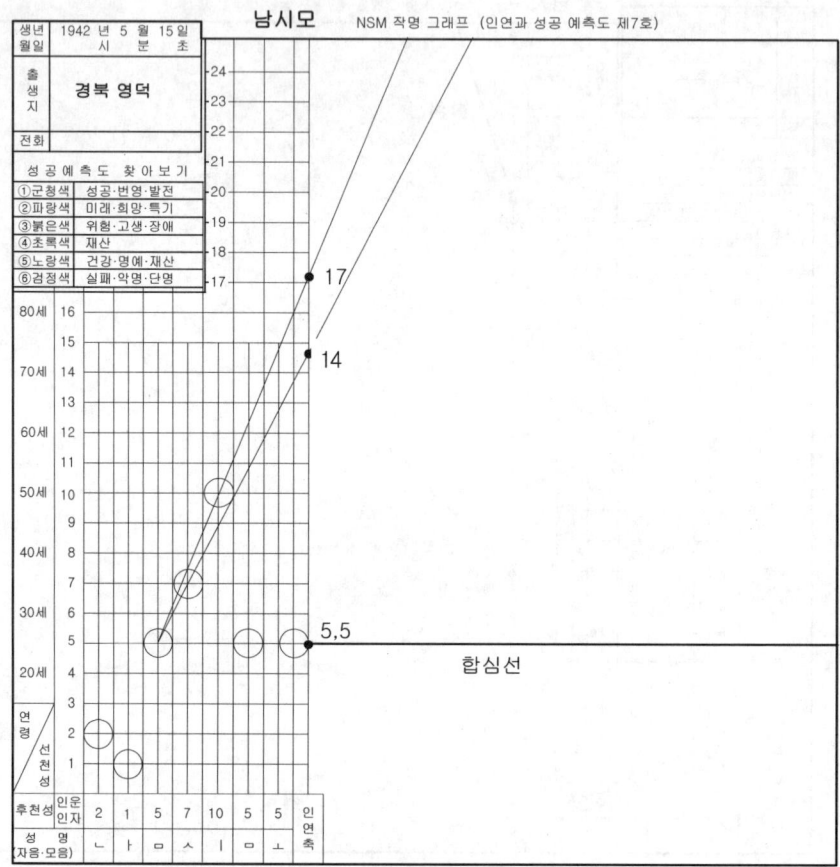

남시모   NSM 작명 그래프 (인연과 성공 예측도 제7호)

<그리기 차례 3> ㅁ의 인운인자 점 5의 인연선 긋기

① 점 5(ㅁ)과 점 5(ㅁ), 점 5(ㅗ)의 선분 : 인연인자 5를 생산하고 이때 인연점은 5, 5이며,
   이와 같이 세 점이 일치되는 인연선을 '합심선'이라 한다.
   인연점 5,5는 표46에서 성공률 30%, 실패율 70%로 각각 계산한다.

② 점 5(ㅁ)과 점 7(ㅅ)의 선분 긋기   : 인연인자 15가 생산된다. (인연점 15)
   인연점 15는 표46에서 성공률 80%, 실패율 0%이다.

③ 점 5(ㅁ)과 점 10(ㅣ)의 선분 긋기   : 인연인자 17이 생산된다. (인연점 17)
   인연점 17은 표46에서 성공률 90%, 실패율 10%이다.

▶ 실제 4 : 점 7의 인연선 긋기

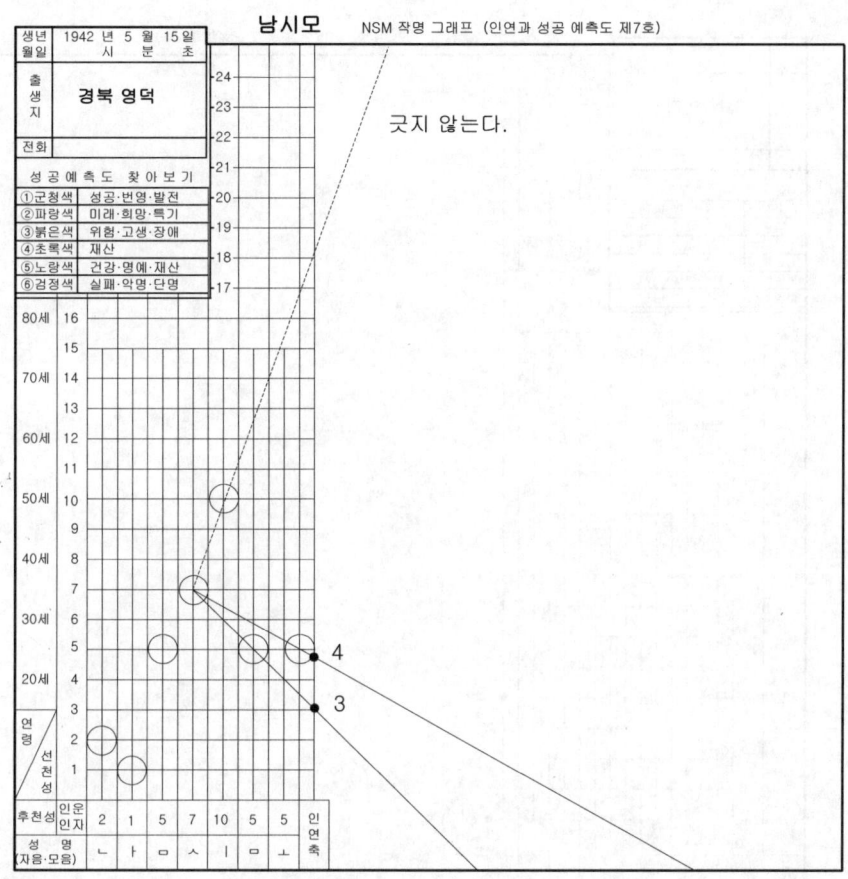

<그리기 차례 4〉 ㅅ의 인운인자 점 7의 인연선 긋기

① 점 7(ㅅ)과 점 10(ㅣ)의 선분: 긋지 않는다.

　　그리기 실제 2에서 점1→점7→점10의 인연선이 이미 그어졌으며, 합심선으로 나타났다.

② 점 7(ㅅ)과 점 5(ㅁ)의 선분 : 인연인자 3이 생산된다. (인연점 3)

　　인연점 3은 표48에서 악연형 7등급이고, 표46에서 성공률 20%, 실패율 80%이다.

③ 점 7(ㅅ)과 점 5(ㅗ)의 선분 : 인연인자 4가 생산된다. (인연점 4)

　　인연점 4는 표48에서 신임형 4등급이고, 표46에서 성공률 60%이다.

▶ 실제 5 : 점 10의 인연선 긋기

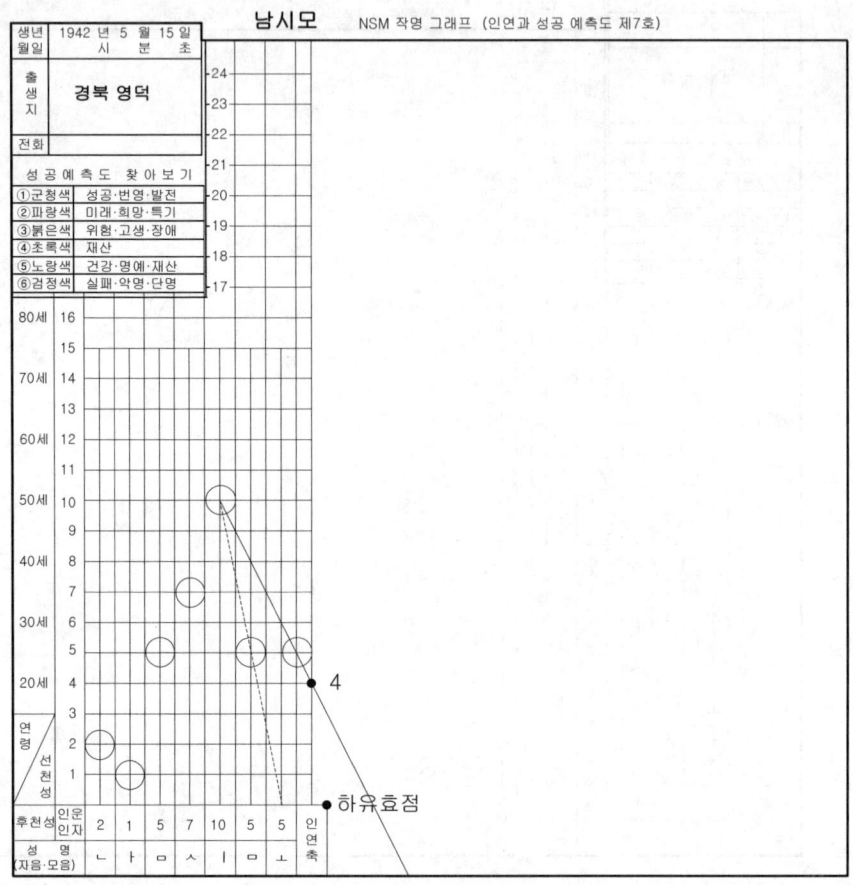

〈그리기 차례 5〉ㅣ의 인운인자 점 10의 인연선 긋기

① 점 10(ㅣ)과 점 5(ㅁ)의 선분 : 긋지 않는다.
   점 10과 점 5의 인연선은 하유효점을 벗어나고 있기 때문이다.
② 점 10(ㅣ)과 점 5(ㅗ)의 선분 : 인연인자 4가 생산된다. (인연점 4)
   인연점 4는 표48에서 기본형 4등급이고 표46에서 성공률 60%이다.
③ 점(ㅁ)과 점(ㅗ)의 선분은 이미 다 그려졌으므로 긋지 않는다.

▶ 실제 6 : 남시모 NSM 그래프의 완성도

NSM 그래프 그리기 실제 1~5까지를 합하면 남시모 NSM 그래프 그리기는 완성되는데, 그 결과는 아래와 같다.

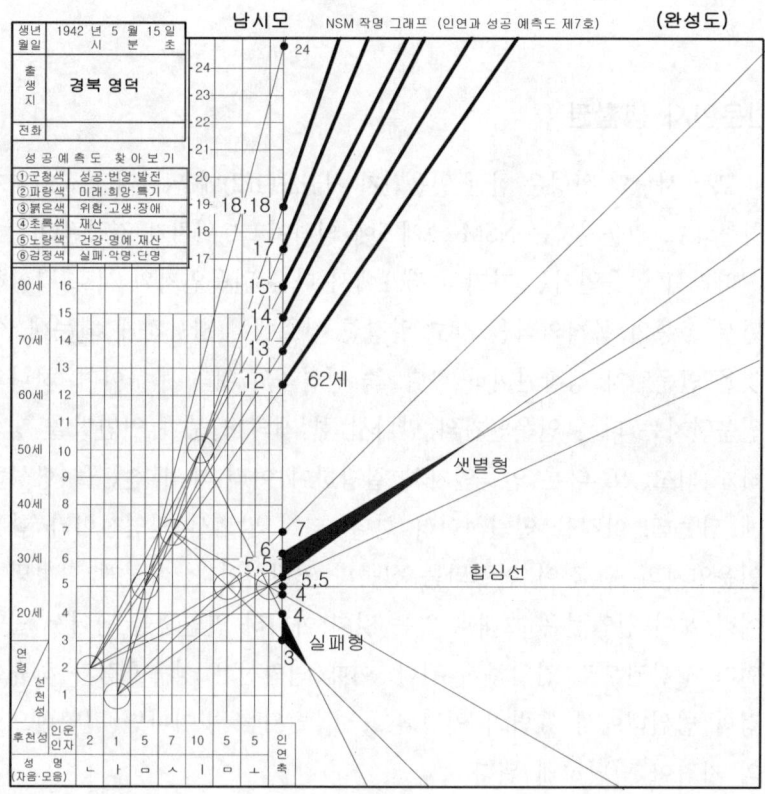

▶ 결과 : 남시모 NSM 그래프에서 창출된 내용

- 생산된 인연선의 종류는 성공선 11개, 합심선 2개, 실패선 3개이다.
- 생산된 인연점은 짝수 인연점(호연) 4,4,6,12,14,18,18,24→8개이다.
  홀수 인연점(악연) 3,5,5,5,5,7,13,15,17 →9개이다.
- 성공패턴은 샛별형 1개가 발달되었다.

NSM 그래프의 구성

1. 인운인자 생활권

　　모든 사람의 성명은 한글 인운인자 치환표(표2)에 의하여 인운인자가 창출되고, 인운인자는 NSM 그래프에 의하여 그 위치가 결정된다.

　　따라서 인운인자는 자기의 좌표에서 다른 인운인자와 서로 결합하면서 공통의 목적의식을 갖고 일정한 장소에서 활동하게 되는데, 이것을 인운인자 생활권이라 한다. 즉 인연축의 왼쪽 부분이며, 하나의 인운인자는 다른 인운인자와 만나서 한 개의 선분과 인연점을 생산하게 되고, 또 다른 인운인자와 결합하여 여러 개의 선분을 형성하게 되는데, 이것을 인연선이라 한다. 다시 말해서 인연선이라 함은 인운인자의 두 점이 연결되는 선분의 연장선이다. 이렇게 형성되는 여러 개의 인연선은 그대로 있는 것이 아니라 인연축을 넘어서 인연인자 생활권으로 진입하게 된다. 이때 인연선은 상유효점과 하유효점의 범위내에서 효력이 인정되고, 이 범위를 벗어나면 인연선으로의 자격이 박탈하게 된다.

　　또 인연선이 인연축을 통과시 인연축과 만나는 좌표를 인연점이라 하며, 인연선이 인연축을 넘어서는 순간 인연선의 끝이 위로 향하면 성공선, 끝이 아래로 향하면 실패선, 끝이 수평적이면 안전선으로 변모하여 각각의 기능이 발휘된다.

표 50. NSM 그래프의 영역과 인연선의 명칭도

① 인운인자 생활권 기본 구성도

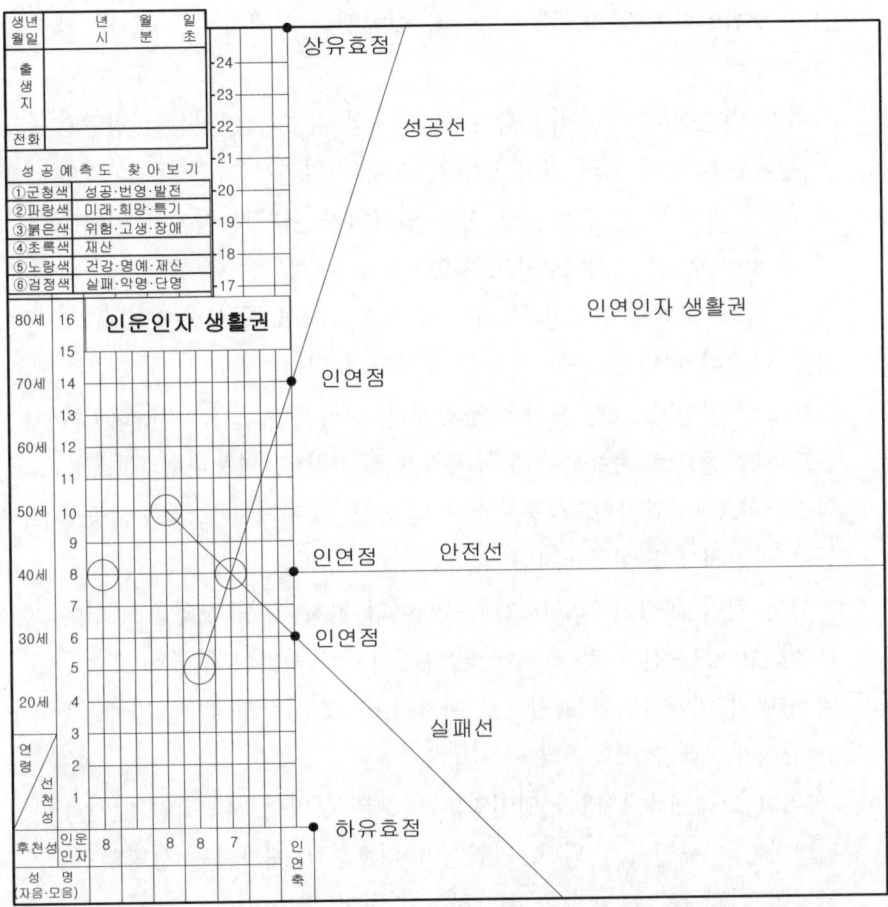

2. 인연인자 생활권

인운인자 생활권에서 생산된 여러 개의 인연선은 인연축을 넘어서 그 기능이 발생하게 되는데, 이때 인연선의 효력 발생 장소를 인연인자 생활권이라 한다. 즉 성공선과 실패선과 안전선·합심선의 활동 장소이다.

이때 인연선의 기능이라 함은 여러 개의 유효한 인연선이 인연인자 생활권 내에서 여러 가지 모양의 △형과 인연점을 형성하는 일이며, 여러 가지 △형 모양이라 함은 인연인자 생활권 안에서 인연축을 한 변으로 한 △형 모양과 자연적으로 형성되는 △형이 창출되고, 이들의 생성은 성공선, 실패선, 안전선 그리고 합심선이 서로 조화를 이루어 하나의 공동 작품을 생산하게 된다.

이렇게 형성된 △형 모양은 성공패턴, 실패패턴, 충돌패턴, 다이아몬드패턴 등으로 분류하는데 구체적으로 웅비형, 역웅비형, 깃발형, 역깃발형, 칠전팔기형, 성공·실패 혼합형, 성장저지형, 특수성공형 등이 자연적으로 이루어진다.

이와 같이 형성된 NSM 그래프의 여러 가지 △형 모양은 성명이 보유하고 있는 건강, 명예, 재산의 내재가치를 하나의 형태로 표출하여 성명의 내재가치를 육안으로 관찰하고, 그 사람의 건강, 명예, 재산의 흥망성쇄를 예측한다.

NSM 그래프에 나타난 인연점의 역할은 성명의 선천적인 인연을 감정하는 인연인자가 되며, 인연점이 내포한 내재가치는 성명의 선천적인 건강, 명예, 재산을 평가하는 기준이 된다.

NSM 그래프의 인연점은 짝수인연점과 홀수인연점으로 구분하며, 또 좋고 나쁜 인연과 길월 길일을 분별하여 준다.

3. 성공선과 성공패턴

성공선은 인연인자 생활권 내에서 인연선의 방향이 위로 향하여 발달된 선이다. NSM 그래프에서 성공선이 많이 발생되면 될수록 그 사람의 성명이 보유하고 있는 내재가치가 매우 높게 나타난다.

이에 따라 그 사람은 그의 소질과 개성과 능력이 균형을 이루어 크게 성공한다는 것이다.

따라서 성공선은 성공선과 결합하거나, 또는 실패선과 안전선과 결합하여 한 개 또는 여러 개의 성공형 △형 모양을 만들게 되는데 이것을 성공패턴이라 한다.

성공패턴과 성공형 △형 모양의 특징은 꼭지점이 위로 향하거나 수평선상에 있는 것이다. 성공패턴을 소유한 사람은 성공패턴의 △형 모양의 위치, 생김새, 크기와 꼭지점의 길이와 높이, 기울기 등에 따라 그 사람의 건강, 명예, 재산을 예측한다.

NSM 그래프의 △형의 모양이 큰 깃발처럼 크고 넓고 웅장하다면 건강과 명예와 재산이 왕성한 것이요, △형의 꼭지점이 높고 길게 형성되었다면 그 사람의 건강, 명예, 재산이 장기간 풍요 속에서 명성을 높여 갈 것이다.

NSM 그래프의 △형은 단순형과 복합형으로 형성되며, 단순형 △형은 △형 모양이 1~2개 정도이고 복합형은 △형 모양이 3개 이상 한 부분에 겹쳐있는 모양인데, 1·2·3 단계형식과 △모양이 집단화되어 하나의 △형이 여러 개로 나누어져 있고 본체는 크지만 내부적으로는 조직의 분산과 이질 집단체 등을 의미한다.

성공패턴의 단점은 악성의 실패패턴이 있으면 갑자기 붕괴될 수 있는 성질이 있다.

표 51. NSM 그래프의 성공패턴과 실패패턴의 기본형

② 성공패턴의 기본형

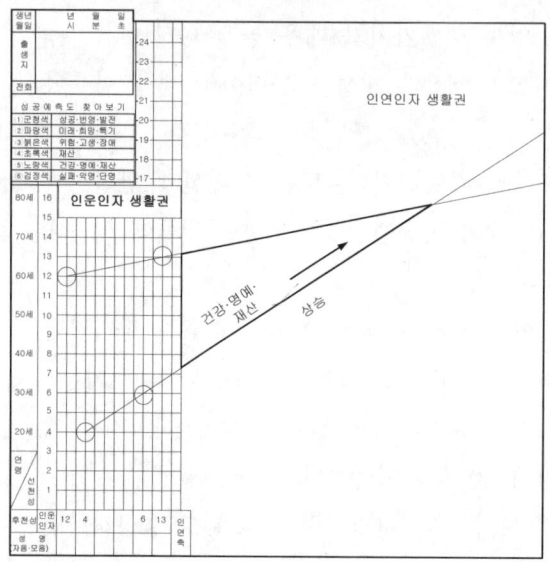

③ 실패패턴의 기본형

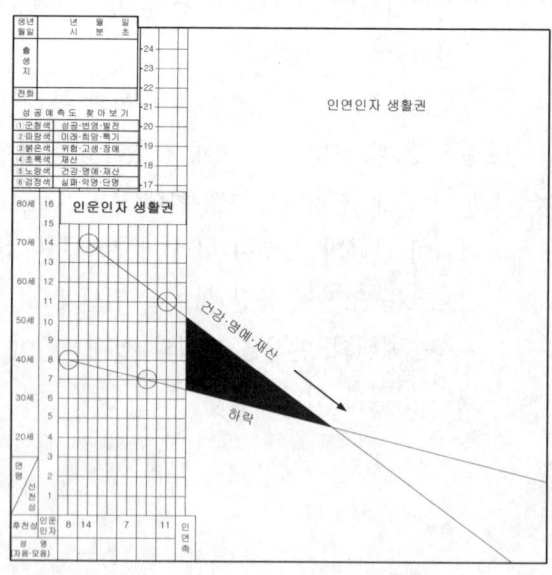

표 52. NSM 그래프의 성공선과 성공패턴

④ 성공선

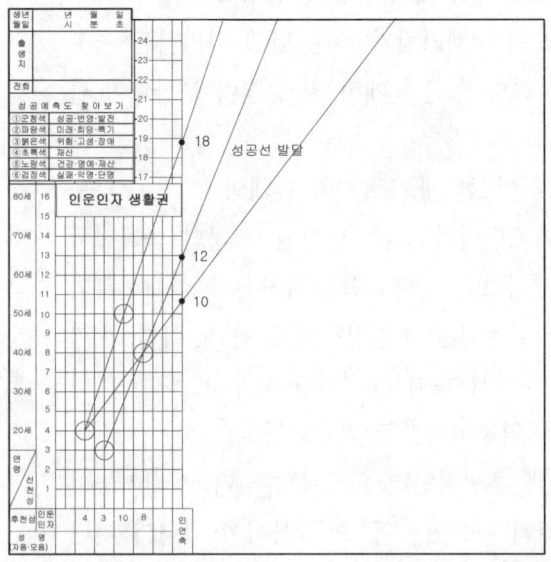

성공선 발달

⑤ 성공패턴

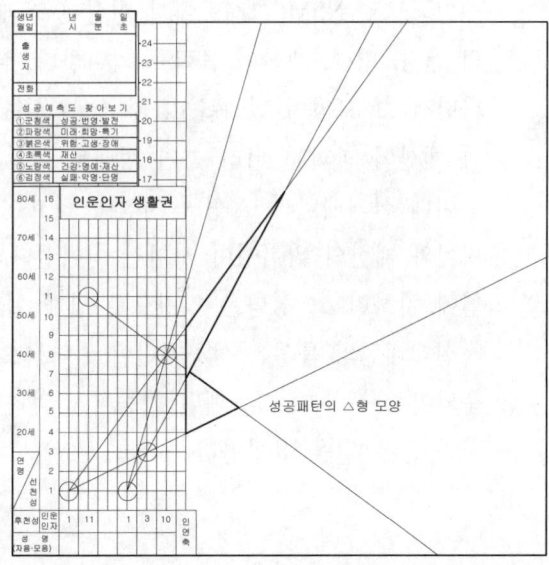

성공패턴의 △형 모양

4. 실패선과 실패패턴

실패선은 인연인자 생활권 내에서 인연선의 방향이 아래로 향하여 발달된 선이다. NSM 그래프에서 실패선이 많이 발생하면 할수록 그 사람의 성명이 보유하고 있는 내재가치가 매우 낮게 나타나는 경우가 많다. 이에 따라 사람은 그의 소질과 개성 및 능력이 분산되어 실패한다는 것이다.

실패선은 실패선과 결합하여 한 개, 또는 여러 개의 △형 모양을 만들게 되는데 이것을 실패패턴이라 하며, 형성된 △형의 꼭지점이 모두 아래로 향해 있다. 그리고 경우에 따라 안전선과 실패선과의 중복결합 과정에서 유사한 실패패턴을 형성하기도 한다. 이때 △형을 구성하고 있는 꼭지점 중에서 하나는 수평을 이루고, 다른 하나는 아래로 향한다. 이 경우 역웅비형으로 간주한다.

실패패턴은 선천적인 것과 후천적인 것으로 분류되며, 실패기능이 나타나는 시기는 연령에 따라 구애됨이 없고 잠복하여 있다가 여건이 조성되면 갑자기 폭발하는 성질이 있다.

그러므로 NSM 그래프에서 형성된 실패패턴의 소유자는 그 사람의 건강, 명예, 재산의 몰락을 의미한다. 실패패턴이 여러 개가 나타나면서 그 모양이 날카롭고, 넓고, 깊을수록 그 사람의 건강과 명예와 재산의 파괴는 여러 가지 형태로 심화되게 된다.

이때 실패패턴의 △형 꼭지점이 낮고 길게 뻗어져 있다면 건강과 명예와 재산의 위험성이 장기간 이어진다. 결국 수명이 단축되고 위험에 처하며 그 성명은 악명으로 남게 된다.

실패패턴의 특성은 성공패턴이 위력적으로 나타나면 그 기능이 위축되어 잠복하고, 성공패턴 기능이 쇠약하면 그 본성이 돌출하며 뜻하지 않은 일을 유발한다.

표 53. NSM 그래프의 실패선과 실패패턴

⑥ 실패선

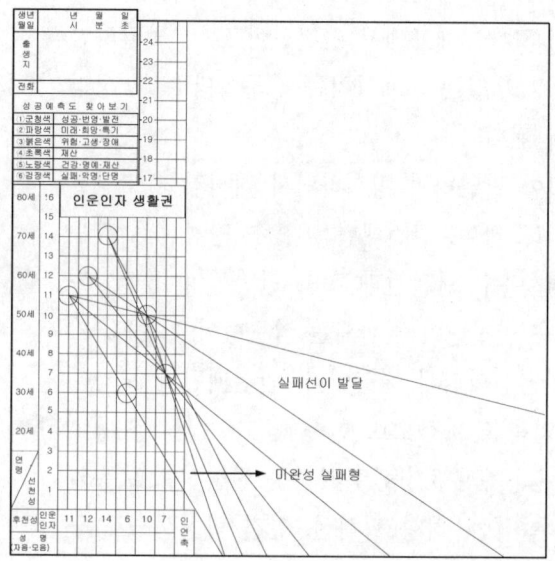

⑦ 실패패턴

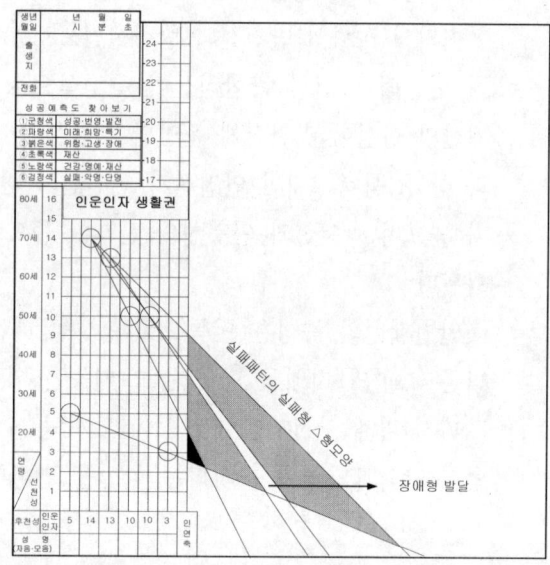

5. 안전선과 합심선 및 안전패턴

안전선은 인연인자 생활권 내에서 인연선의 방향이 수평선과 같은 방향으로 발달된 선이다. NSM 그래프에서 안전선이 많이 발달하면 할수록 그 사람의 성명이 갖고 있는 내재가치는 평준화되고 그 성명은 안전상태에서 활동하게 된다.

이와 같이 2개의 안전선이 발달하여 평행하면서 직사각형 모양을 나타내는 것을 안전패턴이라 하며, 안전패턴은 홀수 안전선과 짝수 안전선이 결합되는 혼합형, 홀수 안전선과 홀수 안전선이 결합되는 홀수형, 짝수 안전선과 짝수 안전선이 결합되는 짝수형이 있는데, 가장 바람직한 것은 짝수 안전선끼리의 결합이다. 안전패턴의 모양은 직사각형이며 한 변은 인연축을 기점으로 한다.

또 합심선이라 함은 인운운자의 3점을 통과하는 인연선으로 통일된 마음을 상징하며 상향 합심선, 하향 합심선, 안전 합심선으로 구분되고, 합심선은 인연선과 결합하여 여러 가지 △형 모양 형성과 2개의 인연점을 생산하는데 상향 합심선이 희망적이다.

따라서 하나의 안전선과 합심선만으로는 그 효력이 미약하므로 두개 이상의 안전선과 합심선이 수평적으로 발달해야 건강과 명예와 재산의 형성이 안전하게 운영되어 삶을 안정시켜 주므로 안전패턴이라 한다. 특히 2개의 안전선과 안전선의 간격이 멀면 멀수록 안정도가 높으며 안전선과 안전선의 간격이 좁으면 좁을수록 그 효력은 약화된다.

안전패턴의 특성은 단독으로 형성될 때는 그 기능이 잘 발휘되나 다른 △형의 지배를 당하면 그 기능은 위축하거나 소멸된다.

다시 말해 안전패턴선상에 여러 개의 실패선과 성공선이 발생하여 안전패턴의 영역이 파괴되는 현상을 말한다.

표 54. NSM 그래프의 합심선 · 안전선과 안전패턴

⑧ 합심선과 안전선

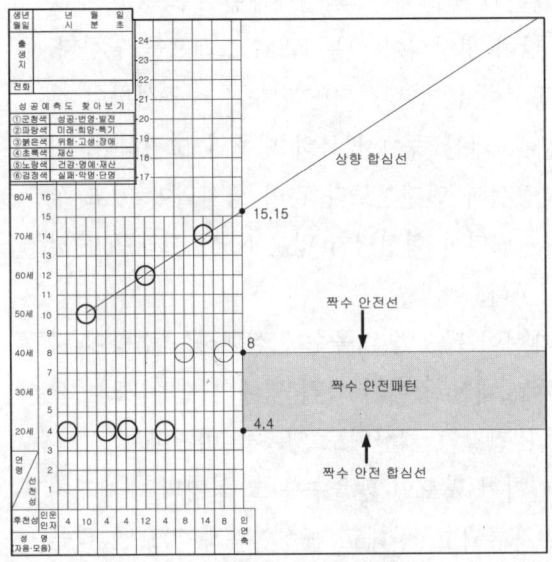

⑨ 안전패턴

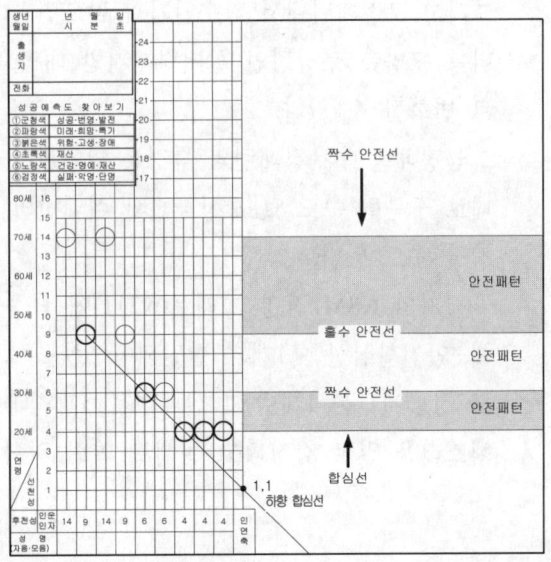

6. 긍정패턴과 부정패턴

긍정패턴은 인연인자 생활권 내에서 성공선과 실패선 및 안전선이 많이 발달하였으나 성공패턴과 안전패턴 및 실패패턴이 형성되지 않고 성공선이 실패선보다 많이 형성되어 있는 NSM 그래프를 말한다.

긍정패턴의 효력은 성공선이 많이 형성되면 될수록 성공성향이 강하고, 그 성명의 건강, 명예, 재산 중에서 특히 명예가 고귀하다. 이와는 반대로 실패선이 성공선과 안전선보다 많이 형성되어 있고 성공패턴과 실패패턴 및 안전패턴이 형성되지 않은 NSM 그래프가 있는데 이를 부정패턴이라 한다.

부정패턴의 효력은 실패선이 많으면 많을수록 실패하는 경향이 강하고 그 성명의 건강, 명예, 재산 중에서 특히 명예의 실추 또는 불명예스러운 일들이 일어나 건강과 재산에도 영향을 미친다.

또 긍정패턴에서 짝수인자가 많으면 많을수록 그 성명의 내재가치가 높아서 대성공형으로 분류되고, 반대로 홀수인자가 많으면 많을수록 성공장애 요인이 다발성을 띠어 결국 그 사람은 대실패한다. 그리고 부정패턴에서 짝수인자가 많으면 그 성명의 내재가치가 높아 비록 모양은 부정적인 실패형이지만 내적으로는 긍정적인 성공형으로 변화될 수 있다.

긍정패턴과 부정패턴의 특징은 인연환경의 지배를 받아 성공과 실패로 구분될 수도 있고 성공선과 실패선의 발달량에 따라 진로가 결정될 수도 있다.

필자의 NSM 작명 그래프(p.211)에서 성공선은 11개, 실패선은 3개, 안전합심선은 1개가 발달되어 있다. 그런데 성공선이 훨씬 많아도 성공패턴은 1개이고, 실패선은 3개인데 실패형이 나타났음은 불행스러운 일로 감정되고 실제로 이런 일이 일어났다는 것이다.

표 55. NSM 그래프의 긍정패턴과 부정패턴

⑩ 긍정패턴

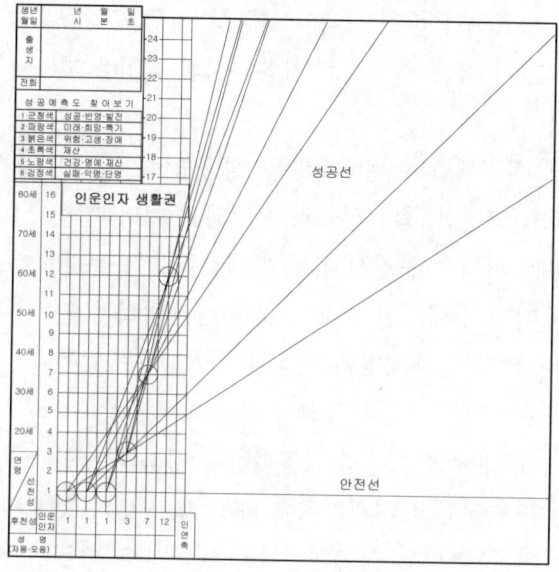

⑪ 부정패턴

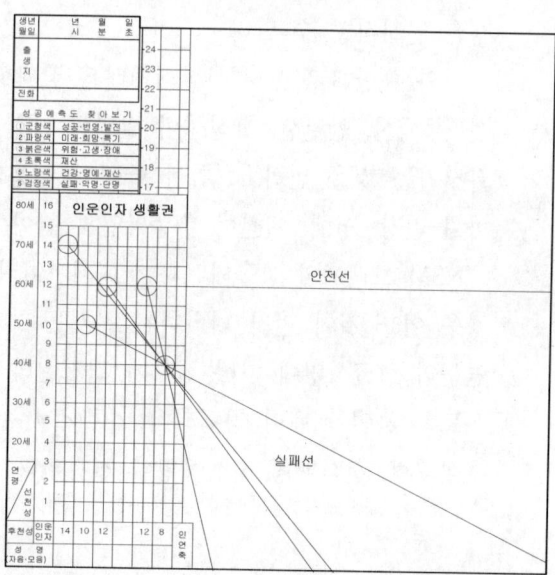

7. 고생형 성공패턴과 고생형 실패패턴

NSM 그래프의 고생형 성공패턴은 성공형 △형 모양 내부에 성공선과 실패선 및 안전선이 발달하여 좋은 상태의 성공형 △형 모양을 서로 갈라쳐 여러 가지 모양의 작은 △형으로 세분화시킨 유형을 고생형 패턴이라 한다.

NSM 그래프의 고생형 성공패턴의 전체모양은 성공형이지만 그 내부구조가 성공선, 실패선, 안전선, 합심선으로 구성되고 이러한 선들은 하나의 성공형 △형의 위력을 분산시켜 힘의 파괴력을 돕는다. 때문에 성공은 하되 여러 가지 장애요인 속에서 고생을 체험하게 된다. 그러므로 이러한 모양을 지닌 개체명은 난국을 극복할 수 있는 지혜와 신념이 있어야 한다.

그리고 NSM 그래프 자체 내에서 고생형 성공패턴에 나타나는 인연점의 호불호 인연과 짝수 인연점의 내재가치에 따라 그 진로가 얼마든지 변화될 수 있고, 비록 고생형 성공패턴이라 하더라도 이를 상쇄할 수 있는 강력한 성공형 △모양이 별도로 구축되어 있다면 고생은 일시적일 수 있다.

이와는 반대로 고생형 실패패턴은 실패형 △형 모양 내부에 성공선, 실패선, 안전선, 합심선이 발달하여 실패패턴을 더욱 쪼개어 악화시키는 것을 말하고, 고생 끝에 성공은커녕 실패의 고배를 거듭 마셔 건강, 명예, 재산이 추풍낙엽과 같이 되는 것을 말한다.

NSM 그래프의 성공패턴과 실패패턴이 복합적으로 형성되어 있을 경우 어느 것이 먼저 나타나는 문제는 그 사람의 주변 인연환경과 연분의 한글성명에 따라 선후가 결정된다.

또 이들의 패턴이 양립되어 이루어질 수 있고, 이에 따라 선고생 후실패형, 선실패형 후성공형이 결정된다.

표 56. NSM 그래프의 고생형 성공패턴과 고생형 실패패턴

⑫ 실패 후 고생형 성공패턴

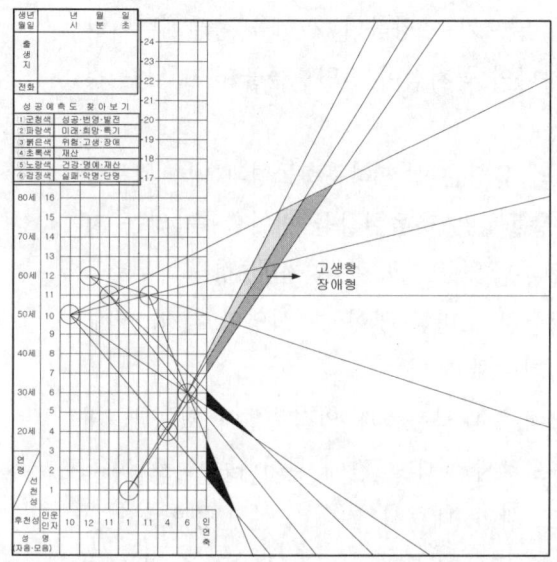

⑬ 성공 후 고생형 실패패턴

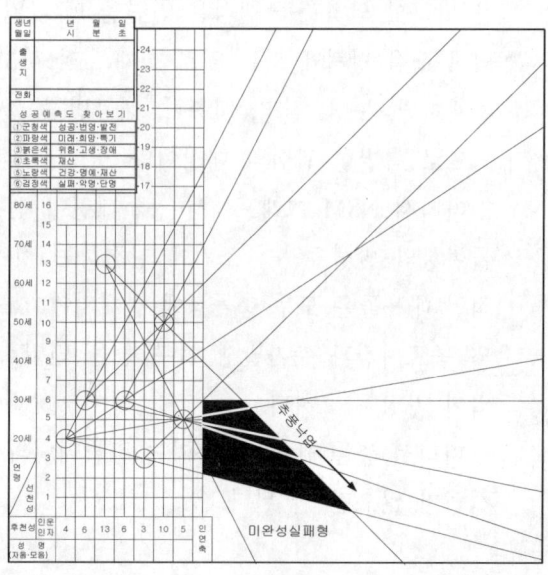

8. 충돌점과 충돌패턴

NSM 그래프의 인연인자 생활권에서 형성되는 성공형 △형 패턴과 또 다른 △형 패턴의 꼭지점이 정점에서 서로 부딪치는 점을 충돌점이라 하고 이때 충돌을 일으키는 양쪽의 △형을 충돌패턴이라 한다. 즉, 두 개의 △형이 하나의 꼭지점이 정면충돌을 하고 있는 것이다.

NSM 그래프의 충돌패턴의 유형은 상·하부충돌형과 내·외부충돌형으로 구분하는데, 내부충돌형은 충돌현상을 방어할 수 있는 자생력이 일어날 수 있어 위험부담을 모면할 수 있지만, 상·하부충돌형과 외부충돌형은 매우 위험한 고비를 맞아 그 성명의 건강, 명예, 재산상의 엄청난 손실을 가져오게 된다.

NSM 그래프의 충돌현상에는 내적충돌과 외적충돌이 있는데, 내적충돌 현상은 인연을 맺음으로써 상대자 간에 일어나는 일로 싸움, 이혼, 도산, 소송, 구속, 절도, 살인, 대형사건 사고, 실패 등으로 인하여 건강·명예·재산의 일부 또는 전부가 치명적인 손상을 입는 것을 말하고 외적충돌 현상은 인연을 맺지 않은 상태에서 우연히 뜻밖의 불행을 당하게 되는 일로 화재, 교통사고, 도난, 익사, 추락, 강간, 천재지변, 누명, 절명, 대충격, 대봉변 등 위험스러운 일에 직면하게 되므로 특별한 관심의 대상이다.

따라서 NSM 그래프에서 충돌패턴이 선천성인지를 살펴본 뒤 충돌현상의 발생요인을 조기에 발견하는 것이 급선무이다. 특히 충격적인 내용들은 모두 충돌점에 잠재되어 있으므로 충돌점의 발생시기와 종료시점과 추가발생 여부 등을 면밀히 검토·분석하여 조기진압이 가장 유효하다.

따라서 충돌패턴의 소유자는 충돌패턴의 소유자와 인연을 매우 조심하지 않으면 안 된다.

표 57. NSM 그래프의 충돌점과 충돌패턴

⑭ 충돌점과 상·하부충돌패턴

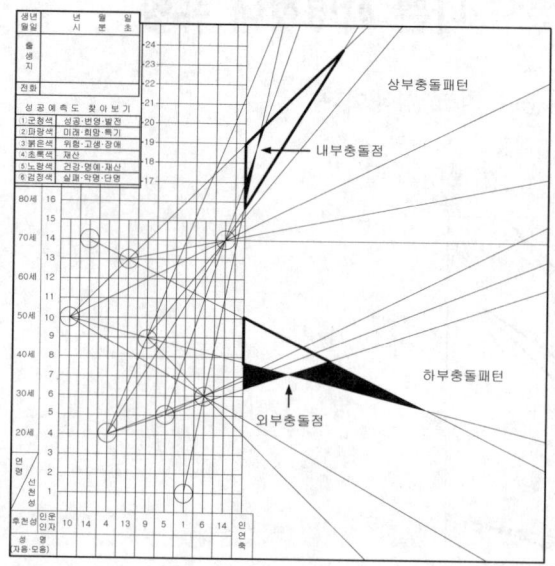

⑮ 중앙 내부충돌패턴

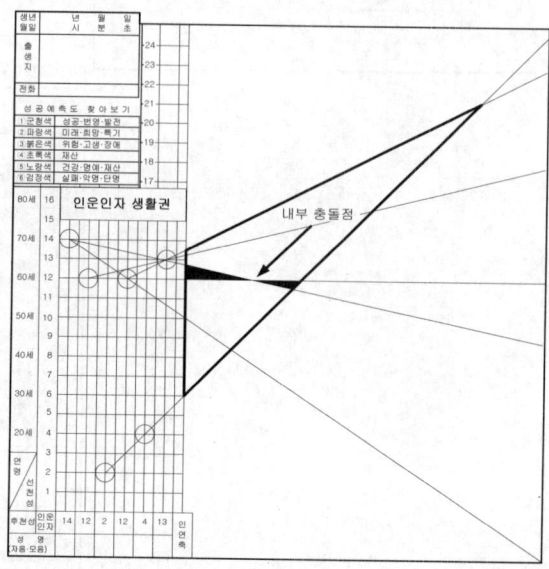

NSM 그래프의 좋은 작명잣대와 나쁜 작명잣대 유형

1. 웅비형 : 건강·명예·재운이 최고 상태이다.

① 쌍웅비형

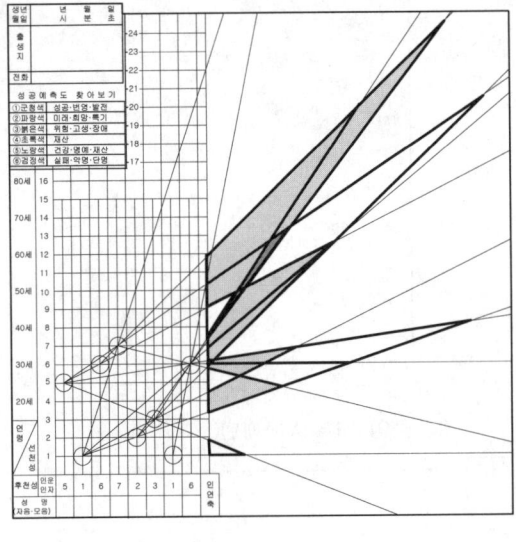

② 대웅비형

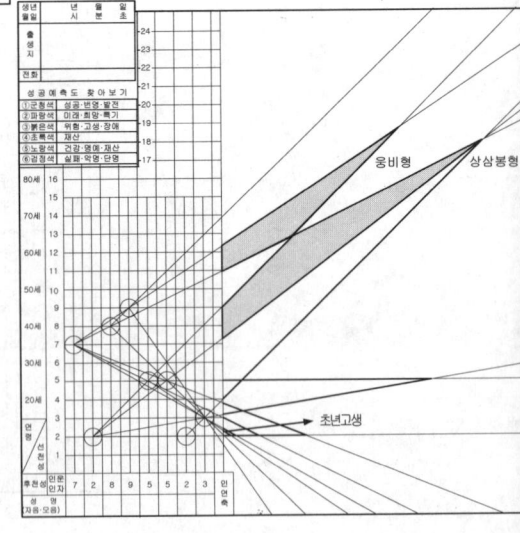

2. 역웅비형 : 건강·명예·재운 중에서 일부 또는 전체가 최악 상태이다.

③ 사건 사고 주범자형

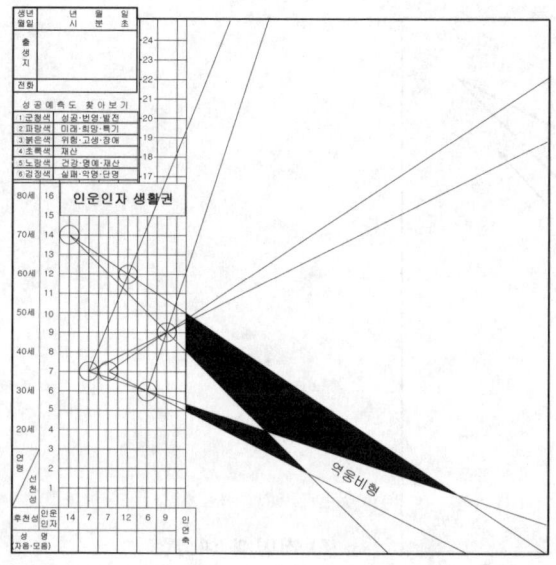

④ 흉악 범죄 및 난치병자형

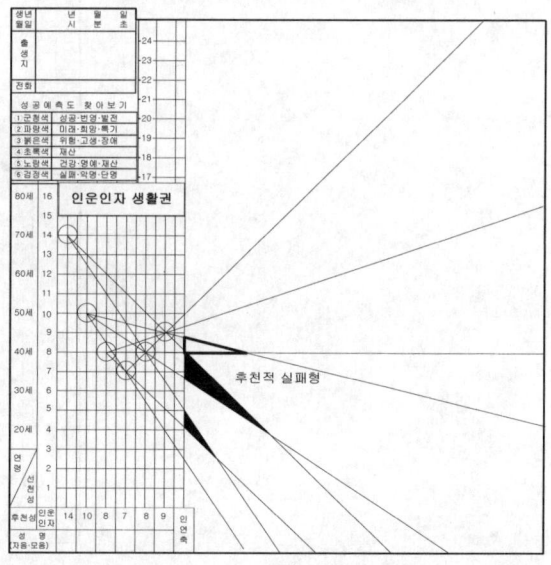

3. 성공형 : 건강·명예·재운의 일부 또는 전체가 만족하다.

⑤ 건명재 만족형

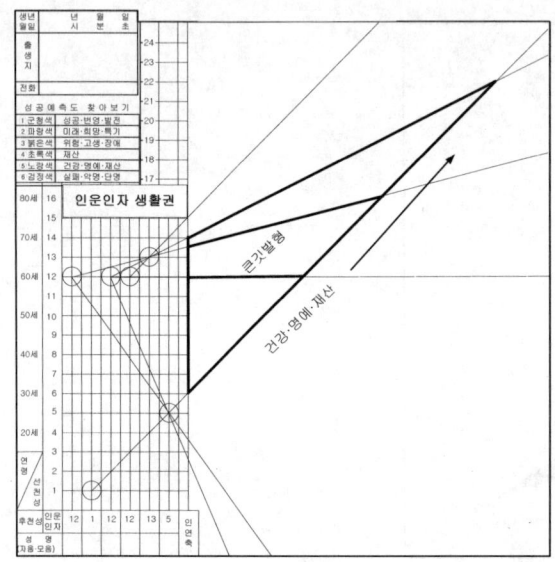

⑥ 건명재 대성형

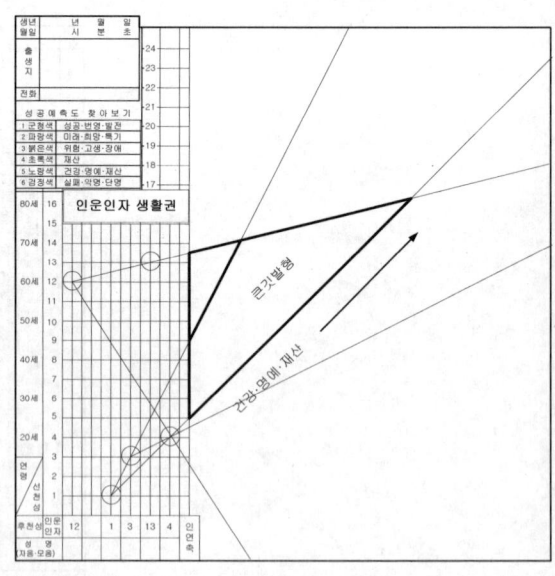

4. 실패형 : 건강·명예·재운 중 전부 또는 어느 하나가 망한다.

⑦ 충돌 후 멸망형

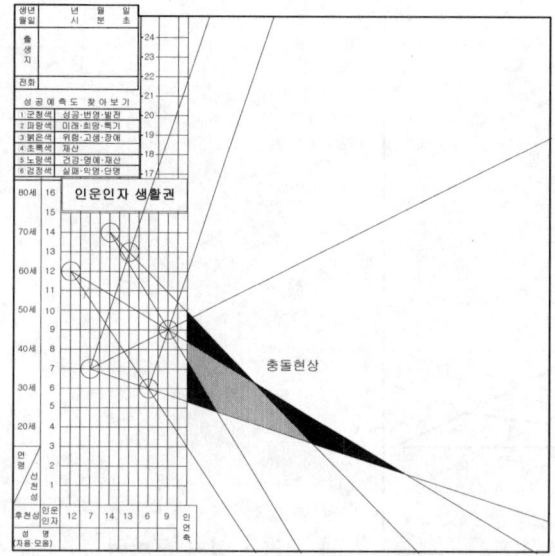

충돌현상

⑧ 계단식 멸망형

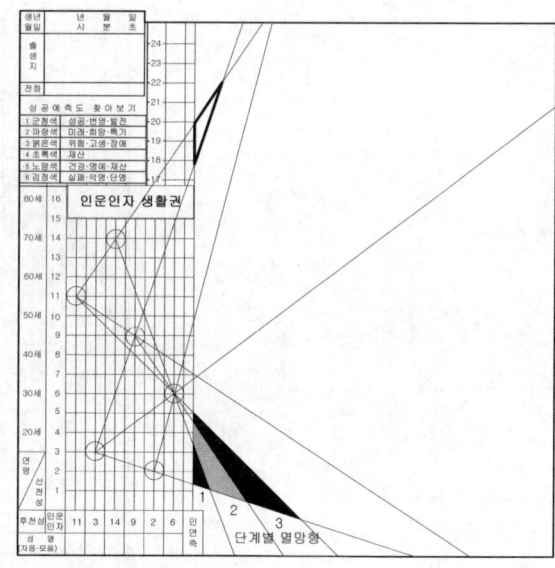

단계별 멸망형

5. 다이아몬드형 : 건강·명예·재운의 만족과 수복강녕을 누린다.

⑨ 대성공 다이아몬드형

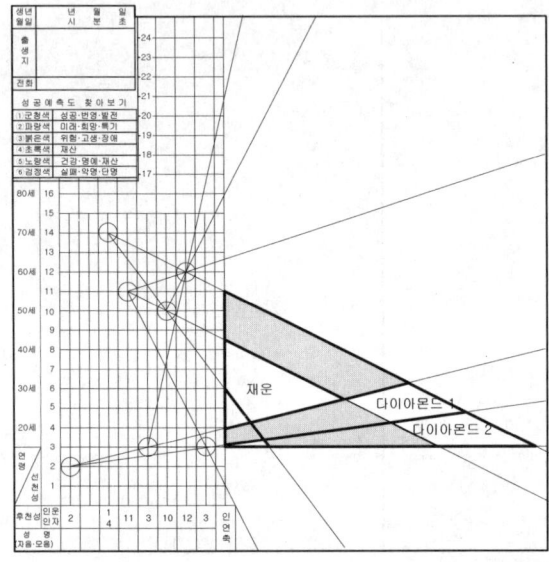

⑩ 성공·실패 혼합형

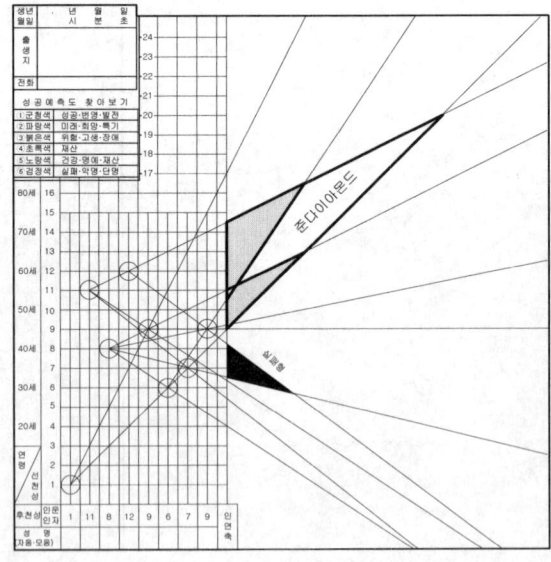

6. 역다이아몬드형 : 건강·명예·재운의 외형은 있고 실속은 없다.

⑪ 역다이아몬드 대실패형

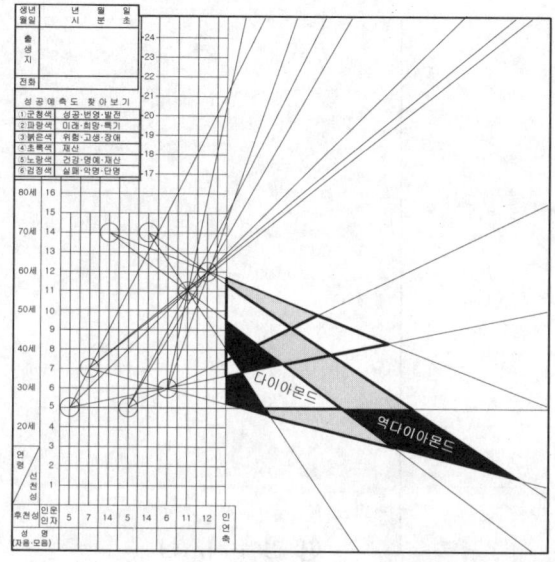

⑫ 대실패형

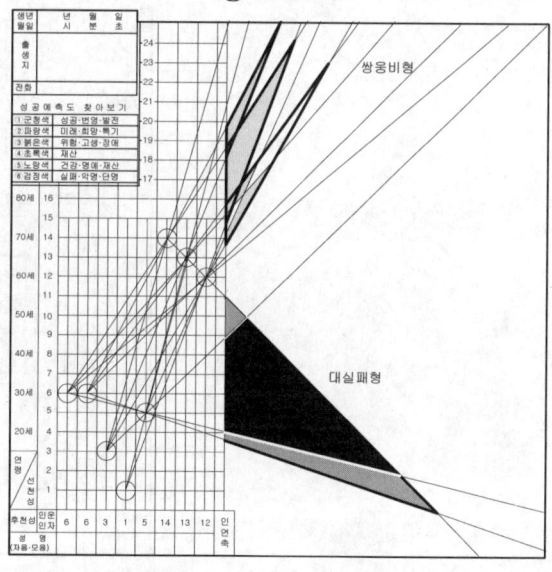

7. 성공형 삼각형 : △형의 형성에 따라 건강 · 명예 · 재운이 구분된다.

⑬ 재산 정△형

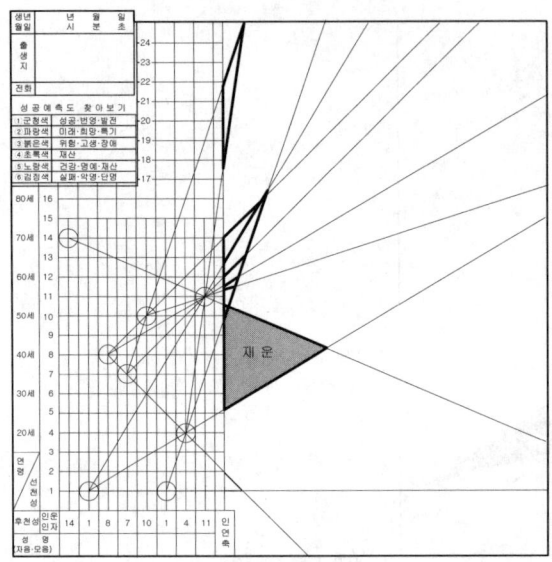

⑭ 명예 직△형

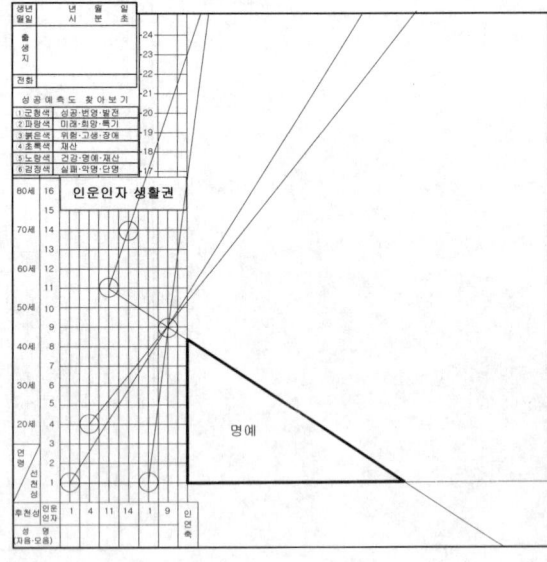

⑮ 건명재 이등변 △형

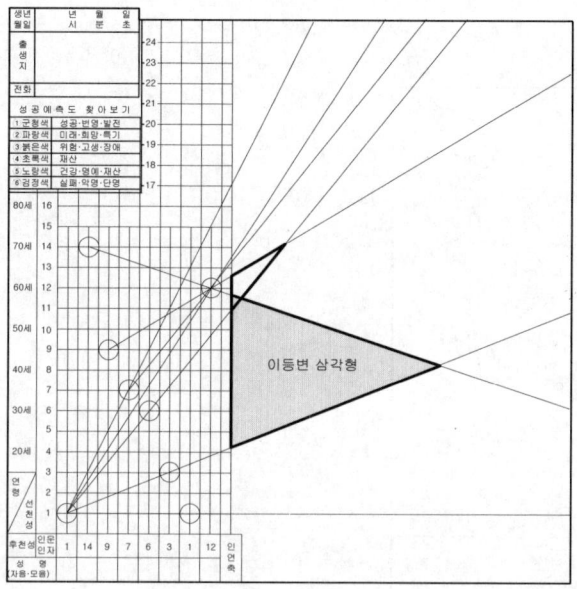

⑯ 건명재 대칭 △형(준웅비형)

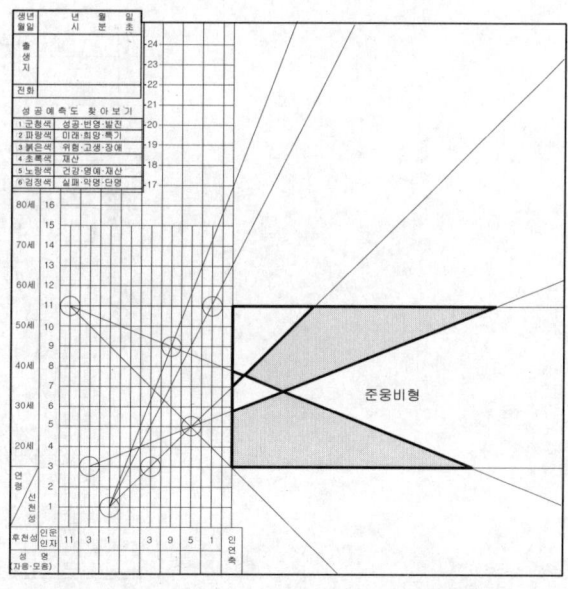

8. 깃발형 : △형의 크기와 형성에 따라 건강·명예·재운이 특출하다.

⑰ 큰 깃발형

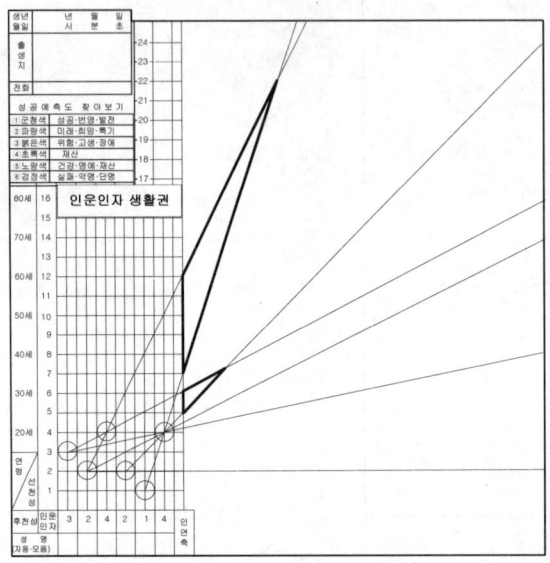

⑱ 샛별 성공형

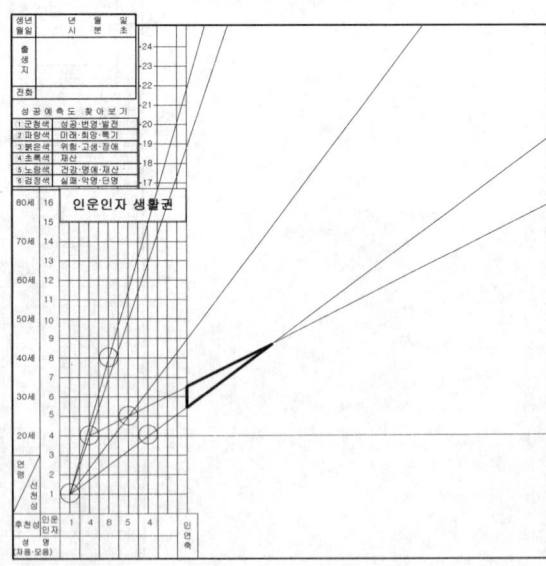

9. 역깃발형

△형의 크기와 형성에 따라 건강·명예·재운이 몰락한다.

⑲ 범죄자 및 인생 실패형

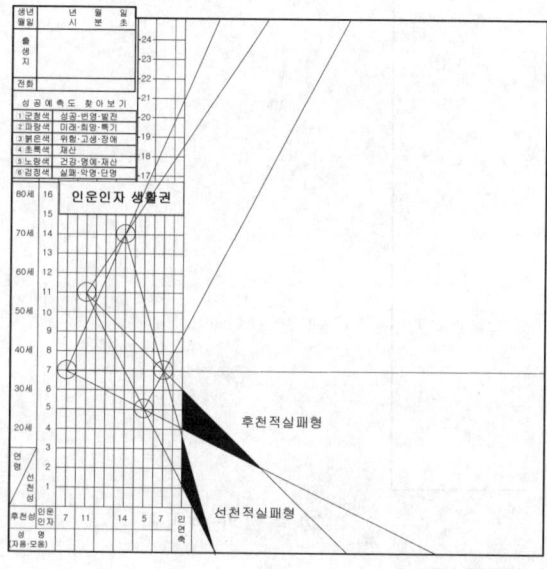

⑳ 낭패 및 패인형

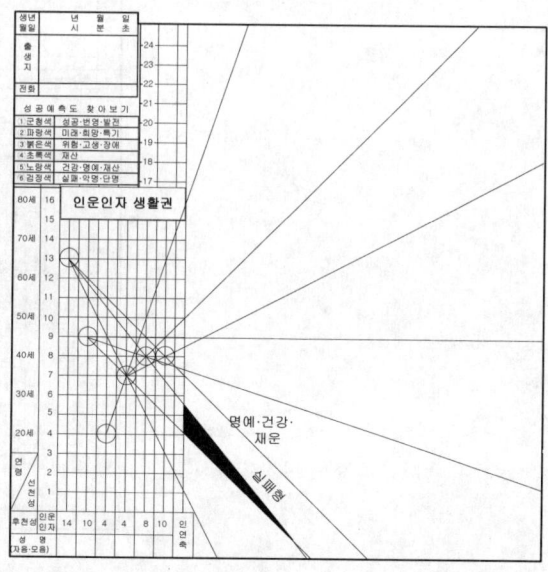

10. 예체능 특질형 : ½인연축 안의 △형은 예체능·특질을 의미한다.

㉑ 특질과 깃발 성공형

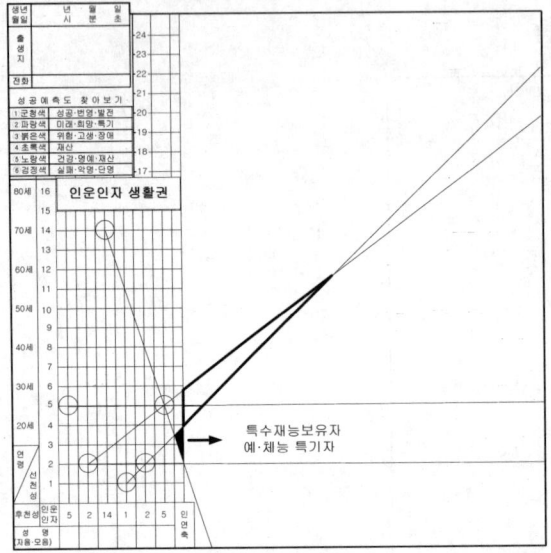

㉒ 특질과 성공형

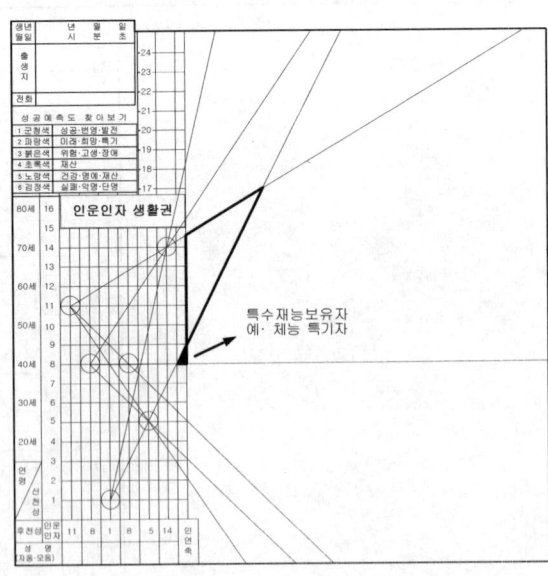

㉓ 선성공 · 후실패형(선실패 · 후성공형) 특질보유자

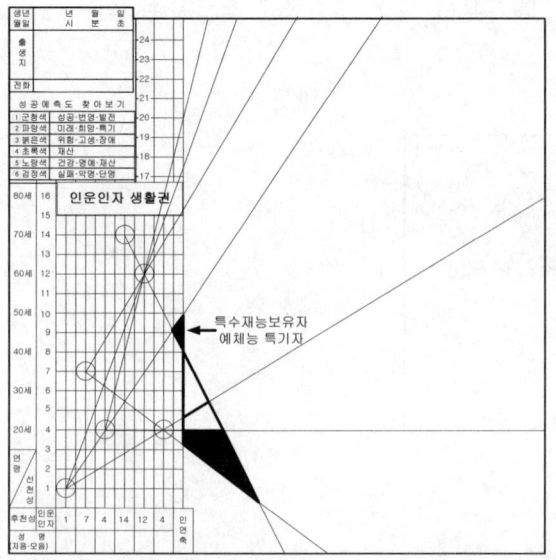

㉔ 실패 후 대깃발 성공형

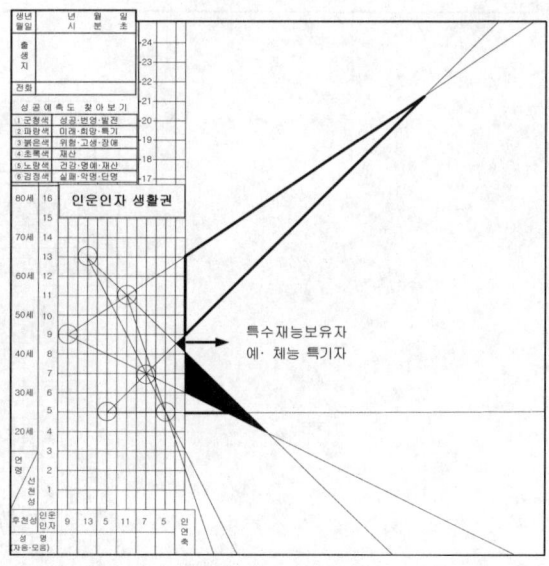

11. 성공 실패혼합유형 : 인연환경이 처음부터 좋으면 선성공 후실패형 이고, 처음부터 나쁘면 선실패 후성공형이다.

㉕ 선성공 충돌 낭패형

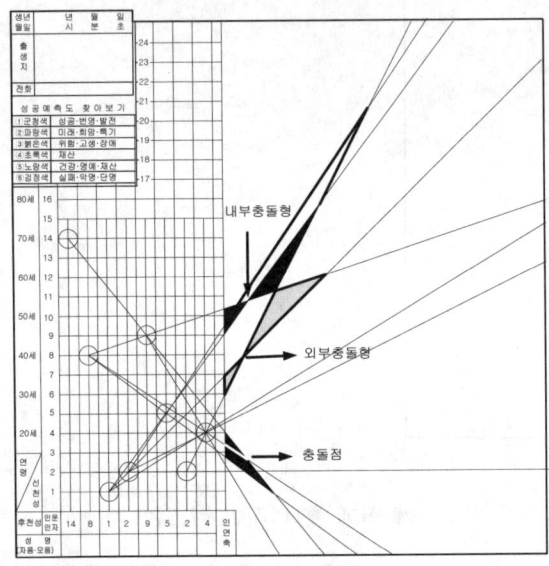

㉖ 선실패 장애 성공형
(선성공 후실패형)

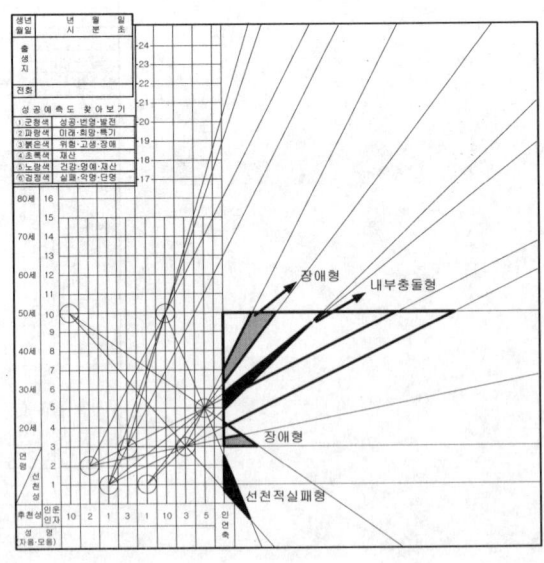

㉗ 장애 대성공형

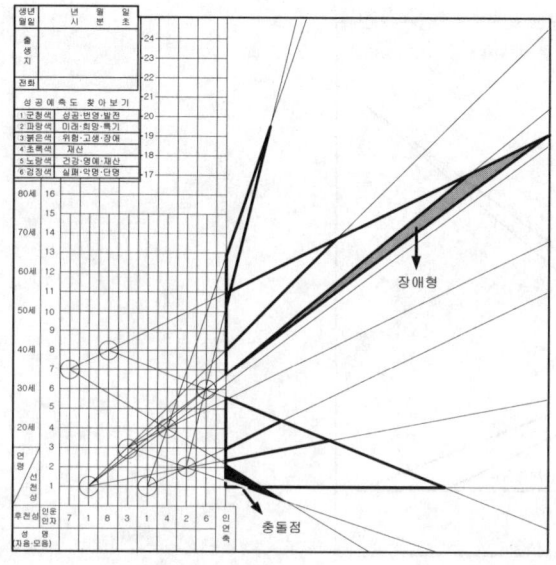

㉘ 깃발 성공 후 흉악 범죄자형

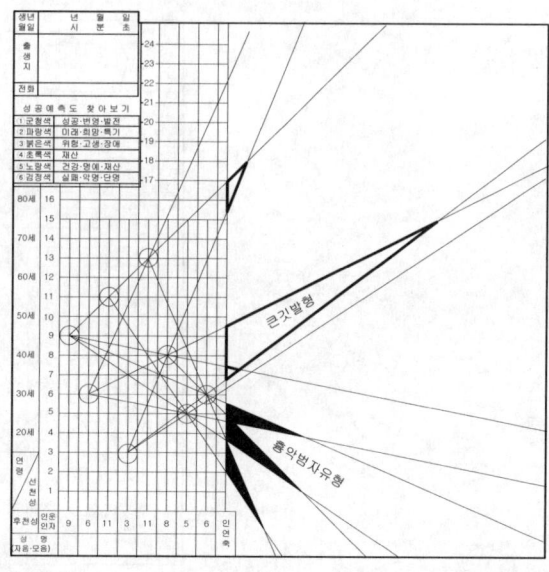

㉙ 선실패 후 대성공형

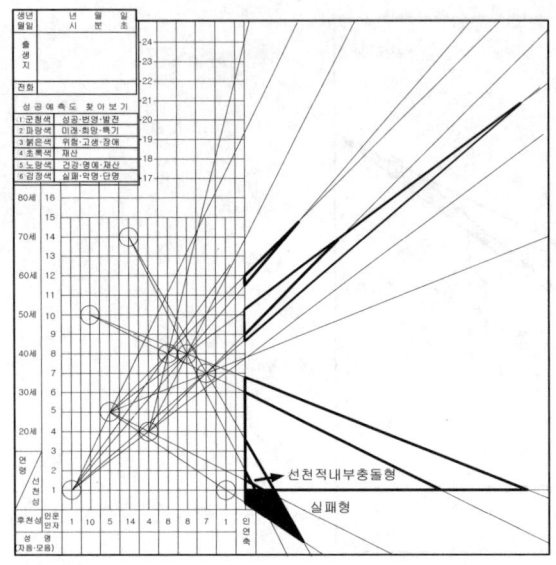

선천적내부충돌형
실패형

㉚ 선실패 후 날개 성공형

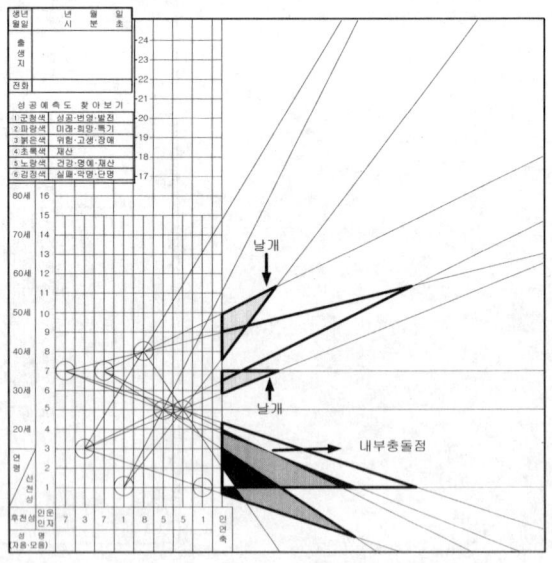

날개

날개

내부충돌점

㉛ 선성공 · 후실패형(선실패 · 후성공형)

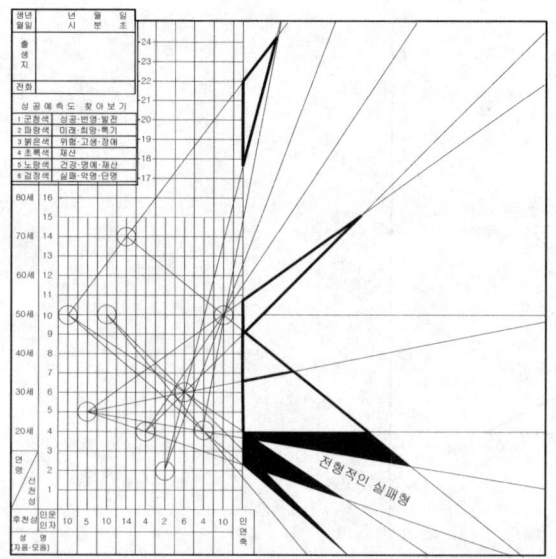

전형적인 실패형

㉜ 선실패 · 후대성공형(선성공 · 후실패형)

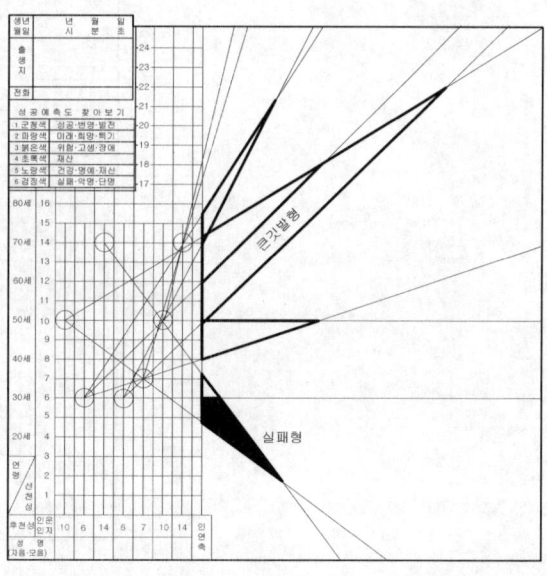

큰거붙형

실패형

㉝ 내부충돌 후 일출형

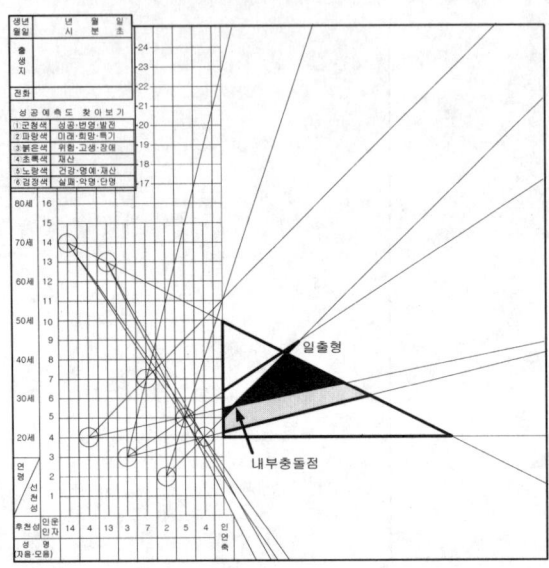

㉞ 내부충돌 후 일몰형

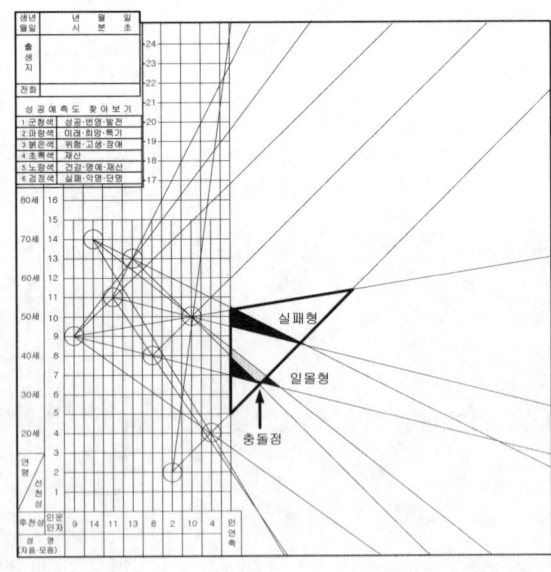

㉟ 외부충돌 후 성공장애형

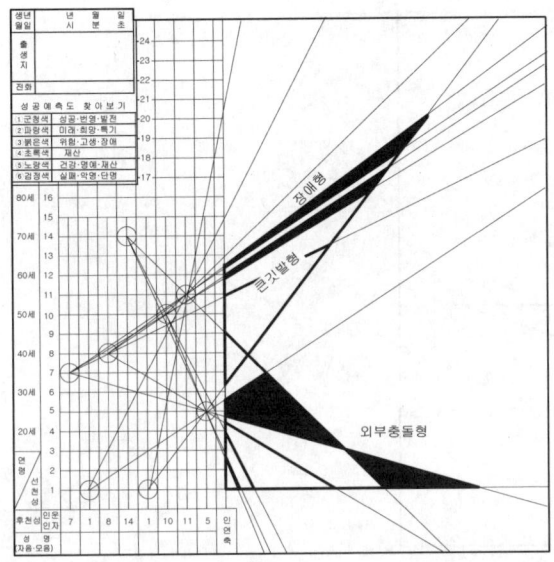

㊱ 성공 후 충돌형

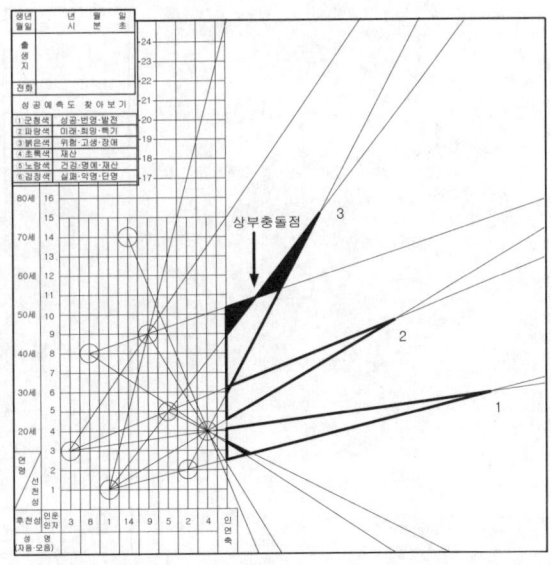

㊲ 일출 성공 후 충돌형

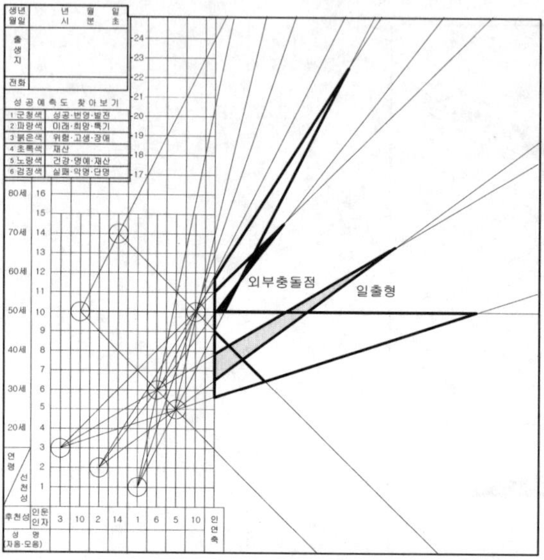

생년월일 년 월 일 시 분 초
출생지
전화
성공예측도 찾아보기
1 군청색 성공·번영·발전
2 파랑색 미래·희망·특기
3 붉은색 위험·고생·장애
4 초록색 재산
5 노랑색 건강·명예·재산
6 검정색 실패·악명·단명
외부충돌점
일출형
후천성 인운인자 3 10 2 14 1 6 5 10 인연축
성명 (자음·모음)

㊳ 일몰충돌 · 장애 · 성공혼합형

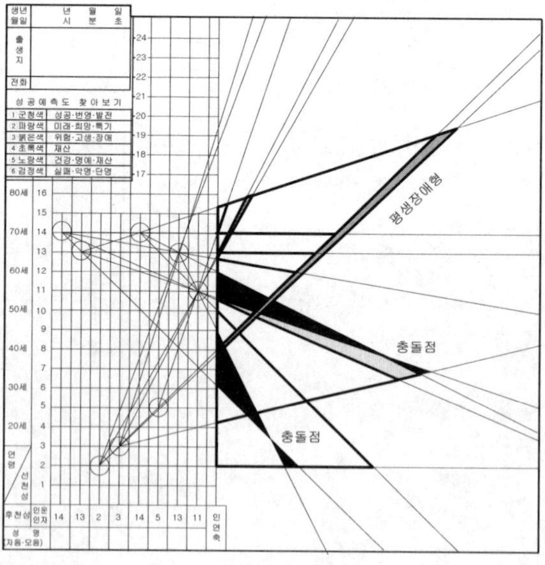

생년월일 년 월 일 시 분 초
출생지
전화
성공예측도 찾아보기
1 군청색 성공·번영·발전
2 파랑색 미래·희망·특기
3 붉은색 위험·고생·장애
4 초록색 재산
5 노랑색 건강·명예·재산
6 검정색 실패·악명·단명
평생장애형
충돌점
충돌점
후천성 인운인자 14 13 2 3 14 5 13 11 인연축
성명 (자음·모음)

�ট 승승장구형

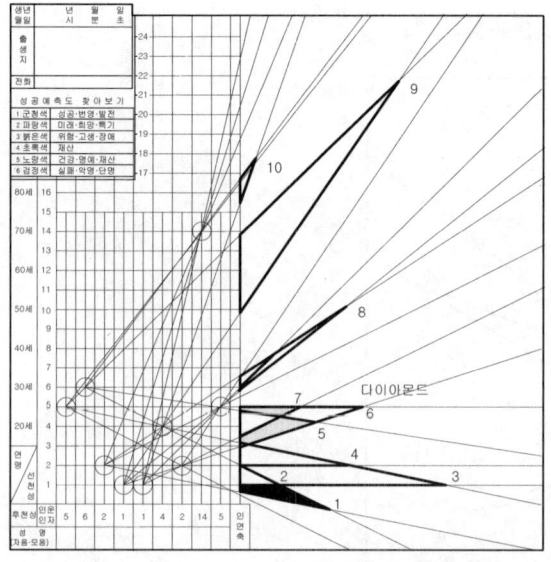

㊵ 대기만성형

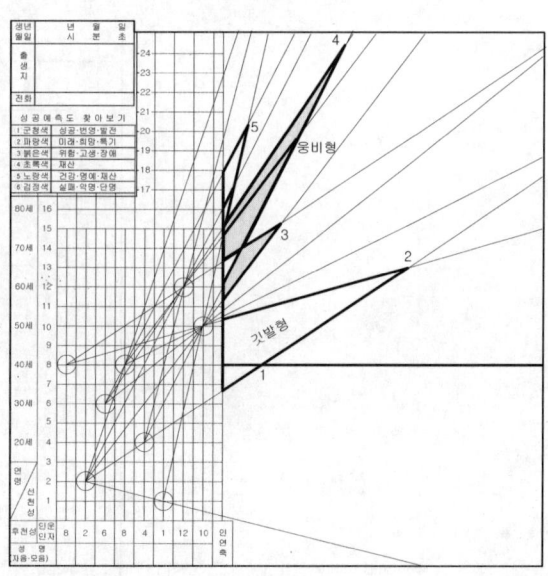

12. 칠전팔기형 : 성공패턴이 분산된 유형으로 고생과 실패 후 성공한다.

㊶ 실패 · 고생 · 대성공형(왕관형)

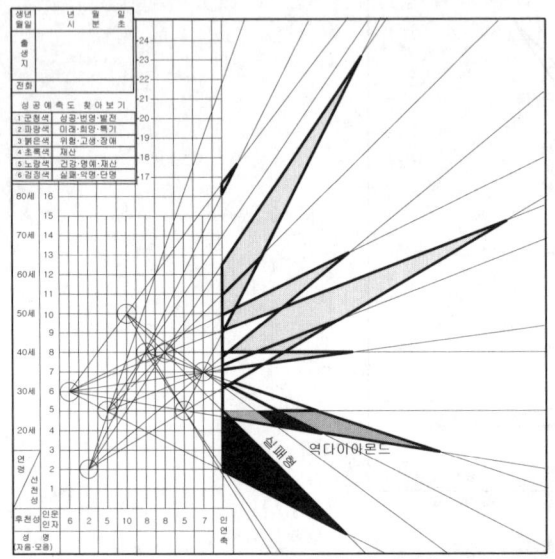

㊷ 실패 · 고생 · 대성공형

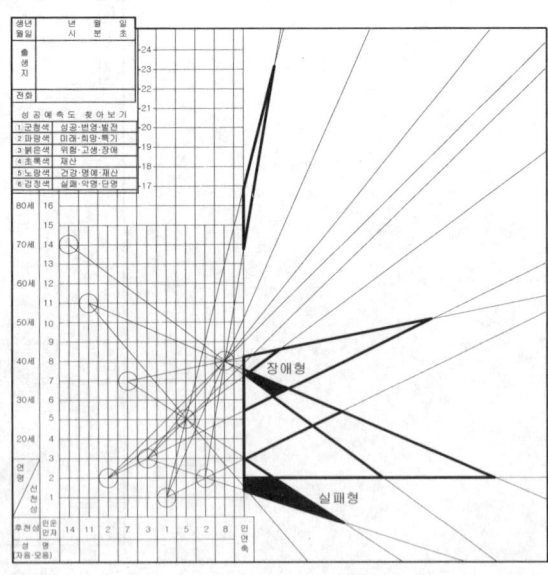

㉔ 고생 후 성공형

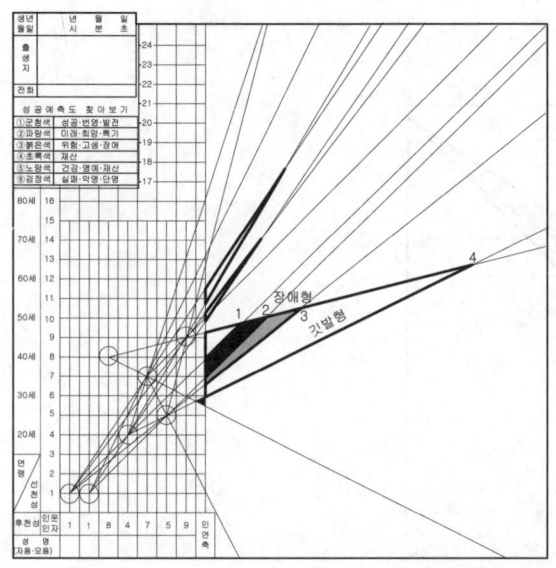

㊽ 실패 후 성공형

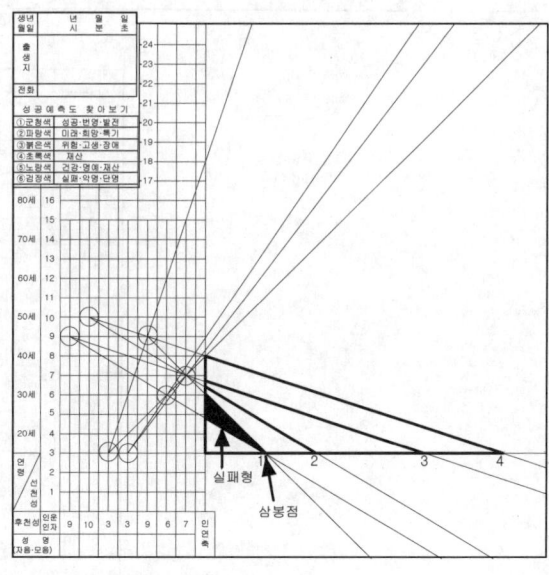

13. 성장저지형 : 건강·명예·재운은 양호하나 큰 저항을 받는다.

㊺ 1은 장애형, 2는 성공형

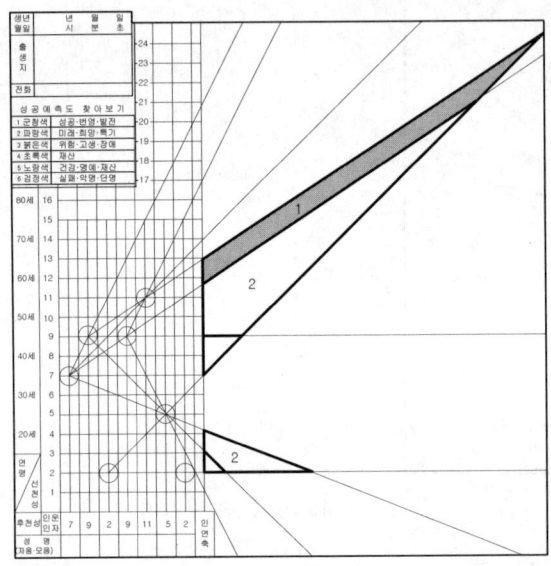

㊻ 1은 장애형, 2는 성공형

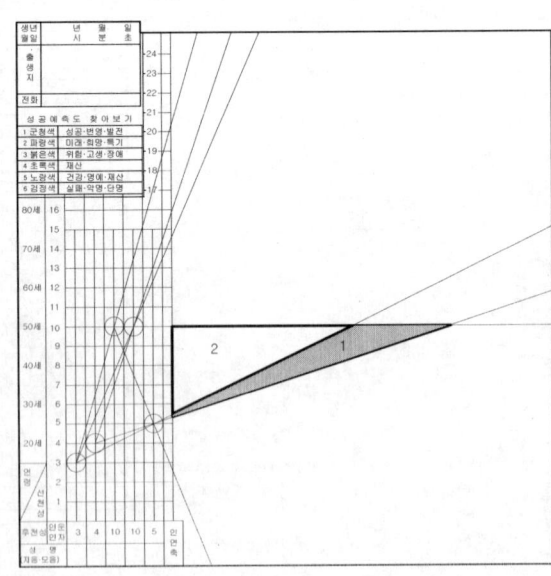

㊼ 1은 장애형, 2는 성공형

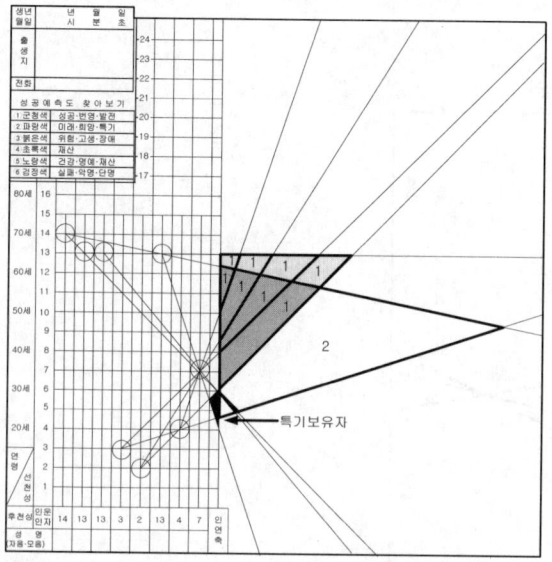

㊽ 1은 장애형, 2는 성공형

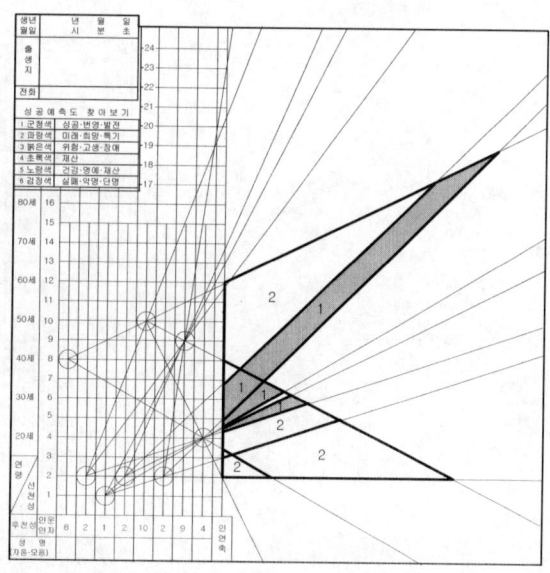

14. 특수성공형 : 인연선 3개가 꼭지점 1개를 형성하는 △형 패턴

㊾ 비범성 삼봉형

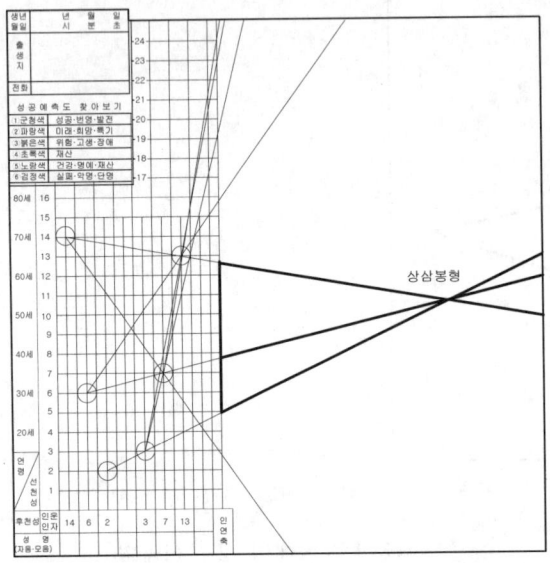

㊿ 구사일생 하삼봉형

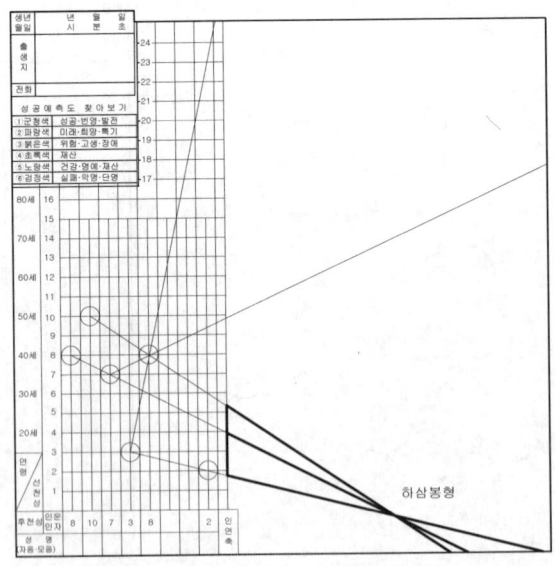

제4장

작 명

작 명 권

1. 성서의 작명 고찰

인류사상 태초에 남자이름은 아담이고 여자이름은 하와인데, 아담은 하나님께서 지으셨고, 하와는 아담이 작명하였다.

그리고 하나님은 모든 생물의 작명권을 아담에게 위임하였다. 그 이후 하느님은 종종 자신의 뜻을 이루는데 해당되는 사람의 이름을 마땅하게 여기지 않아 개명을 하여 능력을 부여하였고, 또 삼손에게는 본명에다 복을 주어 초능력을 발휘하게 하셨다. 이 경우는 하나님이 삼손이라는 이름을 좋게 여기신 것이다. 이러한 기록들로 볼 때 하나님도 좋은 이름과 나쁜 이름을 분별하고 계셨다는 것을 유추할 수 있다.

성서에 나타난 이름에 대한 최초유의 기록을 보면 다음과 같다.

① 작명권 부여

"여호와 하나님이 흙으로 각종 들짐승과 공중의 새를 지으시고 아담이 어떻게 이름을 짓나 보시려고 그것들을 그에게로 이끌어 이르시니 아담이 각 생물을 일컫는 바가 곧 그 이름이니라."

(창세기 2장 19절)

"아들을 낳으리니 이름을 예수라 하라. 이는 그가 자기 백성을 저희 죄에서 구원할 자이심이라 하니라." (마태복음 2장 21절)

② 작명권 행사

"아담이 그 아내를 하와라 이름하였으니 그는 모든 산 자의 어미가 됨이더라." (창세기 3장 20절)

③ 남아선호

"아담이 그 아내 하와와 동침하매 하와가 잉태하여 가인을 낳고 이르되 내가 여호와로 말미암아 득남하였다 하니라, 그가 또 가인의 아우 아벨을 낳았는데 아벨은 양치는 자이었고 가인은 농사하는 자이었더라."

(창세기 4장 1절)

④ 물건 이름짓기

"아내와 동침하니 잉태하여 애녹을 낳은지라 가인이 성을 쌓고 그 아들의 이름으로 성을 이름하여 애녹이라 하였더라."

(창세기 4장 17절)

⑤ 작명시기와 축복

"남자와 여자를 창조하셨고 그들이 창조되던 날에 하나님이 그들에게 복을 주시고 그들의 이름을 사람이라 일컬으셨더라."

(창세기 5장 2절)

⑥ 인간 복제 이름

"아담이 130세에 자기모양, 곧 자기형상과 같은 아들을 낳아 이름을 셋이라 하였고 그후 800년을 지내며 자녀를 낳았더라."

(창세기 5장 3절)

⑦ 쌍둥이 작명

"아브라함의 아들 이삭이 그 아내가 잉태하지 못하므로 그를 위하여 여호와께 간구하매 여호와께서 그 간구를 들으셨으므로 그 아내 리브가가 잉태하였더니 그 해산 기한이 찬즉 태에 쌍둥이가 있었는데 먼저 나온 자는 붉고 전신이 갑옷 같아서 이름을 에서라 하였고, 그 후에 나온 아우는 손으로 에서의 발꿈치를 잡았으므로 그 이름을 야곱이라 하였으며 리브가가 그들을 낳을 때에 이삭이 60세이었더라."

(창세기 25장 19절~25절)

⑧ 별명 짓기

"야곱이 죽을 쑤었더니 에서가 들에서부터 돌아와서 심히 곤비하여 야곱에게 이르되 내가 곤비하니 그 붉은 것을 날로 먹게 하라 한지라 그러므로 에서의 별명은 에돔이더라."

(창세기 25장 29절~30절)

⑨ 개명과 시기, 목적, 축복

"아브람의 99세 때에 여호와께서 아브라함께 나타나서… 이제 후로는 네 이름을 아브람이라 하지 아니하고, 아브라함이라 하리니 이는 내가 너로 열 국의 아비가 되게 함이니라. 내가 심히 번성케 하리니 나라들이 네게로 좇아 일어나며 열 왕이 좇아나리라."

(창세기 17장 1절~8절)

⑩ 초능력의 이름

"여인이 아들을 낳으매 이름을 삼손이라 하니라 아이가 자라매 여호와께서 그에게 복을 주시더니 손에 아무 것도 없어도 그 사자를 염소새끼 찢음같이 찢었다 - 그 곳 사람 삼십명을 쳐죽이고 여우 삼백을 붙들어서 그 꼬리와 꼬리를 매고 홰를 취하고 그 두 꼬리 사이에 한 홰를 달고 홰에 불을 켜고 불레셋 사람의 곡식 밭으로 몰아들여서 곡식 단과 아직 베지 아니한 곡식과 감람원을 불사른지라 - 삼손이 나귀의 새 턱뼈를 보고 손을 내밀어 취하고 그것으로 일천명을 죽이고 - 들릴라가 삼손에게 이르되 당신이 어찌 나를 사랑한다 하느뇨 당신의 큰 힘이 무엇으로 말미암아 있는 것을 내게 말하지 아니하였도다, 하며 날마다 재촉하여 조르매 삼손이 번뇌하여 죽을 지경이라 내가 머리가 밀리우면 내 힘이 내게서 떠나고 나는 약하여

작명권　257

져서 다른 사람과 같으리라 - 들릴라가 삼손으로 자기 무릎을 베고 자게 하고 사람을 불러 그 머리털 일곱 가닥을 밀고 괴롭게 하여 본 즉 그 힘이 없어졌더라.”

(사사기 13장 24절~제 14, 15, 16장 끝절까지)

위의 성서에서 기록된 작명에 관한 내용을 읽어봄으로써 스스로 이름에 대한 무엇인가를 알게 될 것이다.

자! 그러면 21세기에 즈음한 신생아의 이름을 비롯하여 상호와 물건 이름 등 모든 새로운 형상의 이름을 누가 지어주는가?

신생아의 경우는 작명권 소유자가 지어 주게 되고 사용자는 신생아이며, 신생아가 자라나서 이름의 중요성을 인식하게 되어 본인이 성공하면 아무 상관이 없는데, 실패하는 경우에는 이름을 원망하고 그 이름으로 인하여 스트레스를 받고 작명자를 원망할 것이며 서둘러 개명하고자 할 것이다. 과학은 하루가 다르게 발달되고, 사람도 이에 따라 변화되고 있는데 작명학만은 구태의연한 방식에 비과학적이고 오히려 퇴보하고 있다.

앞으로 신생아가 태어난 지 10 ~ 50년 이후면 변화무쌍한 일이 많이 일어날 것으로 예측되어 미력이나마 인생 항로에 도움을 주고자 개발된 것이 NSM 그래프이다. NSM 그래프는 모든 사람에게 만족감을 주지는 못한다 하더라도 그 이론 전개의 타당성이 과학적·수학적·현실적으로 검증되고 있음은 다행한 일이다.

앞으로도 작명에 대한 또 다른 평가 잣대가 연구되고 개발되리라는 기대는 사람마다 할 것이다. 우리 모두는 더 좋은 최상급의 작명학이 탄생되기를 학수고대하고 있다.

2. 작명권과 작명가

작명권이란 광의의 뜻은 대상물의 법적 소유권 행사를 가진 사람이 그 소유물권에 대하여 이름을 지을 수 있는 권리와 이름지어 사용하는 의무를 말한다. 협의의 뜻은 신생아 이름짓기로서 신생아의 태어남을 진심으로 축하하고 장래의 축복을 기원하는 마음으로 좋은 이름을 부여하는 일이다. 이름을 얻은 신생아는 장차 그 이름으로 하여금 명예가 고귀하게 되고, 재산이 순조롭게 형성되어지는 가운데 건강을 얻을 것이다.

작명가는 과학적이고 현실적으로 검증되는 작명학 이론에 의하여 신생아의 작명을 주축으로 상호와 물건, 건물, 지명 등의 모든 이름을 전문적으로 지어 주는 것을 업으로 삼는 사람이다.

3. 작명권 행사

첫째는 작명권에 관한 행위는 물권의 법적인 소유권자가 작명하며, 신생아의 경우는 신생아의 출산 과정의 원인 제공자로서 직접적인 혈연을 맺고 있는 부모가 최종적인 작명권을 행사한다.

둘째는 작명권의 위임은 법적인 소유권자가 대리인을 명하여 작명권을 위임할 수 있고, 신생아의 경우는 신생아와 혈족관계를 맺고 있는 부모와 일가 친척이며, 모든 상호와 물건명의 작명주체는 이에 관계되는 주인이다.

셋째는 작명가는 작명권자에게 작명권을 위임받아 작명을 한다.

4. 작명소와 작명 유형

우리 나라 사람의 이름 짓는 방식을 보면 한자식은 고려시대, 한글이름은 조선시대에 시작되었고, 호적상에 한자 성명 등재를 시작한 것은 광복 이후부터이다.

작명소는 작명가가 작명학 원리에 의하여 이름 없는 생산물의 이름을 짓는 곳이다. 이 중에서 가장 중요한 작명은 사람인데, 신생아의 이름을 짓는다는 것은 지구상에 단 하나밖에 없는 생명에 대해 숭고한 의미를 부여하는 일이다. 이에 따라 처음 지어진 이름은 그 개체의 생전이나 생후나 영원불멸의 것이다.

신생아의 이름을 어떻게 짓는 것이 좋은지, 또는 과연 누가 이름을 지어야 하는지는 작명권자의 몫이요 자유이다. 하지만 명심할 일은 주먹구구식, 임기응변식, 한자 의존식으로 이름을 짓는 것은 재고해 보지 않으면 안 된다.

결론적으로 한국 사람은 한글을 으뜸으로 삼아 작명하여 한글성명대로 사는 것이 가장 가치 있는 일이다. 오늘날 신생아의 작명을 비롯하여 상호와 물건의 이름짓는 장소를 살펴보면 다음과 같다.

① 작명권 소유자에 의한 작명

모든 사람들은 소유하고 있는 소유물의 이름을 작명할 권리가 있고 타인은 이를 막을 수가 없다. 신생아의 경우 신생아의 작명권 소유자가 신생아의 태생 과정·태몽·가문·돌림자·특별한 의미·장래희망 사항 등을 고려하여 가상적인 이름 몇 가지를 지은 뒤 일가친척들의 중지를 모아 그 중에서 하나를 최종적으로 선택하는 것이고, 상호와 물건의 이름은 경영자가 주체가 되어 이름을 짓는다.

② 작명가에 의한 작명

신생아를 비롯한 상호와 물건의 이름을 작명권자가 여러 가지 사유로 인하여 직·간접적으로 작명할 수 없을 경우에 소유물의 작명권을 전적으로 작명가에게 위임하는 것이다. 작명가에 위임하여 작명할 때는 과학적인 이론과 현실적인 검증이 확인되는 작명소를 선택하여야 한다. 작명가의 입지 중에서 가장 중요한 것은 작명가의 작명이론과 검증이며 양심과 정성이다.

③ 컴퓨터 통신에 의한 작명

컴퓨터 통신망에 이름고을과 이름세상 등이 있는데 이른바 신세대 사이버 작명소이다. 이름세상은 수리오행과 발음오행 등 9가지의 조건을 따져 작명하는데, 천리안 go agi, 유니텔 go nm, 하이텔 go nm21로 접속하면 되고, 이름고을은 천리안, 하이텔, 유니텔의 go name, 나우누리 go hname로 접속할 수 있다.

④ 저명한 인사에 의한 작명

물권의 소유자가 작명권을 저명한 인사에게 위임하여 이름짓는 일이다. 저명 인사라 함은 스님, 유생, 한문학자, 교수, 목회자, 사회 지도급 인사 중에서 작명 능력을 발휘하는 일부분을 말한다.

하지만 무엇보다도 중요한 것은 일부 인사들이 우리 민족 문화의 창달에 앞장서야 함에도 불구하고 여태껏 한자식 이름 짓기에 연연하고 있다함은 유감이며, 이는 한글 창제의 본뜻에 저촉된다.

⑤ 작명 유형

오늘날 이름 짓는 유형은 한자이름과 한글이름 외래어식으로 대별된다. 따라서 현재 작명하고 있는 유형을 크게 분류하면 다음과 같다.

첫째는 동양철학을 바탕으로 음양오행, 음력 출생 년 월 일 시(사주), 한자를 기본으로 삼아 이름을 짓는 방식이다.

둘째는 순우리말 이름이다. 예를 들면, '김별님, 고은비' 등으로 순수한 우리말 이름 짓기 사전에 의하여 지을 수 있다.

셋째는 21세기에 즈음하여 NSM 그래프에 의해 과학적, 수학적, 현실성 있게 작명하는 방법이다. NSM 작명 그래프에 의한 작명은 순우리말 이름짓기와 우리말 이름짓기 및 한자 이름짓기를 모두 포함하고 있다.

넷째는 외래어로 표기하는 방법이다.

5. 좋은 이름의 정의

우리 나라 국어 사전에 수록된 어휘는 대개 10만 단어 정도로 추산되고 있다. 이 가운데 가장 좋은 말을 하나만 선택하라면 어떻게 될까. 필자는 '맞다'를 선정할 것이며 사람들이 아무리 우격다짐을 해도 이를 초월한 말은 없다는 생각에서 일명 신비의 말로 여겨진다.

명심보감에 '죽고 사는 것은 명에 있고, 부자와 귀하게 되는 것은 하늘에 있다.'(死生有命 富貴在天)' 이 말은 사람이 제 아무리 죽고 싶고 잘 살아 부귀영화를 누리고 싶지만 하늘 뜻에 맞지 않으면 그렇게 될 수 없다는 뜻이 포함되어 있다.

세상만사 아무리 좋아도 자기에게 맞지 않은 일이면 임시는 좋아해도 결국은 못사는 것이다. 이와 같이 무엇이든 자기에게 맞아야 좋은 것이고 좋다는 것은 서로가 맞아 떨어지는 일에서 시작되는 것이다.

따라서 좋은 이름의 정의는 천지만물의 형상에 따라 결정된 소유권자가 소유물의 호칭을 작명학 원리에 의하여 모양과 본성에 맞게 이름지어 작명권자가 합법적으로 사용하는 이름을 말하고 나쁜 이름은 좋은 이름의 뜻에 맞지 않게 지어서 마음대로 사용하는 이름이다.

또 작명된 이름의 평가는 작명권자가 어떤 작명학의 원리와 이론에 의하여 작명하느냐, 이름을 평가하는 잣대는 무엇인가 등에 의하여 판독되는 것이다. 그러므로 작명학에 따라 이름짓는 결과가 가지각색이므로 각국마다 이름 붙이기는 그 나라 작명학 대세에 의존하고 있다.

이 세상에 가장 으뜸이 되는 작명학은 물론 작명학의 이론도 중요하지만 이것보다도 더 중요한 것은 이론에 의하여 지어진 작명의 검증이 과학적으로 입증되느냐에 따라 결정된다.

따라서 작명학의 생명은 이론이 아니고, 과학적인 검증이다. 만약에 작명학의 원리와 이론이 과학적으로 검증된다면 이것이야말로 세계 최고의 작명학이다.

그리고 작명학의 한계는 작명학의 이론과 검증에 의하여 개체에 맞게 이름을 지었다 하더라도 최종적으로 작명권자가 지정된 형상에 그 이름이 맞지 않다고 생각하여 지어진 이름을 사용하지 않는다면 작명학적으로는 좋은 이름이지만 작명권자 측면에서는 나쁜 이름으로 취급되는 것이다.

이를테면 좋은 이름을 지어준다고 선전하여 이름짓는 작명소에서는 신생아의 사주는 같은데 이름짓는 결과는 모두 다르다.

작명가마다 뽑아낸 한자가 다른 이유를 들어보면 다 맞지 틀린 사람은 아무도 없다. 여기까지는 모두 좋은데 마지막으로 신생아의 부모는 과연 어떤 이름을 선명하는 것일까? 좋은 이름의 결정은 작명권자가 하는 것이며 부모가 선택한 이름은 자기가 낳은 아이에게 맞다는 생각에서 결정되는 것이다.

따라서 좋은 이름과 나쁜 이름이 있다·없다·좋다·나쁘다·맞다·안맞다의 기준이 되는 유일한 작명학은 없고, 작명학자의 입김에 따라 좌지우지되는 경향이 많지만 근본기준은 작명학의 이론이 과학적으로 검증되었을 때만 문제는 해결될 수 있다.

따라서 좋은 이름을 짓는다는 것은 그만큼 어렵고 힘들며 정성과 노력이 요구되는 것이다. 우리는 어떠한 경우에라도 이름을 어감적으로, 외형적으로, 주관적으로 판단해서는 안되며, 부르기 쉽고 쓰기 편하고 기억하기 쉬운 이름이 좋다는 생각을 버려야 진짜 좋은 이름을 지을 수 있다.

수많은 사례 중에서 고려·조선의 문신 이원굉, 고려의 학자 유선좌, 조선의 개국공신 김사형, 조선의 문신 최개국, 대구은행장 김극년(2000. 5) 등에서 그 일부분을 엿볼 수 있다. 이러한 특이한 이름은 그 사람에 맞다는 것이 정평이다.

따라서 좋은 이름이란 좋은 이름의 정의에 맞게 작명된 이름이다.

6. 순우리말 작명

우리 나라 작명학에서 순우리말 작명이라는 말이 나와서는 안될 소리다. 당연히 대한민국의 사람이 대한민국의 신생아를 비롯한 물건명, 건물명, 상호명 등을 짓는데 순우리말로 짓는 것이 사필귀정이다. 그런데 순 우리말이라고 표현하는 이유는 무엇일까. 순우리말 작명의 뜻은 일상생활에 직·간접적으로 관계되는 대상물의 이름을 지을 때 순우리말을 전용하자는 뜻이다. 본 취지대로 이름짓기가 잘된 것은 우리 나라의 동식물명으로 거의 순우리말로 이름지어진 것이다.

그런데, 근래에 와서 작명하는 현실을 보면 한자식 작명과 로마자식 작명 등이 판을 치고 있다. 지금 이 상황대로 진행된다면 순우리말의 이름은 가물에 콩나듯이 되고 한자, 로마자, 일본어 등의 외래어 이름이 우후죽순처럼 나타날 것은 자명한 일이다. 이러한 이름문화의 다변화가 만연되기 전에 순우리말 작명운동이 일어난 것은 매우 고무적이고 온 국민이 환영하는 일이다.

순우리말 작명은 천지만물에서 이루어지는 모든 형상과 존재에 대하여 이름을 붙일 때 한글의 된소리와 울음소리를 살려서 좋은 낱말과 뜻 있는 낱말을 잘 조화시키면 멋지고 아름답고 훌륭한 이름이 창출된다. 순우리말 작명에는 어려운 한자가 필요 없고 음양오행에 의한 사주의 작명도 있을 수 없다.

순우리말 작명을 좋아하는 사람들은 순우리말이 너무 좋아 순우리말을 이름짓기에 많이 포함하려는 사람이 있는데 그 사례를 보면 '햇빛달님초롱초롱빛나리' '하늘무지개' '온누리새싹' 등이다.

하지만 근래에 와서 우리의 거리문화를 구성하고 있는 상호명과 건물명 등은 착각이라도 하듯이 마치 국제작명박람회를 방불케 하고 있다. 이러한 게시용 입간판의 이름이 좋고 나쁜 작명잣대에 의한 평가도 없이 이름의 상품화와 국제감각과 영업적인 측면에만 고려하여 이름을 외국어로 짓는 것은 순우리말과 한글을 우습게 보는 일이다.

순우리말을 아끼고 사랑하는 사람들은 이러한 현상들을 볼 때마다 정말 이래도되는지를 자문자답한다. 외풍제일주의론자들을 위하여 순우리말의 작명을 신생아 중심으로 몇 개만 소개한다.

신생아의 이름을 뚝심, 쁘기, 다운, 소쩍, 초롱, 한빛, 별님, 송이꽃 등으로 하여 성을 붙이면 김뚝심, 이쁘기, 정다운, 강송이꽃, 윤소쩍, 남초롱, 박한빛, 권별님 등이고 부모가 신생아에게 용감하고 씩씩하게 자라서 훌륭한 사람이 되어 달라는 뜻으로 작명한다면 김용씩, 이훌륭, 정용륭, 강용훌 등이며, 이 세상에 반드시 빛나는 일을 하여 달라는 간절한 어머니는 딸의 이름을 김한빛, 이빛나, 정세한, 한빛내리 등으로 지을 수 있다.

또, 1980년대 우리 모두가 잘 살기 운동의 명칭은 새마을운동인데 역시 순우리말로 잘 맞는 명칭이나 필자 소견으로는 모두 잘살자의 모잘운동으로 명명했더라면 우리말의 뜻이 담겨져 있고 국제감각에도 맞아질 수 있는 작명인 듯하다.

그런가 하면 굿모닝은 바다 건너 키 큰 사람들의 아침 인사말인데 우리 나라에서는 일등가는 상호이름으로 둔갑하는 사례가 있다. 왜 이러는지를 도저히 이해할 수가 없다.

고객에게 만족을 주는 상호로 목돈을 잡으려면 굿모닝을 걷어내고 진짜 순우리식의 말을 창안한다. 믿음주고 소망주는 뜻으로 믿소증권회사, 투자하면 더불어 좋아지는 뜻으로 투더신탁회사, 손님이 오면 즐거운 찻집의 뜻으로 오즐방으로 작명하면 종업원은 상호를 고객에게 소개하고 고객은 상호의 뜻을 헤아려 더 많이 이용할 것이다.

민소, 투더, 오즐은 순우리말의 뜻이 축소하여 새로운 용어의 창출이지만 외풍이 느껴지므로 외국인의 호감도를 얻을 수 있는 참신하고 세련된 호칭이다.

순우리말을 사용하지 않은 사람들을 위하여 한자와 로마자가 없는 순우리말을 만들어 본다. 순우리말의 잘한다의 뜻을 가진 낱자는 '잘'이다. '잘'을 넣어서 순우리말을 본보기로 만들어 사용하면 어떻게 될까?

밥잘 : 밥을 잘 먹는다.	잠잘 : 잠을 잘 잔다.
먹잘 : 음식을 잘 먹는다.	똥잘 : 똥을 잘 눈다.
술잘 : 술을 잘 마신다.	춤잘 : 춤을 잘 춘다.
노잘 : 노래를 잘한다.	말잘 : 말을 잘한다.
밥잘사 : 밥을 잘 짓는 사람	돈잘사 : 돈을 잘 버는 사람
술잘사 : 술을 잘 만드는 사람	돈잘쓰 : 돈을 잘 쓴다.

순우리말을 사용하지 않은 사람들을 위하여 이미 한자 표기로 사용하고 있는 낱말을 순우리말로 풀어서 다시 순우리말로 새롭게 만들어 본다.

순우리말 새로 만들어보기

순 우 리 말	말 줄 이 기	한 자 표 기
아름다운 수풀과 맑게 흐르는 물	아수맑물	금수강산(錦繡江山)
고맙게 여기는 마음	고마	감사(感謝)
사나운 짐승	사짐	사자(獅子)
노래 잘 불러 사는 사람	노잘사	가수(歌手)
힘이 센 사람	힘사	장사(壯士)
언제든지 부지런히 일한다	언부일	근면(勤勉)
아버지 말씀 잘 듣고 착한 아들	아잘착아	효행(孝行)
나라를 잘 이끌어 나가는 사람	나잘나사	대통령(大統領)

앞에서 보는 순우리말에 의한 말줄이기 형식은 단편적인 창어이긴 하나 어려운 한자 錦繡江山 등을 굳이 익혀야 할 필요성이 없고 몰라도 아무 상관이 없으며 차라리 한자 익히기보다 영어단어 하나 더 배우는 것이 미래가 보인다.

한자 표기가 우리말로 된 것은 여러 가지 요인이 겹쳐 있겠지만 동양의 언어 주도권을 빼앗겨 버렸고 견물생심에 한자가 우리 가까이 있음으로 인하여 뜻글과 소리글이 조화를 이룬 것으로 보여진다.

우리 민족이 순우리말을 아끼고 사랑하여 순우리말만을 숭상하여 왔더라면 순우리말의 낱말이 만들어졌을 것이며 지금에는 순우리말 사전이 출판되었을 것이다. 세종성왕이 창제하신 한글을 깊이 있게 생각하면 할수록 과학적이고 쓰기에 편하고 익히기가 쉽고 뜻이 잘 통한다.

순우리말의 사용은 순우리의 힘으로 순우리말 바로세우기를 하여 21세기에는 동양에서 제일 가는 한글문화권 형성에 다같이 노력해야 할 것이다.

순우리말로 작명할 때는 자유자재로 하되 작명학의 원리와 이론과 검증을 중요시하여 이름지어야 하고, 그 결과는 좋고 나쁜 작명잣대에 의하여 평가받아야 한다.

7. 주먹구구식 작명

작명이라는 뜻은 신생아의 이름을 짓는 것에서부터 시작하여 사람의 일상생활에 필요한 모든 사물에 대한 호칭과 활동에 관련된 명칭 등을 포함한 이름짓기를 말한다.

이러한 이름을 짓는데 있어서 주먹구구식 작명이라는 것은 작명학의 철학과 이론과 과학적으로 검증되는 현실성과 미래성을 떠나 작명권자의 주관적인 견해로 어림짐작하여 그저 막연하게 '이렇게 지으면 좋은 이름'이라는 생각으로 이름짓는 일들을 총칭하여 말한다. 주먹구구식 작명에는 단순작명, 뇌동작명, 마음대로작명 등이 있다.

(1) 단순작명

단순작명은 작명권자가 단순한 생각에 의하여 이름을 짓는 형식이다. 이 경우는 대체적으로 자기의 주장과 한자 뜻에 맞는 한자를 선정하여 단독처리하거나 측근들의 의견을 참작하여 결정하기도 한다. 이러한 방법으로 작명하는 대상은 물건·건물·상호·지명·단체명·교명·정당명·신생아 작명 등이다.

우리나라에서는 예로부터 염라대왕과 저승사자가 알 수 없는 이름을 지으면 장수하고 좋다는 뜻에서 바위, 돼지, 돌이, 붙돌이, 강아지, 개똥, 쇠똥, 멍텅구리, 쑥쇠, 돌쇠, 쑥개, 먹쇠, 뺑의, 바보 등의 천명(賤名)을 지어 불렀다.

또한 신생아의 작명을 할 때 끝돌림자가 이룰 성(成)자이면 중간자에 클 대(大)자를 넣어 대성(大成)이라 했는데 '대성'의 이름은 어느 성씨와도 결합시키면 부르기 쉬운 이름으로 호평받는데 김대성, 이대성, 박대성, 남대성, 주대성, 하대성 등이다. 그래서 '대성' 이름자만 붙으면 모두가 성공하는 것처럼 생각하여 이름을 짓게 되므로 동명이인이 많이 생긴다.

남아선호사상이 많은 사람은 딸을 낳으면 다음에는 딸그만 아들 좋아하는 생각으로 딸막이, 꼭지 등의 이름을 사용하거나 다음에는 꼭 아들을 기대하여 성명의 중간자를 차(次)·득(得)·필(必)·후(後) 자를 사용하고 끝자는 사내남(男)자로 하여 차남(次男), 득남(得男), 필남(必男), 후남(後男)이며 이러한 이름은 어느 성씨와 결합해도 무난한 것이다.

특히 근래에 와서는 물건, 상호, 건물 등의 이름을 외래어 일색으로 이름짓고, 누가 먼저 단순한 의미를 부각하는 영어, 프랑스어 등을 사용하는가에 마치 성공여부가 결정되는 듯이 외래어 이름짓기 경쟁시대가 전개되고 있다.

따라서 단순작명은 작명학의 깊은 생각없이 단순한 뜻을 지닌 이름을 짓고 보는 것이다.

(2) 뇌동작명

뇌동작명은 작명할 때 시대적인 조류를 타고 있는 유행자를 꼭 넣어서 이름짓는 형식이다. 작명권자가 생각해 보니 요즈음 이름을 짓는데 유행 돌림자가 좋은 뜻을 가지고 있으므로 나도 이 글자를 붙여서 이름 지으면 그렇게 좋아지겠지란 식의 착상을 한다.

이와 같은 흐름은 신생아의 작명을 비롯해서 상호명이 주류를 이루고 있는데 그 사례는 '방'자를 넣어 소주방·전화방·노래방 등이며, '옥'자를 넣어 명성옥·한중옥·신라옥 등의 음식점이 있고, '아트·그랜드·파크·피아' 등의 끝자를 붙여서 상호명과 건물명을 쓰는 경우가 허다하다.

신생아의 유행 돌림자의 경우는 제국시대에 여자아이를 낳으면 끝자를 '자'자를 넣어 소위 일본식 이름으로 지었다. 그 당시 학교나 동네 여자아이가 모인 곳에는 영자·미자·숙자·정자·득자·필자의 '자'자의 집단체이다.

그런가 하면 과거에 우리가 가난에서 벗어나지 못하여 보릿고개를 넘겨야 할 때가 있었다. 이 때는 아이를 낳으면 '복'자를 많이 사용했는데 '복'자의 집합소가 골목길 모퉁이의 놀이터이다. 이를테면 복희·복순·복남·덕복·용복 등이고 요즈음은 복권이 그 몫을 대신하고 있다.

특히 근래에 와서는 인기 탤런트 등 연예인 또는 유명한 인사들의 이름에서 쓰이는 낱자를 많이 사용하는 경우가 뇌동작명의 현실적인 일면을 보여주고 있다.

아무리 좋은 유행 돌림자일지라도 자기에게 맞아야 하고 이는 곧 성과 결합하여 조화를 이루어야 하며 성명의 낱자 사이에 기와 정기가 서로 상생되어 검증되는 것이 성명학의 기본원리이다.

(3) 마음대로 작명

마음대로 작명은 작명권자의 절대적인 작명권 행사에 의한 이름을 짓는 형식이다. 작명의 이론과 원리가 모든 사람마다 제각기 다르다. 작명권자의 주장에 따라 작명이론이 천차만별로 나타나고, 이에 따라 작명되는 결과도 천태만상이다.

어떤 경우에는 이 사람 저 사람에게 물어서 좋다 나쁘다의 결론을 얻는 것으로 이름 공청회·이름재판·이름공모 등의 현상이 일어난다.

이름의 공모는 좋은 이름짓기 차원에서 볼 때 환영할 만한 일이다. 그러나 그 이면에 이름을 공모하는 집단의 과시력과 응모자의 관심을 유도하여 집단의 사전홍보용의 성격이 있고, 가장 큰 문제는 좋은 이름의 최종 결정 잣대가 미사여구와 주관적인 입장에서 맞으면 좋다는 식이다.

다시 말해 좋은 이름이 작명이론에 근거하여 검증되는 것을 외면한 채 어감과 외형적인 말로 이름의 가치성을 논한다는 것이다.

실제로 좋은 이름짓기는 조용하고 물맑고 공기좋은 자리에서 아무도 몰래 깊이 생각하여 정신과 정성이 담긴 작명을 한 다음에 작명학 원리에 철저히 비교·검토되는 것이다.

또 근래에 와서 신생아의 이름을 짓는데 있어서 '부르기 좋고 듣기 좋으며 쓰기 좋고 기억하기 쉬운 이름이 좋은 이름이다'는 말이 마치 성명학의 원리원칙 또는 검증된 이론인 것처럼 호도되고 있는 것은 참으로 안타깝고 허무맹랑한 발상이다.

다만 이 말이 금과옥조에 맞는다면 작명 5대 요소에 의하여 이름 붙여진 결과 NSM 작명 그래프에 우선적으로 합격되고 한자표기가 같은 값에 사주에 맞다면 좋은 이름임에는 틀림이 없다.

그외에는 성명학과는 엄청난 차이가 있고 이러한 말로 신생아의 이름을 짓는다는 것은 이름의 질보다는 양적인 생산, 이름의 내재가 치보다는 외형 위주의 형식적인 것, 과학적인 좋은 이름의 잣대보다는 즉흥적인 흥미 위주의 이름짓기 경쟁, 작명학의 이론보다는 미사여구의 홍보용으로 인기영합의 작명 전략이다.

이런 식의 신생아 이름 짓기는 흘러가는 유행가와 잘 팔리는 물건 이름 짓기에 가장 알맞다. 당장에 고객들로부터 빨리 기억나서 좋고, 물건 이름 빨리 알아서 사기 쉽다. 또 TV선전에 시선을 즐겁게 하므로 기분이 좋다.

못난 사람들은 사람을 물건으로 착각하여 물건 취급하듯이 다루고, 작명소에서는 신생아의 이름을 물건 이름 짓는 식으로 작명하는 일이 있다면 착각은 자유인 모양이다.

사람의 이름은 노래 가사도 아니며 물건명도 아니고 TV선전용이 아니다. 사람의 이름은 지구촌의 최고 고등동물의 이름이요, 만물의 영장에 걸맞는 이름을 소유할 권리가 있고, 작명가는 이에 맞는 격조높은 품위와 존귀함과 인격이 겸비한 좋은 이름을 지어줄 의무가 있다.

이름을 짓는다고 해서 다 좋은 이름이라는 법도 없고 자신이 이름을 짓는다고 해서 훌륭한 이름이라는 생각은 추호도 없다. 누구나 이름을 짓되 작명학의 원뿌리를 한번쯤은 짚어보고 신생아에게 좋은 이름을 선물하자는 뜻이다.

세상에 흔한 이름은 말 그대로 기와 정기가 이미 누출될 대로 다 소멸된 것이고 이름의 개성과 미래가 없으며 흔하니까 천하고 값이 없다.

이러한 주먹구구식의 작명은 작명의 숭고한 가치를 저하시키고 작명가의 명예를 훼손하며 사회적인 불신풍조를 유발하는 요인이 된다. 이 결과 작명가의 설 땅이 없으며 너도나도 작명가가 되는 셈이다.

이에 준하는 대표적인 사례를 보면 작명할 대상물의 근본은 생각하지도 않고 무조건 잘 살아야 되고 훌륭하게 되어 명성을 날리는 것을 으뜸으로 삼는다는 것이 작명의 소명의식이다. 그래서 지어진 쌍룡(雙龍)·일해(日海) 등의 이름을 볼 수 있는데 단순작명으로는 이름이 좋은 것같이 보이나 이름의 성격이 무제한적이고 이름의 거품현상으로 거창하고 원대하면 역기능이 나타난다.

위의 예시는 표면상의 이름으로서는 대단하다. 이중에서 쌍룡(雙龍)을 단순작명과 마음대로 작명형식에서 보면 한 쌍의 용으로서 용 두 마리가 위력을 합하면 이 세상에 못할 일이 없고 세계적인 명성을 얻는다는 뜻이다. 근본 취지는 만족하지만 실제적이고 내면적인 내용을 검토하면 허한 부분이 꽉 차 있다.

보라! 용 두 마리를 한 곳에 놓아두면 용 중의 용이 되기 위하여 싸워야 한다. 용이 싸우면 끝장이고, 용 한 마리도 과욕인데 용 두 마리를 다스린다는 것은 인간의 힘으로는 불가능하다. 쌍룡의 이름은 외형적으로는 두 마리의 용이고 내면적으로 볼 때는 원수의 용이 되어 용두사미 현상이 일어난다. 단순작명에서 굳이 용자를 사용하려면 일룡(一龍)·용태(龍太)·덕룡(德龍) 등일 것이다.

작명권자들이 작명을 할 때 짐승의 이름을 이용하는 경우가 주로 한자식 표기의 용 용(龍)자와 범 호(虎)를 사용한다. 애용은 하되 성과 이름과의 기와 정기를 신중하게 생각하여야 하고, 작명 5대 요소 및 NSM 작명 그래프의 합격 여부를 확인한 다음에 호적에 등재해도 늦지 않다는 것이다.

이 세상에 넓은 땅 깊은 바다 높고 높은 하늘이 있어도 자연의 이치와 인간의 지혜가 안 미치는 곳이 없으며, 지구상의 인구가 아무리 많다 해도 국적 없는 사람 없고 부모 없는 아이 없듯이 작명도 사람마다 성명학의 철학과 원리와 이론에 검증되는 작명기법에 따라 맞게 이름 지어지는데, 이를 초월해서 외형적으로 과욕을 부리거나 임시 기분에 안맞다는 느낌에서 거부하면 분에 넘치고 흔하고 천한 이름에 맥빠진 이름을 지을 수밖에 없다.

8. 남녀유별의 작명

(1) 남아 · 여아의 이름 기풍

작명권자와 작명가 중에서 가장 잘 통하는 작명원리가 성별을 구분하여 이름짓는 일이다. 성명학적인 견해로 남아와 여아의 이름을 구별하여 짓는 것이 어떤 의미를 갖는지 알아보면 남자이름 따로, 여자이름 따로는 XX성염색체와 XY성염색체에서 시작되는 것이다.

사람의 염색체는 모두 23쌍으로 되어 46개가 있고, 이 중에 한 쌍이 성염색체로서 성교를 통하여 임신되면 임신 3개월 째 XX성염색체를 가진 태아는 여자아이가 되고, XY성염색체를 가진 태아는 남자아이가 되는 것이다.

성명학 정의에서 '형상에 따라 이름을 짓는다'라고 규정하여 놓았으므로 XX성염색체가 성장한 것에 맞게 이름을 지으면 여자이름이고, XY성염색체가 성장한 것에 맞게 짓는다면 남자이름이 되니, 자연순리에 의하여 남자와 여자이름이 나누어지게 되는 근본을 찾아볼 수 있다. 이 결과 나타나는 XX성염색체와 XY성염색체에 붙여진 이름의 기풍을 보면 이 사실이 입증된다.

남 · 여 이름 기풍의 분류

남성 이름 기풍	여성 이름 기풍
· 남자는 남자다운 가부장적인 이름 · 이름의 뜻과 깊이와 폭이 넓고 외향성이다. · 남성 냄새가 풍기고 이름짓기가 힘들다. · 중량감, 책임감, 정의감, 사명감 · 엄격성, 강직성, 용맹성, 대담성 · 결단력, 인내력, 지구력, 통솔력 등을 나타내는 특징이 있다.	· 여자는 여자다운 현모양처의 이름 · 이름의 뜻과 깊이와 폭이 좁고 내향성이다. · 여성 냄새가 풍기고 이름짓기가 쉽다. · 깨끗하다, 아름답다, 명랑하다, 친절하다. · 나약하다, 부드럽다, 화려하다, 상냥스럽다. · 예의바르다, 다정다감하다, 밝다. · 맑다, 순하다, 귀엽다, 예쁘다, 자상하다 등을 나타내는 특징이 있다.
· 인자하다, 올바르다, 슬기롭다, 인격적이다 등은 공통적인 이름의 기풍을 갖는다.	

우리 나라의 남자와 여자의 성명은 위에서 제시된 남성과 여성의 이름 기풍대로 이름지어진 것을 알 수 있고 그 결과는 남존여비와 남성우월성을 나타내고 있다.

그런데 여성들이 가만히 보니 이래서는 안될 일이다 하여 사람의 형평성을 따져 남녀평등과 여성지위 향상과 여성 상위시대를 주창하고 남성들에게 도전장을 내고 있다.

하지만 성명학적인 입장에서 볼 때 공통적인 희망 사항으로 부분적인 실현가능성은 있으나 전체적으로는 기대하기 매우 힘들다.

성명학이 여성상위시대에 기여할 수 있는 방법은 단 하나이다. 현존하고 있는 모든 여자의 이름을 남자의 이름으로 개명하고 여아의 이름짓기는 남아이름 기풍대로 모두 짓는 것이다.

이른바 여성이름 혁명이다. 성명학에서 인연역설 해법을 여성의 이름으로 총동원하여 궐기하면 남성이름의 기와 정기를 탈취할 수 있다는 것이다.

예컨대 민중당 대표최고위원·신민당 고문을 지낸 여류정치가 박순천, 이화여대 법정대학장·가정법률상담소장을 역임한 이태영, 남편 문익환과 함께 민주화 통일운동에 힘쓴 박용길, 초대 상공부장관 임영신, 애경그룹 회장 장영신, 한국일보사 사장 장명수, 전 상공부장관 및 변호사 황산성, 한국국제교류재단 이사장 이인호 등의 여성 성명이 이에 속한다.

그러므로 성명학의 여성지위 향상은 극소수에 국한되는 것이므로 여자는 여아이름 기풍대로 이름지어 사는 것이 여자의 일생이고 남자는 남아이름 기풍대로 이름지어 사는 것이 여자를 위해 좋은 것이다.

필자는 일선학교에 학생과장으로 있을 때 학생을 지도하는 과정에서 남학생인데 성명은 여성이름 기풍이고, 생김새와 음성이 여성화되는 경향이 있어서 "너 남자 맞어!" 또 여학생인데 성명은 남성이름 기풍이고, 얼굴과 행동이 남학생 못지 않을 정도로 활동을 하고 있어 "너 여자 맞어!" 라고 반문한 적이 있다.

그런데 조용히 관찰하여 보면 아동발달 과정에서 신체의 급격한 변화와 갈등의식 및 결손가정 등의 영향을 받아 일시적인 행동인 것 같았다. 탈남자와 탈여자의 기질을 조기에 발견하고 성별에 맞는 인성지도를 하여야 되며 교육은 국가의 백년대계이므로 학교에서는 학생농사, 가정에서는 자식농사를 잘하여야 됨은 물론 신생아의 이름을 지을 때도 성명학 원리에 맞는 이름농사를 잘 지어야 한다.

또 요즈음에 여자아이를 가진 부모가 작명하려 와서 남자처럼 훌륭하게 아이를 키워볼 작정이니까 이름을 남자처럼 잘 지어달라고 하는가 하면 남자아이를 가진 부모는 이름을 순하게 지어달라고 한다. 그 이유 중 하나는 집안에 남자의 성질이 너무 거칠고 강하여 명절같은 길흉 행사에 모이면 분위기가 살벌하여 아예 이름 자체를 부드럽게 지으면 좋겠다는 생각이다.

이 말의 뜻은 XX성염색체와 XY성염색체의 형상에 따라 이름짓지 않겠다는 말이다. 또 이러한 생각을 하고 있다면 성명학 원리와 검증에도 당치않을 뿐더러 여아와 남아의 이름 기풍에 역행한 일로 판단되기 때문에 삼가하는 것이 바람직하다.

각 가정에서 작명하는 일은 좋으나 성명학의 원리를 무시하거나 경시하여 마음대로 작명을 한 결과 오류를 범하면 장래는 말할 것도 없거니와 그 피해는 당해 아이에게 돌아가고 성장하는 과정에서 곤욕과 말썽을 일으켜 요주의 선도대상으로 지목된다.

따라서 여자아이는 XX성염색체 형상에 맞는 여아이름 기풍대로, 남자아이는 XY성염색체 형상에 맞는 남아이름 기풍대로 작명하여야 한다.

이와 같은 기풍대로 좋은 이름을 지으면 남자는 남자다운, 여자는 여자다운 멋지고 훌륭한 사람을 탄생시킬 수 있다.

(2) 아들 자(子)의 작명론

소위 말하는 일본식 이름에서 여아의 이름을 지을 때 성명의 끝자를 아들 자(子)로 하는 까닭의 허와 실을 밝혀본다.

작명의 결과에는 반드시 작명근거와 과정이 있어야 성명학적인 가치가 있고 검증되는 것이어야 한다. 그렇다면 누가 무엇 때문에 유행 돌림자를 만들어 아들 자(子)의 열풍으로 전국을 강타했을까.

이러한 원인발생에 대한 물증은 없어도 심적 증거는 충분하고도 남음이 있어 아들 자(子)의 역할론을 생각해 본 것이다.

그 때 그 당시 장기간 동안 그렇게 사용했던 아들 자(子)는 지금 어디로 사라졌는가 말이다. 한 마디로 일본식 子자로 인정되기 때문이라는 말은 당연하나 그 내막이 성명학적으로 어떤 의미가 있는지는 모르고 있다는 것이다.

일본의 귀족들은 딸의 이름을 지을 때 끝자에 아들 자(子)를 쓰는 습관이 있었다. 그 당시 우리 나라 친일파 세력들이 이를 모방하여 자기 딸에게도 사용하면 황국 신민이 되는 것처럼 착각한 것에서 비롯된 것이라고 보고 있으나, 필자의 생각으로는 아마도 그 당시 일본의 유명한 성명학자가 성명학의 원리와 이론과 검증 등을 면밀히 연구하고 검토한 나머지 우국충정으로 국민에게 계몽하여 얻어낸 결과일 것이다.

일본과 한국에 여아가 많이 출산하고 있다면 제국주의는 송아지 물 건너간 것과 다를 바가 없고 부국강병의 기둥은 남자가 전쟁터에서 총대를 메고 적군과 싸워 이겨야 하는 법인데 아들 낳기는커녕 딸아이만 낳으니 큰 일입니다.

그렇다면 성명학자로서의 대책은 무엇이오. 성명학적으로 아들을 낳게 하는 비결은 여자아이의 이름을 지을 때 무조건 끝자를 아들 자(子)로 이름 붙이면 그 뒤에는 자(子)가 나옵니다. 만약에 성씨 뒤에 아들 자(子)를 붙이면 성과 아들 자(子)의 기와 정기가 상충하여 오기로 줄줄이 딸 아이가 출생할 것입니다.

따라서 끝자를 아들 자(子)로 하면 꿩먹고 알먹는 것입니다. 그리고 성과 끝자의 아들 자(子) 사이에는 무슨 말을 넣어도 성과 상생하는 성명학의 비결을 발견한 것이고, 또한 성과 중간자의 역할은 XX성염색체의 여성기능을 발휘하여 남자가 전쟁에서 죽거나 집에 돌아오지 않아도 XX성염색체의 기능이 나타나서 가정을 무난하게 지킬 수 있습니다.

사람들이 듣자거니 경의 말이 옳은 이치같소. 오늘부터 출생한 모든 여아는 국적에 구애됨이 없이 그렇게 이름짓도록 하고 온 국민이 힘을 모읍시다.

이와 같은 내용은 동자삼작명학의 이론상으로는 꼭 맞아떨어지는 이름짓기이다. 물론 아들을 낳기 위한 비결은 여러 가지 수단 방법이 동원되고 있어도 이만큼 훌륭하지는 못하다. 그 대안으로 가령 끝자를 사내 남(男), 어조사 자(者)자는 그때 그 당시 일본의 국가론에 맞지 않다는 분석이다. 따라서 아들 자(子)의 역할론은 세 가지로 요약할 수 있다.

첫째, 국가적인 차원에서 제국주의를 실현시키려면 남아를 많이 출산시켜 병사를 양성해야 한다. 그 방법의 비결은 작명학 원리로서 이름을 잘 지어주고 아들을 낳게 하는데 누가 싫다 하겠는가.

이 원리는 여자아이는 XX성염색체의 발달로 되고 XX성염색체를 보유하고 있다. 이름의 끝자에 아들자(子)는 子 = XY성염색체이므로 XX성염색체와 XY성염색체가 자동적으로 연결되면 XXXY(女子)가 되는 것이다. 여기에서 아들이 되려면 XX는 지금의 여아이고 남는 것은 XY이므로 다음에 출산될 남아의 성염색체가 될 것이다. 또 끝자의 아들자(子)는 목적이 하나 뿐이므로 '자'를 가진 여자아이의 명성은 없다는 말이다. 이것은 세계적으로 최초유의 계산된 성명학적 이론이다.

둘째, 부모에서부터 딸아이를 부를 때 끝자를 많이 사용하는 현실적인 호칭을 최대한으로 활용한 것이다.

어느 누구도 여아의 성과 중간자를 몰라도 여자아이를 보고 '자야'라고 부르면 그 여자아이는 자기를 부르는 것으로 인식할 수 있다. 또 이름을 짓는데 어느 누구도 손쉽게 부르기 쉽고 기억나기 쉽고 쓰기 쉬운 이름이다. 그 결과는 여자이름의 동성동명과 동명이인의 대량생산 운동이 전개된 것이다.

일본 사람과 한국 사람은 여자아이의 이름을 별도로 익혀야 할 이유가 없게 된다는 것이다. 그야말로 '자야'의 외형적인 호칭은 여아를 부르는 것이지만 속심은 자(子)야! 곧 아들아!의 XY성염색체의 탄생을 호소하는 소리반복운동이다. 사람마다 고을마다 잠시도 쉬지 않고 '아들아!'를 외치고 있으니 아들 '자' 분위기가 조성되는 속뜻은 주술적인 작용력을 의미하는 것이며, 이에 따라 영(靈)이 동(動)하고 영이 동하면 소원이 이루어진다는 것과 임산부의 소원이 되기도 하여 태아교육에 연결되는 일이다.

이것은 지능적인 작명기법으로 누이 좋고 매부 좋은 일이다.

셋째, 끝자에 아들 자(子)를 붙여 여아성명을 작명하면 남아이름 기풍에 성명학 원리가 맞아 그 이름을 가진 여아는 건강하게 잘 자람과 동시에 남자가 없어도 여아이름 기풍대로 살기 때문에 현모양처로서 집안일을 잘 챙겨나갈 수 있으므로 그때 남자는 전쟁터에서, 여자는 가정에서 각각 맡은 일을 잘 할 수 있다는 해석이다.

이것 또한 성명학의 효율성을 극대화한 작명의 실용화이다.

이러한 작명상황이 만연하고 있을 때 그 당시 우리 나라 작명가는 어떻게 하고 있었을까?

첫째, 뇌동작명의 미명 아래 아들 자(子)의 유행 돌림자를 여아이름에 붙이기만 하면 아들 낳아 잘사는 줄만 알고 작명하였다면 작명가의 자질문제가 한심하다.

둘째, 시국의 상황과 성명학적인 견지에서 그 저의를 알면서도 모르는 체하며 아들 자(子)의 이름을 대량생산했다면 작명가로서의 책임감과 사명감과 양심상의 문제가 의심스럽다.

셋째, 그래도 식견이 있는 작명가는 아들을 낳게 하는 성명학적인 비결을 우회적으로 찾아내어 끝자의 아들 자(子)는 사용하지 않고 사내남(男)자와 놈자(者)자를 넣었다면 성명학자의 체면을 세워 시대적인 처신을 잘한 것이다.

현실적으로 남아선호 사상과 무남독녀의 대를 잇기 위하여 그 당시의 작명기법을 답습하고 있기 때문이다. 우리 나라를 식민지로 만든 일본 사람들은 이름의 아들 자(子)의 유행 돌림자를 교묘히 활용한 것도 대단하지만 이것과 병행하여 추진한 일은 우리 나라 산에 쇠말뚝을 박아 산맥을 차단하여 산의 기와 정기가 고인에게 옮겨가 후손이 번창하는 일을 가로막았다는 것이다. 바로 우리 나라 명산의 명당자리를 모두 없애버렸다.

그 이유는 아들 자(子)의 유행 돌림자를 사용한 나머지 계산대로 많은 남아가 출생하여 그 중에서 김유신, 이성계, 이순신 등의 명장과 안중근, 윤봉길, 이봉창 의사 등의 독립지사가 속출한다면 큰 우환이므로 이를 생각하여 산혈을 차단하였을 것이다.

이러한 것으로 보아 그 당시 일본의 풍수지리와 성명학이 하나가 되어 국가목표에 이바지하였다는 결론을 얻는다. 그러므로 전후에서 현재까지 경제대국에 이바지한 그들의 성명에 대하여 관심을 가질 필요성이 있다. 이제 우리는 아들 자(子)의 진의를 성명학적으로 고찰할 수가 있었다.

따라서 아들 자(子)는 중간자와 끝자에 사용하지 말 것을 권고하며 우리말의 '자'는 성명학 원리와 검증에 맞으면 얼마든지 사용해도 좋다. 그러므로 시대적으로 위대한 성명학자와 풍수지리학에 밝은 지혜가 국가발전에 공헌할 수 있다는 가능성을 보여주는 선례로서 가치가 인정된다.

(3) 돌림자의 실효성

신생아의 이름을 짓는데 돌림자의 사용과 사용불가는 필수적인 전제조건이다. 돌림자는 남아와 여아의 구별 없이 사용되어 오다가 남아의 전용물로 남게 되었다. 돌림자는 우리 조상들의 작명기법으로 자랑할 수 있는 여건이 충분히 구비된 반면에 부정적인 측면도 이면에 숨겨져 있다.

우리는 어느 나라 사람보다도 우리 민족의 국난에 대하여 잘 알고 있다. 그 때 의식주 해결도 중요하지만 삶이 두렵고 언제 어느 방향으로 피난하게 되면 다른 씨족과 같이 살거나 고립하여 살게 된다. 또 불효하거나 나쁜 일을 저질러 추방을 당하면 씨족의 내력을 찾기 어렵게 된다.

여러 측면에서 족보와 가보와 가첩이 만들어져 널리 사용되고, 돌림자를 만들어 몇 대손과 촌수와 종파를 쉽게 알 수 있도록 하였다. 장소와 때를 불문하고 낯선 종씨끼리 서로 만나면 첫인사가 돌림자에서부터 촌수가 계산되고 호칭을 알게 되므로 금방 친숙한 일족일가의 혈통답게 교분이 이루어진다.

돌림자는 가가예문에 의한 글자들이 한자표기로 대를 이어가는 것으로 중간자와 끝자가 윤번하여 사용되고 있다.

돌림자는 시대적으로 민감한 반응을 보여 상대자의 돌림자만 보고 양반과 서민과 평민을 분별할 수 있었다.

이와 같이 돌림자는 특히 남아의 작명과 밀접한 관계를 갖고 있고 돌림자를 사용하지 않은 남아는 마치 남의 자손처럼 취급할 정도이며 그래서 첩의 자식도 돌림자만은 꼭 붙이는 경우가 허다하다.

이제 돌림자의 성격을 음미하여 보면 장단점이 뚜렷하게 구별된다는 것이다.

첫째 돌림자의 장점은 부익부이다.

왕족과 귀족과 양반은 사회신분제도에 의한 등급 이외에 이름짓는 일에도 차별화가 극심할 정도이고 심지어는 왕족이 사용하는 글자를 평민과 서민이 사용하기에는 부담스럽고, 임금님을 모시는 예의에서도 옳지 않다는 생각이다.

또한 왕궁에는 왕의 세자가 낳기도 전에 왕세손의 작명에 대한 사전준비가 있었다. 이 경우 돌림자는 이미 중간자 또는 끝자가 지어져 있는 상태이고 글자 하나의 선택이 나라 안의 성명학자들의 지혜와 총명이 집결되었다는 말이다. 이렇게 지어진 이름이 나쁘게 지을 리가 어디 있겠는가?

따라서 좋은 이름은 복을 불러오고, 귀신을 내쫓고 건강과 재운과 명예를 하늘 높이 휘날리게 하여 모든 사람이 우러러보게 된다.

이처럼 왕가·귀족·양반 등의 고관대작들과 자손들은 좋은 이름을 가졌으므로 자손들은 대대로 과거시험에 합격하고 국사에 전념하여 명성을 남기게 되었으니 '왕대밭에 왕대가 난다'는 속담을 만들어 내었다.

하지만 좋은 이름도 인연환경 속에 함정이 있으므로 어제는 권력의 상좌였지만 오늘은 역적으로 몰리어 유배되고 귀양살이를 하게 된다. 낙향하는 그는 이름 모를 유배지에 가서 자손을 낳으면 돌림자의 사용만은 절대적이다.

둘째, 돌림자의 단점은 빈익빈이다.

불쌍한 것은 평민과 서민이요, 그 중에서 서민은 한평생 벼슬아치를 위해 삶을 헌신하고 생명부지에 급급했다. 평민과 서민이 용안의 자식을 얻었다고 할지언정 누가 그 얼굴에 그 성에 꼭 맞는 이름을 지어줄 것인가.

밥 먹고 양반 모시기에 바쁜 신세인데 때나 개나 주먹구구식으로 이름 짓고, 호적에 올리는 것이 전부이다. 하지만 용안의 출생 소문이 퍼져 관가에 흘러 들어가면 겁도 겁이지만 이름이 하사될 경우 과연 그 이름을 곧이곧대로 믿어야 될까.

나쁜 생각으로는 무슨 음모가 있을지도 모른다. 평민과 서민 중에서 좋은 이름짓기는 그림의 떡이요, 하늘의 별이며, 이렇게 지은 이름이 좋을 턱이 없고 이름대로 사는 것이 영원한 평민이요 서민생활이다.

그런데 요행하게도 성과 이름이 맞아 떨어져 과거시험에 합격하여 관가로 입성하면 '개천에 용난다'가 된 것이다. 위에서 보듯이 돌림자의 관행은 '콩 심은 데 콩나고 팥심은 데 팥난다'는 속담에 맞아떨어진 것이다.

이 결과 오늘날의 사람들은 남아의 이름을 지을 때 명문가일수록 돌림자를 계승하여 부익부의 장점을 얻으려고 하는 것이고, 돌림자의 사용 불가를 전제로 좋은 이름만 지어달라는 것은 빈익빈의 개천의 용을 꿈꾸는 것일까.

실제로 작명함에 있어서 돌림자를 고정하면 이름짓는 범위가 70% 축소되어 신생아의 탄생 의의, 창의성, 개성, 미래성 등이 상당한 제약을 받게 되어 이름짓는데 시간과 노력이 많이 소모된다. 그러나 돌림자를 사용하지 않을 경우는 이름 짓는 범위가 70%로 확대되어 자유자재로 성명학에 맞게 이름지을 수 있다.

돌림자는 신생아 측면에서 볼 때 돌림자를 굳이 사용하는 이유를 찾지 못하며 작명기법도 옛날과는 판이하게 다르고 더욱이 21세기에는 개인의 신분자료가 어느 곳에 가더라도 짧은 시간 안에 전부를 얻을 수 있기 때문이다.

돌림자는 가문의 전통성과 가풍을 대변하는 특성이 있고 그의 후손들은 조상의 혈통과 명예와 조상과의 인연인 돌림자를 통하여 계승할 수 있다는 생각을 저버릴 수 없어 계속 사용할 것이며, 또 이를 부정하고 독자적으로 새로운 뜻의 돌림자를 창출하여 사용할 수도 있을 것이다.

다른 한 편으로는 돌림자의 은덕을 못보았던 사람들은 처음부터 돌림자 망신론을 주장하여 소신껏 이름을 짓는다.

돌림자의 사용 여부는 작명권자의 권한이며, 돌림자를 넣어서 좋은 작명잣대에 맞는 이름이 지어진다면 사용하는 것이고, 작명시 돌림자가 걸림돌이 된다면 굳이 사용할 필요는 없다.

그리고 오늘날 장남과 차남, 장녀와 차녀 등의 이름을 지을 때 차별화하는 경향이 있다면 대단히 잘못된 사고방식이며, 이는 작명학 원리에 맞지 않은 우를 자행하는 일이다.

이제 우리는 시대적으로 좋은 이름을 짓는다는 것은 이름에 대한 장기투자이며 그 가치는 반드시 나타날 것이다.

9. 태아교육과 작명

(1) 태몽의 의미

태몽이 작명요소에 포함되어야 된다는 당위성을 과학적인 이론과 검증을 통한 설명은 새삼 새로운 일은 아니다. 태몽이라는 말은 임산부가 아이를 잉태하기 100일 전부터 출생일까지의 꿈 중에서 태아에게 직·간접적인 영향력을 계시하는 특징적인 꿈을 말한다.

또 넓은 의미의 태몽은 임산부의 어머니와 아버지, 태아의 조모가 이와 같은 꿈을 꿀 경우도 포함시킬 수 있다. 이 때는 집안에 임산부가 몇 사람이 있으면 누구에게 해당되는 것인지를 구별하기 힘들므로 확실한 내용이 아니면 반영될 수 없다.

오늘날에는 태중 10개월의 선천교육이 출생 후의 평생교육을 좌우할 만큼 강조되고, 이를 올바르게 인식하여 임산부가 태아교육을 잘하고 있음은 다행한 일이다.

태아교육의 이론은 임산부가 임신 10개월 동안 그가 듣고 느끼고 생각하고 먹는 것과 행하는 일들이 태아에게 전이되어 출생 후 아기의 성격과 용모와 지능·건강·인격 형성에 지대한 영향을 준다는 견해를 갖는다.

(2) 태아교육의 검증자료

태몽이 현실적으로 나타난 검증을 열거하면 아래와 같다.

- 옛날 이디오피아의 히다페스트 왕의 어머니는 임신하여 왕궁의 뜰에 그리스의 신상을 보며 태교한 결과 히다페스트 왕은 신상처럼 외모가 아름답고 조각처럼 아름다운 왕으로 유명하다.
- 유태민족의 선지자인 사무엘의 어머니는 하나님께 아들을 하나 낳게 해주면 유태민족의 지도자로 하나님께 바치겠다고 기도한 결과 아들 사무엘을 낳았고 사무엘은 유태민족을 극진히 사랑하였다.
- 세례요한의 어머니 엘리자베스는 하나님께 아들이 태어난다면 이스라엘을 위하여 몸과 마음을 바치게 해달라고 기도하여 요한을 낳았고 그는 이스라엘 민족의 정신적인 지주가 되었다.
- 석가모니의 탁태영몽도에는 흰코끼리를 비롯한 다섯 상징이 있다.
- 공자를 잉태한 어머니는 니구산(尼丘山)에 가서 아들 하나를 점지해 달라고 기도한 끝에 머리가 니구산과 꼭 닮은 공자를 낳았고, 태몽은 큰 기둥을 보았다고 한다.
- 맹자의 어머니는 맹모삼천지교로 맹자를 훌륭하게 양육한 것은 태아교육의 연장선에서 육아교육이 이루어진 것으로 본다.
- 장자의 어머니는 나비 꿈을 꾸었고, 초왕의 어머니는 사슴 꿈을 꾸었다.
- 세계적인 작가 알퐁스 도데의 어머니는 항상 독서를 생활화하여 많은 책을 읽어 문학세계를 넓혔는데 알퐁스 도데의 작품은 그의 어머니 태교의 영향을 받은 것이다.
- 세계적인 음악가 모차르트의 어머니는 아이를 잉태한 후 음악을 즐겨 음악과 함께 많은 시간을 보낸 결과 그의 아들은 위대한 악성(樂聖) 모차르트가 되었다.
- 원효대사의 어머니는 별이 품속으로 떨어지는 꿈을 꾸었다.

- 이자춘은 둘째 아들 이성계(李性戒)를 낳을 때 태양을 삼키는 꿈을 꾸었다.
- 정몽주의 어머니는 난초 꿈을 꾸고 아들을 낳아 몽란이라 이름지었고 또 아홉 살 때 검은 용의 꿈을 꾸어 흑용이라 불렀다. 그 후 스무살이 지나 몽주로 개명하였다.
- 신사임당은 사서삼경에 능통하고 유교사상에 의한 부덕과 예절, 명현의 문집과 글씨·그림공부 등은 우리 나라 여성의 사표이요, 어머니상이기도 하다. 신사임당의 본명은 신인선(申仁善)이고 부군은 이원수(李元秀)인데 32살 때 용꿈을 꾸고 율곡을 낳았다.
- 세계에서 노벨수상자 중에서 32%가 유태인이 차지하고 있다. 문학상 30%, 의학상 25%, 물리학상 23%로 밝혀졌는데 이것은 1980년대 유네스코에서 연구한 결과 유태인의 태아교육과 출생 후 육아교육의 영향력이었다고 한다.

이상의 태몽 검증자료 중에서 정몽주의 어머니가 흑룡의 꿈을 꾸었다 해서 개명한 것은 해몽이 잘못된 것이다. 용은 용이되 검은 용은 급사를 의미하고 11년이 지난 뒤에 흑룡을 다시 개명한 정몽주의 이름은 좋은 것이며 이 모두는 NSM 작명 그래프에서 사실대로 감정된다.

태몽이 한자작명방법에 적용되는 사례를 보면 산모가 용꿈을 꾸었다고 하여 용산(龍山), 강룡(江龍) 등이 있고 호랑이 꿈을 꾸면 덕호(德虎), 호순(虎順) 등으로 이름 지으며 난초 꿈의 경우는 미란(美蘭), 난희(蘭熙) 등으로 작명하고 있는데 이 이름들은 단순작명에 속하고, 성명과 결합하여 좋고 나쁜 것은 NSM 작명 그래프에서 감정하여 보아야 알 수 있다.

태몽이 태아에 미치는 영향력은 여러 가지 자료를 통하여 이해할 것이며 임신기간 동안의 모체가 가진 심리적·정서적·신체적 상황이 태아에게 유전되는 것으로 임산부의 소망·의지·행동·독서·

음악·정직한 성품·신앙·선행·아름다운 거리문화·예술적인 건물과 조각·십자가·성모마리아·부처님·탱화·명화감상 등이 태몽으로 계시되는 일과 실제의 행함이 태아가 뱃속에서 어머니를 보고 닮는다는 것이다.

이에 반하여 임산부의 금기사항이 있기 마련인데 부정한 일, 불량한 음식, 음탕한 짓, 나쁜 행동, 약물오염, 환경오염 등을 조심하고 삼가하는 것이다.

태몽은 임산부의 태아교육의 일부분에 속한다. 임산부가 임신기간 중에 길몽·악몽·흉몽·개꿈·허몽 등을 꾸면 태아의 장래에 그 영향이 미친다는 것은 여러 가지 정황과 의한 검증을 통해 충분히 이해한다.

대체적으로 길몽은 해·별·달·용·학·난초·돼지·호랑이·사슴·귀인·샘물·불꽃 등이고 악몽으로는 부정한 일·추락하는 일·검은색에 관계되는 일·저승사자·구름·갓난아이·누워있는 일·도둑질·황토물·무너지는 일 등이다.

아들 꿈은 해·용·호랑이·고추·사슴·돼지·구렁이·과일·곰·대추·사과·시계·금비녀·조·밤·콩·옥수수·망치·도끼·여자 세 사람 등이며, 딸 꿈은 달·구름·돼지·학·개·실뱀·닭·물고기·나무·딸기·복숭아·호박·앵두·목화·감송이·연꽃·꽃·은비녀·새끼줄·은술잔·금반지·대야·귀이개·은수저 등이다.

(3) 태몽과 작명 5대 요소

실제적으로 신생아 작명 5대 요소에 태몽이 차지하는 비율은 20%이나 그 영향력의 발휘는 단적으로 속단할 수 없다.

이 내용은 검증을 통하여 유추할 수 있고 임산부가 길몽을 꾸면 꿈의 내용을 나타내는 상징어의 이미지가 태아에 전달될 가능성을 말하고 있다. 이것을 어떻게 성명학적인 이론으로 설명할 수 있는지를 몇 가지 사례를 제시하여 검증한다.

다음의 자료에서 순성공률이 가장 높은 것은 길몽으로는 용이며 다음은 호랑이인데 현실과 같고, 순실패율이 가장 높은 것은 도둑놈이고 다음은 저승사자인 것도 사실과 다를 바가 없다.

그리고 특징적인 것은 고추는 아들 꿈으로 길몽에 속하지만 순실패율 60%이며, 돼지꿈은 딸로 상징하면서 재운과도 관계 있는데 순실패율이 10%이다.

또 음탕의 꿈을 꾸면 악몽으로 분류되지만 내재가치는 순성공률 150%로서 남녀가 음탕한 짓의 불륜을 하면 서로가 재미있는 장면을 뜻하는 것과 같다.

통상적인 길몽과 악몽의 기와 정기 산출표에서 보는 바와 같이 길몽은 순성공률을 나타내는 것이 88.88%이고, 악몽은 순실패율을 나타내는 것이 75%이므로 임산부는 길몽을 태몽하는 것이 절대적이며 길몽의 기와 정기를 태아에게 전해준다는 결론이다.

이러한 이론과 검증자료에 의하여 신생아의 이름을 지을 때는 반드시 태몽을 상징하는 단어를 축출하고, 그 용어를 자음과 모음으로 분리하여 작명하는데 반드시 반영하지 않으면 안된다. 그러므로 임산부는 좋은 꿈을 꾸도록 힘써야 한다. 이렇게 하면 태몽이 지닌 뜻의 상징어가 지닌 기와 정기가 태아에게 이동되고 태아는 태몽의 계시를 전수받아 출생 후 성장과정에서 서서히 나타나 훌륭한 사람이 된다는 것이다.

통상적인 길몽과 악몽의 기와 정기산출표

태몽		자음·모음의 인운인자 환산	기와 정기 표시 (%)			
해몽구분	상징어		성공률	실패율	순성공률	순실패율
길몽	아들	해 ㅎ ㅏ ㅣ 14 1 10	240	100	140	
	아들	별 ㅂ ㅕ ㄹ 6 4 4	230		230	
	아들	용(룡) ㅇ ㅛ ㅇ (ㄹ) 6 8 8 (4)	260 (240)		260 (240)	
	아들	호랑이 ㅎ ㅗ ㄹ ㅏ ㅇ ㅇ ㅣ 14 5 4 1 8 8 10	430	180	250	
	아들	난(란)초 ㄴ (ㄹ) ㅏ ㄴ ㅊ ㅗ 2 (4) 1 2 10 5	270 (280)	180 (180)	90 (100)	
	아들	고추 ㄱ ㅗ ㅊ ㅜ 1 5 10 7	190	250		60
	딸	달 ㄷ ㅏ ㄹ 3 1 4	110	190		80
	딸	학 ㅎ ㅏ ㄱ 14 1 1	150	200		50
	딸	돼지 ㄷ ㅗ ㅏ ㅣ ㅈ ㅣ 3 5 1 10 9 10	320	330		10
악몽	딸	구름 ㄱ ㅜ ㄹ ㅡ ㅁ 1 7 4 9 5	210	310		100
		저승사자 ㅈ ㅓ ㅅ ㅡ ㅇ ㅅ ㅏ ㅈ ㅏ 9 3 7 9 8 7 1 9 1	370	590		220
		도둑질 (도둑놈) ㄷ ㅗ ㄷ ㅜ ㄱ ㅈ ㅣ ㄹ(ㄴ ㅗ ㅁ) 3 5 3 7 1 9 10 4 (2 5 5)	350 (250)	480 (575)		130 (325)
		음탕 ㅇ ㅡ ㅁ ㅌ ㅏ ㅇ 8 9 5 12 1 8	390	240	150	

※ 참고 : 인연감정 종합환산조견표(표46)

10. 한글맞춤법과 작명

　이 세상에 가장 천진스러운 모습은 신생아의 얼굴이며 신생아는 생전 처음으로 어머니의 얼굴을 익히고 모든 사람에게 웃음으로 대면한다. 그 얼굴은 참이고 진실된 자아의 표현이다. 한없이 귀엽고 사랑스러운 자식, 진정 그렇다면 이에 맞는 좋은 이름을 성명학 원리에 맞게 지어주는 것이 부모의 도리가 아닐까.

　오늘날 작명가는 너 아니면 나이지만 제아무리 이름을 잘 짓는다고 하더라도 한글맞춤법에 틀리게 지으면 작명학적인 풀이는 전혀 다르게 나타날 수 있고, 특히 신생아의 경우는 성씨와 이름의 내재가치 및 NSM 작명 그래프가 그릇되게 통하여 성명의 기능을 상실하게 되므로 작명은 원점으로 되돌아가야 한다.

　또 작명결과를 공적 명부에 등록한 뒤에 한글맞춤법에 맞지 않은 오자와 탈자가 발견되어 정정사례가 발생한다. 물론 고의가 아니고 순간 실수이지만 법은 법대로 집행하기 때문에 합법적인 절차가 있기 마련이다.

　이것은 작명학에서는 개명으로 간주하며 개인측면에서는 인생의 첫 출발 시점에 하자가 발생한다는 것은 매우 불쾌한 일이다. 그러므로 기본상식이기는 하나 작명과정에서 이를 확인할 필요성이 있고 최종적으로 선명된 이름을 한글맞춤법에 저촉성 여부를 확인해야 된다.

　현실적으로 작명하는데 있어서 잘 혼동되는 한글맞춤법으로는 구개음화와 두음법칙이다. 따라서 본란에서는 주의를 요하는 부분을 발췌하여 소개하고 세부지침사항은 한글맞춤법에서 각자가 지식을 자가연수토록 한다.

요주의 한자음 바로적기 맞춤법

한자음	두음법칙		보 기
	글 자 위 치	바 로 적 기	
너 뇨 뉴 니	단어의 첫머리에 올 경우	여 요 유 이	여자(女子), 연세(年歲), 요소(尿素) 유대(紐帶), 익토(泥土), 익명(匿名)
	단어의 첫머리 이외에 올 경우	너 뇨 누 니	남녀(男女), 당뇨(糖尿), 결뉴(結紐), 은닉(隱匿)
랴 려 례 료 류 리	단어의 첫머리에 올 경우	야 여 예 요 유 이	양심(良心), 용궁(龍宮), 역사(歷史) 유행(流行), 예의(禮儀), 이발(理髮)
	단어의 첫머리 이외에 올 경우	랴 려 례 료 류 리	개량(改良), 수력(水力), 사례(謝禮) 쌍룡(雙龍), 하류(下流), 도리(道理)
	모음이나 ㄴ받침 뒤에 이어지는 '렬·률'의 경우	열 률	나열(羅列), 규율(規律), 비열(卑劣) 비율(比率), 선열(先烈), 전율(戰慄)
	외자로 된 이름을 성에 붙여 쓸 경우	랴 려 례 료 류 리	신립(申砬), 채륜(蔡倫), 최린(崔麟) 하륜(河崙)
라 래 로 뢰 루 르	단어의 첫머리에 올 경우	나 내 노 뇌 누 느	낙원(樂園), 뇌성(雷聲), 내일(來日) 누각(樓閣), 노인(老人), 능묘(陵墓)
	단어의 첫머리 이외에 올 경우	라 래 로 뢰 루 르	쾌락(快樂), 거래(去來), 부로(父老) 지뢰(地雷), 고루(高樓), 양란(洋蘭)
구개 음화	계 례 몌 폐 혜 ↓ ㅖ → ㅔ 로 소리나는 경우	ㅖ	계수(桂樹), 혜택(惠澤), 사례(謝禮) 계집 연몌(連袂), 핑계, 폐품(廢品), 계시다

11. 물건·건물·상호의 작명

우리들의 일상생활에 가장 관계 깊은 작명은 신생아의 작명이 으뜸이지만 그 다음으로 물건명·건물명·상호명 등이다.

이제 우리는 제품을 최고우수한 수준으로 만들어 놓고 이에 맞지 않은 이름을 작명해서도 안되고, 훌륭한 건축을 하여 놓고 품위 없는 이름을 붙여서도 안 되며, 상호는 영업의 얼굴 간판인데 조금도 소홀하게 다루어서는 안될 이름들이다.

이와 같은 작명기법은 역시 신생아 이름 붙이기 방법에 따라 이름 짓는 것이 바람직하다. 물건명·건물명·상호명을 작명할 때 가장 중요한 것은 물건·건물·상호 NSM 작명 그래프와 창업주 NSM 작명 그래프의 성공예측도가 혼연일체가 잘 맞아 떨어져야 한다는 조건이 최우선이다.

이러한 이론의 검증은 우리 나라 기업 중 삼성과 현대그룹에서 잘 맞게 형성되어 있다. 즉 상호의 삼성 = 창업주 이병철 = 장손 이재현 = 후계자 이건희의 NSM 작명 그래프는 거의 닮은 모양이고, 현대 = 정주영의 NSM 작명 그래프에서도 같은 현상이다.

또 이들의 이름은 개명이 쉽게 이루어질 수 있는데도 불구하고 처음 지은 이름을 장기간 사용하는 반영구성이 있으므로 애당초 이름을 지을 때 참고자료를 많이 수집하여 작명토록 해야 한다.

대체적으로 이들의 이름은 신생아 작명에서 중요시하는 내재가치와 작명학적인 이론도 물론 중요하지만 외형적인 측면에서 영업적이고 경제성이 고객에게 잘 홍보될 수 있는 것이어야 한다.

다시 말해서 상업적인 이미지와 영업적인 차원에서 고객만족도를 최우선 목표로 한 이름이 지어져야 그 이름으로 모두가 소원성취를 이루는 것이다.

따라서 최종적으로 결정되는 작명은 부르기 쉽고 듣기에 매력적인

느낌과 빨리 받아쓰기에 편리하고 쉽게 기억될 수 있는 특징을 나타
내는 이름이어야 한다.

이러한 작명은 대체적으로 일정한 틀이 없고 단순작명, 마음대로
작명, 뇌동작명 형식을 가지게 된다. 특히 근래에는 이들의 이름을 외
래어화하는 경향이 짙고 그 사례를 열거하면 코스닥 시장에 등록된 회
사명을 비롯하여 대형 쇼핑몰의 상호명을 밀리오레, 르네시떼, 갤러리
존, 화니, 엘리오, 엡스 201, 국내 최고층 아파트 명이 하이페리온 등이
다. 이러한 추세에 뇌동작명한다면 머지 않아 신생아의 이름도 외래어
로 짓게 될 것이다. 물론 외래어로 이름짓는 장점이 있긴 하나 우리 글
이 있는데도 불구하고 무조건 추종하는 시대흐름에 개탄한다. 자칫하면
한글로 이름짓는 일은 바보로 취급될 판국이므로 새로운 규제대상이
될 것이다.

또 상호명을 잘못 지었을 때 나타나는 검증자료 중 대표적인
것은 1971년 12월 25일 서울 대연각호텔의 대화재 발생(사망 167
명)에서 대연각 NSM 작명 그래프는 그 내용이 지극히 빈약할 뿐
만 아니라 선천성 성공모양은 극소형이고 후천성 성공패턴은 없
는 것이 특징적이다.

다음은 1995년 6월 29일 삼풍백화점의 붕괴(사망 502명, 부상
자 937명)인데, 이 사건을 작명학 차원에서 보면 삼풍 NSM 상호
그래프에서는 선천성 대형실패형만 나타나고 다른 모양은 없다는
것에 주목해야 할 것이다.

속담에 '소 잃고 외양간 고친다'는 말이 있듯이 물건명과 건물명
과 상호명은 생업에 직결된 이름인 만큼 섣불리 이름을 지어 우를
범하지 말아야 할 것이다.

그리고 학교명·교회명·정당명 등의 각종 명칭은 모두 신생아
작명기법에 준하여 처리될 수 있고, 다만 명칭의 특수성을 잘 나타
낼 수 있는 기술적인 측면을 강조하여야 그 이름들이 항상 살아 움

직일 수 있다.

이상에서 보는 바와 같이 이들의 이름을 자유자재로 취향에 맞게 도출하되 물건명·건물명·상호명의 작명 5대 요소를 자료로 하여 NSM 작명 그래프에 맞도록 좋은 이름짓기에 최선을 다하면 소기의 목적 달성에 이바지하게 될 것이다. 실제적인 물건·건물·상호명의 이름짓기는 신생아 작명기법에 준하여 특수한 경우를 제외하고 가급적이면 한글이름으로 짓는 것이 바람직하다.

물건·건물·상호의 작명 5대 요소

구분 \ 작명요소	작명 5대 요소
물 건 명	· 물건의 법적 소유권자 성명 · 물건 생산책임자 성명 · 물건의 특징을 대표하는 용어 · 물건의 영업적인 전략 용어 · 물건의 출시일자
건 물 명	· 건물의 법적 소유권자 성명 · 건물의 건축시공업자 대표 성명 · 건물의 자재를 대표하는 용어 · 건물의 대표적인 업종 명칭 · 건물의 준공일자
상 호 명	· 상호의 법적 소유권자 성명 · 상호를 사용하는 업주 대표 성명 · 상호를 사용하는 직접적인 위치명 · 상호를 사용하는 대표제품명 · 상호사용 개시일자

NSM 그래프에 의한 작명

1. NSM 그래프에 의한 작명의 필요성

- 우리 나라의 모든 개체명은 한글로 표기하는 것이 으뜸이다.
  한글은 오늘에 이르기까지 554년 동안 수많은 연구와 발전을 거듭
  하였다. 때로는 말살 직전의 위기까지 겪었지만 소멸하지 않고 민
  족의 저력으로 생존권을 회복한 우리 글이다.
- 한글이 반포된 이래 우리 나라 역사상에 이름을 남긴 성현들의 성
  명 기록은 한자성명이 아닌 한글로 표기되고 있다.
- 1948년 10월 9일 법률 제6호 한글전용에 관한 법률이 공포된 이
  래 관공서를 비롯하여 한글의 전용화 운동을 전개한 것은 나라사
  랑, 국어사랑 운동이다.
- 우리 나라 사람은 과거 · 현재 · 미래 할 것 없이 태어나자마자 모
  국어인 한글의 음성으로 첫 소리를 듣고 성장하며 자신의 한글성
  명에서부터 글을 배운다.
- 일상생활에 있어 신세대는 물론 기성세대조차 자신의 한글성명과 상
  대방의 한글성명만으로 상호간의 인식이 충분하므로 한자성명의 표
  기를 알려고 하지 않는다. 심지어는 자신의 조부모를 비롯한 일가친
  척의 성명을 한자성명으로 표기할 줄 아는 사람은 거의 없다. 그러니
  한자성명의 의미가 무엇인지는 더더욱 관심 밖의 일이다.
- 우리 나라 사람들이 국제 무대에서 활동할 경우 성명은 한글성명
  으로 통용되고 영문자로 표기된다.
- NSM 그래프를 창출하여 실용성을 검증해 본 결과 한글이름으로
  좋은 이름과 나쁜 이름의 유형이 구별되는 공통점이 발견된다.
- 이제부터는 한글을 으뜸으로 하고, 한글이름을 먼저 짓고 난 후에

군이 한자로 표기하고 싶다면 대법원 선정 인명용 한자 3,124자 중에서 마음대로 골라 선택하면 된다.

2. NSM 그래프의 작명 3대 충족요령

NSM 그래프를 통과하여 합격된 개체명은 다음과 같은 3가지 충족요건을 구비해야 한다.

첫째 성공패턴이 확실하게 형성되어야 한다.
둘째 성명의 내재가치가 성공형으로 감정되어야 한다.
셋째 좋은 인연선이 많이 발달되어야 한다.

- 이와 같은 조건을 충족하기 위해서는 작명을 할 때 개체명의 자음과 모음의 총횟수를 몇 자로 할 것인가를 미리 정하는 것이 좋다.
- 그런 후에 NSM 그래프의 요령에 의거하여 가상적인 여러 개의 이름을 지어 놓고, NSM 그래프에 그려본다.
- 그리고 성공패턴의 유형을 머리 속에 잘 생각하면서 NSM 그래프를 작성하는데 기대에 어긋나는 그래프가 잘 나타난다.
- 이 경우에는 이름붙이기 3단계 작업에서 얻어진 이름의 자음과 모음을 다른 것으로 교체하여 인운인자의 숫자를 교환해 가면서 연습을 많이 한다.
- 일단은 NSM 그래프에 성공패턴이 나타나면 대충 개체명의 내재가치를 산출해 보아야 한다. 그런 후에 좋은 인연점을 검토하게 되는데 좋은 인연점과 성공패턴은 주로 30 ~ 50대 사이에 분포시켜야 하나 뜻대로 되는 일은 별로 없다.
- NSM 그래프를 그려보면 충돌형과 실패형, 그리고 고생형이 자주 출현하는데 이 경우는 역시 자음과 모음을 교체하여 조절할 수밖에 없다.
- 하지만 성공패턴은 좋은데 자꾸만 나쁜 패턴이 나타날 경우, 성공

패턴이 이들을 상쇄할 수 있는 위력을 지녔는지를 면밀히 검토해 본다. 성공패턴이 악재형을 압도할 수 있다면 어느 정도 감수하는 자세가 필요하다.

▪ 가장 중요한 것은 개체명으로 어떤 모양의 성공패턴을 창출할 것이냐이다. 거기에 초점을 맞추어 여러 번 연습을 하면 기대되는 개체명을 얻을 것이다.

▪ 가급적이면 작명권자와 인연 감정을 고려하여 작명하는 것이 바람직하지만 이렇게 하기에는 실제로는 매우 어렵다. NSM 그래프의 개체명은 작명권자와 인연 감정에서 좋은 인연으로 감정될 수도 있으나 그러하지 않은 경우도 많다.

좋은 작명의 일반적인 합격기준은 다음과 같다.

① NSM 그래프에 형성된 △형 모양이 나타나서 좋은 작명잣대 유형에 속하여야 한다.

② NSM 그래프에 형성된 △형 모양이 좋은 작명잣대와 나쁜 작명잣대와 결합하여 있을 때는 성공형 △형 모양이 실패형 모양을 제압하는 위력이 있어야 한다.

③ 인연선 중에서 성공선의 발달이 많아야 한다.

④ 선천적 내재가치가 성공형으로 감정되어야 한다.

⑤ 후천적 내재가치가 성공형으로 감정되어야 한다.

⑥ NSM 그래프의 인연 등급이 호연이 많아야 한다.

⑦ 작명권 소유자 간의 인연이 좋은 인운인자를 가져야 한다.

따라서 좋은 작명잣대로 기준의 70 % 이상에 이르면 NSM 그래프에 합격된 한글성명으로 인정하고, 이 중에서 우수한 이름을 골라 정밀 심사를 한 뒤 최종적으로 한 개를 선명한다.

3. NSM 그래프의 작명 순서 -표 58-

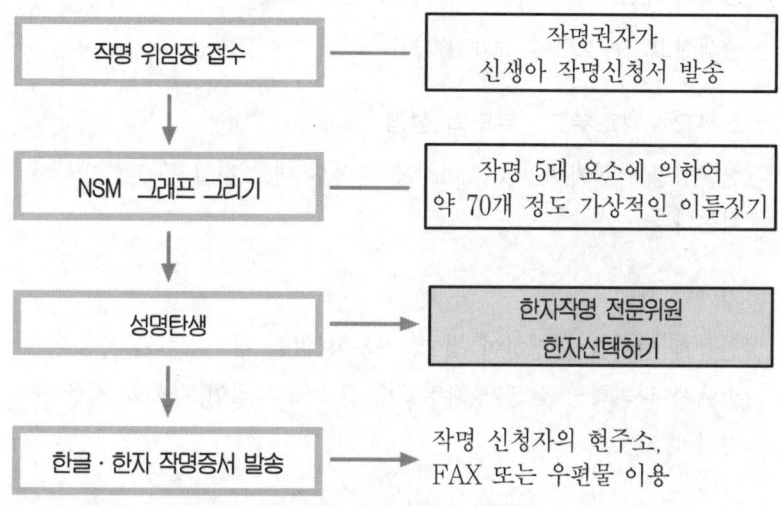

4. NSM 그래프에 의한 작명 위임장 작성 방법

(1) 신생아 작명의 기초자료조사

그렇다면 NSM 작명 그래프에 의한 신생아의 이름은 어떻게 짓는 것일까? 이 문제는 개인의 기술적인 내용이므로 설명하기 어려우나 가장 기본적이고 실용적인 차원에서 열거한다. 신생아의 이름을 짓는데 필요한 자료를 NSM 그래프 작명 위임장에 자세히 기록한 뒤 신생아 작명 5대 요소에 의하여 이름 붙이기 작업이 전개되고 이 과정에서 가상적인 이름이 지어진다.

이것을 바탕으로 NSM 그래프를 그린다. NSM 그래프의 3대 충족요건이 구비된 성명을 최종적으로 점검한 뒤 이상이 없을 경우 NSM 그래프에 합격된 성명으로 결정을 내린다.

그러면 먼저 NSM 그래프 작명 위임장 작성요령과 작명순서와 작명체계도 등을 신생아 작명을 중심으로 설명한다.

① 신생아 주소

출생신고 시 호적에 등재할 주소

② 조부모·외조부모·부모의 성명

한글성명과 한자성명을 호적상에 기록한 대로 적고 본관을 반드시 적는다.

③ 가 훈

한글과 한자를 병행하여 적고, 가훈이 없을 경우에는 동자삼작명소에서 의뢰하면 신생아 작명 5대 요소에 의하여 가훈을 지을 수 있다.

④ 부모와 신생아 생년월일

양력 생년월일은 연월일시분초까지 적으며, 음력 생년월일은 연월일띠를 적는다.

⑤ 태 몽

· 태몽의 대상자는 신생아의 어머니와 아버지이며, 간접적인 태몽은 조부모, 신생아의 외조모도 가능하다.

· 태몽은 꿈의 내용을 일목요연하게 나타낼 수 있는 낱말을 찾아 적는다. 예컨대 호랑이, 돼지, 큰 산, 태양, 달, 잉어 등이다.

⑥ 항렬자

끝자와 중간자를 구분하여 적고 사용 여부를 명확히 한다.

⑦ 희망사항

부모가 신생아에게 기대되는 희망사항을 직종별로 적는다.

예를 들어 간호사, 변호사, 법률가, 정치가, 교사, 의사, 사업가 등

생년월일은 한글 인운인자 치환표(표2)에 의하여 자음과 모음으로
치환한다.

신생아의 출생일시

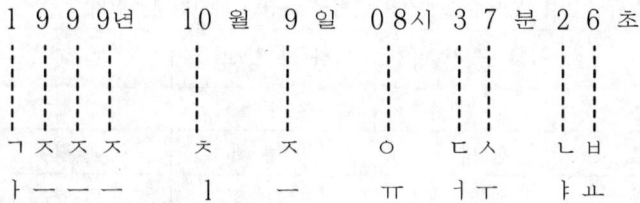

1 9 9 9년   10 월   9 일   0 8시   3 7 분   2 6 초

※ 출생시간과 자음·모음의 치환

01시 → ㄱ, ㅏ   02시 → ㄴ, ㅑ   03시 → ㄷ, ㅓ   04시 → ㄹ, ㅕ
05시 → ㅁ, ㅗ   06시 → ㅂ, ㅛ   07시 → ㅅ, ㅜ   08시 → ㅇ, ㅠ
09시 → ㅈ, ㅡ   10시 → ㅊ, ㅣ   11시 → ㅋ   12시 → ㅌ
13시 → ㅍ   14시 → ㅎ   15시 → ㄱ, ㅏ   16시 → ㄱ, ㅏ ㅂ, ㅛ
17시 → ㄱ, ㅏ ㅅ, ㅜ   18시 → ㄱ, ㅏ ㅇ ㅠ
19시 → ㄱ, ㅏ ㅈ, ㅡ   20시 → ㄴ, ㅑ
21시 → ㄴ, ㅑ ㄱ, ㅏ   22시 → ㄴ, ㅑ ㄴ, ㅑ
23시 → ㄴ, ㅑ ㄷ, ㅓ   24시 → ㄴ, ㅑ ㄹ, ㅕ

⑧ 8촌 이내 성명

신생아의 형제 자매를 중심으로 호적상에 등재된 일가 친척들의
이름을 열거한다.

이것은 가까운 일가 친척에서 동성동명을 만들지 않기 위해서
이다.

(2) NSM 그래프 작명 위임장 -표59-

신생아 작명자료를 아래와 같이 제출하여 NSM 그래프에 의한 작명을 위임합니다.

신생아의 출생신고시 호적주소		경북 영덕군 축산면 화천리 423번지		
관계 \ 구분		한 글 성 명	한 자 성 명	본 관
조 부		김 동 천	金 東 天	김 해
조 모		윤 덕 순	尹 德 順	파 평
외조부		박 강 용	朴 江 容	밀 양
외조모		권 달 자	權 達 子	안 동
부		김 일 만	金 日 萬	김 해
모		박 지 수	朴 知 洙	밀 양
가 훈		성 실(誠實)		
주 소		(우)135-284 서울특별시 강남구 대치동 889-5 상제리제센터 B동 205호		
전 화		(02) 567 - 9696		
FAX		(02) 555 - 2370		
H/P				
부	양 력	1942년 3월 26일 04시 21분 18초		
	음 력	1942년 2월 23일 말 띠		
모	양 력	1962년 10월 4일 18시 분 초		
	음 력	1962년 9월 28일 범 띠		
신생아 (남·여)	양 력	2000년 4월 3일 18시 25분 04초		
	음 력	2000년 2월 29일 용 띠		
태 몽		큰 나무		
항 렬 자	중간자	인 (仁)		
	끝 자	( )		
희 망		법 관		
전제조건 (○표)		1. 항렬자(가 · 불가) 2. 성명의 글자수(2 ③ 4 자)		
8촌 이내 한글성명		도준, 도춘, 일순, 국영, 미영, 지욱, 현수, 천수		

5. NSM 그래프의 신생아 작명 체계도 -표60-

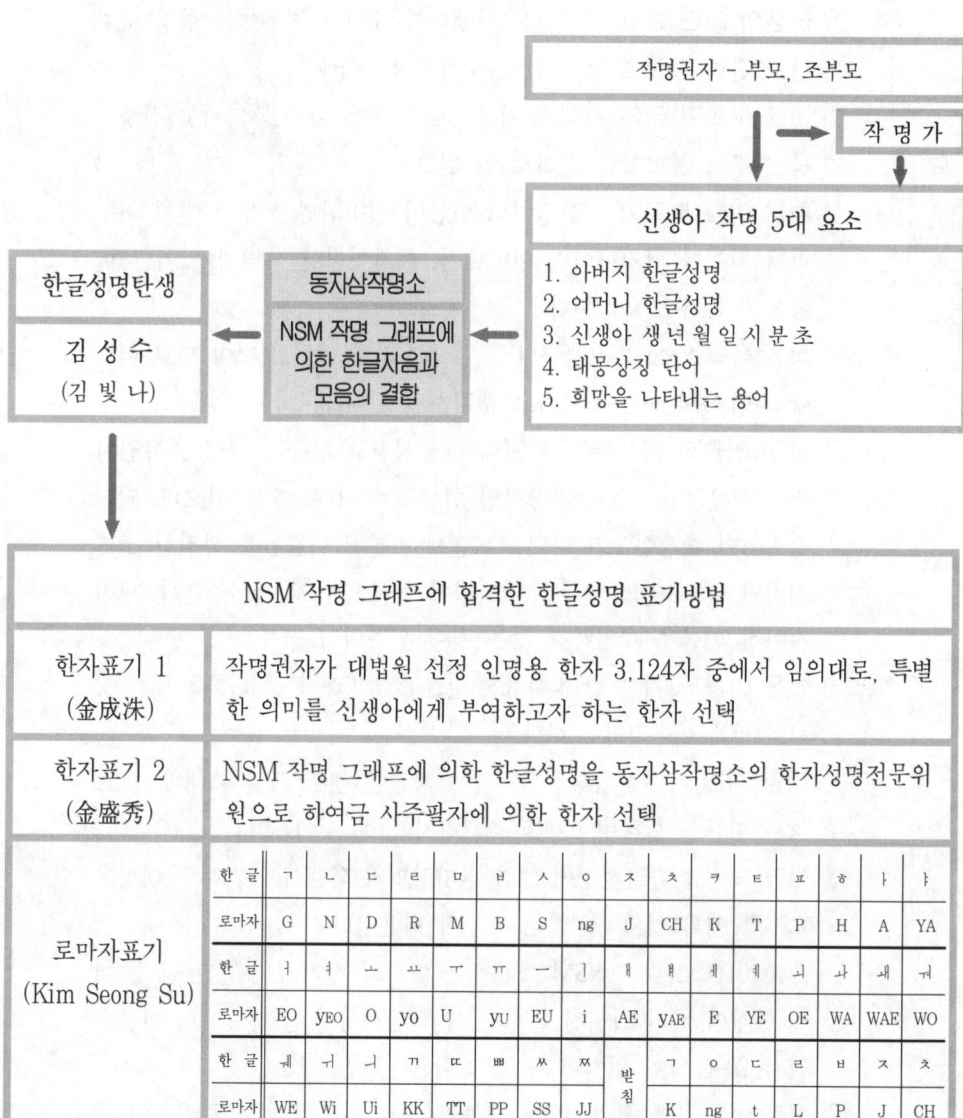

작명권자 - 부모, 조부모

작명가

신생아 작명 5대 요소
1. 아버지 한글성명
2. 어머니 한글성명
3. 신생아 생 년 월 일 시 분 초
4. 태몽상징 단어
5. 희망을 나타내는 용어

동자삼작명소
NSM 작명 그래프에 의한 한글자음과 모음의 결합

한글성명탄생

김 성 수
(김 빛 나)

NSM 작명 그래프에 합격한 한글성명 표기방법	
한자표기 1 (金成洙)	작명권자가 대법원 선정 인명용 한자 3,124자 중에서 임의대로, 특별한 의미를 신생아에게 부여하고자 하는 한자 선택
한자표기 2 (金盛秀)	NSM 작명 그래프에 의한 한글성명을 동자삼작명소의 한자성명전문위원으로 하여금 사주팔자에 의한 한자 선택

로마자표기 (Kim Seong Su)

한글	ㄱ	ㄴ	ㄷ	ㄹ	ㅁ	ㅂ	ㅅ	ㅇ	ㅈ	ㅊ	ㅋ	ㅌ	ㅍ	ㅎ	ㅏ	ㅑ
로마자	G	N	D	R	M	B	S	ng	J	CH	K	T	P	H	A	YA
한글	ㅓ	ㅕ	ㅗ	ㅛ	ㅜ	ㅠ	ㅡ	ㅣ	ㅐ	ㅒ	ㅔ	ㅖ	ㅚ	ㅘ	ㅙ	ㅝ
로마자	EO	yEO	O	yo	U	yu	EU	i	AE	yAE	E	YE	OE	WA	WAE	WO
한글	ㅞ	ㅟ	ㅢ	ㄲ	ㄸ	ㅃ	ㅆ	ㅉ	받침	ㄱ	ㅇ	ㄷ	ㄹ	ㅂ	ㅈ	ㅊ
로마자	WE	Wi	Ui	KK	TT	PP	SS	JJ		K	ng	t	L	P	J	CH

6. NSM 그래프에 의한 이름짓기 유의점

① 신생아 대면 : 천사와 같은 신생아를 대면할 경우에는 항상 밝고 맑고 환한 얼굴로 보아야 좋은 이름이 구상된다.

② 이름 부르기 금지 사항 : 가상적으로 지은 이름을 가지고 신생아를 함부로 불러서는 절대로 안 된다.

③ 처음 이름 부르기 : 신생아의 이름이 결정되면 부모가 먼저 사용하게 되는데 남자아이면 어머니가, 여자아이면 아버지가 기쁜 마음으로 불러주어야 한다.

④ 첫 울음의 답신 : 신생아의 첫 울음소리에 대한 응답이 바로 이름을 지어 불러주는 것이라고 생각하면 된다.

⑤ 성과 이름의 일사부재리 원칙 : 출생신고 전에는 작명 소유권자가 하루에 여러 개의 가상적인 이름을 지어 볼 수는 있으나, 일단 결정되어 출생신고가 되면, 그 전에 거론된 이름들은 완전히 소멸시켜야 하고, 어느 누구도 기억하지 못하도록 조치해야 한다. 한번 지어진 이름은 개명하지 않는 것이 원칙이다.

⑥ 좋은 이름 짓기 : 한국 사람은 한글로 작명해야 하고 좋은 이름 정의에 맞게 이름지어야 한다.

⑦ 작명 기간 : 신생아의 이름 짓는 기간은 생후 21일 이내가 좋고, 성과 이름을 합하여 5자를 초과하지 않는 것이 좋다.

⑧ 성명 표기 : 한글성명에 대한 한자성명과 외래어 표기는 상대방이 요구할 때와 어쩔 수 없는 경우에 병용한다.

⑨ 흔한 이름 삼가 : NSM 그래프는 이름의 정기가 누출된 이름, 이미 세상에 널리 알려진 흔한 이름과 동성동명, 동명이인의 이름은 짓지 않는 것이 원칙이다.

⑩ 어감적인 이름 평가 삼가 : 일반적으로 이름을 보고 주관적인 생각과 어감적인 느낌으로 좋다, 나쁘다 라고 하는 것은 절대 금물이다.

⑪ 참신한 이름 짓기 : NSM 그래프는 신생아에 대하여 신선하고 참신한 새로운 이름 창작에 온갖 정성을 다하고 있다.

⑫ 한자 이름 짓기 : NSM 작명 그래프에 의하여 합격된 한글성명은 한자성명 전문위원을 통하여 사주에 알맞은 한자를 선택한다.

● 동자삼(DJS) 작명방식

1. 작명 5대 요소의 필요성

신생아가 태어나면 본격적으로 작명작업이 시작되고 이름을 짓기 위한 각종자료가 준비되어야 한다. 이름을 잘 짓기 위해서는 작명자료와 작명과정과 작명결과가 성명학 원리에 의하여 과학적으로 진행되어야 하고, 작명자료는 이름을 짓기 위한 기본요소이며 작명과정은 이러한 기본요소에 의하여 작명하는 기술적인 수단과 방법이다. 우리 나라의 경우 자식이나 손주들의 이름을 조부나 아버지가 이름 짓는 사례가 많고, 사람마다 어감적으로 느끼는 작명 노하우가 있는 것이다. 모름지기 이러한 작명기법이 대대로 전해지는 경우도 있다.

아무튼 어떤 방법일지라도 좋은 이름만 지으면 좋은 일로서 가령 '원욱'이라는 이름이 지어졌다고 할 때 이 이름을 지은 동기와 사연이 있을 것이고 방법과 수단이 있을 것이다. 그리고 아이가 성장하여 한 번쯤은 자신의 이름에 대하여 많은 관심을 갖게 된다.

사람마다 자신의 이름과 운명을 연계하여 생각할 때는 자신의 이름풀이를 구체적으로 알고 싶은 충동을 느낀다. 그 내용을 성명학적인 측면에서 보면 다음과 같은 생각들이 있을 것이다.

- 수많은 글자 중에서 하필이면 '원'자와 '욱'자를 선택한 원인 또는 이유가 어디에 있을까. 성명에 대한 장래성은?
- 글자에도 기가 있다는데 '원'자와 '욱'자에도 기가 있는가, 있다면 어떻게 알 수 있고 실제로 미치는 영향력은 무엇인가?
- 더 구체적으로 '원'자의 ㅇㅜㅓㄴ과 '욱'자의 ㅇㅜㄱ은 나와 무슨 관계가 있는가?
- 모든 물건에 값이 있듯이 성명의 값어치는 무엇일까?
- 원욱의 얼굴은 눈으로 확인되고 사진이나 그림으로 나타나는데 성명이 얼굴을 대신하는 그 무엇은 없는 것인가?
- 어머니가 좋은 태몽을 꾸면 말로만 전해지고 있는데 이것을 이름에 반영하는 방법은 없을까?
- 태아는 부모의 성교에 의하여 발달되는데 신생아를 낳은 부모의 노력을 이름에 포함시킬 수 있는 방법은 없을까?
- 이름이 좋다 나쁘다는 평가잣대는 무엇이고 예측이 가능한가?
- 좋은 이름과 나쁜 이름이 구별지어 검증되고 있는 사실은?

이와 같이 사람마다 자신의 이름에 대하여 구체적인 궁금증이 증폭될 수 있다. 이때 이름풀이가 잘못되면 실망을 주든지 이름은 있지만 작명요소와 작명과정을 밝힐 수도 없고 이름의 호불성을 파악할 잣대가 없다면 자신의 이름은 식별의 단순한 방편으로 생각한다.

따라서 이름을 지은 결과만의 이름으로 호칭하고 성명학적인 해법을 제시 못한다면 그 이름은 무의미하며 허공 속의 이름이요 이름이 사생아요 고아이다. 이러한 이름일수록 건강, 명예, 재산의 번영이 있으면 그 이름은 이름의 원뿌리를 찾으려고 노력한다.

나의 부모는 누구이며, 나의 이름을 왜 이렇게 지었는지를 알고 싶어한다. 또 내 이름이 어떻게 해서 좋고 나쁜지를 알려고 한다.

따라서 뿌리가 튼튼나무는 자라기도 잘하며 좋은 열매를 맺듯이 이름의 원뿌리가 되는 작명요소와 작명과정이 훌륭해야 좋은 열매를 맺는 나무와 같다.

참으로 신생아가 어떻게 태어났는데 그 귀중한 생명의 개체명을 주먹구구식으로 이름지어야 하는지 납득이 안가는 부분이다.

2. 작명 5대 요소

새 천년에는 신생아의 이름을 어떻게 짓는 것이 좋은가. 필자 역시 막중한 책임감과 사명감의 강박감을 느낀다. 작명 5대 요소의 발굴 기저를 보면 태아의 생성은 부모에 의한 것이고 출생하면 이름을 지어 호적을 올릴 때 부모의 성명과 신생아의 출생일을 등재하는 것에서 출발한다. 호적법 이전에 이 두 가지를 기록적으로 남겨 놓아야 할 이유를 성명학적으로 규명할 수는 없을까? 이러한 생각에서 한글 성명학의 신생아 작명 5대 요소가 움트기 시작한 것이다.

태아는 사실상 10개월동안 태중에서 생활한 것이고 태아형성 과정에서 몸의 발달과 병행하여 정신도 발달하는 것이다. 또 문자와 소리를 인식할 수 있는 유전자 물질이 생겨나는 것인데 맨 처음 문자인식 기능은 부모가 지닌 성명에서 시작되는 것이 아닐까?

이것은 오늘날 과학적인 태아교육과 태몽의 계시가 태아에게 전이되는 검증을 통하여서도 얼마든지 이해할 부분이다.

따라서 신생아 작명의 기본자료는 모태에서 뿌리가 있는 것이고 그 근원지는 혈육의 정을 가진 부모의 성명과 깊은 관계가 있다. 이와 같은 생각은 어느 누구도 쉽게 할 수 있고 조금만 관심을 가진다면 훌륭한 이름짓기를 연구할 수 있을 것이다.

필자가 창출한 신생아 작명 5대 요소는 다음과 같다.

① 신생아 어머니 성명의 자음과 모음이다

어머니 성명의 자모음에서 발생하는 기와 정기가 모태로부터 태아에게 전이된다는 것이다. 우리가 일상생활에서 모정을 한없이 느끼는 기본은 이러한 점에서 찾아볼 수 있다.

② 신생아 아버지 성명의 자음과 모음이다

아버지 성명의 자모음에서 발생하는 기와 정기가 태아에게 유전되고 Y염색체가 성별을 좌우한다. 우리가 아버지의 성씨를 이어받은 이유는 나름대로 있으나 성명학적인 차원에서 볼 때는 당연한 일이다.

③ 어머니의 태몽이다

태몽의 표시는 태몽의 내용을 가장 잘 나타내는 상징어 또는 그 뜻을 내포하고 있는 단어, 실체명을 사용하고 이들의 자음과 모음이 발생하는 기와 정기를 작명에 반영한다. 태몽은 태아의 아버지, 조부모·외조모의 꿈도 가능하다.

④ 부모가 태아에게 바라는 희망이다

임신기간 중에 부모가 태아에 대한 소망을 갖고 있으며 이에 대한 깊은 생각을 하고 있으므로 그런 내용들이 태아에게 옮겨지는 것으로 태아교육에 의한 것이다. 희망의 표시는 부모가 기대하는 희망의 뜻을 잘 나타내는 단어 또는 구체적인 직업명도 사용할 수 있다. 선택된 희망의 표시내용에 의한 자음과 모음의 기와 정기를 이름에 접목한다.

⑤ 신생아가 태어난 생년월일시분초의 인운인자 한글치환이다

신생아의 생년월일시분초의 숫자를 한글 인운인자 치환표(표2)에서 자음과 모음으로 각각 바꾸어 이들이 발생하는 기와 정기를 작명에 반영한다.

작명 5대 요소 중에서 부모의 생년월일의 한글치환도 가능한 일이나 연구과정에서 신생아의 생년월일과 마찰을 일으켜 덕보다 실이 많아 제외시켰고, 신생아의 희망은 신생아에게 물어보아야 하지만 현실적으로 불가능하여 태아교육에 포함시킨 것이다.

또 신생아 출생일시의 중요성은 태아에서 신생아로 전환하는 최초의 기록이고 처음으로 속세에서 개운이 시작되는 날이며 개체의 새 역사를 창조하는 출발의 날이다. 그러므로 사람들은 이 뜻깊은 날을 평생 동안 잊지 않고 생일로 축하하고 기록적인 날짜를 호적에 등재한다.

그런데 한자작명과 음양오행 및 운명철학관에서는 사람의 운명을 전적으로 출생일시에 따라 결정된다는 사주팔자론으로 사람의 인생 항로를 점지하고 있다. 그러나 한글성명학은 탄생일의 중요성을 최대한으로 인정하여 작명 5대 요소에 포함시킬 뿐이다. 한글성명은 작명 5대 요소가 결집하여 새로운 개체명을 만들고, 이 개체명에 따라 운명이 33%가 결정되는데 이것은 반드시 법적으로 호적에 등재했을 때만 효력이 발생된다는 것이다.

또 사망신고를 하여 호적정리를 한다는 것은 그 운명을 법적으로 종결시키는 일이다. 따라서 신생아의 출생년월일시분초는 작명할 때만 단 한 번 사용되는 것이고, 인생항로 예측에는 전혀 관계가 없다.

이러한 한글성명학 원리 때문에 개명할 수 없고, 개명은 작명 5대 요소를 재탕하는 과정으로 간주하기 때문에 큰 의미가 없다. 이와 같이 새로운 개체에는 그에 맞는 새로운 이름을 짓고 단 한 번 짓는 것이지 두 번 세 번 짓는 법이 아니다.

신생아의 이름을 짓는데 작명 5대 요소를 떠나서 짓는다면 작명의 뿌리가 없는 공중누각이요, 혈육이 계승되지 않은 이름, 뿌리 없는 나무이름, 모래 위에 지은 이름, 물거품과 같은 이름, 하루살이의 이름으로 보는 것이다.

사람의 밥그릇의 크고 작은 것은 태아교육에서 시작하여 이름짓는 데에서 이루어지고 이름이 사람과 함께 성장하면서 크고 작은 그릇이 채워지는 법이다.

신생아의 작명 5대 요소 중에서 금기사항은 다음과 같다.

① 작명 5대 요소에 포함되어 있지 않은 자음과 모음은 사용할 수 없다.
② 이름의 낱자를 만들 때 금기된 자모음 중에서 하나라도 포함시킬 수 없다.

이들의 자음과 모음은 태아의 문자인식 기능에 으뜸인 작명 5대 요소에서 제외된 것으로 태아발달을 주도하는 주요 구성요소로서의 가치가 없고, 마치 찬물에 기름과 같은 성질의 이질집단체로서 성명이 성장하는데 훼방을 놓고 해악을 끼쳐 건강·재운·명예를 와해하는 성질이 있다는 것이다. 이것 때문에 사람이 살아가는데 뜻하지 않은 일들을 만나게 되고 이름이 나빠서 그런 모양이구나 하는 생각을 갖게 된다.

작명 5대 요소의 적용은 천지만물의 이름을 짓는데 하나도 빠짐없이 사용되는 것이며, 또 국적을 초월하여 각국마다 자국어에 따라 그에 맞게 활용될 수 있다.

작명 5대 요소에 의한 신생아작명기법은 세계 최초로 한글성명학에서 개발된 것이다.

3. 이름 붙이기 제1단계 작업

신생아의 이름 붙이기 작업은 작명위임장에 의하여 작성된 작명 5대 요소의 자음과 모음을 각각 분리하여 작명할 때 사용하는 자음과 모음, 사용하지 못하는 자음과 모음을 선별하는 일, 사용 가능한 자모음을 이용하여 한글 낱자를 만드는 일이다.

이름 붙이는 원리는 피흉취길의 취사선택으로 사용할 수 있는 자모음은 서로 결합시키고 사용할 수 없는 자모음은 내버려 작명 5대 요소 중의 금기사항을 철저히 준수한다.

작명에 사용할 수 있는 이름 붙이기 방법은 다음과 같다.

① 자음 + 모음　　　　② 자음 + 모음 + 자음
③ 자음 + 모음 + 모음　　④ 자음 + 모음 + 모음 + 자음

이름 붙이기 제1단계 작업 예시

구 분	작명 5대 요소	자음 · 모음 분리
부	남 달 로	ㄴ ㅏ ㅁ ㄷ ㅏ ㄹ ㄹ ㅗ
모	성 숙 희	ㅅ ㅓ ㅇ ㅅ ㅜ ㄱ ㅎ ㅢ
태몽	·	※ 없으면 공란 처리
희망	사 업 가	ㅅ ㅏ ㅇ ㅓ ㅂ ㄱ ㅏ

생년월일	1975. 2. 14. 02	1	9	7	5	2	14	02
		ㄱ, ㅏ	ㅈ, ㅡ	ㅅ, ㅜ	ㅁ, ㅗ	ㄴ, ㅑ	ㅎ	ㄴ, ㅑ

자음 · 모음 유전 상황

자음	ㄱ	ㄴ	ㄷ	ㄹ	ㅁ	ㅂ	ㅅ	ㅇ	ㅈ	ㅊ	ㅋ	ㅌ	ㅍ	ㅎ
빈도	3	3	1	2	2	1	4	2	1					2
%	8.1	8.1	2.7	5.4	2.7	10.8	5.4	2.7						5.4

모음	ㅏ	ㅑ	ㅓ	ㅕ	ㅗ	ㅛ	ㅜ	ㅠ	ㅡ	ㅣ
빈도	5	2	2		2		2	1		
%	13.5	5.4	5.4		5.4		5.4	2.7		

한글 ＼ 구분	이름붙이기 사용가 및 사용불가 한글	
	사용 가능 한글	사용 불가 한글
자음	ㄱ ㄴ ㄷ ㄹ ㅁ ㅂ ㅅ ㅇ ㅈ ㅎ	ㅊ ㅋ ㅌ ㅍ
모음	ㅏ ㅑ ㅓ ㅗ ㅜ ㅣ	ㅕ ㅛ ㅠ
이중모음	ㅐ ㅒ ㅔ ㅚ ㅝ ㅢ ㅘ	
된소리	ㄲ ㄸ ㅆ	

4. 이름 붙이기 제2단계 작업

이름 붙이기 제1단계에서 자모음을 서로 붙이면 글자가 만들어진다.

이름 붙이기 제2단계 작업 예시

작업 한글	이름 붙이기 제1단계 작업예시에서 작명할 때 사용되는 한글		이름 붙이기 방법
자 음	ㄱ ㄴ ㄷ ㄹ ㅁ ㅂ ㅅ ㅇ ㅈ ㅎ		제1군 : 자음 + 모음
모 음	ㅏ ㅑ ㅓ ㅗ ㅜ ㅡ ㅣ (ㅐ ㅒ ㅔ ㅚ ㅟ ㅢ ㅏ ㅘ ㅝ)		제2군 : 자음 + 모음 + 자음 제3군 : 자음 + 모음 + 모음 제4군 : 자음 + 모음 + 모음 + 자음
제 1 군	자음 + 모음의 이름 붙이기	제 2 군	자음 + 모음 + 자음의 이름 붙이기
	가 나 마 바 사 아 자 하 거 너 머 버 서 어 저 허 고 노 모 보 소 오 조 호 구 누 무 부 수 우 주 후 기 니 미 비 시 이 지 히 다 라 더 러 도 로 두 루		각 낙 막 박 삭 익 작 학 격 넉 먹 벅 석 억 적 헉 곡 녹 목 복 속 옥 족 혹 국 눅 묵 북 숙 욱 죽 훅 윽 즉 흑 식 익 직 간 난 만 반 산 인 잔 한 건 빈 선 언 헌 곤 본 손 혼 군 문 분 순 운 준 훈 은 민 빈 신 진 힌 삼 임 섬 엄 험 놈 훔 김 심 힘 갑 입 합 급 흡 강 망 방 상 잉 장 항 성 영 정 궁 숭 웅 중 홍 긍 능 승 웅 흥
제 3 군	자음+ 모음 + 모음의 이름 붙이기		
	개 내 매 배 새 애 재 해 계 네 메 베 세 에 제 헤 귀 위 휘 의 희 외 좌 대		
제 4 군	자음 + 모음 + 모음 + 자음의 이름 붙이기		

5. 이름 붙이기 제3단계 작업

이름 붙이기 제2단계 작업에서 만들어진 낱자를 제1군 + 제2군, 제1군 + 제3군, 제1군 + 제4군, 제2군 + 제3군, 제2군 + 제4군, 제3군 + 제4군의 이름 붙이기를 하면 가상적인 여러 개의 이름들이 다음 예시와 같이 생산된다.

이름 붙이기 제3단계 작업 예시

성	남		이름	지만 외 76개	
남지만	남휘제	남원구	남원욱	남민우	남개순	남후국
남성완	남군호	남상국	남민수	남주보	남은삼	남성지
남관훤	남곤모	남장호	남이빈	남우원	남운민	남옥웅
남의제	남노문	남위소	남주후	남원희	남엄조	남웅희
남시히	남수휘	남조호	남훈억	남욱희	남옥복	님장성
남기호	남우주	남수복	남하사	남자히	남운문	남웅승
남오순	남주방	남군하	남익식	남인희	남신갑	남승흥
남서임	남미애	남모범	남건희	남국희	남긍인	남중기
남인중	남지해	남고국	남무주	남난직	남부홍	남이갑
남만개	남지학	남욱원	남선미	남희호	남응수	남황권
남억도	남진국	남소목	남선비	남새헌	남인산	남장광

※ 신생아 성명의 최종적인 선발과정

이상 77개의 가상적인 이름은 NSM 작명 그래프에서 합격 여부를 심사받는다. 이 중에서 가장 우수한 5개 정도를 선명하여 중간자와 끝자의 기와 정기를 분석함과 동시에 성명의 선·후천적 내재가치에 의한 평가 및 인연환경 감정을 받게 된다. 최종적인 성명은 경쟁률 1:77로 명예로운 신생아의 성명이 탄생되는 것이다.

6. 이름 붙이기 중간자 심사 (예시)

아 버 지 성 명	신생아 생년월일시	1975년 2월 14일 02시 분 초	어 머 니 성 명
남 달 로	1 9 7 5 2 14 0 2 가 ㅈ— ㅅㅜ ㅁㅗ ㄴㅑ ㅎ ㄴㅑ		성 숙 희
ㄴ ㅑ ㅁ ㄷ ㅏ ㄹ ㄹ ㅗ	원		ㅅ ㅓ ㅇ ㅅ ㅜ ㄱ ㅎ ㅡ ㅣ
장래희망 사 업 가	ㅅ ㅏ ㅇ ㅓ ㅂ ㄱ ㅏ		태 몽 없 음

NSM 작명 그래프에서 합격된 「원」자의 기와 정기 분석

구분 중간자	중간자 「원」자의 기와 정기 표시						심 사 평
	자음	모음	인운 인자	성공률	실패율	유전 빈도	
원	ㅇ		8	80		2	ㅇ자는 사업가와 어머니 성명에서, ㅜ자는 생년월일과 어머니 성명에서, ㅓ자는 사업가와 어머니 성명에서, ㄴ자는 생년월일과 아버지 성명에서 각 각 유전되었다. '원'자의 총성공률은 460%, 총실패율은 300%로서 순성공률은 160%이므로 양호한 편이다.
		ㅜ	7	40	60	2	
		ㅓ	3	20	80	2	
	ㄴ		2	50		3	
보너스 (표46)	짝수인운인자수효		2개	30			
	홀수인운인자수효		2개		20		

7. 이름 붙이기 중간자 심사 (예시)

아 버 지 성 명	신생아 생년월일시	1975년 2월 14일 02시 분 초	어 머 니 성 명
남 달 로	1 9 7 5 2 14 0 2 ㄱ ㅏ ㅈ ㅡ ㅅ ㅣ ㅁ ㅕ ㄴ ㅑ ㅎ ㄴ ㅑ		성 숙 희

ㄴ
ㅑ
ㅁ
ㄷ
ㅏ
ㄹ
ㄹ
ㅗ

욱

ㅅ
ㅓ
ㅇ
ㅅ
ㅜ
ㄱ
ㅎ
ㅡ
ㅣ

ㅅ ㅏ ㅇ ㅓ ㅂ ㄱ ㅏ

| 장래희망
사 업 가 | | | 태 몽
없 음 |

NSM 작명 그래프에서 합격된 「욱」자의 기와 정기 분석

구분 중간자	중간자 「원」자의 기와 정기 표시						심 사 평
	자음	모음	인운 인자	성공률	실패율	유전 빈도	
욱	ㅇ		8	80		2	ㅇ자는 사업가와 어머니 성명에서, ㅜ자는 생년월일과 어머니 성명에서, ㄱ자는 생년월일과 어머니 성명에서 각각 유전되었다. '욱'자의 총성공률은 290%, 총실패율은 410%로서 순실패율은 120%이므로 내재가치가 저조하다.
		ㅜ	7	40	60	2	
	ㄱ		1	10	90	3	
보너스 (표46)	짝수인운인자수효		1개	20			
	홀수인운인자수효		2개		20		

8. NSM 작명 그래프 심사 (예시)

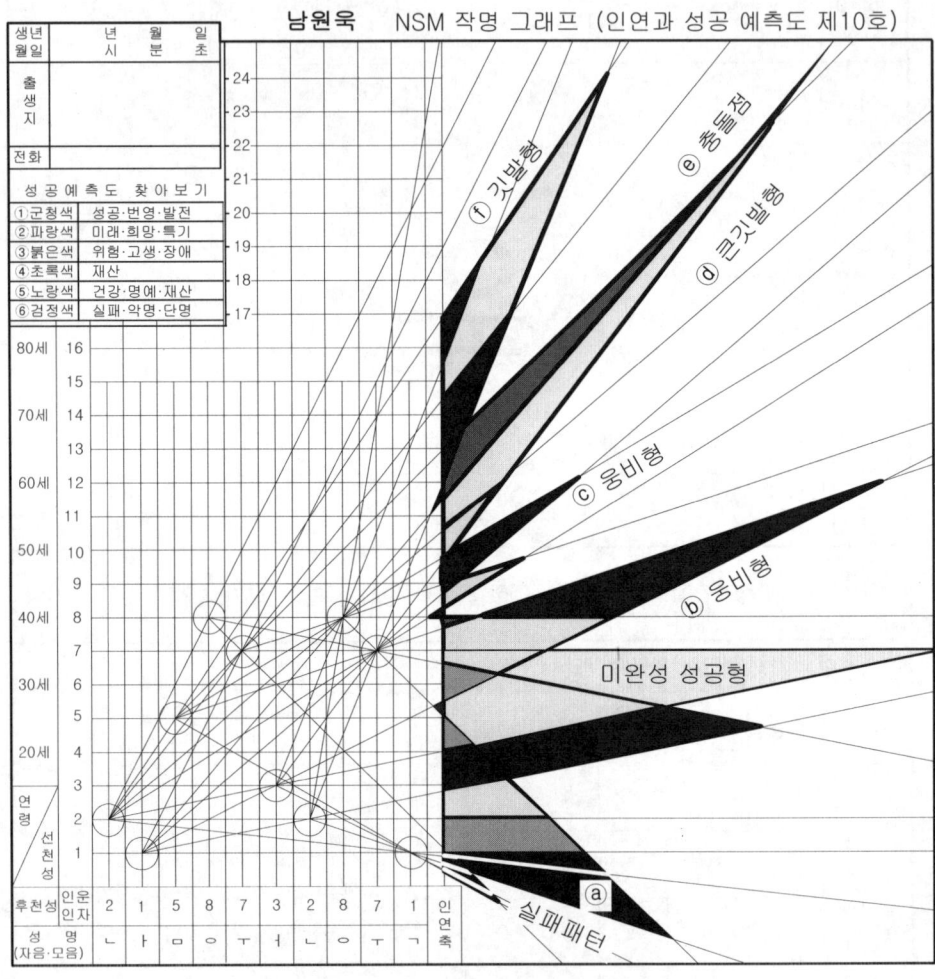

남원욱　NSM 작명 그래프 (인연과 성공 예측도 제10호)

▶ 남원욱 NSM 작명 그래프 심사평

웅비형과 깃발형과 실패형 그리고 충돌형으로 형성되었다.

- 실패패턴 ⓐ는 선천적이며 인생항로에서 한번쯤은 위험에 임하게 되므로 명심하여야 되고, 특히 짝짓기 인연에서 이와 유사한 실패형 또는 충돌형을 만나게 되면 뜻밖의 큰 일을 당할 수 있다.
- 웅비형 ⓑ는 20~37세 사이에 완성하는데, 이 기간에는 건강, 재운, 명예가 소원성취된다.
- 웅비형 ⓒ는 41~47세 사이에 완성되고, 웅비형 ⓑ의 축소판으로 제2의 성장을 위하여 준비하고 있다.
- 고공미사일형국 ⓓ는 48세~57세 사이고 그 위력은 하늘 끝까지이므로 가히 짐작이 갈 것이다. 다만 충돌형이 외곽 쪽에 있는 것은 자연적인 현상이므로 염려할 것 없다.
- 깃발형은 노후보장형으로 웅비형 ⓑⓒ의 업적들이 길이 남게 된다.
- 인연선의 발달은 매우 균형을 이루고 있으므로 가는 곳마다 인연환경이 양호하다.
- 짝수안전선 8과 홀수안전선 7과 홀수안전선 1이 결합하여 안전패턴을 구축하고 있으나 실패선과 성공선이 발달하여 여러 개의 삼각형으로 세분화되어 있기 때문에 그 기능은 사장된 것이다.
- 남원욱 NSM 작명 그래프는 성공과 실패 그리고 인연선 및 내재가치가 균형을 이루고 인연축을 중심으로 성공패턴이 연속적으로 이어져 있는 형국은 천하일품이며 20, 40, 50대에 나타나는 특질 또한 의미심장하다.

실제적으로 작명 5대 요소에 의하여 NSM 작명 그래프에 충족되는 한글성명의 창출은 매우 어렵다.

그런데 한글성명에 맞는 사주의 한자표기까지 일치한다 함은 참으로 어려운 일 중의 어려운 일이다.

9. 성명 내재가치 심사 (예시)

남원욱의 선 · 후천적 내재가치 산출표 (단위 : %)

선천적 내재가치 감정 (표47) 제1항규정				후천적 내재가치 감정 (표47) 제2항규정			
인연인자의 내재가치는 표A에서 환산함				인운인자의 내재가치는 표A에서 환산함			
짝수인연점	홀수인연점	성공률	실패율	짝수인운인자	홀수인운인자	성공률	실패율
	21	101		2		50	
18		130			1	10	90
16		120			5	30	80
	15	80	20	8		80	
14		110			7	40	60
12		100			3	20	80
	11	60	40	2		50	
	11	60	40		7	40	60
10		90			1	10	90
	9	50	50				
	9	50	50				
	9	50	50				
8		80					
8		80		※ 선 · 후천적 내재가치 심사평			
8		80		이 성명의 선천적인 내재가치는 매우 양호하며 타의			
	7. 7	40. 40	60. 60	추종이 불허할 정도이나 후천적 내재가치가 이를 보장			
6		70		하여 주지 못하므로 안타까운 일이다. 하지만 이를 알			
	5	30. 30	70. 70	고 칠전팔기의 정신으로 노력하면 그 결과는 소원대로			
4		60		자수성가를 이룩한다.			
2		50					
2		50					
	1	10	90				
	1	10	90				

소계	성 공 률	1581		소계	성 공 률	330	
	실 패 율		690		실 패 율		460
짝수인연인자 수효 (11)개 보너스 성공률 : 표B		85		짝수인운인자 수효 (3)개 보너스 실패율 : 표B		40	
홀수인연인자 수효 (13)개 보너스 실패율 : 표C			85	홀수인운인자 수효 (6)개 보너스 실패율 : 표C			50
총 계		1666	775	총 계		370	610
순성공률(○) 순실패율( )		891	성공율 53.48	순성공률( ) 순실패율(○)		240	실패율 60.65
선천적 내재가치 감정 제1항 규정		성공형C급 (자수성가)		후천적 내재가치 감정 제2항 규정		보통형 A급 (칠전팔기)	

선 · 후천적 내재가치 감정 제3항 규정	성공형 C급(소원성취)	제1항 규정(선천성)	건강 · 명예 · 재산
		제2항 규정(후천성)	명예 · 재산
		제3항 규정(종 합)	재산

10. 인연환경 심사 (예시)

자신과 상대자와의 후천적 운세풀이 산출표

한국인연감정원 동자삼작명소⑪			사 업 진행단계	초기	중간	말기	인생항로변수	
			기준연령	30세 미만	31 ~50세	51세 이상	선	악
			인생항로 점유비율	15%	70%	15%	좋은일 발 전	나쁜일 촉 진
관 계	성 명	인운인자산출	운세	초년 운세	중년 운세	말년 운세	호불호 변수기능	
							짝수변수	홀수변수
부	남달로	ㄴㅏㅁㄷㅏㄹㄹㅗ ②①⑤③①44⑤		6	2	8	4. 4	
자	남원욱	ㄴㅏㅁㅇㅜㅓㄴㅇㅜㄱ ②①⑤87③②87①		6	4	10	8. 8	7. 7
자	남원욱	ㄴㅏㅁㅇㅜㅓㄴㅇㅜㄱ 2①⑤⑧⑦③2⑧⑦①		7	3	10	2. 2	5
모	성숙희	ㅅㅓㅇㅅㅜㄱㅎㅡㅣ ⑦③⑧⑦⑦①14 9 10		6	3	9	10. 14	9

※ 심사평

부자지간의 인연은 가장 잘 사는 짝수 운세 배열상태이므로 더이상 바랄 것이 없다. 원욱의 홀수변수 707은 칠전팔기의 뜻이 내포되어 있는데 이것은 그의 후천적 내재가치의 감정결과와 같으므로 비록 좋은 아버지와 인연일지라도 노력하지 않으면 안된다는 뜻이 강하다.

모자지간의 인연은 변수의 기대가 좌우하는 운세인데 어머니가 주도적인 위치이므로 어머니의 교육을 잘 받아야 성공한다.

특히 중간운세 3과 3은 낭패의 상극이므로 인연위계질서를 철저히 준수해야 되며 다행하게 짝수변수가 양호하고 홀수변수 중에서 3과 1이 없으므로 운세는 전화위복된다.

11. 한글성명에 한자 붙이기

우리는 한글을 사랑하여 자랑하고 춘추만대에 이르기까지 애용하는 것이다. 그러나 우리에게는 한글전용·한자병용·영어공용어 등의 주장들이 끊임없이 일어나고 있다.

본 란은 성명학 차원에서 한글과 한자의 병용관계를 말한다. 저역시 대한민국의 국민의 한 사람이요 더욱이나 한글성명학을 연구하여 책을 만든 사람으로서 이에 대한 고심은 이만저만이 아니다.

먼저 편안한 마음으로 이런 말을 하고 싶다. 사람마다 이웃이 있고 이웃사촌으로 인정이 오고가고 하는 가운데 때로는 어려운 문제가 발생하기도 한다. 이 때 이 문제로 하여금 단절이냐, 해결점을 찾느냐 등이다.

아무리 생각해도 좁은 근린사회의 인지상정이 근본이므로 서로가 한 발씩 양보하면 양보의 정신이 통하여 꼬인 실타래가 잘 풀려 더불어 더 잘 사는 이웃사촌이 된다면 얼마나 아름다운 장면인가 말이다. 우리의 큰 이웃은 중국이고 작은 이웃은 일본이다.

한글성명과 한자성명 사이에도 양보정신이 깃들면 서로가 좋다는 것이다. '이 무슨 황당무계할 소리이냐구요' '양보'라는 것은 사람이 남에게 길을 비켜주고, 남에게 자리를 내어주는 일이다.

글에도 정신이 포함되어 있고 기와 정기가 있다. 사람이 쓴 필체에는 글 쓰는 사람의 정신이 깃들고 기와 정기가 있는데 한글과 한자를 붓글씨로 써보면 살아 있는 글과 죽어 있는 글이 구별된다. 또 값이 있는 글과 값이 없는 글, 힘있는 글과 없는 글, 기가 있는 글과 없는 글 등이 구분된다.

한글과 한자는 각기 다른 기와 정기를 가지고 있으나 그 중에서 서로 통하는 기와 정기가 있다는 것이다. 그래서 한글에서 발사되는 기와 정기가 한자로 가면 한자의 기와 정기가 길을 비켜 자리를 양보하게 되고, 그 자리에 한글의 기와 정기가 자리잡는 일이다. 역시 한자의 기와 정기의 이동도 이와 같은 현상이 일어난다.

문자와 문자 사이에 기와 정기가 정면충돌하면 한자병용 불가, 한글외래어 표기 등의 옳고 그름의 논쟁이 일어난다는 것이다.

이번에는 구약성서 창세기 11장 6절에서 7절까지 말씀을 인용하여 언어의 역할과 언어의 기와 정기의 위력을 살펴본다.

▶ 창세기 11:6

홍수 사건 이후로 모든 사람들은 하나의 언어를 사용하였다. 그런데 사람들이 동쪽으로 이동하다가 시날 지역(메소포타미아라고 일컬어짐)에 있는 한 평야에 이르러 정착하게 되었다. 그들은 서로 이렇게 말하였다.

자, 벽돌을 만들어 단단하게 굽자. 성을 건축하고 하늘에 닿을 탑을 쌓아 우리 이름을 떨치고 우리가 사방에 흩어지지 않도록 하자.

▶ 창세기 11:3~4

하나님은 사람들이 쌓는 성과 탑을 보려고 내려와서 이렇게 말씀하셨다.

사람들이 한 종족이라 말이 같아서 안 되겠구나. 그래서 저들이 이런 일을 시작하였으니 앞으로 마음만 먹으면 해 내지 못할 일이 없을 것이다. 당장 땅에 내려가서 저들의 말을 뒤섞어 놓아 서로 알아듣지 못하게 하자.

▶ 창세기 11:6~7

하나님이 그들을 온 세상에 흩어지게 하였다. 결국 그들은 성 쌓던 일을 중단하였다. 하나님이 온 세상의 말을 뒤섞어 놓아 사방으로 흩어지게 하였기 때문에 그곳을 '바벨'이라고 불렀다.

위의 성구는 우리에게 시사하는 바가 대단히 크다. 동양인 중에 황색인종의 중국인, 한국인, 일본인은 피부색깔에서 시작하여 얼굴

모양과 체구가 비슷하여 세 나라의 사람을 같은 조건에서 세워 놓고 서양인들에게 누구가 한국사람인지 구별하라고 묻는다면 어떻게 될까.

가장 쉽게 식별하는 방법은 말과 성명의 표기일 것이다. 앞의 성서 내용과 같이 세 나라의 국민은 같은 황색종에 속하지만 언어를 달리하여 각각 독립된 나라를 세워 살게 되었다는 것이다. 자! 이 상황에서 세 나라의 국민들의 말과 언어가 똑같았다면 지금쯤은 구약성서대로 바벨탑을 쌓아 꼭대기가 하늘에 닿았을 것이다. 세계를 지배하는 최대강국이 되었다는 말이다. 생각건대 하나님이 이것이 두려워 14억 인구를 가진 중국인에게 어려운 한자를 만들게 하여 한자문화권을 형성하게 한 것 같으며, 일본은 일본어가 있게 되었고, 우리에게는 한글이 창제되도록 하였다는 것이다. 그렇지만 저변에는 한자가 항상 자리잡고 있는 현실이다. 특히 한글은 소리글이고 한자는 뜻글이기 때문에 하나의 한글 단어에 대한 한자는 여러 개가 있을 수 있고, 우리말 뜻에 한자가 붙여진 어휘는 한글과 한자가 호흡을 같이 한 우리말이다.

더욱이나 우리의 의사를 중국인에게 올바르게 전달하고 이해시키기 위하여 한글 옆에 한자표기는 불가피하다. 다음 예시를 통하여 말의 진위를 알아본다.

필자의 한글 성명은 남시모이다.

한자표기는 남은 南·男·楠·湳이고, 시는 時·始·是·市·侍·詩·試·矢·示·視·施·柴이며, 모는 模·謀·某·募·慕·暮·母·毛·貌·冒·摸·牟·謨이다.

이와 같이 한글 이름자에 한자 붙이기는 법적으로 대법원 선정 인명용 한자 표기에 명시되어 있으므로 다른 한자를 사용할 수 없고, 이 중에서 마음대로 선택하는 것이다. 사실상 사주에 의하여 한자이름을 짓는다면 한자 사용제한은 있을 수 없는 일이다.

한글성명 남시모는 3자뿐인데 한자표기는 남은 4자, 시는 12자, 모는 13자이다. 과연 어떤 한자를 선택할 것인가. 이것이 큰 문제이다. 선택의 기준과 검증이 무엇인가. 그래서 동자삼에서는 한자성명 전문위원을 상설 배치하며 사주팔자에 의한 한자를 선택하고 있으나 문제는 신생아의 사주는 동일하지만 사주에 맞는 한자는 작명소마다 각양각색이므로 상당한 차이가 발생한다.

이것을 알고 있는 NSM 작명 그래프는 이 범위를 정하여 한자 선택의 맹점을 최소화하고 있다. 따라서 時(시) 模(모)는 1 : 624의 경쟁에서 선발되어 호적에 등재한 것이다.

필자가 교직생활에서 학생들로부터 놀림감의 주대상은 시어머니 선생 또는 시어머니 잔소리 그만하지는 학생들이 南時模를 선택하지 않고 南侍母와 南媤母로 한자표기하여 풀이한 것이다.

그러면 중국사람에게 동자삼의 저자를 알리려면 南侍母도 아니고 楠市謀도 아닌 南時模이다.

그러므로 한글성명에 한자성명은 새삼 새로운 일이 아니고 아마도 우리 조상들도 이래서 한자식 이름을 지었을 것이다. 한글성명과 한자표기의 상용은 오히려 자연스러운 측면이 있고 동성동명과 동명이인의 확실한 구분 및 가문의 항렬과 자신의 이미지 관리, 인성교육과 전통문화의 계승이라는 차원에서 볼 때 한자병용은 필요하므로 반대할 이유가 없다.

한글성명 남시모의 한자표기는 南時模이고 남시모와 南時模 사이에는 한글과 한자의 기와 정기가 조화를 이루어 상통상생하며, 서로 융합하여 일체감과 공동체를 형성하여 공존공생함으로써 한글과 한자는 이웃사촌의 정이 들어 더불어 생존하는 것이다.

12. NSM 작명 그래프와 인생항로 이해

저의 이름을 [( )](이)라고 한평생 불러주세요!

① 아버지가 [( )] 속에 신생아 이름을 4번
적습니다.

② 어머니가 [( )] 속에 신생아 이름을 4번
적습니다.

※ ( )는 한자표기이다.

[( )]의 성명감정과 작명은 절대적인 것은 아니지만 현
위치에서 지적, 인적, 물적 자원을 바탕으로 삼아 과거를 검증하고,
현재 속에서 하는 일에 열정을 쏟아 부으면서 미래를 내다보고자 하
는 것이다. 그러므로 [( )]가 처해져 있는 현실에 작명 내
용을 결부시켜 엄격히 분석하고, 현재의 직업과 사업, 일상생활을 개
선시키는데 최선의 노력을 경주하여야 될 것이다.

[( )]의 성명은 동성동명, 동명이인에 포함되어 있어 제
아무리 대망의 성명을 소유하고 있다 할지라도 [( )]가 맺
은 인연과 연분에 따라 $\pm\,\alpha$ 변수가 작용하고 있다.

그러므로 인생항로를 알아보기 위해서는 먼저 어떤 성명을 소유하
고 있느냐를 감정하고, 다음으로는 누구와 만나서 살 것인가에 대한
연분을 감정한다. 그 다음으로는 누구와 더불어 일을 할 것인가에
대한 인연감정이 중요한데, 이때 각자의 성명기능이 상승, 저하, 유
보 등의 변수를 나타내게 된다. 성명감정과 연분감정, 인연감정은 인

생의 33%를 차지한다. 또 성명에 포함되어 있는 내재가치를 제대로 발휘하기 위해서는 일반적으로 부모, 부인, 형제자매간의 인연을 감정하는 것이지만 일상생활에서 시시때때로 만나는 사람과의 인연감정에도 신경을 써야 한다.

비로소 [(   )   ]의 성명은 [(   )   ]를 에워싸고 있는 인연환경에 영향을 받아가면서 성명이 보유하고 있는 내재가치가 실현되는 것이다. 그러므로 성명의 나쁜 잣대를 소유한다고 해서 실망할 필요는 없고, 한글성명에 맞는 인연을 찾아야 될 것이며, 성명의 좋은 잣대를 가졌다고 해서 지나친 희망과 기대를 갖는 것도 좋지 않다.

나쁜 성명이든 좋은 성명이든 인연환경의 지배를 받는다는 사실을 분명히 알아야 한다. 나쁜 성명이라도 주변의 인연환경이 좋으면 그 영향을 직·간접적으로 받아 좋아지고, 좋은 성명은 주변 인연환경이 좋으면 좋을수록 그 성명의 내재가치가 아무런 장애를 받지 않아 우후죽순처럼 뻗어가지만, 인연환경이 나쁘면 성명의 기와 정기가 동면하거나 위축되어 기가 사양화될 수 있다. 그러나 이와 같은 인연 환경의 고비를 넘으면, 반드시 그 성명이 지닌 성공예측과 내재가치대로 사필귀정된다.

따라서 작명 또는 감정을 받는 [(   )   ]는 ⓐ 자신의 성명과 NSM 그래프의 뜻을 가장 먼저 알아야 하고, ⓑ 성명에 맞는 좋은 연분을 맺어야 하며, ⓒ 이미 맺은 연분에 대해서는 인연감정을 통하여 검증하고 예측하여 대책을 수립해야 될 것이다. ⓓ 그리고 일상생활 주변과 인연을 감정하여 좋은 인연과 결연한다면 ⓔ 반드시 그 성명 아래 그 성명에 의한 사람이 탄생될 것을 확신한다.

사람의 이름은 한번 짓는 것이므로 신생아 때 지은 이름이 영원한
나의 이름이요 인생의 첫 관문이다. 비록 지금은 │   (   )
가 한글 성명대로 살아가고 있는 자체를 잘 모르고 있지만, 50대
이후면 NSM 그래프 해법대로 살아온 것이 80±5% 이상 검증되
고 있음을 스스로 확인하게 될 것이다.

　작 명 일 자 :　　 년　월　일
아버지 한글 성명 : (　　　　　)　한자표기(　　　　)
어머니 한글 성명 : (　　　　　)　한자표기(　　　　)
작명가 한글 성명 : (　　　　　)　한자표기(　　　　)

개 명

1. 본명과 개명의 의의

　사람의 성명은 성과 이름이 하나가 되어 그 사람을 지칭하는 고유
명사로서 존재가치가 있는데, 이것을 신생아에게 처음으로 부여하여
호적에 올린 이름을 본명이라 한다. 본명을 사용하다가 다시 고쳐
새로운 이름을 호적에 올리면 개명이다. 개명의 진의는 건물을 완전
히 파괴하고 그 땅에 새로운 건축물을 짓는 일, 고욤나무에 감나무
를 접목하는 이치, 박에 수박을 접붙이기하는 것과 같은 개념을 가

지고 있다. 그러나 사람의 장기이식, 건물의 보수공사, 물건의 수리 등의 개념은 전혀 아니고 이러한 일은 개운조치의 일부분에 속한다. 그런데 사람들은 개명의 올바른 뜻을 알지 못하고, 개명과 개운조치를 혼돈하여 개명을 개운의 수단으로 악용하고 있다. 엄격히 말해서 이름의 정정사항도 개명으로 포함시킨다. 우리 나라에서는 성이 없는 이름을 사용하는데, 한 개인에 대한 호칭으로는 시호, 자, 휘, 아호, 택호, 호, 아명, 별명, 관명, 종교명 등으로 나누어 부르고 있다. 이러한 호칭은 본명이나 개명과는 성격이 다르고 성명학적인 측면에는 단순작명의 유명무실한 것으로 나라마다 호칭에 대한 관습명으로 성과 이름이 분리된 것이다.

또 진짜 가명은 본명을 그대로 두고, 특수목적과 자기방어용으로 이름지어 일상생활에 악용하는 이름이다. 이것은 본명을 모독하고 배신하는 행위이며 이름의 이중성격으로 매우 나쁘다.

개명의 요건은 개명 사유와 목적이 있어야 하고 반드시 호적상으로 등록되어야 한다. 그렇지 않고 사람마다 본명을 두고 임의대로 개명하여 호칭한다면 이름 수라장이 초래되어 타인들도 기억할 수가 없다.

필자는 교직을 천직으로 알고 25년간 봉직했지만 동자삼의 기와 정기로 인생항로가 360°로 바꾸어졌다. 나에게는 개명은 있을 수가 없고 기상천외한 개운조치를 인력으로 거부할 수가 없어 동자삼작명학을 만들게 되었으며, 새 역사를 창조할 좋은 이름짓기와 불운을 개척하는 동자삼 개운조치들이 곧 저의 소명이요 사명감이다.

오늘날 개명에 대한 막연한 기대와 찬반론만 거론되었지 과학적인 근거자료나 연구보고서가 발표된 적은 별로 없다. 실제로 개명의 효과에 대한 검증은 매우 어려우며, 이 문제를 해결하기 위하여 먼저 개명자료를 철저히 조사해야 한다.

개명자료라는 것은 개명한 사람의 일대기이다. 이를테면 본명의 작명은 언제 누가 어떤 자료를 가지고 지었으며, 이름의 뜻은 무엇이고, 본명을 사용하는 동안 자신의 건강·명예·재산을 위주로 한 생활은 어떠했는가 등에 관한 기록이다.

한편으로 개명을 하였다면 개명이유, 개명시기, 개명방법, 개명목적을 알아야 하고, 개명사용 상황과 개명 후에 일어난 삶을 기록한 것 등이 필요하다.

이와 같이 개명을 한 사람에 대한 개명 자료가 철저히 조사된 사람에 대해서는 본명과 개명의 효과를 검증할 수 있다. 그 후 NSM 작명 그래프에 의하여 본명과 개명을 감정하게 되는데, 감정 내용은 NSM 작명 그래프의 인연예측, 성공예측, 특성예측으로 개명이 좋으냐, 나쁘냐를 판정할 수 있고, 본명과 개명의 자료가 확실하지 않으면 개명효과는 어느 누구도 장담할 수 없다.

2. 개명 반대

- 모든 이름은 개명하지 않는 것이 원리원칙이며 모든 개체의 개명에 관한 내용은 사람의 개명에 준한다.
- 한글성명은 원칙적으로 개명하지 않는 것이 근본이다. 난생 처음으로 출생 신고서에 등재한 한글성명의 표기는 영원한 자기의 이름이다.
- NSM 그래프는 출생신고와 동시에 그 사람의 한글성명에 대한 인운인자와 인연인자가 결정되므로 이를 임의대로 변경할 수 없으나, 법에 의하여 개명될 경우는 그러하지 않다.
- 출생신고 전에는 이름을 몇백 번 고쳐도 무방하지만, 일단 호적에 등재되면 한글성명은 법적인 효력 발생과 동시에 처음으로 세상에 공포되는 것이다.
- 개명한 사람이 좋은 운명으로 바뀌어진 검증자료를 성서에서는 찾아볼 수 있으나, 일반적인 검증자료는 극소수에 의한 것으로 그

결과에 대한 신뢰성은 지극히 미흡하고 사람마다 가지각색이다.

- 우리 나라에서 가장 많은 개명사례는 정당명이다. 광복 이후 50여 년 동안 60여 개의 정당이 창당되었다가 해산하고 정당 만들기를 밥먹듯 한 것이다. 한 마디로 작명학적으로 보면 F학점이다.

이 와중에 최장수명의 정당은 1963년 5월 10일 민주공화당이 정구영을 대표자로 창당되어 1980년 10월 27일 해산되었다. 정당명의 평균수명이 1년이라니 가히 정치를 짐작한다. 동자삼작명학은 이를 규탄한다.

- 결론적으로 오늘날의 개명은 개명 이유와 개명을 한 사람은 있어도 개명목적을 보장해줄 사람도 없고, 이를 축복해줄 사람도 없으므로 개명은 있어도 개명다운 참개명은 없다는 것이 정론이며 오늘날 작명가의 검증 없는 개명은 과대망상의 무주공산이다.

3. 개명 찬성

그렇다면 본명을 개명한 사람의 운명은 실제로 어떻게 변화되었을까? 이 문제에 대한 해답을 얻기 위해 남다른 연구를 해 본 적이 있다.

우리 나라의 저명한 인사들 중에서 개명한 사람들이 있어서 이에 대한 연구를 하여 보았으나 개명자료가 없으므로 아무런 결론을 얻지 못하였다.

그래서 성서에서 하나님과 예수님이 개명하여 사람의 운명을 바꾼 사실을 NSM 작성 그래프에서 검증하여 보면 해답이 나오리라 생각을 했었다. NSM 작성 그래프의 검증기준은 성공패턴과 실패패턴으로 비교하였다.

성서에서 개명한 사람은 아브라함(아브람), 사래(사라), 이스라엘(야곱), 벨드사살(다니엘), 사브낫바네아(요셉), 여룹바알(기드온), 사드락(하나냐), 메삭(시사얼), 아벳느고로(아사라), 베드로·게바(시몬), 바울(사울) 등이다.

하나님께서 아브람을 아브라함으로 고친 이유는 '열국의 아비'로 만들기 위함이고, 사래를 사라로 개명한 이유는 아들을 낳게 하고 '열국의 어미'가 되게 하였으며, 하나님께서 야곱을 이스라엘로 고친 것은 '그 사람이 가로되 네 이름을 다시는 야곱이라 부를 것이 아니오, 이스라엘이라 부를 것이니, 이는 네가 하나님과 사람으로 더불어 겨루어 이기었음이니라'로 되어 있다.

그리고 예수그리스도에 대한 이름도 '보라 처녀가 잉태하여 아들을 낳을 것이요, 그 이름을 임마누엘이라 하리라' 하셨으니 이를 번역한즉 하나님이 우리와 함께 계시다 함이라(마태복음 2장 23절).

또 예수님은 시몬을 베드로로 개명하였는데, 신약전서 요한복음 1장 42절의 말씀에는 '데리고 예수께로 오니 예수께서 보시고 가라사대 제가 요한의 아들 시몬이니 장차 게바라 하리라 하시니(게바는 번역하면 베드로라)'로 기록되어 있다.

개명 후 시몬의 호칭은 시몬, 시몬베드로를 혼용하여 사용되었는데, 이것은 시몬이라 했을 때는 옛날 시몬을 지칭하였고, 베드로라고 했을 때는 거듭난 베드로를 의미하는 것 같다. 그리고 게바는 직접 호칭한 적은 없고, 기록상 '게바'로 표현된 부분이 한두 군데 있을 뿐이다.

바울은 사도행전에서 등장한 인물상인데 유태인식의 이름은 사울이고, 로마인식의 이름은 바울로 사용한 것인즉 실제로 사울로 호칭하면 유태인으로서의 사울이고, 바울로 호칭하면 로마인의 바울로서 사람을 인식하는 것 같다. 사울과 바울의 NSM 작명 그래프 차이는 성공형 △형과 실패형 △형의 형성 모양은 똑 같으며, 다만 크기의 차이가 있을 뿐이다. 사울을 바울로 부르면 사울의 역할이 축소 의미를 갖는다.

필자는 하나님과 예수님의 개명한 사람 중에서 대표적인 성명을

NSM 그래프에 그려 좋은 작명잣대와 나쁜 작명잣대로 서로 비교하였다. 그런데 '사래'을 제외한 아브람, 시몬, 야곱의 개명은 놀라울 정도로 좋은 작명잣대로 구성되었다.

특히 하나님과 예수님이 개명한 사람들의 NSM 그래프의 깃발형 △형 모양은 현실적으로 이 모양을 가진 사람 치고 성공 안 한 사람이 없을 정도로 검증되고 있다.

하나님과 예수님이 개명한 공통적인 특징은 글자 수가 '사래, 게바'를 제외하고는 4자와 3자로 지어졌는데 본명보다 1자 또는 2자가 많다.

결론적으로 하나님과 예수님의 개명은 '새 술은 새 부대에 넣는다'는 말을 철저히 실행했으며, 미리 예정된 사람에게 의도적으로 개명을 하여 그 목적을 분명히 제시함과 동시에 축복을 하였고 그 후 그 사람을 관리하여 주셨다.

NSM 그래프에서 성명 감정상 부정적인 성명을 알고 한평생 불안하게 살기보다는 차라리 개명이 차선책일 수도 있으며, 호적법상으로 개명 가능한 여건이 성립될 경우에는 개명해야 한다.

- 우리 나라 관습상 가문의 항렬을 따라야 할 원인
- 귀화한 사람으로 한국식 이름으로 개명을 요구할 때
- 일제시대에 창씨개명하여 일본식 이름(자)을 소멸시킬 경우
- 동성동명, 동명이인이 주변에 많아 사회생활에 큰 지장을 초래할 때

이를테면 기존의 성명에 대하여 거부감·혐오감·멸시·천대·표기상 곤란·돌림자·가문·호칭 등의 문제점이 복합적으로 야기되어 일상생활에 막대한 지장을 초래한 입증자료가 성립될 경우에는 개명하여 호칭하는 것이 좋을 것 같고, 법적으로 개명요건이 성립될 수 있다.

4. 동자삼 개명

동자삼 개명의 여부는 NSM 작명 그래프 감정을 먼저 한 뒤에 판정한다.

개명이 가능한 연령은 10세 이하로서 본인의 돌, 유아시절, 초·중·고·대학시절의 명함판 사진 및 부모와 가족사진 1매가 지참되어야 하고, 법규정에 의한 개명은 물론 NSM 작명 그래프 감정 결과 최악에 도달한 유형이 다음과 같이 나타나서 앞날이 불투명할 경우에는 개명작업이 가능하다.

- 역웅비형, 역다이아몬드형, 대실패형, 충돌형, 장애형 등 구제불능이 확실하게 입증될 경우
- 성명의 선천적 내재가치가 실패형 C급의 패가망신형, 후천적 내재가치가 실패형 C급의 추풍낙엽형, 선·후천적 종합내재가치가 실패형 B급의 초근목피가 현실적으로 검증될 경우
- 개명 후 조치사항을 약정하여 철저히 준수할 사람 등이다.
- 이름이 나쁜 사람은 동자삼 개운조치를 취할 수 있다.

5. 개명 후 조치사항

- 법적으로 개명조치가 완료된 날에 비로소 개명을 호칭한다.
- 어떠한 과정을 통하여 일단 개명이 이루어지면 반드시 개명한 날로부터 즉시 또는 1년 이내 호적상에 개명조치가 이루어져야 한다.
- 호적상으로 개명을 하지 않은 상태에서 본명과 개명을 일상생활에 혼용하면 뜻밖의 악재들을 만나 극한 상황이 오며, 일부다처제를 부정적으로 보는 것과 같이 처음 지은 이름에 대한 일편단심이야말로 진실로 소중한 것이다.
- 호적상으로 개명이 되면 본명을 기억해서도 안되며 이름의 과거를 묻지도 말라.

- 호적상으로 개명이 완료되면 본명을 알고 있는 사람에게 개명된 증거물을 반드시 제시하여 구명을 사용하지 말 것을 강력히 요청한다.

작명 효력과 진로 예측

1. 좋은 성명의 인식

NSM 작명 그래프는 신생아의 작명 5대 요소를 바탕으로 이름이 70개 이상 작명되는데, 이중에서 성과 이름의 기가 상통하여 동자삼의 좋은 작명잣대를 충족시키고, 성명의 선·후천적 내재가치와 인연점이 양호한 이름을 5개 선정한다.

이에 해당되는 한자는 신생아의 사주에 꼭 맞는 글자를 뽑아 최종적으로 하나를 결정한다. 이같은 작명작업에 의하여 탄생된 성명은 좋은 작명잣대와 사주팔자를 동시에 만족시켜 주는 훌륭한 성명으로 인식하며 건강운·명예운·재산운이 확 트인다.

비록 한글과 한자표기는 다를지언정, 한글과 한자성명학이 한데 어울려 서로 기와 정기를 융합시키고 조화와 균형을 이루는 일심동체의 개체명을 창출한다. 이 사실은 약 30년 전부터 새 천년시대에 탄생하는 아기를 위하여 준비되고 예비된 것이다.

현실적으로 이 원리를 검증한 결과는 인명사전을 비롯한 사회 각 계각층 및 신문지상에 거론되는 인물 등에서 쉽게 찾아볼 수 있는데 NSM 작명 그래프에서 좋은 작명잣대의 소유자는 거의 성공한 사람이고, 나쁜 작명잣대의 소유자는 그러하지 않으며, 이에 대한 한자풀이의 분석도 대동소이하다.

따라서 어느 누구도 NSM 그래프를 이해하여 이 부분의 검증을 확인하면 명쾌한 정답을 얻을 수 있다.

작금 1회용 하찮은 물건의 이름도 심혈을 기울여 짓는 현실 앞에 존귀한 생명체의 이름짓기를 건성적으로 생각한다면 평생을 두고 후회할 것이다.

2. 작명 효력

(1) 작명의 실효성

① 좋은 이름을 지으려고 한다면 작명 5대 요소에 의한 이름 붙이기 방법을 학습하여야 좋은 이름이 지어진다.

② 작명 이론과 전문성과 검증도 없이 막연한 기대감으로 '이렇게 지으면 좋겠지' 하는 작명 사고방식은 첫 단추를 잘못 끼워 옷을 입히는 격이므로 문제가 많다.

③ 세상에 널리 통용되는 흔한 이름은 이미 기와 정기가 발휘하여 누출되었으므로 무미건조하다.

④ 성명은 성과 이름의 기와 정기가 융합하여 조화를 이루는 새로운 개체의 신작품명의 창작품이다.

⑤ 좋은 이름을 짓는다는 것은 신기술에 의하여 연구 개발된 우수한 품종개량과 다를 바가 없다.

⑥ 신생아마다 작명자료가 제각기 다르기 때문에 특성 있는 이름이 창작되는 법이고, 훌륭한 사람의 성명을 감정하면 '새 부대에 새 술을 넣는 식'으로 제각기 새롭고 신선한 성명의 독창성을 지니고 있다.

새 천년을 선도할 작명은 '같은 값이면 다홍치마'격으로 첫째는 명당자리에서, 둘째는 기술적으로, 셋째는 수학적이고 과학적으로 검증되는 이론과 근거에 의하여 합리적인 작명방식에 따라 NSM 작명 그래프와 사주에 동시에 합격되는 이름을 짓는 것이 바람직하다. 이 원리대로 작명한다면 '사람은 죽어서 이름을 남기고 범은 죽어서 이름을 남긴다'는 믿음을 얻을 것이다.

(2) 동자삼(DJS) 작명의 효율성

DJS 작명방식은 NSM 작명 그래프에 의하여 성명이 결정되고 이에 따라 한글성명의 한자표기는 사주에 의하여 한자가 뽑혀진다. DJS 작명에 의한 성명은 그 사람의 후천적 개운에 큰 영향력을 발휘하게 되는데 이는 개운의 밑거름으로서 옥토가 되는 일과 튼튼한 나무 뿌리를 만들어 주는 일, 좋은 종자가 되는 일과 같다.

기름진 땅에 튼튼한 뿌리를 가진 나무와 좋은 씨앗은 어느 나무와 어떤 품종과의 경쟁에서 이길 수 있는 여건이 조성되었고, 나무의 종류와 품종의 성상에 따라 꽃이 피고 열매가 맺는 것이 다르듯 DJS 작명방식에 의한 작명의 결과도 이와 같다고 말할 수 있다.

이렇게 하여 이름이 결정되면 가장 먼저 호적에 등재하여 국가가 인정하는 성명의 자격을 획득하는 것이며, 국가가 보장하고 보호하는 이름으로 자타가 인정하는 것이다.

좋은 이름은 언제든지 그 사람의 몸과 가까이 있어야 하므로 신체 내부용으로 신분증(호패)에 기재되어 몸과 함께 동행하는 한편, 외부용으로 자신과 타인을 위하여 명함, 명찰, 문패, 명판 등에 기재되어 이름이 알려진다. 명찰은 학생, 군인, 직장인, 공무수행, 방문객 등에서 묵언으로 자신을 소개하는 일이다.

문패는 집의 소유와 자신을 알려주는 자신감과 이름의 긍지와 합법성을 표시하는 것인데 아파트는 있어도 문패가 없는 것은 왜 그런지. 이것은 일반주택에 문패 없는 집이 없는 것과 대조적이다.

새 천년을 맞이한 우리는 자신의 이름이 가명이 아닌 이상 자부심과 긍지를 소신껏 발휘하여 내가 살고 있는 나의 아파트 문에 내 이름을 붙여 만인에게 홍보하자!

자신의 이름은 자신이 책임지고 관리해야 하며 소중하게 다루어 보호하고 애용하지 않는다면 누가 대신하여 그런 일을 하여 주겠는가 말이다.

비싸게 돈을 주고 좋은 이름을 지었다고 해서 가만히 앉아 하늘만 쳐다보고 천도복숭아가 떨어질 것이라고 기다리고 있다면 좋은 이름을 가질 자격이 없다.

비싼 물건일수록 소중하게 다루어 그 진가를 뽑아 자기의 것으로 만드는 노력이 있어야 한다. 이에 따라 좋은 이름의 소유자는 불철주야로 노력한 끝에 고명(高名)과 공명(功名)으로 이름을 날린다. 이를테면 명현(名賢), 명환(名宦), 명관(名官), 명판관(名判官), 명사(名士), 명신(名臣), 명승(名僧), 명공(名公·名工), 저명(著名), 명인(名人), 명수(名手), 명망가(名望家), 명론(名論), 명류(名流), 명가(名家·名歌), 명군(名君), 명장(名將), 명의(名醫), 명필(名筆), 명가수(名歌手), 명상(名相), 명감독(名監督), 무명(武名), 명궁수(名弓手), 명창(名唱), 명풍(名風), 명기(名技·名妓) 등이 유명(有名)에 속한다.

그런가 하면 좋은 이름을 팔아먹는 것으로는 명화(名花·名畵), 명품(名品), 명기(名器), 명약(名藥), 명저(名著), 명마(名馬), 명견(名犬), 명편(名篇), 명판(名板), 명도(名刀), 명과(名菓), 명궁(名弓), 명산(名産·名山), 명산지(名産地), 명산물(名産物), 명시선(名示選), 명소(名所), 명천(名川), 명지(名地) 등으로 유명화하여 사람들의 인기를 독차지하고 있다.

다른 한편으로는 일상생활 용어를 찾아보면 명절(名節), 명담(名談), 명목(名目·名木), 명면(名面), 명국(名局), 명교(名敎), 명구

(名句), 명언(名言), 명의(名義), 명단(名單), 명하(名下), 명예(名譽), 명실(名實), 무명수(無名手), 명성(名聲), 명칭(名稱) 지명전(指名戰), 명호(名號), 명함판(名銜判) 등의 말을 애용하고 있는 것은 이름의 명예를 신장하는 일이다.

이름은 숨어 있고 이름을 찾을 길이 없지만 이름값을 제대로 한 무명유실(無名有實)에 속하는 말에는 무명씨(無名氏), 무명용사(無名勇士), 무명소졸(無名小卒), 무명작가(無名作家), 무기명(無記名), 익명(匿名) 등이 공적을 남긴 것이다.

그런데 이름이 곤욕을 치르는 일로서 유명세(有名稅), 지명수배(指名手配), 제명(除名), 악명(惡名), 추명(醜名), 누명(陋名), 오명(汚名), 공명(空名) 등이 있고, 본명을 제쳐 두고 본명처럼 행사하는 유형에는 가짜 개명(改名), 이명(異名), 속명(俗名), 차명(借名), 가명(假名) 등을 사용하는 것은 유명무실(有名無實)이다.

이상에서 열거한 낱말들을 통하여 이름의 중요성과 좋은 이름과 나쁜 이름이 구별된다는 사실을 새롭게 인식할 것이다.

세상에는 반드시 좋은 것과 나쁜 것이 구별되며 좋은 것 중에서 좋고 나쁨이, 나쁜 것 중에서도 좋고 나쁨이 분별되는데 문제는 평가잣대이다.

우리는 지난날의 생각을 버리고 새 천년에는 새로운 마음으로 이름을 올바르게 깨우쳐 지구촌을 떠날 때 좋은 이름을 후손에게 길이 남겨줄 것을 생각해야 하며 지구촌에서 불명예 제대를 하지 않도록 힘써야 될 것이다.

그러므로 DJS 작명방식에서 태어난 성명은 무명(無名)을 탈피하고 유명(有名)을 이끌어 내어 사람의 성명에 이름 명(名)자를 더 붙여주기 위한 것으로 명DJS작명이 되도록 최선의 노력을 다할 것이다.

3. 한글성명의 진로 예측

오늘날 우리는 1948년 10월 제정한 한글전용에 관한 법률에 따라 대한민국의 공용문서는 한글로 쓴다. 다만, 얼마 동안 필요한 때에는 한자를 병용할 수 있다고 규정했고, 지난 1970년에는 한자병용 단서 조항을 삭제했다. 또 1991년에 만들어진 정부 공문서 표기 근거 규정인 사무관리규정은 '문서는 쉽고 간명하게 한글로 작성하되, 특별한 사유가 있을 경우를 제외하고는 한글맞춤법에 따라 가로로 쓴다'고 규정하고 있어 지금까지 정부 공문서는 한글전용을 하고 있고, 우리 모두는 일상 생활에 한글을 사랑하고 있다.

- 20세기 동안에는 피할 수 없는 시대 변천에 의하여 동양인은 동양 철학을 바탕으로 음양오행설·사주·한자의 굴레를 벗어날 수 없었다.
  우리 나라 사람 역시 이에 편승하여 동조화하느라 한글을 경시하여 한자성명을 최우선시하였다. 그러나 21세기에는 한자성명이 자연 도태되거나 → 한글한자 병용 → 한글성명 전용이 반복될 것이다.
- 21세기에는 최첨단의 과학시대·정보화시대·무한경쟁시대·변화무쌍한 시대·철저한 개인주의와 실용주의가 만능을 이루는 시대 등으로 급변하게 될 것이고, 이에 따라 우리 나라 신생아의 이름 짓는 일에도 엄청난 변화가 일어날 것이다.
  한글을 으뜸으로 한 이름 짓기가 기정 사실로 인정됨과 동시에 성명의 표기는 영문자 표기가 병행될 것이며, 더 나아가서는 영어가 공용어로 지정될 수 있을 것이다.
- 21세기에 즈음하여 2000년도에 태어난 신생아가 성장한 2020년경이면 신세대는 자신의 성명을 한글만으로 표기하여, 이름에 대한 만족을 느끼게 될 것이다.
- 현재 한자성명의 사용은 출생신고·인감·도장·명함·문패·

계약서 등에 혼용되고 있지만, 불원간 이 부분에 대해서도 한글전용으로 표기될 것이다.

4. 동자삼의 발전

동자삼작명학의 목적은 사람의 이름을 과학적인 기법에 의해 바르게 짓고, 좋은 이름을 가진 사람과 인연을 맺어 서로가 사랑, 화목, 화평, 화합, 건강, 번영을 누리는 것이다. 더불어 이웃과 함께 사회와 국가를 위하여 좋은 일을 하고 잘 살다가 마지막에 좋은 이름을 남기자는 것이다.

필자는 사람의 운세를 예측하여 그 사람이 알지 못하는 진로를 올바르게 제시하여 주는 일과 신생아에게 좋은 이름을 지어주는 일은 국적과 방식을 초월해야 된다고 믿고 있다.

한 사람의 운명에 대해 어느 한 척도를 가지고 논한다는 것은 아무리 생각해도 부족한 것 같다. 한 사람의 성명에 대한 평가도 마찬가지이며, 신생아의 이름짓기도 예외는 아닐 것이다.

동자삼의 문호개방은 동자삼작명의 목적달성을 충실히 이행하기 위해서라도 필요하다. 다시 말해 동자삼작명의 활동범위를 세계속으로 파급시켜 나가야 한다.

이를 위해 동자삼 연구 전문위원, 운명철학 전문위원, 한자성명 전문위원, 국제성명 전문위원 등의 기구를 만들어 운영함으로써 동자삼작명의 해법이 자체 내부에서 검증되고 평가되어 일취월장할 수 있다는 생각이다.

그리고 21세기에 즈음하여 동자삼작명의 문제점을 과학적으로 제기해 새로운 각도로 조명한다면, 한 단계 높은 동자삼작명이 도출될 수 있다는 것을 밝혀 둔다.

동자삼작명은 앞으로 하나의 학문으로 확고한 위상을 차지할 것이며, 이것을 알기 위해서라도 한글을 더욱 사랑하게 될 것이다.

제 5 장

인연해법의 검증

1. 아담과 하와의 연분감정

태초의 남자 이름 아담과 여자이름 하와(창세기 2장 4～25절)의
연분을 인연해법으로 감정하면 중년운세 1과 1의 상극작용이 나쁘다
는 이론과 말년운세 5와 5의 함정기능 및 짝수와 홀수변수의 기능이
검증된다.

검증 3 자신과 상대자의 후천적 운세풀이 산출표

한국인연감정원 동자삼작명소⑩			사업 진행단계	초기	중간	말기	인생항로변수	
			기준연령	30세미만	31～50세	51세이상	선	악
			인생항로 점유비율	15%	70%	15%	좋은일 발전	나쁜일 촉진
관계	성명	인운인자산출표	운세	초년 운세	중년 운세	말년 운세	호불호 변수기능	
							짝수변수	홀수변수
남	아담	ㅇㅏㄷㅏㅁ ⑧①3 ①⑤		4	1	5		3
여	하와	ㅎㅏㅇㅗㅏ 14①⑧⑤①		4	1	5	14	

중년운세 1/1이 큰 문제이다 ══════════

- **초년운세** : 4/4는 짝수동일형 운세평가기준 6등급의 6호로서 100%
의 천생연분이다. 인연위계질서에 의하여 아담이 하와를 더 많이 사
랑한다. 즉, 4/4 동일형일 때는 짝수변수기능에서 짝수변수를 많이 가
진 사람이 경영주도권을 장악하는데 하와는 짝수변수의 14를 가졌고,

아담은 반대로 홀수변수 3을 가지고 있다. 따라서 두 사람의 운세가 같을 경우에는 짝수변수를 많이 가진 사람이 특별보너스 성공률 10%를 획득하기 때문에 아담은 하와의 말을 잘 듣고 따르게 된다.

그러므로 태초에 아담과 하와는 지상 최고로 살기 좋은 에덴 동산에서 누드 생활을 했는데 인생의 15% 정도이다. 짝수운세 결합과 운세 4의 풀이 생활기능 향상과 다복형인데, 이 부분이 여기서 검증된다.

● **중년운세** : 1/1은 홀수 동일형 운세평가기준 21등급의 7호로써 사상 최초의 최악연이기 때문에 용서받지 못할 죄를 짓는다.

아담과 하와는 이혼, 파산, 결별, 충돌의 현상을 맞아 상극현상을 일으키고 서로가 파멸을 자초한다.

두 사람 중에서 경영 주체는 역시 하와이고, 하와가 주장하는 그 모든 일은 실패로 끝나기 때문에 가정불화가 심하여 정이 없다. 중년운세 1의 내재가치는 성공률 10%, 실패율 90%이고 특수의미는 패가망신, 패가충돌이다.

그러므로 아담은 하와가 행하는 대로 따라가게 되고 결국은 따먹지 말라는 열매를 따먹고 눈이 밝아졌는데 최초유로 죄를 짓게 되었다. 이로 인하여 에덴동산에서 쫓겨나 하나님의 벌을 받아 생활한 것은 하나님과 충돌한 것이다.

● **말년운세** : 5/5는 홀수동일형 운세평가기준 19등급의 5호이므로 상극현상을 나타내는 나쁜 인연이다. 최악의 중년운세 1/1에서 벗어난 것이 다행한 일이지만, 홀수운세 5의 동일형은 매사가 함정에 걸려 고전을 면하기 어렵다.

특히 아담은 하와가 획책하는 일에 빠져들게 되는 형국이다. 하와는 홀수동일형에서 짝수변수 14를 가졌는데 반하여, 아담은 짝수변수는 없고, 홀수변수 3을 가졌기 때문이다.

그래서 이들의 인생항로는 하와가 뱀으로부터 받은 유혹을 아담에게 권하고, 아담은 하와의 함정에 말려들어 금단의 열매를 먹은 결과에서 운세 5의 특수기능인 함정이 작용했다는 것이 검증된다.

- **인연감정 요약** : 두 사람의 운세는 처음에는 더 할 수 없는 행복한 인연 4/4를 가졌으나, 세월이 지나감에 따라 서로가 불행한 최악의 인생항로 1/1에 허덕였다. 마지막에 숨통이 약간 트이는 여건 5/5가 조성되었는데, 특히 아담은 처음부터 끝까지 하와의 뜻에 따라 살아가는 운명이다.

이 가정은 여자 주도형으로 초년운세는 행복하고, 중년운세는 하늘 아래 최악의 상태이며, 말년운세는 최악에서 겨우 벗어난 형편이다. 아담은 짝수변수가 없고, 홀수변수 3을 가진 것에 비하여 하와는 그 반대로 홀수변수는 없고, 짝수변수 14를 가진 것이 특징적인 의미를 갖는다.

아담과 하와의 인연풀이는 성서의 내용과 다를 바가 없다. 특히 인연위계질서가 철저히 이행되었고 여자 중심주의 가정으로 하와가 모든 일에 경영 주체자로서 역할을 다한 것이므로 인연위계질서의 절대성이 검증된다.

2. 삼손과 들릴라의 연분감정

성신의 능력을 받아 힘이 가장 센 삼손은 의외로 이방인 블레셋의 여자 들릴라와 결혼하게 되는데, 삼손이 잔칫날 무리에게 수수께끼를 냈다. "먹인 자에게 먹는 것이 나오고, 강한 자에게서 단 것이 나왔느니라"하고 3일 안에 이 수수께끼를 풀면 베옷 삼십 벌과 겉옷 삼십 벌을 줄 것이라고 약속을 했다.

그들은 수수께끼를 풀지 못하였다. 그리고 그들은 들릴라로 하여금 남편을 꾀어 그 수수께끼의 답을 알아내 블레셋의 자존심을 살려 달라고 요구했다.

또 삼손의 아내인 들릴라는 블레셋으로부터 삼손의 힘의 비결을 요구당했고 이 때문에 삼손은 힘의 비결을 말한 결과 죽음을 맞이하였다(사사기 14장~16장). 이 사실을 인연해법에 의하여 감정하면 운세 1, 5, 6, 7, 8의 기능과 인연의 상극인 운세 1과 1의 결합으로 인한 결과 및 많은 짝수변수의 역할이 검증된다.

검증 4 자신과 상대자의 후천적 운세풀이 산출표

한국인연감정원 동자삼작명소⑩			사 업 진행단계	초기	중간	말기	인생항로변수	
			기준연령	30세미만	31~50세	51세이상	선	악
			인생항로 점유비율	15%	70%	15%	좋은일 발 전	나쁜일 촉 진
관계	성명	인운인자산출표	운세	초년 운세	중년 운세	말년 운세	호불호 변수기능	
							짝수변수	홀수변수
남	삼손	ㅅㅏ ㅁㅅㅗㄴ 7①5752		1	5	6	2	5,5,7,7
여	들릴라	ㄷㅡㄹㄹㅣㄹㄹㅏ 3944 10 44①		1	7	8	4,4,4,4, 10	3,9

초년운세 1/1이 큰 문제이다

● **초년운세** : 1/1은 상극현상의 최악연으로 맺어서는 안될 인연을 맺어 우여곡절과 파란이 많다. 0%의 인연결합상태로서 삼손과 들릴라의 초년운세 1은 각각 성공률 10%, 실패율 90%이다. 들릴라가 짝수변수를 많이 가졌기 때문에 삼손을 자기 뜻에 따라 경영할 수 있고, 인연위계질서에 의하여 삼손은 들릴라 쪽으로 기울어져 그의 뜻에 따라 행동하게 된다. 그 결과는 낭패형이다. 그러면 이와 같은 내용을 구약성서에서 찾아보자.

① 부모가 결혼반대(사사기14장 3절) ② 삼손이 먼저 블레셋인에게 수수께끼를 제시(14장 14절) ③ 들릴라가 삼손에게 수수께끼 풀도록 애원(14장 16절) ④ 블레셋의 곡식을 삼손이 불지르다(15장 5절) ⑤ 삼손이 블레셋인 일천명을 살해(15장 16절) ⑥ 삼손의 큰 힘 알기(16장 10절~15절) ⑦ 삼손이 큰 힘의 근원지 발설(16장 17절) ⑧ 들릴

라로 하여금 삭발(16장 18절) ⑨ 삼손의 나약(16장 21절) ⑩ 삼손의 사망(16장 30절)

이상에서 보는 바와 같이 두 사람의 인연운세가 1/1이면 결과는 비참하다. 운세 1/1은 이혼, 결별, 파산, 난치병, 대형 사건, 사고 등을 예정하는 풀이이므로 첫출발이 뜻밖의 일로 잘못되고 있는 것이다.

- **중년운세** : 5/7는 못사는 홀수형운세 평가기준 19등급의 4호에 해당되므로 50%의 인연결합상태이고, 삼손의 중년운세 5의 내재가치는 성공률 30%, 실패율 70%이며, 특히 홀수변수 5, 5가 중년운세 5와 결합되면 5의 특수의미인 함정을 강화하게 된다.
따라서 아내의 함정에서 벗어날 수 없으므로 큰 힘의 비결을 가르쳐 주게 되었다.
들릴라의 중년운세 7은 성공률 40%, 실패율 60%이지만 짝수변수의 성공률 231%가 가세하여 성공하게 되는데 실제로 이대로 나타난 것이다. 삼손이 내 머리에는 삭도를 대지 아니하였나니, 만일 내 머리가 밀리면 내 힘이 내게서 떠나고 나는 약하여져서 다른 사람과 같다고 고백하였다. 들릴라는 블레셋방 백사람들로부터 은을 받고 - 자기 무릎 위에 잠든 삼손의 머리털 일곱가락을 밀고 괴롭힌 결과 삼손의 힘은 없어지고 블레셋 사람들은 그의 두 눈을 빼고 놋줄로 매고 맷돌을 돌리는 신세가 되었다. 이 결과는 운세 5의 생활기능 함정과 운세 7의 생활기능 장애 현상이 검증된다.

- **말년운세** : 6/8은 95% 인연 결합으로 서로가 좋다. 6의 성공률은 70%이고 8의 성공률은 80%이므로 서로의 뜻이 잘 이루어졌다. 들릴라 8이 삼손 6보다 훨씬 양호한 것은 성서에서도 이와 같다.
삼손은 마지막에 초인적인 힘을 다시 얻어 자기도 죽으면서 전보다 더 많은 블레셋인과 함께 죽음으로써 지난날의 치욕을 갚는다.
그리고 들릴라는 블레셋인에게 소원성취를 하여줌으로써 블레셋의 명예를 회복시켜 주었다. 짝수운세기능과 운세 6의 호사다마 및 운세 8의 과유불급 현상이 내용대로 검증된다.

3. 다윗과 골리앗의 대전감정

다윗왕과 골리앗이 사상 처음으로 전쟁을 일으켜 다윗왕이 돌 팔매질을 하여 골리앗을 죽였다(사무엘상 17장 1～54절). 이 두 사람의 대결을 인연해법으로 풀어보면 운세 1, 3, 5, 6, 8의 기능 과 운세 5와 5의 결합 및 운세 1과 3의 결합 그리고 운세 6과 8의 상호작용이 검증된다.

검증 5 자신과 상대자의 후천적 운세풀이 산출표

한국인연감정원 동자삼작명소(인)			사 업 진행단계	초기	중간	말기	인생항로변수	
			기준연령	30세 미만	31～ 50세	51세 이상	선	악
			인생항로 점유비율	15%	70%	15%	좋은일 발 전	나쁜일 촉 진
관계	성명	인운인자산출표	운세	초년 운세	중년 운세	말년 운세	호불호 변수기능	
							짝수변수	홀수변수
소년	다윗	ㄷㅏㅇㅜㅣㅅ 3 ①⑧⑦⑩⑦		5	1	6		3
장군	골리앗	ㄱㅗㄹㄹㅣㅇㅏㅅ ① 5 4 4⑩⑧①⑦		5	3	8	4. 4	5

중간운세 1, 3이 큰 문제이다

- **초년운세** : 5/5는 홀수동일형이므로 악연 중에서 세 번째로 해당되 는 0%의 인연이고, 다윗과 골리앗은 상극이므로 서로가 미워하고 시 기하는 매우 불편한 관계이다.

홀수동일형에서 짝수변수를 많이 가진 사람이 경영주도권을 갖게 되는데 골리앗의 짝수변수 4, 4는 다윗왕을 제압하는 주체 세력군이다. 두 사람은 고집불통의 양보가 없고 추진력이 강하다. 또 두 사람의 대결국면에서 다윗의 초년운세 5와 골리앗의 초년운세 5는 상극상태에서 함정에 걸리는데, 특히 골리앗 5는 골리앗의 나쁜 홀수변수 5의 원군을 만나 함정에 빠지는 것을 더욱 강화시켜 주는 효력이 발생하게 된다.

그러므로 초반전에서 다윗왕의 함정에 골리앗이 걸려들어 패배를 자초하게 된다. 실제로 "골리앗은 소년 다윗을 업신여기고 내게로 오라 내가 네 고기를 공중의 새들과 들짐승에게 주리라 - 다윗에게 가까이 접근하자 다윗은 물매로 그를 죽였다." 운세 5의 생활기능 함정, 돌진형, 고집형, 자존심 등이 검증된다.

- **중년운세** : 1/3은 홀수형운세 평가기준 20등급의 7호에 해당되므로 서로가 불운에 처하는 비정상적인 최악연이다. 다윗의 중년운세 1은 최악의 악행이 발동되고 여기에 홀수변수 3이 가세하여 더욱 나쁜 일을 획책하여 자신을 멸망하게 만든다.

그리고 골리앗의 3은 다윗의 1보다 악행이 완화된 상태이고 짝수변수 4, 4가 후원하여 악에서 벗어나려 하는데 홀수변수 5가 작용하여 일이 쉽게 풀려지지 않는다.

특히 다윗의 중년운세 1은 홀수변수 3과 치환되면 1/3 → 3/3으로 변화하여 정면충돌 현상을 일으킨다. 이 경우 서로 양보가 없지만 이때는 골리앗이 짝수변수 4, 4를 가지고 있으므로 특별보너스 성공률 10%를 얻기 때문에 유리하다.

다만 홀수변수 5의 함정이 차단되었어야만 된다는 조건부가 따르고 있다. 이것은 다윗이 초반전에 실패하면 중반전에서 완전히 멸망하는 것을 의미한다.

그래서 하나님께서 다윗에게 지혜를 주어 초전박살시킨 것이다.

- **말년운세** : 6/8은 짝수형운세 평가 기준 4등급의 5호에 해당되므로

분위기가 매우 양호한 동거동락 형국이다.

다윗왕의 말년운세 6은 골리앗의 말년운세 8을 좋아하고, 의사소통이 잘되며, 매사에 기쁨이 있다. 이것은 전쟁 후 화합을 의미한다.

● **감정요약** : 다윗왕과 골리앗의 인연을 총체적으로 보면 골리앗이 유리한 입장에서 경영주도권 행사를 할 수 있는데, 특히 짝수변수 4, 4의 후원세력이 작용하고 있으므로 위기 극복에 대한 힘이 강하다.

다만 가장 큰 악재는 홀수변수 5의 함정요소가 상존하고 있으므로 골리앗은 다윗왕과의 대결에서 초기에 다윗의 함정에 말려들지 않도록 유념해야 하고 이 함정을 극복하지 못하면 유리한 입장이 패배로 변한다.

이러한 내용은 NSM작명 그래프에서도 잘 나타나고 있는데, 다윗은 성공형의 패턴으로 형성되어 있는 반면에 골리앗은 실패형 패턴이 나타나 있다.

이것을 다시 말하면 막강한 군사력과 장군 골리앗은 젖비린내 나는 소년 다윗과의 대결에서 무엇인가 불길하다는 것을 예측하여 주는 것과 같고, 골리앗이 다윗의 함정에 말려 패하는 것은 초기운세 5/5가 결정적이다.

4. 다윗 · 밧세바의 애정감정

이스라엘의 다윗왕은 헷사람 우리아의 처 밧세바를 간통하고 장군 요압에게 명령하여 그의 남편 우리아를 적지에 배치시켜 전사케 한 뒤 밧세바와 결혼을 하였다(사무엘하 11장 4~27절), 이 사실을 인연해법에 의하여 감정하면 운세 1, 2, 5, 6의 기능과 짝수변수의 역할 및 잘 사는 운세 6 → 2 → 8의 과정이 검증된다.

한국인연감정원 동자삼작명소인	사 업 진행단계	초기	중간	말기	인생항로변수	
	기준연령	30세 미만	31~ 50세	51세 이상	선	악
	인생항로 점유비율	15%	70%	15%	좋은일 발전	나쁜일 촉진
	운세	초년 운세	중년 운세	말년 운세	호불호 변수기능	
관계	성명	인운인자산출표			짝수변수	홀수변수
왕	다윗	ㄷ ㅏ ㅇ ㅣ ㅅ ③⑱ ⑦⑩⑦	5	1	6	8
우리아의 처	밧세바	ㅂ ㅏ ㅅ ㅅ ㅓ ㅣ ㅂ ㅏ 6 ①⑦⑦③⑩ 6①	6	2	8	6. 6

- **초년운세** : 다윗의 초년운세 5가 밧세바 초년운세 6을 더 많이 사랑하게 된다. 인연위계질서에서 밧세바는 짝수변수 6, 6이 다윗의 짝수변수 8보다 많고, 홀수운세 5는 짝수운세 6쪽으로 기울어지는 인연원리가 작용한다. 다윗왕의 초년운세 5는 함정기능인데 실제로 "저녁 때 다윗왕이 그 침상에서 일어나 왕궁지붕 위에서 거닐다가 그곳에서 보니 한 여인이 목욕을 하는데 심히 아름다워 보이더라. - 자기에게로 데려오게 하고 동침한 후 집으로 돌려보냈다" 초년운세 5와 6의 위계질서가 철저히 이행된 것이 검증된다.

- **중간운세** : 다윗은 밧세바를 취하므로 자신은 중간운세 1을 얻게 되고 1의 내재가치는 성공률 10%, 실패율 90%이며, 특수의미는 패가망신이다. 이와 같은 사실을 확인하여 보자!
  다윗은 하나님의 축복을 가장 많이 받았지만, 밧세바를 취함으로써 다음과 같은 일들이 일어났다(사무엘하 12~21장). "나단이 다윗을 꾸짖다. 범죄에 대한 징계와 솔로몬 탄생, 암논이 다말을 범하다, 압살롬이 암놈을 죽이다, 압살롬이 반란을 일으키다, 다윗이 예루살렘에서 도망가다, 시므이의 저주를 받다, 요압이 압살롬을 죽이다, 세바가 반란을 일으키다"의 변이 일어났다. 다윗의 중간 운세 1은 죽을 수도 있는데 오로지 하나님의 은혜일 뿐이다.

- **말년운세** : 다윗은 6이며, 밧세바는 8이다. 말년운세 6/8은 95%의 인연결합 상태로 성공률 합계가 150%이다. 다윗의 운세 6의 내재가치는 실패율이 없고 성공률만 70%인데 이것은 사무엘가 22장의 내용과 다를 바가 없다.

  다윗의 이름은 구약성서에는 87회, 신약성서에는 59회나 나오는데, 노래하는 사람 다윗, 수금의 명수 다윗, 시인 다윗, 양치기 소년 다윗, 회개하는 다윗, 전략가 다윗, 정치인 다윗, 통일을 이룩한 다윗, 믿음의 사람 다윗, 죄를 지은 다윗 등이다.

  특히 밧세바는 다윗을 만나 잘사는 운세 6→2→8의 결합으로 왕후가 된 것이다.

5. 암논과 다말의 애정감정

이복누이 다말이 오라비 암논의 집에서 자기가 만든 과자를 가지고 침실에 들어가 암논에게 가까이 가지고 갈 때 다윗의 맏아들 암논이 동침을 요구하여 인류사상 최초로 근친강간이 일어났다(사무엘하 7절~39절). 이 사실을 인연해법에 의하여 감정하면 운세 2, 3, 5, 6의 기능이 검증된다.

- **초년운세** : 두 사람의 3/3은 상하홀수 동일의 상극이므로 두 사람은 사랑을 하면 안 된다. 인정은 0%의 인연결합상태인데, 암논이 짝수변수가 많기 때문에 경영 주도권을 장악하여 다말을 제압한다.

  다말이 암논을 좋아하는 것으로 인연해법은 규정하고 있으나 실제로는 암논이 다말을 먼저 열애하였는데, 인연해법과 맞지 않다.

  이복누이 다말의 초년운세 3은 홀수변수 3과 결합되면 나쁜 일을 더욱 강화하여 주므로 암논의 동침에서 헤어나올 수가 없다.

한국인연감정원 동자삼작명소인		사 업 진행단계	초기	중간	말기	인생항로변수	
		기준연령	30세 미만	31~ 50세	51세 이상	선	악
		인생항로 점유비율	15%	70%	15%	좋은일 발 전	나쁜일 촉 진
관계	성명	인운인자산출표	운세			호불호 변수기능	
			초년 운세	중년 운세	말년 운세	짝수변수	홀수변수
다윗 맏아들	암논	ㅇㅏㅁㄴㅗㄴ 8 ①⑤ 2⑤ 2	3	3	6	2, 2, 8	
이복 누이	다말	ㄷㅏㅁㅏㄹ 3 ①⑤①4	3	2	5	4	3

- **암논의 중년운세** : 3은 초년운세 3이 변하였으므로 낭패형인 바, 이 복누이 다말을 근친상간하였으므로 결국은 다말의 친오빠이자 이복형제인 압살롬이 명령하는 사환들에게 처형되었다.

  암논의 짝수변수 2, 2, 8은 초년운세 3이 중년운세 3으로 변하여 낭패되는 일을 막는 데는 역부족임을 알 수 있다. 짝수변수의 총 성공률은 220%이고, 실제로 154%가 작용하면 중년운세 3의 성공률은 30%이고 실패율은 80%이므로 전화위복의 가능성은 분명하나 운세 3 → 3의 연속배열의 특성을 극복하기에는 미흡하다. 다만 짝수변수가 큰 수이면 가능할 뿐이다. 그래서 죽음을 면하기 어렵다. 다말의 중년운세 2는 짝수이므로 상대적인 3과 비교하여 보면 매우 우세하므로 무사한 것이다.

- **마무리 운세** : 6/5은 다말이 암논을 좋아하며 결혼의 뜻을 밝히지만 홀수변수 3이 작용하여 성사되지 않는데 실제로 "내가 이수치를 무릅쓰고 어디로 가겠느냐 왕께 말하라. 나를 네게 주기를 거절하지 않

는다"고 했다. 다말의 짝수변수 4는 암논의 짝수변수 2,2,8보다 적어 힘이 약하고 운세 5가 홀수변수 3의 지원을 받았기 때문에 소원은 이루어지지 않는다.

역대 대통령을 통한 인연해법의 검증

1. 제 2 대 대통령 당락자의 인연감정

제2대 대통령 선거는 1952년 8월 5일 직접선거로 실시되었는데, 총선거인 8,259,429명 중 88.0%에 해당하는 7,275,883명이 투표한 결과 이승만 5,238,769표(74.6%), 조봉암 797,504표, 이시영 764,715표, 신흥우 219,696표를 얻었다. 과연 이승만 대통령의 당선이 인연해법으로 풀이되는지를 알아보자!

- **이승만은 인연해법에 의하여 당선될 수밖에 없다.**
- 이승만 후보와 경쟁하는 조봉암, 이시영, 신흥우의 중년운세는 1이 공통적이고, 홀수운세 1의 내재가치는 성공률 10%, 실패율 90%이며 특수의미는 패가망신과 패가충돌이다. 물론 짝수변수 6, 4, 14가 각각 있으나 역부족이다.
- 이승만의 중간운세 3낭패에 대하여 조봉암의 중년운세 1은 패가망신이다.
- 이승만의 중간운세 4기능약진에 대하여 이시영의 중년운세 1은 패가충돌이다.

- 이승만의 중간운세 2기능향상에 대하여 신흥우의 중년운세 1은 패가망신이다.

검증 8 자신과 상대자의 후천적 운세풀이표 (1952. 8. 5 직접선거)

				사 업 진행단계	초기	중간	말기	인생항로변수	
한국인연감정원 동자삼작명소ⓘ				기준연령	30세 미만	31~ 50세	51세 이상	선	악
				인생항로 점유비율	15%	70%	15%	좋은일 발전	나쁜일 촉진
구분	관계	성명	인운인자산출표	운세	초년 운세	중년 운세	말년 운세	호불호 변수기능	
								짝수변수	홀수변수
제2대 대통령 직접 선거	당선자	이승만	이ㅅ─ㅇㅁㄴ ⑧10 7⑨⑧⑤① 2		5	3	8	2, 10	7
	차점자	조봉암	ㅈㅗㅂㅗㅇㅇㅏㅁ ⑨⑤ 6⑤⑧⑧①⑤		7	1	8	6	
	당선자	이승만	이ㅅ─ㅇㅁㄴ ⑧10⑦ 9⑧5 1 2		4	4	8	2	1, 5, 9
		이시영	이ㅅㅣㅇㅕㅇ ⑧10⑦⑩⑧4 ⑧		6	1	7	4	
	당선자	이승만	이ㅅ─ㅇㅁㄴ ⑧10⑦9⑧⑤1 ②		6	2	8		1, 5
		신흥우	ㅅㅣㄴㅎ─ㅇㅇㅜ ⑦⑩②14⑨⑧⑧⑦		7	1	8	14	

2. 제 3 대 대통령 당락자의 인연감정

- **신익희 후보가 서거를 하지 않았다면 대통령 당선이 가능하다.**
- 이승만의 중간운세는 7 → 1의 변화인데다가 홀수변수 5의 함정이 도사리고 있다.
- 신익희의 중간운세는 8 → 1의 변화이므로 이승만보다 60% 더 양호함과 동시에 짝수변수 14는 긍정적인 변수 중에 최고로 성공률은 110%에서 77%가 직접 좋은 일에 관여하기 때문이다.
- 조봉암의 중간운세 7 → 1의 변화는 파멸이다.
- 이승만은 자동적으로 당선될 수밖에 없다.

검증 9 자신과 상대자의 후천적 운세풀이 산출표 (1956. 5. 15 직접선거)

한국인연감정원 동자삼작명소ⓘ				사 업 진행단계	초기	중간	말기	인생항로변수	
				기준연령	30세 미만	31~ 50세	51세 이상	선	악
				인생항로 점유비율	15%	70%	15%	좋은일 발 전	나쁜일 촉 진
구분	관계	성명	인운인자산출표	운세	초년 운세	중년 운세	말년 운세	호불호 변수기능	
								짝수변수	홀수변수
제3대 대통령 직접 선거	당선자	이승만	이 ㅅ ㅡ ㅇ ㅁ ㅏ ㄴ ⑧10 7⑨⑧⑤① 2		5	3	8	2. 10	7
	차점자	조봉암	ㅈ ㄴ ㅂ ㅗ ㅇ ㅇ ㅏ ㅁ ⑨⑤ 6⑤⑧⑧①⑤		7	1	8	6	
	당선자	이승만	이 ㅅ ㅡ ㅇ ㅁ ㅏ ㄴ ⑧⑩⑦⑨⑧ 5①②		7	1	8		5
	급서	신익희	ㅅ ㅣ ㄴ ㅇ ㅣ ㄱ ㅎ ㅡ ㅣ ⑦⑩②⑧⑩①14⑨⑩		8	1	9	14	

3. 제 4 대 대통령 당락자의 인연감정

- 낙선자는 모두가 홀수변수 한 개가 있어도 무서운데 1, 1, 1을 3개나 가졌으니 낙선할 수밖에 없다.
- 윤보선과 경쟁하는 상대자는 모두가 한결같이 홀수변수 1을 한 개에서 무려 최고 4개까지 가지고 있고, 운세 1의 특수용어는 패가망신과 패가충돌에 속한다. 특히 공통적으로 나타나는 홀수변수 1이 신기하다. 하지만 윤보선 후보의 변수는 홀수변수 1이 없는 대신 홀수변수는 3 또는 5, 7을 가졌다. 여기서 윤보선 후보의 당선 가능성을 한눈으로 예고한다.

검증 10 자신과 상대자의 후천적 운세풀이 산출표 (1960. 8. 12 간접선거)

구분	관계	성명	인운인자산출표	사업 진행단계 초기	중간	말기	인생항로변수 선	악
			기준연령	30세 미만	31~ 50세	51세 이상	선	악
			인생항로 점유비율	15%	70%	15%	좋은일 발전	나쁜일 촉진
			운세	초년 운세	중년 운세	말년 운세	호불호 변수기능 짝수변수	홀수변수
제 4 대 대통령 간접 선거	당선자	윤보선	ㅇㅜㄴ ㅂㅗㅅㅓㄴ ⑧⑧ 2 6⑤⑦ 3 2	4	4	8	2, 2, 6	3
	차점자	김창숙	ㄱㅣㅁㅊㅏㅇㅅㅜㄱ 1 10⑤10 18⑦⑦ 1	4	5	9	10, 10	1, 1, 1
	당선자	윤보선	8 8② ⑥ 5 ⑦ 3②	4	4	8	8, 8	3, 5
		백락준	ㅂㅐㄱ ㄹㅏ ㄱㅈㅜㄴ ⑥1 10 1 4 1 1 9⑦②	3	7	10	4, 10	1, 1, 1 1, 9
	당선자	윤보선	⑧⑧2⑥ 5 7 3②	5	3	8		3, 5, 7
		변영태	ㅂㅕㄴㅇㅕㅇㅇㅌㅏㅣ ⑥4 ②⑧ 4⑧12 1 10	4	5	9	4, 4, 10, 12	1
	당선자	윤보선	⑧⑧2 6⑤ 7③②	6	2	8	6	7
		김도연	ㄱㅣ ㅁㄷㅗㅇㅕㄴ 1 10⑤3⑤⑧4 ②	5	3	8	4, 10	1
	당선자	윤보선	8 8 ②⑥ 5⑦③②	5	5	8	8, 8	5
		박순천	ㅂㅏ ㄱㅅㅜㄴㅊㅓㄴ ⑥1 1 ⑦⑦②10③②	6	3	9	10	1, 1, 1

한국인연감정원 동자삼작명소(인)

4. 제 5 대 대통령 당락자의 인연감정

- **낙선자 세 사람은 박정희의 짝수변수 6, 14를 파괴하지 못했다.**
- 박정희 후보는 절대적인 경쟁자 윤보선 후보와의 중년운세에서 우세한 것이 결정적인 당선요인이 되었다.
- 가장 특징적인 것은 윤보선, 오재영, 장이석은 박정희의 짝수변수 6, (10), 14를 파괴할 수 없으므로 패배자가 된다는 것이며 인연환경론에 큰 비중을 두어 초정밀 고난도로 감정한다.

검증 11 자신과 상대자의 후천적 운세풀이 산출표 (1963. 10. 15 직접선거)

한국인연감정원 동자삼작명소⑭				사 업 진행단계	초기	중간	말기	인생항로변수	
				기준연령	30세 미만	31~ 50세	51세 이상	선	악
				인생항로 점유비율	15%	70%	15%	좋은일 발 전	나쁜일 촉 진
구분	관계	성명	인운인자산출표	운세	초년 운세	중년 운세	말년 운세	호불호 변수기능	
								짝수변수	홀수변수
제5대 대통령 직접 선거	당선자	박정희	ㅂㅏㄱㅈㅓㅇㅎㅡㅣ ⑥1 1 9 ③⑧14 9 10		3	6	9	10 14	1, 1, 9, 9
	차점자	윤보선	ㅇㅠㄴㅂㅗㅅㅓ ㄴ ⑧⑧2 ⑥⑤7 ③ 2		4	4	8	2, 2	5, 7
	당선자	박정희	6 ①①9 3⑧14⑨⑩		6	3	9	6, 14	3
		오재영	ㅇㅗㅈㅏㅣㅇㅕㅇ ⑧5 ⑨①⑩8 4⑧		6	2	8	4	5
	당선자	박정희	6 ①①⑨3⑧14 9⑩		6	3	9	6, 14	9
		장이석	ㅈㅏㅇㅇㅣㅅㅓㄱ ⑨①⑧⑧⑩7 ③①		7	**1**	8		7

5. 제 6 대 대통령 당락자의 인연감정

- 박정희의 짝수변수 6,14가 특징적이고, 낙선자는 홀수변수 5와 7이 공통점이다.
- 윤보선, 오재영, 김준연, 전진환의 홀수변수 5 함정이 특징적인데 상대자인 박정희 후보의 함정에서 헤어날 수 없다는 것이 공통적인 사항이다.
- 제6대 대통령 당선자와 낙선자의 인연감정에서 가장 특징적인 인연환경을 살펴보면 박정희 후보는 제5대 대통령 선거에서와 같이 짝수변수 6, (10), 14를 보유하고 있는데, 제6대 입후자 중에서 이를 타도할 후보는 아무도 없으므로 박정희 후보가 대통령에 당선될 수밖에 없다.

검증 12 자신과 상대자의 후천적 운세풀이 산출표 (1967년 5월 3일 직접선거)

한국인연감정원 동자삼작명소⑪			사업 진행단계	초기	중간	말기	인생항로변수	
			기준연령	30세 미만	31~ 50세	51세 이상	선	악
			인생항로 점유비율	15%	70%	15%	좋은일 발전	나쁜일 촉진
구분	관계	성명	인운인자산출표	초년 운세	중년 운세	말년 운세	호불호 변수기능	
							짝수변수	홀수변수
제 6대 대통령 직접 선거	당선자	박정희	ㅂㅏㄱㅈㅓㅇㅎㅡㅣ ⑥1 1 9 ③⑧14 9 10	3	6	9	10, 14	1, 1, 9, 9
	차점자	윤보선	ㅇㅜㄴㄴㅂㅗㅅㅓㄴ ⑧⑧2 ⑥5 7 ③ 2	4	4	8	2, 2	5, 7
	당선자	박정희	6 ①①9 ③⑧14⑨⑩	6	3	9	6, 14	3
		오재영	ㅇㅈㅐㅣㅇㅕㅇ ⑧5 ⑨①⑩⑧ 4⑧	6	2	8	4	5
	당선자	박정희	6 ①①9③⑧14 ⑨⑩	6	3	9	6, 14	3
		김준연	ㄱㅣㅁㅈㅜㄴㅇㅕㄴ ①⑩5 ⑨7 2 ⑧4 2	4	5	9	2, 2, 4	5, 7
	당선자	박정희	6 ①①9③ 8⑭⑨⑩	7	2	9	6, 8	
		전진환	ㅈㅓㄴㅈㅣㄴㅎㅘㄴ ⑨3 2 ⑨⑩2 ⑭5 ①2	6	4	10	2, 2, 2	5
	당선자	박정희	6 1 1⑨③⑧14⑨⑩	5	4	9	6, 14	1, 1
		이세진	ㅇㅣㅅㅓㅈㅣㄴ ⑧⑩7 ③⑩⑨⑩2	6	2	8	2	7

6. 제 7 대 대통령 당락자의 인연감정

- 박정희의 짝수변수 6, 14가 특징적이고, 낙선자는 홀수변수 5와 7이 공통적이다.

- 박정희 후보와 김대중 후보는 초·중·말년 운세가 7 → 2 → 9로서 똑같으므로 결정적인 경쟁자로 되어 있지만, 김대중 후보는 홀수변수만 있고 박정희 후보는 짝수변수 6, 14를 소유하고 있으므로 특별보너스 성공률 10%를 자동적으로 획득하여 승리하게 된다. 다시 말해서 인연위계질서가 철저히 작용하게 된 것으로 박정희는 짝수변수 6과 14를 가진 반면에, 김대중은 짝수변수는 없고 홀수변수 5, 7을 가졌기 때문에 낙선하게 되는 결정적인 패자요인이 된다.

검증 13 자신과 상대자의 후천적 운세풀이 산출표 (1971. 4. 27 직접선거)

한국인연감정원 동자삼작명소㊕				사 업 진행단계	초기	중간	말기	인생항로변수	
				기준연령	30세 미만	31~ 50세	51세 이상	선	악
				인생항로 점유비율	15%	70%	15%	좋은일 발전	나쁜일 촉진
구분	관계	성명	인운인자산출표	운세	초년 운세	중년 운세	말년 운세	호불호 변수기능	
								짝수변수	홀수변수
제 7 대 대통령 직 접 선 거	당선자	박정희	ㅂㅏㄱㅈㅓㅇㅎ一丨 6 ①①⑨③⑧14⑨⑩	7	2	9	6, 14	
	차점자	김대중	ㄱㅣㅁㄷㅏㅣㅈㅜㅇ ①⑩5 ③①⑩⑨7 ⑧	7	2	9		5, 7
	당선자	박정희	⑥①①⑨3 8 14⑨⑩	6	3	9	8, 14	3
		진복기	ㅈㅣㄴㅂㅗㄱㄱㅣ ⑨①⑩2 ⑥ 5①①⑩	6	2	8	2	5
	당선자	박정희	⑥①①9 3 8 14 9 ⑩	4	5	9	8, 14	3, 9, 9
		박기출	ㅂㅏㄱㄱㅣㅊㅜㄹ ⑥①①①⑩⑩7 4	6	2	8	4	7
	당선자	박정희	6 1 1 ⑨ 3⑧14⑨⑩	4	5	9	6, 14	1, 1, 3
		이종윤	ㅇㅣ ㅈㅗㅇㅇㅠㄴ ⑧①⑩⑤5 ⑧⑧⑧2	6	2	8	2	5

7. 제12대 대통령 당락자의 인연감정

- 전두환의 짝수변수 2, 2, 14는 어느 누구와의 경쟁에서도 보유하고 있는 것이 특징적이다. 낙선자는 이를 파괴하지 못했다.
- 초정밀의 인연감정을 하면 전두환 후보는 유치송, 김종철, 김의택 후보에게 모두 패배자로 감정된다. 그런데 실전에서는 대통령에 당선되었다. 그 까닭은?
- 패배자의 특징은 공통적으로 함정의 중년운세 5를 가졌다는 것이 최대 악재이다. 짝수변수 10, 10과 짝수변수 수효는 모두 전두환 후보보다 많다.

검증 14 자신과 상대자의 후천적 운세풀이 산출표 (1981. 2. 25 간접선거)

한국인연감정원 동자삼작명소(인)				사 업 진행단계	초기	중간	말기	인생항로변수	
				기준연령	30세 미만	31~ 50세	51세 이상	선	악
				인생항로 점유비율	15%	70%	15%	좋은일 발 전	나쁜일 촉 진
구분	관계	성명	인운인자산출표	운세	초년 운세	중년 운세	말년 운세	호불호 변수기능	
								짝수변수	홀수변수
제12대 대통령 간접 선거	당선자	전두환	ㅈㅓㄴㄷㅜㅎㅘㄴ 9 3 2 3 ⑦14⑤ 1 2		2	7	9	2, 2, 14	1, 3, 3, 9
	차점자	유치송	ㅇㅠㅊ ㅣ ㅅㅗ ㅇ 8 8 10 10 ⑦⑤ 8		2	5	10	8, 8, 8 10, 10	
	당선자	전두환	⑨③2 ③7 14⑤① 2		5	4	9	2, 2, 14	7
		김종철	ㄱㅣ ㅁㅈㅗㅇㅊㅓㄹ ①10⑤⑨⑤8 10③4		5	4	9	4, 8, 10, 10	
	당선자	전두환	⑨3 2 3 7 14⑤① 2		3	6	9	2, 2, 14	3, 3, 7
		김의택	ㄱㅣ ㅁㅇㅡㅣ ㅌㅐㅣㄱ ①10⑤8 ⑨10 12①10①		5	5	10	10, 10 10, 12, 8	

※ 제5·6·7대 대통령 박정희의 짝수변수 6, 14의 방어력과 제13대 대통령 노태우의 짝수변수 2, 12의 고수, 그리고 제14대 대통령 김영삼의 짝수변수 4의 보호막은 이들의 성명의 기와 정기를 경쟁자가 파괴할 수 없으므로 패배자가 된 공통점이다.

8. 제13대 대통령 당락자의 인연감정

- 노태우 당선자의 짝수변수 2, 12를 파괴할 사람은 아무도 없다.
- 노태우의 중년운세 3은 신정일의 중년운세 3과 똑같은데 짝수변수 12가 우세하여 승자로 감정된다. 제13대 대통령 당선자와 낙선자의 인연감정에서 가장 특징적인 것은 김영삼, 김대중, 김종필 후보가 노태우의 짝수변수 2, 12를 압도할 수 없으므로 패자가 되고, 노태우 후보는 짝수변수 2, 12를 고수하는 힘으로 대통령에 당선될 수밖에 없다. 이와 같은 사실은 박정희, 전두환 대통령 선거전에서 나타나는 특징과 일맥상통한다.

검증 15 자신과 상대자의 후천적 운세풀이 산출표 (1987. 12. 16 직접선거)

한국인연감정원 동자삼작명소⑩				사 업 진행단계	초기	중간	말기	인생항로변수	
				기준연령	30세 미만	31~ 50세	51세 이상	선	악
				인생항로 점유비율	15%	70%	15%	좋은일 발전	나쁜일 촉진
구분	관계	성명	인운인자산출표	운세	초년 운세	중년 운세	말년 운세	호불호 짝수변수	변수기능 홀수변수
제13대 대통령 직접 선거	당선자	노태우	ㄴㅗㅌㅏㅣㅇㅜ 2 ⑤12⑪⑩⑧⑦		5	2	7	2. 12	
	차점자	김영삼	ㄱㅣㅁㅇㅕㅇㅅㅏㅁ ①⑩⑤⑧4 ⑧⑦①⑤		8	1	9	4	
	당선자	노태우	2 ⑤12⑪⑩⑧⑦		5	2	7	2. 12	
		김대중	ㄱㅣㅁㄷㅐㅣ ㅈㅜㅇ ①⑩⑤3 ①⑩ 9⑦⑧		7	2	9		3. 9
	당선자	노태우	2 ⑤12①⑪⑩8⑦		4	3	7	2. 12	7
		김종필	ㄱㅣㅁㅈㅗㅇㅍㅣㄹ ①⑩⑤9 ⑤⑧1③⑩4		6	3	9	4	9. 13
	당선자	노태우	②5 12 1 ⑩⑧⑦		4	3	7	12	1. 5
		신정일	ㅅㅣㄴㅈㅓㅇㅇㅣㄹ ⑦①②9 3 ⑧⑧⑩4		6	3	9	4	3. 9

9. 제14대 대통령 당락자의 인연감정

- 김영삼의 짝수변수 4가 특징적이다. 낙선자는 이를 파괴하지 못했다.
- 제14대 대통령 당선자와 낙선자의 예측은 아주 간단하다. 김영삼의 짝수변수 4를 타도할 사람은 정주영과 이병호를 제외하고는 아무도 없다. 비록 김영삼 후보의 중년운세 1은 패자로 나타나고는 있으나, 인연환경론의 짝수변수 4를 파괴할 상대자가 없으므로 김영삼 후보가 대통령에 당선될 수밖에 없다.

검증 16 자신과 상대자의 후천적 운세풀이 산출표 (1992. 12. 18 직접선거)

한국인연감정원 동자삼작명소⑨				사업 진행단계	초기	중간	말기	인생항로변수	
				기준연령	30세 미만	31~ 50세	51세 이상	선	악
				인생항로 점유비율	15%	70%	15%	좋은일 발전	나쁜일 촉진
구분	관계	성명	인운인자산출표	운세	초년 운세	중년 운세	말년 운세	호불호 변수기능	
								짝수변수	홀수변수
제14대 대통령 직접 선거	당선자	김영삼	ㄱㅣㅁㅇㅕㅇㅅㅏㅁ ①⑩⑤⑧4 ⑧⑦①⑤		8	1	9	4	
	차점자	김대중	ㄱㅣㅁㄷㅐㅣㅈㅜㅇ ①⑩⑤3 ①⑩9 ⑦8		7	2	9		3, 9
	당선자	김영삼	1 10 5⑧4⑧⑦1 5		4	5	9	10	1, 1, 5, 5
		정주영	ㅈㅓㅇㅈㅜㅇㅕㅇ 9 3 ⑧9 ⑦⑧4⑧		5	3	8		3, 9, 9
	당선자	김영삼	①⑩⑤⑧4 ⑧⑦ ①⑤		7	2	9	4	7
		박찬종	ㅂㅏㄱㅊㅏㄴㅈㅗㅇ 6 ①①⑩①2 9 ⑤⑧		6	3	9	2, 6	9
	당선자	김영삼	①⑩⑤⑧4 ⑧ ⑦①⑤		7	2	9	4	7
		백기완	ㅂㅣㄱㄱㅣㅇㅗㅏㄴ 6 ①①⑩①①⑩⑧⑤①2		8	2	10	2, 10	
	당선자	김영삼	①⑩⑤⑧4 ⑧⑦①⑤		8	1	9	4	
		김옥선	ㄱㅣㅁㅇㅗㄱㅅㅓㄴ ①⑩⑤⑧5①⑦3 2		7	2	9	2	1, 3
	당선자	김영삼	1 ⑩⑤⑧4⑧⑦1 ⑤		6	3	9		1, 1, 7
		이병호	ㅇㅣㅂㅕㅇㅎㅗ ⑧①⑩6 4⑧14⑤		5	2	7	6, 14	

10. 제15대 대통령 당락자의 인연감정

- **이회창, 이인제의 초·중년 운세가 7→1이 특징적이다.**
- 김대중의 중간운세 3은 이회창의 중년운세 1보다 우세하므로 승리할 수밖에 없다.
- 김대중의 중년운세 3은 이인제의 중년운세 1보다 우세하므로 승리할 수밖에 없다.
- 이회창은 김대중과의 경쟁에서 초년운세 7, 중년운세 1로 전형적인 패배자의 운세형 7 → 1이다.
- 이인제는 김대중과의 경쟁에서 초년운세 7, 중년운세 1로 전형적인 패배자의 운세형 7 → 1이다.

검증 17 자신과 상대자의 추천적 운세풀이 산출표 (1997. 12. 18 직접선거)

한국인연감정원 동자삼작명소ⓘ			사 업 진행단계	초기	중간	말기	인생항로변수	
			기준연령	30세 미만	31~50세	51세 이상	선	악
			인생항로 점유비율	15%	70%	15%	좋은일 발 전	나쁜일 촉 진
구분	관계	성명	인운인자산출표 \ 운세	초년 운세	중년 운세	말년 운세	호불호 변수기능	
							짝수변수	홀수변수
제15대 대통령 직접 선거	당선자	김대중	ㄱ ㅁㄷ ㅣ ㅈㅜㅇ ①⑩⑤3 ①⑩9 7 ⑧	6	3	9		3, 7, 9
	차점자	이회창	ㅇ ㅎㅗ ㅣ ㅊㅏ ㅇ ⑧⑩14⑤⑩⑩①⑧	7	1	8	14	
	당선자	김대중	1 ⑩5 ③1 ⑩⑨7 ⑧	6	3	9		1, 1, 5, 7
		이인제	ㅇ ㅣ ㅇ ㅣ ㄴㅈㅔ ㅣ ⑧⑩⑧⑩2 ⑨③⑩	7	1	8	2	
	경쟁자 비교	이회창	⑧⑩14 5⑩⑩1 ⑧	5	3	8	14	1, 5
		이인제	⑧⑩⑧⑩2 9 3 ⑩	5	3	8	2	3, 9

현실적인 인연해법 검증

1. 역대 전·후임 대통령의 인연감정

검증 18 자신과 상대자의 후천적 복수운세 산출표

대	대통령 성명	운세				인운인자	대	대통령 성명	운세			
		초기	중간	말기	변수				초기	중간	말기	변수
1	이승만	5	3	8	10, 1 9	이 ㅅ一ㅇ마ㄴ 8 10 7 9 8 5 1 2						
4	윤보선	6	2	8	6, 3	ㅇㅠㄴㅂㅗㅅㅓㄴ 8 8 2 6 5 7 3 2		윤보선	4	4	8	2. 2 5. 7
5	박정희	5	4	9	6, 9 3, 9	ㅂㅏㄱㅈㅓㅇㅎㅢ 6 1 1 9 3 8 14 9 10	5	박정희	3	6	9	10, 14 1,1,9,9
10	최규하	6	1	7	5	ㅊㅚ ㄱㅠㅎㅏ 10 5 10 1 8 14 1	10	최규하	4	3	7	8, 10, 10
11	전두환	5	4	9	14, 9 3, 3	ㅈㅓㄴㄷㅜㅎㅘㄴ 9 3 2 3 7 14 5 1 2	11	전두환	3	6	9	2.2 7,3,3,9
13	노태우	4	3	7	8, 10 12	ㄴㅗㅌㅐㅣ ㅇㅜ 2 5 12 1 10 8 7	13	노태우	5	2	7	2. 12
14	김영삼	8	1	9	4	ㄱㅣㅁㅇㅕㅇㅅㅏㅁ 1 10 5 8 4 8 7 1 5	14	김영삼	8	1	9	4
15	김대중	7	2	9	3, 9	ㄱㅣㅁㄷㅐㅣ ㅈㅜㅇ 1 10 5 3 1 10 9 7 8	15	김대중				

※ 전·후임 대통령의 인연에서 1, 3의 가장 나쁜 운세가 있기 때문에 불미스러운 일이 발생했다.

대	대통령 성 명	운세			인생항로 변수기능	
		초기	중기	말기	짝수변수	흘수변수
1	이승만	5함정	3낭패	8기능 증대	10 안하무인, 수복강녕	1 패가망신, 9 기능조절
4	윤보선	6호사 다마	2기능 향상	8과유 불급	6 기능증대, 호사다마	3 기능추락, 낭패, 곤란
4	윤보선	4다복	4기능 약진	8과유 불급	2,2 기능향상, 만복의 근원	5 함정 7 칠전팔기
5	박정희	3곤란	6호사 다마	9기능 조절	10 기능도약, 안하무인 14 수복강녕	1,1 좌충우돌, 패가망신 9 기능조절
5	박정희	5함정	4다복	9기능 조절	6 기능증대, 호사다마	3 곤란, 기능추락, 낭패 9,9 기능조절
10	최규하	6호사 다마	1망신 충돌	7기능 장애	·	5 고집, 추진력, 함정
10	최규하	4다복	3곤란	7기능 장애	8. 과유불급, 기능비대 10,10 기능도약, 수복강녕	·
11	전두환	3곤란	6호사 다마	9기능 조절	2,2 기능향상, 만복의 근원	3,3 곤란, 기능추락, 낭패 7 기능장애, 9 기능조절
11	전두환	5함정	4다복	9기능 조절	14 수복강녕	3,3 곤란, 기능추락, 낭패 9 기능조절
13	노태우	4다복	3곤란	7기능 장애	8 과유불급, 기능비대 10,12 안하무인, 수복강녕	·
13	노태우	5함정	2기능 향상	7기능 장애	2 기능향상 12 수복강녕	·
14	김영삼	8과유 불급	1망신 충돌	9기능 조절	4 기능약진, 다복	·
14	김영삼	8과유 불급	1망신 충돌	9기능 조절	4 기능약진, 다복	·
15	김대중	7칠전 팔기	2기능 향상	9기능 조절	·	3 곤란, 기능추락, 낭패 9 기능조절

2. 3·15와 10·26사건의 인물감정

우리 나라 헌정사상 3·15부정사건으로 이승만 정권이 무너지고 부정선거 원흉인 내무부장관 최인규가 처형되었으며, 부통령 이기붕 일가가 자살했다.

10·26 박정희 대통령 시해사건으로 박정희 대통령이 김재규에게 피살되고, 차지철 경호실장이 김재규에게 살해되었으며, 중앙정보부장 김재규는 처형되고 비서실장 김계원은 살아남았다. 이 두 사건의 핵심인물에 대한 인연을 인연해법대로 감정하면 중간운세 0, 1, 3의 기능과 중간운세 1과 3의 결합작용 및 1과 1의 상극결과가 검증된다.

검증 20 역사적인 정·부통령 3·15부정 선거 관련자 인연감정

관계	성명	운세				인운인자	관계	성명	운세			
		초기	중기	말기	변수				초기	중기	말기	변수
대통령	이승만	5	3	8	2, 5 9	이ㅅ一ㅇㅁㅏㄴ 8 10 7 9 8 5 1 2						
부통령	이기붕	6	1	7	6	이ㄱㅣㅂㅜㅇ 8 10 1 10 6 7 8	부통령	이기붕	6	1	7	6
	이강석	7	1	8	3	이ㄱㅏㅇㅅㅓㄱ 8 10 1 1 8 7 3 1	양자	이강석	7	1	8	3
	이승만	5	3	8	2, 5, 9	이ㅅ一ㅇㅁㅏㄴ 8 10 7 9 8 5 1 2	대통령	이승만	6	2	8	7, 9
내무부 장관	최인규	6	2	8	2,5	ㅊㅚㅣㅇㅣㄴㄲㅠ 10 5 10 8 10 2 1 8	내무부 장관	최인규	8	0	8	
부통령	이기붕	5	2	7	6,7	이ㄱㅣㅂㅜㅇ 8 10 1 10 6 7 8						

검증 20-1 역사적인 10·26 대통령 시해 사태 관련자 인연 감정

대통령	박정희	5	4	9	6, 14 9, 9	ㅂㄱㅈㅓㅇ ㅎ一ㅣ 6 1 1 9 3 8 14 9 10						
비서 실장	김계원	6	4	10	2, 4 5,7	ㄱㅣㅁㄱㅖㅣㅇㅜㅓㄴ 1 10 5 1 4 10 8 7 3 2						
						ㅂㄱㅈㅓㅇ ㅎ一ㅣ 6 1 1 9 3 8 14 9 10	대통령	박정희	6	3	9	6, 14 3
중앙정 보부장	김재규	6	2	8	8, 5	ㄱㅣㅁㅈㅏ ㅣㄱㅠ 1 10 5 9 1 10 1 8	중앙정 보부장	김재규	7	1	8	5
경호 실장	차지철	5	2	7	4, 3	ㅊㅏㅈㅣㅊㅓㄹ 10 1 9 10 10 3 4	경호 실장	차지철	6	1	7	4
						ㅂㄱㅈㅓㅇ ㅎ一ㅣ 6 1 1 9 3 8 14 9 10	대통령	박정희	6	3	9	6, 8 14

두 사건의 공통적인 운세는 중간운세 1, 3과 6→2→8, 5→2→7이다.

- 두 사건의 핵심인물들의 운세 중에서 중간운세는 3/1, 1/3, 4/1, 1/1, 2/0으로 66.6%를 차지하고 있는 것이 특징적이다. 여기에서 공통적으로 나타나는 운세 1은 예기치 않은 뜻밖의 일로 패가망신, 패가충돌형으로서 이혼, 파산, 결별, 도산, 대형사건사고 등을 유발하는 최악의 상태이고, 0은 예측불허이다. 이 두 사건의 악운은 거의 일치하고 있으므로 피할 수 없는 국운이라는 것이 과학적이고 수학적으로 검증되고 있다.

- 3·15부정선거를 주도한 최인규와 이기붕과 10·26사건에 핵심세력인 김재규와 차지철의 초년, 중년, 말년운세는 6, 2, 8과 5, 2, 7로서 모두 같고, 내무부장관 최인규의 홀수변수 5의 함정과 중앙정보부장 김재규의 홀수변수 5의 함정이 똑같은 것은 역사의 악순환을 일으킬 사람의 운명이 정해진 것 같은데 어떻게 해서 이와 같은 수학적인 숫자가 같은지 신비하기만 하다.

- 박정희와 김계원의 중간운세 4/4는 100%의 인연이고 두 사람의 인연은 매우 양호하고 박정희 대통령이 김계원 비서실장을 많이 좋아(5→6)하며 김계원의 마음은 온후하여 긍정적이고 낙관론자이다.
  운세 6→4→10 (2, 4, 5)의 짝수운세 배열이기 때문에 재판에서 김계원만 구제되었다는 것이다.

- 김재규와 차지철의 인연도 매우 좋다. 그리고 두 사람이 힘을 합하면 만복의 근원인 2/2가 성취될 수 있다. 이렇게 될 수 있는 조건은 차지철은 무조건 김재규편으로 기울어져 김재규가 경영주도권행사를 해야 된다. 인연위계질서가 초년 5→6, 중년 2→2, 말년 7→8로 완벽하게 형성되어 있다. 그런데 차지철이 이 질서를 무시했기 때문에 차지철의 홀수변수 3이 발동되고, 김재규의 홀수변수 5가 서로 충돌하여 김재규는 차지철의 함정에 걸려 10·26사태의 주동자가 된 것으로 감정된다. 차지철의 행동이 김재규에게는 오만불손, 버러지같은 놈 등으로 보여 노기가 충전된 것이 인연해법의 함정요인이다.

- 박정희 대통령은 김재규와 차지철 인연에서 운세배열이 6→3→9로 되는

반면에 김재규와 차지철은 박정희 대통령 인연에서 중간운세 1이 똑같으므로 두 사람은 패가망신과 패가충돌이 동시에 일어나고, 박정희 대통령은 이들과의 중간운세 3이 똑같으므로 이들로부터 곤란을 당하게 된다.

3. 잘 사는 인연 검증

본인과 상대자와 인연을 감정하여 초·중·말년의 운세가 연속 짝수 배열상태로 진행하는 경우 어느 한쪽 또는 상·하 모두 짝수배열상태의 인연은 계속 잘사는 운세이며 동자삼에 가장 행복한 삶이다. 이러한 인연을 천생연분이라 한다. 따라서 인연해법의 필수적인 조건의 하나는 인연위계질서와 홀수변수의 악재만 조심한다면 만사형통이다. 이 내용은 검증 21의 찾아보기 ①~⑥까지인데 현실적으로 검증되고 있다.

① 삼성그룹의 창업주 이병철(李秉喆, 1910. 2. 12일생)은 1926년 12월 5일 박두을(朴杜乙, 1908년생)과 결혼하였다. 1936년 3월에 마산협동정미소를 창업하고 1938년 3월 1일 대구 삼성상회를 설립한 이래 오늘의 삼성을 창건하였다. 그는 1987년 11월 27일 암으로 사망하였으며, 박두을은 2000년 1월 3일 향년 93세로 작고하였다. 두 사람의 연분은 계속 잘 사는 운세 6→2→8과 4→4→8의 100%의 인연결합형이다.

② 삼성그룹의 후계자 이건희(李健熙, 1942. 1. 9일생)는 1967년 4월 30일 홍라희(洪羅喜)와 결혼하였으며 1978년(36세)에 삼성그룹 부회장, 1987년 12월(46세)에 회장에 취임하였다.
두 사람의 연분은 6→2→8의 상하 100%의 결합으로 홀수변수 3과 5의 대립을 조심하고 인연위계질서는 홍라희가 우선권이다.

③ 1992년 김흥수 화백(72)과 제자 장수현(30)의 결혼은 나이차 많은

부부의 대명사처럼 알려지고 있는 멋진 커플이다.

두 사람의 연분은 6→2→8의 상하 짝수 동일형의 100% 인연결합형이며 김홍수의 홀수변수 5를 조심하고 인연위계질서는 장수현이 우선권을 갖는다.

④ 1998년 12월 제39회 사법고시에서 사상 처음으로 부부가 동시에 합격한 강인구·신한미 부부의 연분은 상하동일형의 짝수배열 6→2→8의 인연 100%의 결합형이며 신한미의 홀수변수 5를 조심하고 인연위계질서는 강인구의 우선권이 있다.

⑤ 대도라는 별명을 가진 조세형(56)은 15년간의 수형소 생활을 하다가 1998년 11월에 풀려나 지난 4월에 이은경(40)과 결혼한 연분은 4 → 4 → 8, 6 →2 → 8의 결합형이다. 조세형의 홀수변수 3과 이은경의 홀수변수 1의 대립은 나쁘므로 이은경은 조세형 편으로 평생 순종하면 행복이 가득한 집이다. 다만, 조세형은 홀수변수 5를 경계해야 된다.

⑥ 1989년 독일 드레스덴 공대에서 유학중 탈북하여 1995년 한양대를 졸업하고 방송 등에 출연한 탈북자 전철우(33)는 경희대 무용과 및 대학원을 졸업한 김호은(26)과 2000년 2월 26일 서울 리츠칼튼 호텔에서 결혼하였다. 두 사람의 연분은 상하짝수동일형의 4→4→8의 인연 100%의 결합형이다. 전철우의 홀수변수 3·3과 김호은의 홀수변수 1은 상극현상이 있으므로 대립을 피하여야 되며, 특히 홀수변수 5·5를 조심해야 된다. 인연위계질서는 김호은이 평생 주도권을 갖고 있으므로 전철우는 그에게 몸과 마음을 다 바치면 행복이 가득한 가정을 이루게 된다.

위에서 보듯이 짝수배열의 특징은 홀수변수 5(함정·고집·돌진)가 공통적으로 잘 나타나는 것이다. 그러므로 5의 작용을 철저히 경계해야 된다는 조건이 수반된다.

잘 사는 운세 검증 (자신과 상대자의 후천적 운세풀이 산출표)

한국인연감정원 동자삼작명소(인)				사업 진행단계	초기	중간	말기	인생항로변수	
				기준연령	30세 미만	31~50세	51세 이상	선	악
				인생항로 점유비율	15%	70%	15%	좋은일 발전	나쁜일 촉진
찾아보기	관계	성명	인운인자산출	운세	초년운세	중년운세	말년운세	호불호 변수기능 짝수변수	홀수변수
①	남 편	이병철	ㅇㅣㅂㅕㅇㅊㅓㄹ ⑧10⑥④⑧10③④		6	2	8	10. 10	
	처	박두을	ㅂㅏㄱㄷㅜ ㅡㄹ ⑥11③7⑧9④		4	4	8		1. 7. 9
②	남 편	이건희	ㅇㅣㄱㅓㄴㅎㅡㅣ ⑧⑩①32⑭⑨⑩		6	2	8	2	3
	처	홍라희	ㅎㅗㅇㄹㅏㅎㅡㅣ ⑭⑤⑧4①⑭⑨⑩		6	2	8	4	5
③	남 편	김흥수	ㄱㅣㅁㅎㅡㅇㅅㅜ ①10 5⑭⑨⑧⑦7		6	2	8	10	5
	처	장수현	ㅈㅏㅇㅅㅜㅎㅕㄴ ⑨①⑧⑦⑦⑭42		6	2	8	2. 4	
④	남 편	강인구	ㄱㅏㅇㅇㅣㄴㄱㅜ ①①88⑩②①7		6	2	8	8. 8	
	처	신한미	ㅅㅣㄴㅎㅏㄴㅁㅣ ⑦⑩②14①②5⑩		6	2	8	14	5
⑤	남 편	조세형	ㅈㅗㅅㅓㅣㅎㅕㅇ ⑨5 7 3⑩14④⑧		4	4	8	14	3. 5
	처	이은경	ㅇㅣㅇㅡㄴㄱㅕㅇ ⑧⑩⑧⑨21④⑧		6	2	8	2	1
⑥	남 편	전철우	ㅈㅓㄴㅊㅓㄹㅇㅜ ⑨3 2⑩34⑧7		4	4	8	4	3. 3
	처	김호은	ㄱㅣㅁㅎㅗㅜㅇㅡㄴ 1⑩5 14 5⑧⑨②		4	4	8	14	1 5. 5

제 6 장

NSM 작명 그래프의 검증

NSM 그래프의 좋은 작명잣대 검증

1. 좋은 작명잣대의 검증 필요성

세상의 삼라만상에는 천차만별의 이름이 있다. 이 가운데 저마다 이름 하나씩을 가지고 있다. 문제는 이 이름들이 어떻게 지어지고 또 평가방법은 무엇인가 하는 것이다. 우선 사람의 이름에 대하여 알아보자. 사람의 이름짓는 방법은 시대성을 선도하기 위하여 새롭게 연구되고 과학화·국제화되어야 한다.

'이름이 좋아서 출세했다'는 사람이 있는가 하면 '이름이 나빠서 내 팔자가 이 모양 이 꼴이다'라고 믿는 사람도 있다. 유별나게 자신과 자녀의 이름에 대해 관심이 많은 사람도 있다.

누구나 나름대로 자신의 이름이 좋은지 나쁜지 한번쯤은 짚어보았을 것이다. 그러면, 실제로 이름의 좋고 나쁜 평가기준이 정말 있는가? 이에 대한 궁금증을 풀기 위해 수많은 사람들이 운명철학관을 찾아 사주를 보기도 하고 개명도 하고 있다.

좌우지간 우리 모두가 좋은 이름과 좋은 운명의 감정이 과학적인 토대 위에 현실적으로 입증만 된다면 굳이 외면해야 할 이유는 없을 것이다. 이런 생각에서 오늘날 이름과 운명의 풀이가 주로 한자와 사주에 의해 이루어지고 있는데, 이 방법이 21세기에는 어떤 변화가 있을까? 또 그 대안은 무엇일까?

필자는 이 문제에 대한 깊은 연구를 거듭한 결과 새로운 작명방법과 좋은 작명잣대를 창출하여 역사적으로 남긴 성명과 성서에 기록된 성명, 그리고 4대 성인의 성명을 NSM 그래프에 그려 서로 비교 검토하였다.

이와 같은 검증과정에서 좋은 작명잣대는 제 기능을 최대한으로 발휘하고 있다는 것이 확인되고 있다.

(1) 실제로 좋은 이름이 있다, 없다.

좋은 이름에 대하여 성서에서는 하나님과 예수님은 다른 사람이 지은 이름을 개명하였다. 왜 그랬을까? 아마도 '무엇인가' 합당하지 않았을 것이다. 공자 역시 '인생은 일대뿐이지만 이름은 춘추에 남는다'는 말을 했다. 이렇게 볼 때 지구촌 어느 곳에서도 천지만물의 이름 중에서 좋은 이름이 있다는 것은 분명하다.

(2) 좋은 작명잣대는 무엇인가?

첫째는 성명의 내재가치 산출에 의한 선천적 감정과 후천적 감정 결과가 실패율보다 성공률이 많으면 좋은 이름으로 간주한다.

둘째는 NSM 그래프의 인연인자 생활권 내에서 성공선과 실패선 그리고 안전선이 어울려 형성되는 기하학의 기본 도형인 △형의 모양이 웅비형, 깃발형, 다이아몬드형, 일출형, 직삼각형, 정삼각형 등이 단독 또는 서로 결합하여 성공형을 나타내면 좋은 이름이다.

셋째는 성명의 내재가치도 좋고 NSM 그래프의 △형 모양도 성공형이라면 더욱 좋은 이름이다.

넷째는 성명의 내재가치는 실패형으로 감정되나 NSM 그래프의 모양이 성공형으로 형성되어 있으면 좋은 이름이다.

다섯째는 NSM 그래프의 인연점이 짝수 인연인자가 많으면 많을수록 좋은 이름이다.

따라서 모든 사람의 성명에 이상과 같은 좋은 작명잣대의 5대 요소가 모두 충족되어 있으면 가장 좋고, 어느 것 하나라도 확실하면 좋은 성명으로 간주할 수 있다.

(3) 좋은 작명잣대의 성명은 실제로 어떤 일이 좋은가?

좋은 이름은 건강·명예·재산상의 좋은 일을 가져오는데 사람의 성명풀이에 준한다.

좋은 건강은 행복의 으뜸조건인데 심신이 안전하고 편안하며 건전한 정신에 건강이 넘쳐흐른다. 따라서 심적인 불안·초조·고통·갈등·염려 등에서 해방되어 일상생활에 정신적인 것과 육체적인 장애가 없는 것이다.

좋은 명예는 입신출세하여 자타가 인정하여 주는 직업이다. 비록 경제적인 부를 누리지는 못할망정 그의 인격적인 처세는 타인으로부터 존경의 대상이다. 따라서 정치·경제·사회·문화 등의 각 분야에서 자아실현을 구현한 사람이다.

좋은 재산은 정정당당한 방법으로 재산의 증식이 이루어져 의·식·주가 완전히 해결되고 일상생활이 윤택하여 문화적인 생활을 향유할 수 있는 물적, 인적, 지적 자원이다.

(4) 좋은 작명잣대의 소유자는 무조건 좋은가, 그 시기는 언제인가?

좋은 작명잣대의 소유자는 먼저 선천적인 것과 후천적인 것을 구별하여야 되고, 선천적으로 좋은 성명은 후천적으로 좋은 이름보다 강도가 높을 수 있다.

그리고 좋은 작명잣대의 발생시기와 종결시기는 연령별로 다르다.

다시 말해 좋은 작명잣대의 개체명은 건강·명예·재산에 대하여 무엇인가 좋은 일을 간직하고 있다는 것으로 복을 타고난 것이다. 또 효력은 그 이름이 대처하고 있는 인연 환경에 의하여 영향력을 받는데, 좋은 인연과 좋은 작명잣대가 서로 만나서 생활하면 좋은 일이 생기고, 그러지 않으면 알 수 없는 좋은 일이 잠재하여 있다가 때가 오면 독자적으로 효력이 발생한다는 것이다.

자! 만약에 필자의 주장을 긍정적으로 인정한다면 사람들은 자신의 성명에 대하여 어떤 태도를 가져야 하나.

- 한글성명의 인운인자 내재가치의 산출과 NSM 그래프를 작성하여 자신의 성명을 올바르고 정확하게 감정해야 한다.
- 일상생활을 하고 있는 주변인들과의 인연감정과 그들의 NSM 그래프를 그려보고 비교 검토해야 한다. 이 결과에 따라 스스로 현실적인 검증을 하여 행동의 결단을 내려야 할 것이다.
- 상대자와 인연감정이 좋고 작명잣대도 좋다는 결론이 내려진다면, 두 사람은 좋은 인연이다. 평생 동거동락 속에 생활의 동반자 관계를 맺어도 좋다.
  이때 조심해야 될 일은 반드시 인연 위계질서를 철저히 준수하지 않으면 안되고, 만약에 이를 어기면 오히려 나쁜 인연으로 돌변하게 된다는 것을 명심해야 한다.
- 근본적으로 좋은 작명잣대의 소유자는 상대자를 만나기 전에 그 사람과의 인연을 미리 따져보는 것이 상식이다.
- 인연은 최악연이지만, 좋은 작명잣대를 소유한 사람은 NSM 그래프의 좋은 작명잣대가 잠복해 있다가 기회가 오면 돌출할 가능성이 있다. 그러므로 생활 중 '좋은 일의 발생기미'가 닥쳐오면 정확히 검토하여 이것이다 싶으면 밀어붙여야 한다. 이때 조심할 일은 과욕을 삼가하는 것이다.
  이 경우 두 사람의 인연감정의 결과가 나쁘게 감정되는 인연은 처음부터 맺지 않은 것이 가장 현명한 일이나 미리 알고 개운조치를 취하면 방지할 수 있다.
- 자녀에 대하여서는 신생아가 태어나면 동자삼에서 좋은 성명을 지어주도록 최선을 다한다.

인류사상 최초로 좋은 작명잣대를 필자 나름대로 창출하여 공개하고 있으나 이에 대한 해법은 아직도 미숙하다. 좋은 작명잣대가 과학적이고 수학적이며 현식적인 것은 확실하지만 완벽하고 절대적인 것은 아니다.

고조선이래 오늘날까지 정치·경제·사회·문화 영역에서 성명을 남긴 사람들을 무작위로 차출하여 검증한 결과 NSM 작명 좋은 작명잣대 유형에 80±5%에 접근한다.

2. NSM 그래프의 좋은 작명잣대 검증 A

NSM 그래프의 좋은 작명잣대의 검증 내용은 인연예측, 성공예측, 특성예측으로 구분하는데, 우리 나라 외래어 표기법에 의하여 표기된 세계 4대 성인, 예수그리스도의 12사도, 부처님의 10대 제자, 그리고 성서에서 기록된 장수한 사람들의 성명을 NSM 그래프에 그려 그들의 삶을 비교하여 보았다. 그 결과 감정한 내용 중에서 가장 중요하고 특징적인 것만 골라서 살펴보면 다음과 같다.

(1) 4대 성인의 NSM 작명 그래프 감정

- 4대 성인 중에서 좋은 작명잣대를 기준으로 한 순서는 예수그리스도 → 마호메트 → 석가모니 → 공자의 순으로 나타났다.
- 인연 예측에서 성공선이 가장 많이 발달한 순서는 예수그리스도 → 석가모니 → 마호메트 → 공자의 순으로 나타났다.
- 성공예측이 가장 좋은 순서는 예수그리스도 → 마호메트 → 석가모니 → 공자의 순으로 나타났다.
- NSM 그래프의 특성 예측을 분석하여 보면 4대 성인 중에서 예수그리스도가 완전히 독점하고 있다. 즉 웅비형 5개는 그의 생애에서 가장 위대한 일, 다이아몬드형 3개는 기적적인 일, 충돌형 14개는 아기 예수의 피난, 헤롯왕의 음모, 본디오 빌라도의 재판 등을 의미하고, 특질 5개는 어느 누구도 해낼 수 없는 일, 역웅비형 1개

는 단명과 십자가의 고통과 관련이 있다.

또 석가모니의 웅비형 2개와 다이아몬드형 1개는 그의 생애에서 가장 위대한 일, 충돌형 1개는 고행, 특질 1개는 그의 재능과 관계가 있다.

마호메트의 웅비형 1개는 그의 생애에서 가장 위대한 일을 의미하며, 공자는 NSM 그래프의 특성이 나타나지 않고 있다.

- 4대 성인의 성명이 NSM 그래프에 나타나는 특성의 형성상황을 비율로 나타내면 인연 예측에서 성공선의 발달은 63.20 %이고, 실패선의 발달은 29.24 %이며, 성공예측에서는 성공패턴이 68.75 %이고, 실패패턴은 31.25 %이다. 이 결과를 종합하여 분석하면 그들의 삶이 69.75%는 성공적인 것이고, 30.25%는 실패를 의미한다는 것이다.

검증 22 4대 성인의 NSM 그래프 분석표

(단위 : 개)

종교	4대성인	NSM 그래프 감정내용									
		인연예측			성공예측		특성예측				
		성공선	안전선	실패선	성공패턴	실패패턴	웅비형	역웅비형	다이아몬드형	충돌형	특질
기독교	예수그리스도	26	4	21	5	3	5	1	3	14	5
불교	석가모니	19	2	4	4	1	2	·	1	1	1
회교	마호메트	16	1	6	2	1	1	·	·	1	·
유교	공자	6	1	·	·	·	·	·	·	·	·
계		67	8	31	11	5	8	1	4	16	6
발생 건수 비율(%)		63.20	7.54	29.24	68.75	31.25	22.85	2.85	11.42	45.71	17.14
조사인원수비율(%)		100	100	75	75	75	75	25	50	75	50

- 4대 성인의 NSM 그래프 내용은 좋은 작명잣대와 나쁜 작명잣대를 골고루 구비하고 있다.

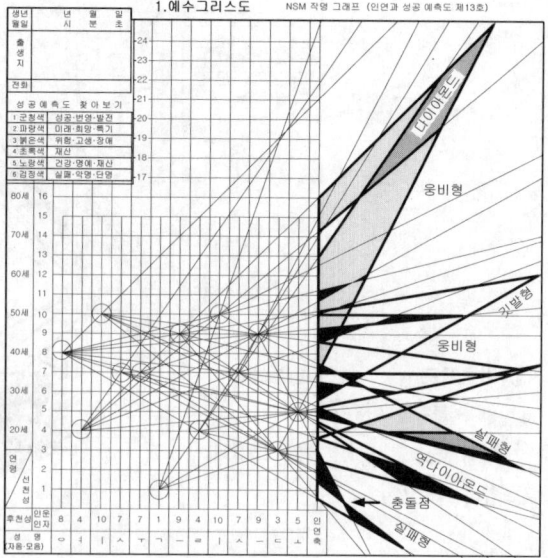

1. 예수그리스도 NSM 작명 그래프 (인연과 성공 예측도 제13호)

① 예수 그리스도

웅비형과 다이아몬드형이 즐비하여 장관을 이루고 충돌형이 겹겹히 얽혀 NSM 그래프의 성질이 모두 나타나고 있다.

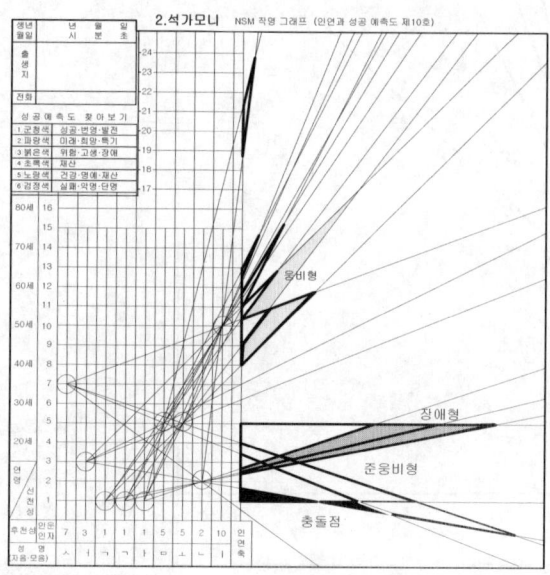

2. 석가모니 NSM 작영 그래프 (인연과 성공 예측도 제10호)

② 석가모니

상단의 웅비형과 하단의 수평적인 웅비형이 대조를 이루고 있는 가운데 충돌형이 버티고 있다.

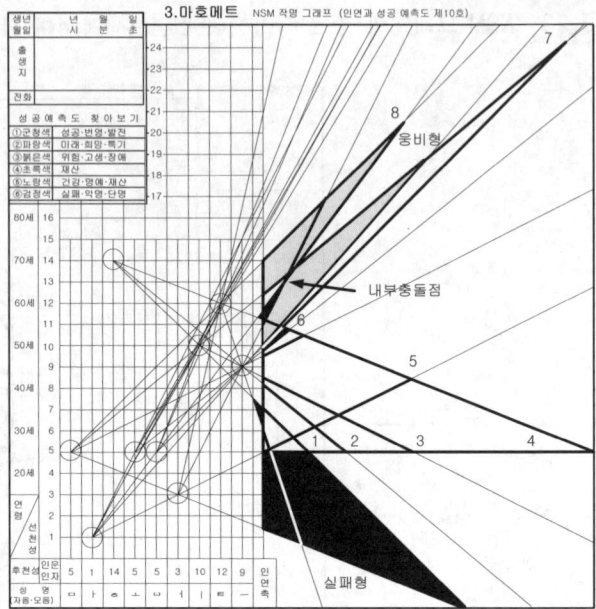

③ 마호메트

웅비형이 복수를 이루
어 성공패턴이 1·2단
계로 형성되고, 대형의
실패형이 특징적이다.

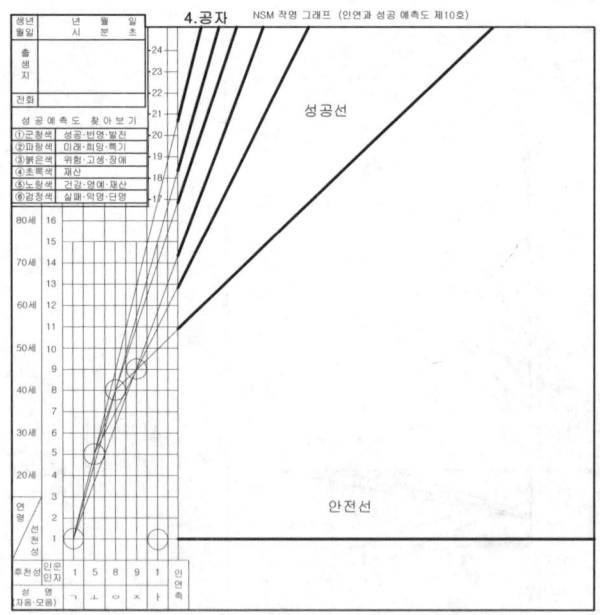

④ 공 자

성공선과 안전선으로
구성된 매우 단조로운
긍정적인 성공형이며
55세 이하 인연이 귀
하다.

(2) 예수그리스도의 12사도 NSM 작명 그래프 감정

- 예수 그리스도의 열두 제자 NSM 그래프에서 성공선이 가장 많이 발달한 제자는 바돌로매, 안드레, 가룟유다, 다대오 순이다.

- 성공패턴이 가장 많이 발달한 제자는 바돌로매이고, 요한, 도마, 시몬은 성공패턴이 전혀 없다.

- 예수그리스도의 12사도 중에서 웅비형의 소유자는 안드레, 바돌로매의 두 사람뿐이고, 안드레는 다이아몬드형을 4개나 소유하고 있는 모양은 유례를 찾아볼 수 없다.

- 예수그리스도의 12사도 중에서 가장 특징적인 것은 베드로만이 갖고 있는 충돌형 1개는 예수님을 부인한 일과 관계되고, 가룟유다만이 가지고 있는 역웅비형 1개는 예수님을 팔아 넘긴 자와 깊은 관계가 있다.

- 예수님의 열두 제자 중 단 한 사람!! 가룟유다만 역웅비형을 가졌는데 이것은 오늘날 흉악범죄자에서 가장 잘 나타나는 것과 거의 닮았으므로 범죄유형의 모태이다.

- 예수님의 열두 제자 중 가룟유다만을 제외한 11사도의 NSM 그래프 상에 나타난 성공형 패턴은 오늘날 정치, 경제, 사회, 문화 영역 등에서 훌륭한 업적을 남긴 사람들의 NSM 그래프와 거의 비슷하다.

- 이들의 NSM 그래프 상의 발생건수 비율을 보면 인연 예측에서 성공선의 발달은 66.44 %이고 실패선의 발달은 23.02 %를 나타내고 있으며, 성공예측에서는 성공패턴이 89.47 %, 실패패턴이 10.52 %이다. 이 결과를 종합하여 분석하면 그들의 삶이 83.23 %는 성공적이고, 16.77 %는 실패를 의미한다는 것이다.

야고보(A) : 세배대의 아들   야고보(B) : 알패오의 아들   (단위 : 개)

일련번호	예 수 그리스도 12 사 도 성 명	NSM 그래프 감정 내용									
		인연 예측			성공예측		특 성 예 측				
		성공선	안전선	실패선	성공 패턴	실패 패턴	웅비형	역웅비형	충돌형	다이아몬드형	특 질
1	베드로	8	1	4	2	1	·	·	1	·	2
2	안드레	17	1	2	2	·	1	·	·	4	·
3	야고보 (A)	7	1	4	1	·	·	·	·	·	1
4	요한	2	·	1	·	·	·	·	·	·	·
5	빌립	5	3	3	2	·	·	·	·	·	·
6	바돌로매	20	3	6	3	·	1	·	·	·	·
7	도마	2	1	1	·	·	·	·	·	·	·
8	마태	4	1	1	2	·	·	·	·	·	·
9	야고보 (B)	7	1	4	1	·	·	·	·	·	1
10	다대오	12	2	3	2	·	·	·	·	·	·
11	시몬	1	·	3	·	·	·	·	·	·	·
12	가룻유다	16	2	3	2	1	·	1	·	·	1
계		101	16	35	17	2	2	1	1	4	5
발생 건수 비율 (%)		66.44	10.52	23.02	89.47	10.52	15.38	7.69	7.69	30.76	38.46
조사인원수비율 (%)		100	83	100	75	16	16	8	8	8	33

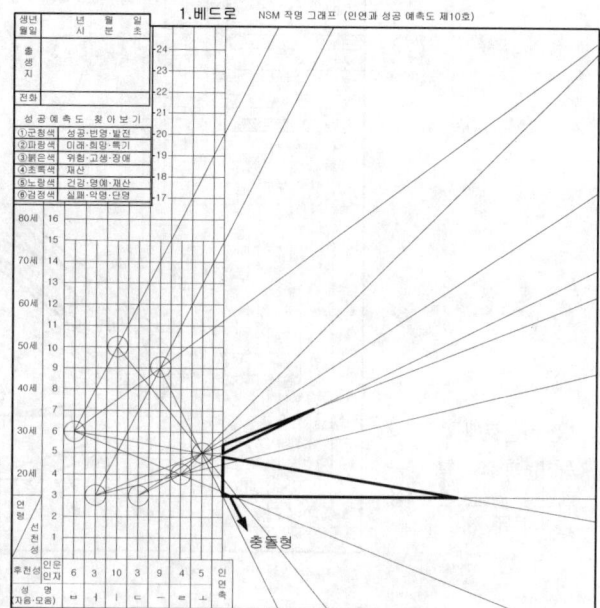

① 베드로

사상 최대의 미완성 깃
발형과 충돌형으로 형
성되었다.

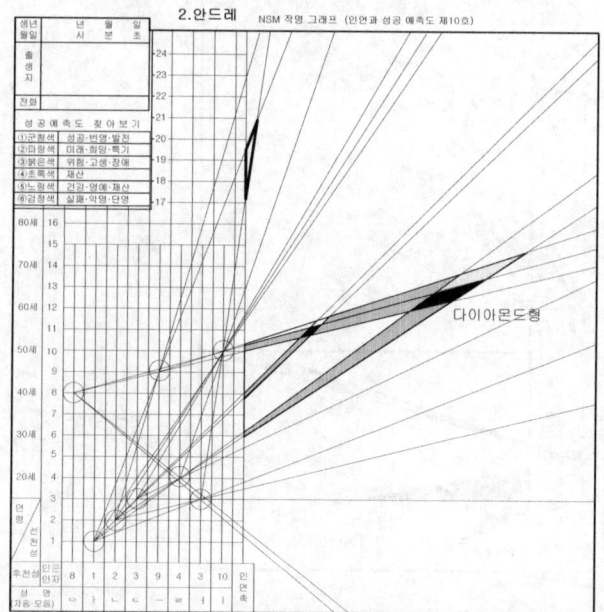

② 안드레

다이아몬드형과 웅비
형의 집단화가 경이적
이다.

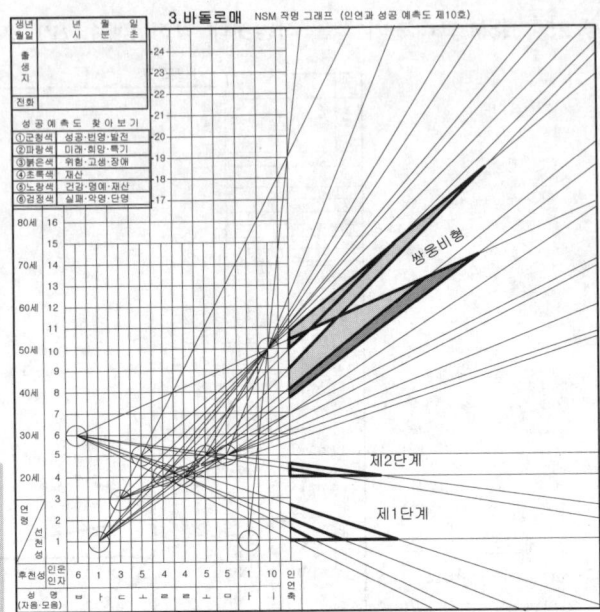

3.바돌로매 NSM 작명 그래프 (인연과 성공 예측도 제10호)

③ 바돌로매

웅비형과 직△형 성공
패턴을 형성하면서 성
공선이 유난히도 많다.

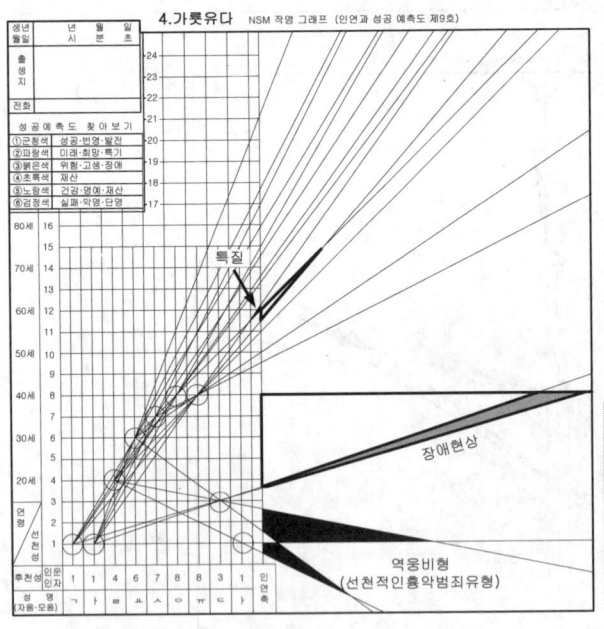

4.가룟유다 NSM 작명 그래프 (인연과 성공 예측도 제9호)

④ 가룟유다

12사도 중에서 혼자만
역웅비형의 범죄형을
가졌다. 이 세상의 범
죄인과 실패자는 이
모양을 많이 닮았다.

(3) 석가모니의 10대 제자 NSM 작명 그래프 감정

- 부처님의 10대 제자 NSM 그래프 중에서 특징적인 것은 신족제일 목건련의 웅비형 1개, 다이아몬드형 1개 충돌형 1개가 특징적이고 사리불과 대가섭은 웅비형이 각각 1개가 있다.

- 부처님의 10대 제자는 대체적으로 NSM 그래프의 특성 형성이 매우 단조롭게 나타나고 있는데 이 중에서 합심선의 발달이 제자 10명 중 50%를 차지하는 5명에게 나타나는 것이 특이하다.

- 제자들의 NSM 그래프 상의 분석은 인연 예측에서 성공선의 발달이 61.15%이고 실패선의 발달은 23.96%를 나타내고 있으며, 성공 예측은 성공패턴이 86.66%, 실패패턴이 13.33%를 나타내고 있다. 즉 이 결과는 그들의 삶이 81.37%는 성공적이고 18.63%는 실패를 의미한다는 것이다.

검증 26 석가모니의 10대 제자 NSM 그래프 분석표

(단위 : 개)

구 분	석가모니 10대제자 성 명	NSM 그래프 감정내용									
		인연예측			성공예측		특 성 예 측				
		성공선	안전선	실패선	성공패턴	실패패턴	웅비형	합심선	충돌형	다이아몬드형	특 질
지혜제일	사리불	6	2	5	2	1	1	1	·	·	1
신족제일	목건련	14	4	8	4	1	1	·	1	1	1
두타제일	대가섭	10	2	3	3	·	1	1	·	·	1
해공제일	수보리	5	1	4	·	·	·	1	·	·	·
설법제일	부루나	3	1	·	·	·	·	·	·	·	·
논의제일	가전연	13	2	3	1	·	·	·	·	·	2
천안제일	아나율	9	2	2	2	·	·	1	·	·	·
지율제일	우바리	6	·	1	1	·	·	1	·	·	·
밀행제일	라후라	3	2	·	·	·	·	·	·	·	·
다문제일	아난다	5	3	·	·	·	·	·	·	·	·
계		74	18	29	13	2	3	5	1	1	5
발생 건수 비율(%)		61.15	14.87	23.96	86.66	13.33	20.0	33.33	6.66	6.66	33.33
조사인원수비율(%)		100	90	80	60	20	30	50	10	10	40

※ 석가모니의 10대 제자 성명은 대가섭(마하가섭), 목건련(목련), 아난다(아난), 라후라(라홀라) 등으로 표기되기도 한다.

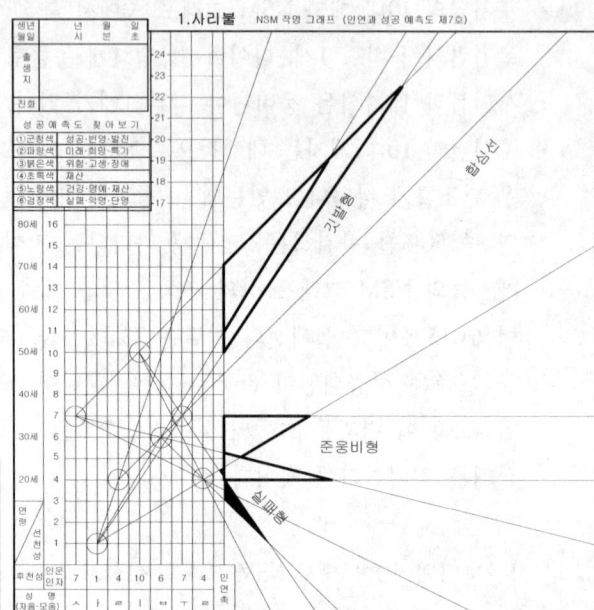

① 사리불

지혜제일은 2단계 성
공형에 해당되고 실패
형이 발달하고 있다.

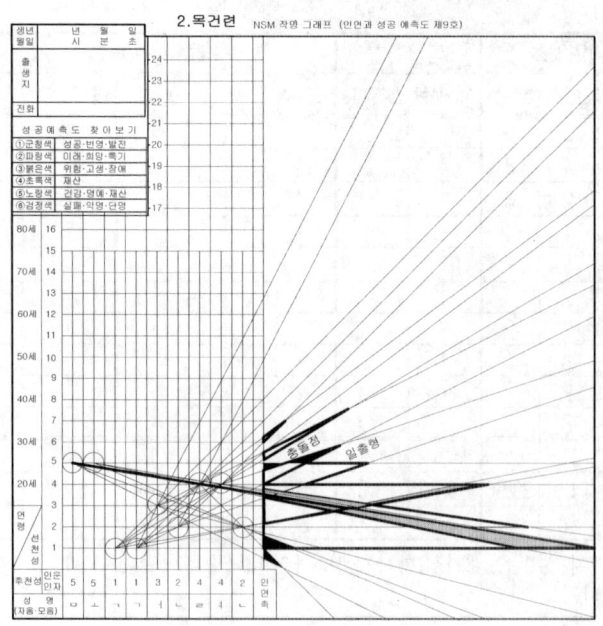

② 목건련

신족제일은 일출형·
웅비형에 해당되고 실
패형과 충돌형 그리고
성공선이 매우 많다.

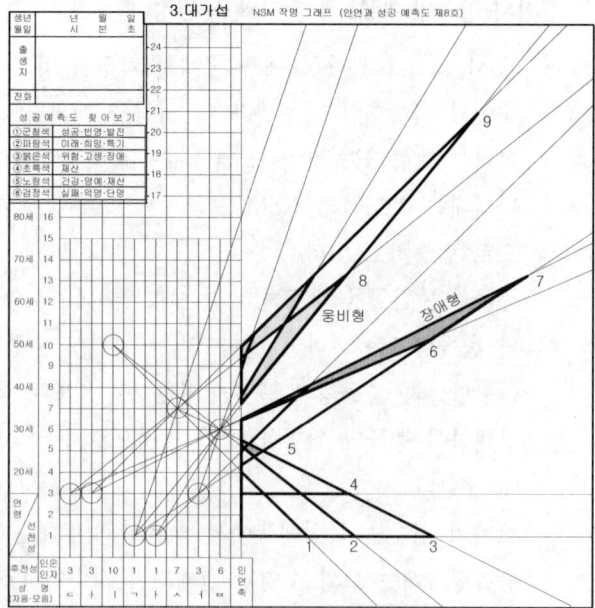

3.대가섭 NSM 작명 그래프 (인연과 성공 예측도 제8호)

③ 대가섭

두타제일은 3단계 성
공형에 해당되고 합심
선이 1개 발달되었다.

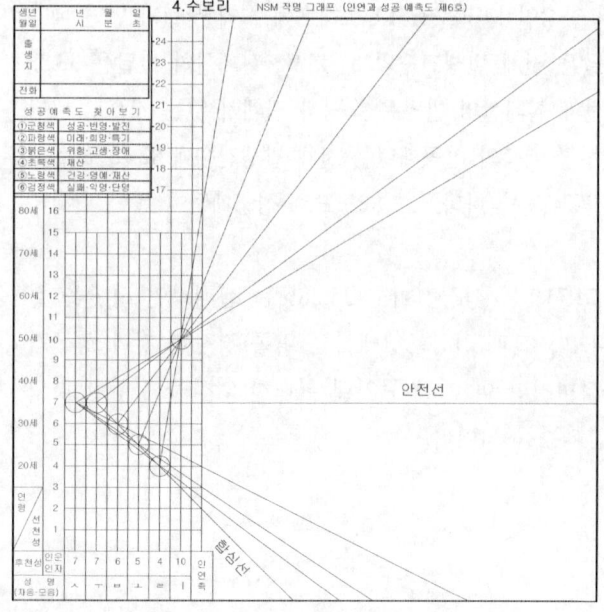

4.수보리 NSM 작명 그래프 (인연과 성공 예측도 제6호)

④ 수보리

해공제일은 선공선과
합심선으로 나타나고
있으며, 성공패턴은
없다.

(4) 성서의 장수인 NSM 작명 그래프 감정

- NSM 그래프의 특성 예측 중에서 가장 놀라운 사실은 장수 17명 중에서 최장수인 므두셀라 한 사람을 제외하고는 역웅비형이 나타나지 않는다는 것이다. 역웅비형은 흉악범죄 및 건강의 위험을 나타내는 척도인데, NSM 그래프는 그들이 장수한 사실을 과학적으로 검증하고 있다.

- 충돌형은 위험을 내포하고 있는데, 역사상 가장 오래 산 므두셀라의 충돌형 1은 아마도 위험고비를 넘겨 장수한 것처럼 분석되고, 마할랄렐의 충돌형 8은 다이아몬드형 1개와 웅비형 2개가 이를 상쇄하여 충돌의 위험을 모면한 것으로 분석되며, 이스마엘도 이에 준한다.

- 요셉의 경우는 특성예측에서 좋은 작명잣대는 하나도 없는 대신 충돌형 1개는 그의 수명과 관계되어 장수인 17명 중에서 가장 짧은 110세인 것 같다.

- 성서에 기록된 장수인 17명을 NSM 그래프에 그려본 결과 인연 예측의 성공선 발달은 전체 발생건수의 57.43 %, 실패선의 발달은 33.33 %인데, 성공선과 실패선의 발달은 수명과 관계가 없는 것으로 나타나고 있으며, 성공 예측의 성공패턴은 전체 발생건수에 82.76 % 실패패턴 형성은 17.24 %를 나타내고 있으므로 성공패턴이 많이 발달하고 있다.

  이들의 삶은 74.71%는 성공적이고 25.28%는 실패적인 생활을 한 것을 의미한다. 이 결과 건강측면에서는 비록 장수한 것이 성공적인 것으로 나타나지만 이 기간 동안에 위대한 업적을 수행한 것도 장수와 비례된다는 분석이다.

검증 28 성서의 장수인의 NSM 그래프 분석표

(단위 : 개)

구분 / 장수차례	성서의 장수자 성명	항년(세)	NSM 그래프 감정내용									
			인연 예측			성공예측		특 성 예 측				
			성공선	안전선	실패선	성공패턴	실패패턴	웅비형	역웅비형	충돌형	다이아몬드형	특질
최장수	므두셀라	969	12	3	12	3	1	·	1	1	·	2
2	야 렛	962	7	1	3	2	1	·	·	·	·	·
3	노 아	950	1	·	1	·	·	·	·	·	·	·
4	아 담	930	4	·	1	1	·	·	·	·	·	·
5	셋	912	2	1	1	1	·	·	·	·	·	·
6	게 난	910	4	2	2	1	·	·	·	·	·	·
7	에 노 스	905	9	·	4	2	·	·	·	·	·	2
8	마할랄렐	895	23	2	11	4	1	2	·	8	1	4
9	라 멕	777	7	1	2	2	·	·	·	·	·	·
10	에 녹	365	3	·	2	1	·	·	·	·	·	·
11	데 라	205	3	1	2	·	·	·	·	·	·	·
12	이 삭	180	1	1	1	1	·	·	·	·	·	·
13	아브라함	175	10	1	3	3	·	·	·	1	·	·
14	이스마엘	137	14	2	13	2	2	2	·	3	3	·
15	사 라	127	1	1	1	·	·	·	·	·	·	·
16	모 세	120	6	1	2	·	·	·	·	·	·	·
17	요 셉	110	5	1	4	1	·	·	·	1	·	·
최단명	예수 그리스도	33	26	4	21	5	3	5	1	14	3	5
계	·		112	18	65	24	5	4	1	14	4	8
발생 건수 비율(%)	·		57.43	9.23	33.33	82.76	17.24	12.90	3.22	45.16	12.90	25.80
조사인원수비율(%)	·		100	76	100	76	23.5	12	6	29	12	17

※ 예수 그리스도는 본 통계자료에서 제외됨

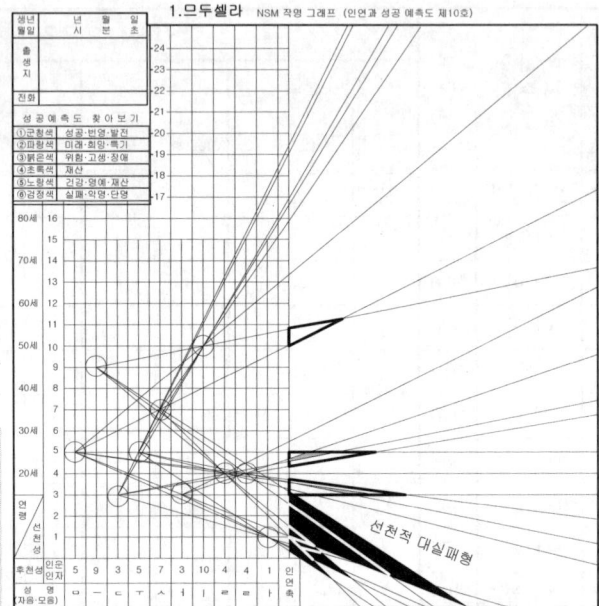

① 므두셀라

최장수인임에도 불구
하고 역웅비형이 특
징적이다.
969세 최장수인

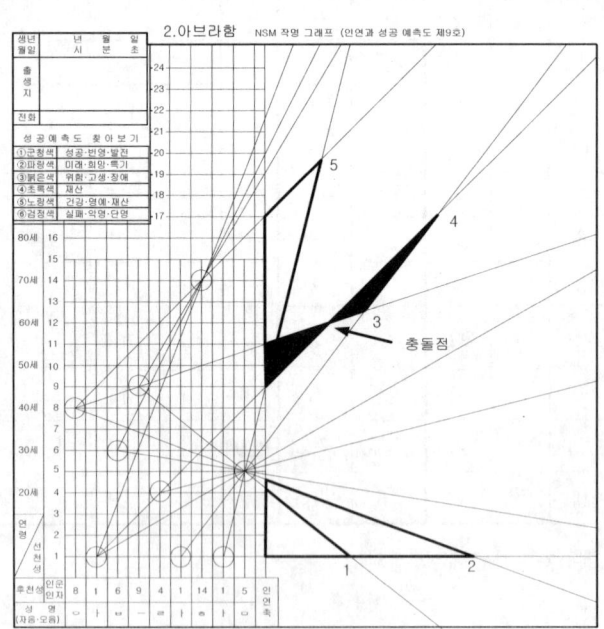

② 아브라함

성공선과 성공패턴은
양호하나 충돌형이
매우 강하게 나타나고
있다. (175세)

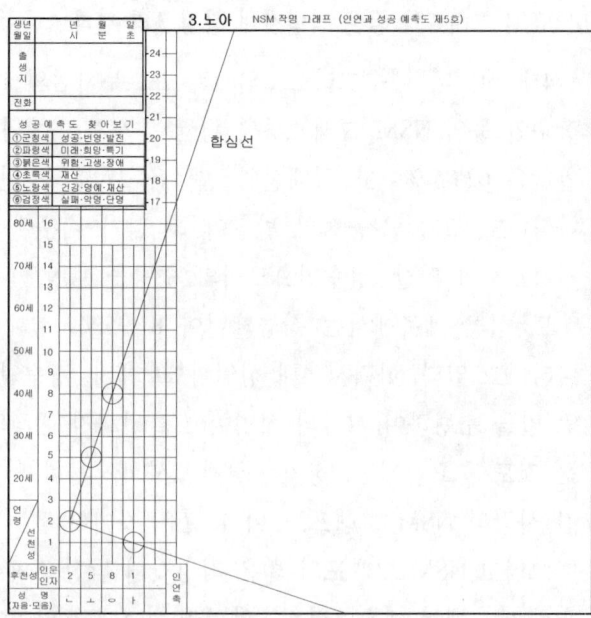

③ 노 아

극단적인 성공선과
실패선이 매우 대조
적이다. (950세)

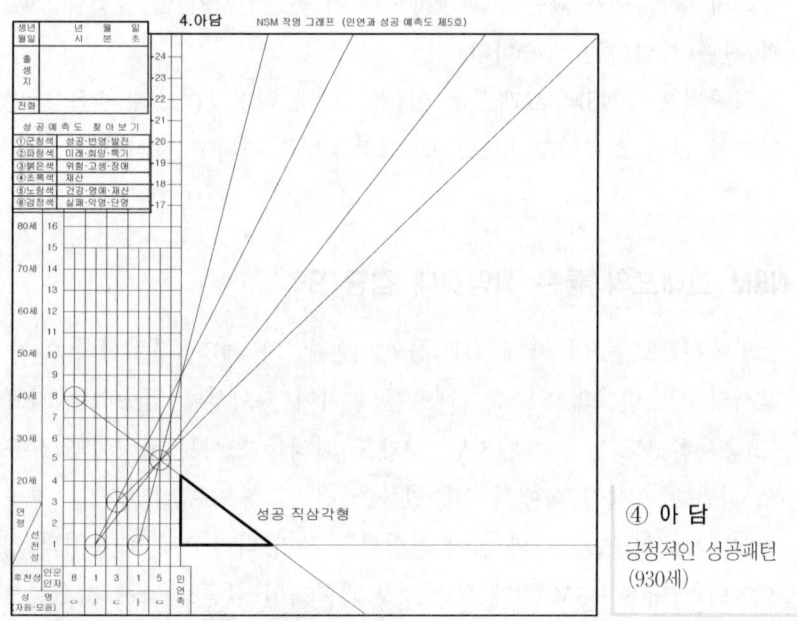

④ 아 담

긍정적인 성공패턴
(930세)

(5) NSM 그래프의 좋은 작명잣대 감정 A의 결과

4대 성인과 예수그리스도의 12사도, 부처님의 10대 제자, 성서의
장수인 등의 NSM 그래프상의 평균 통계자료는 인연 예측의 성공선
발달은 62.05%이고 실패선의 발달은 27.38%, 안전선은 10.54%로
나타나고 있다. 성공선의 발달이 더 많기 때문에 성인으로서 활동,
제자로서의 역할, 장수인으로서의 수명을 보장했다는 것이다.

또 성공 예측에서는 성공패턴이 81.95%, 실패패턴은 18.08%로
나타나고 있다. 따라서 4대 성인과 그 제자, 장수인들은 모두 성공적
인 일을 수행하여 그들의 성명이 오늘날까지 존경의 대상이 되고 있
는 것도 중요하지만, 정치·경제·사회·문화 영역에서 이름을 남
긴 사람의 NSM 그래프도 이와 같은 것이다.

그리고 NSM 그래프의 좋은 작명잣대 감정 A의 결과에서 가장 우
수한 예측에서 예수그리스도의 웅비형 5개와 다이아몬드형 3개는 주
목하지 않을 수가 없는데 세계적으로 기독교 신자가 많은 것은 이것
과 관련이 있다는 검증이다.

결론적으로 NSM 그래프는 이들이 나쁜 작명잣대보다 좋은 작명
잣대를 많이 소유하고 있으므로 업적들을 남겼다고 감정한다.

3. NSM 그래프의 좋은 작명잣대 검증 B

앞에서 보았듯이 세계 4대 성인, 예수님의 제자, 부처님의 제자,
성서의 장수인들의 NSM 그래프를 통하여 과학성을 검증하는 자료
로 충분하고도 남음이 있지만, 그래도 회의를 느끼는 사람이 있으므
로 이번에는 현실 속에서 실존인물을 검증대상으로 삼았다.

그 중에서도 인지도와 삶이 공인되는 우리 나라 역대 대통령과 영
부인의 성명을 NSM 그래프에 그려 과학적인 검증을 다시 시도함으
로써 검증상의 신뢰도가 확인될 수 있을 것이다.

(1) 역대 대통령 NSM 작명 그래프 감정

- 우리 나라 역대 대통령의 성명을 NSM 그래프로 나타내면 인연 예측의 성공선은 총 발생건수 80개로서 55.55 %를 차지하고 실패 선의 발달은 총 50건에 34.72 %인데, 성공선의 발달이 우세한 상 태이나 좋은 작명잣대 검증 A와 비교하면 7.65 %가 적다.

- NSM 그래프의 성공 예측에서 나타나고 있는 성공 패턴은 총 발 생건수 18개로서 81.81 %를 차지하고 실패패턴은 총발생건수 4개 로서 18.18 %가 형성되었는데, 그 차이는 63.63 %이므로 우리 나 라 대통령의 성명은 좋은 작명잣대로서의 가치가 인정된다. 성공 패턴은 좋은 작명잣대 검증A와 비교하면 0.33 %가 부족하다.

- NSM 그래프의 실패패턴은 이승만, 전두환, 김영삼 대통령이 가졌 고 이것은 이분들의 업적에 무엇인가 시사하는 바가 대단히 크다.

- 이승만 대통령의 노후 충돌형은 4 · 19 학생의거를 말하고, 박정 희 대통령의 충돌형은 10 · 26 사태와 관련되어 있다.
  또 김영삼의 충돌형 2개는 독재정치와의 투쟁 등이고, 김대중 대통 령의 충돌형 4개는 대선실패와 납치 및 두 번의 투옥을 의미한다.

- NSM 그래프의 특성 예측에서 웅비형의 형성을 보면 박정희 대통 령의 웅비형 1개는 5 · 16 군사혁명의 성공과 경제 재건이며, 김대 중 대통령의 웅비형 1개는 노령의 대통령 당선과 IMF 국가체제를 구출한 대통령의 역할론으로서 역사상에 길이 빛날 것이다.

- 대통령 8명 중에 4명이 충돌형을 나타내고 있는 것과 역웅비형을 가진 대통령이 한 분인 반면에 다이아몬드형을 가진 대통령이 단 한 사람뿐인 것도 특이하다.

- 역대 대통령 중에서 재임기간이 가장 짧은 윤보선 · 최규하 대통 령의 NSM 작명 그래프는 성공패턴이 다 같이 단순하고, 정치경 력이 짧은 사람이 대통령이 된 노태우 NSM 작명 그래프의 모양 도 이에 준한다.

- 장기 집권한 이승만 · 박정희 대통령의 경우는 NSM 작명 그래프

는 비록 다르나 포함되고 있는 뜻은 같다.

- 박정희·전두환 NSM 작명 그래프는 혁명적인 깃발형의 성공모양이 위력을 발휘하고 있는 점이 같다.
- 40여 평생 야당 정치생활에서 대통령이 된 김영삼·김대중 NSM 작명 그래프의 밑바탕을 형성하는 △형 모양은 서로 비슷한 형태이다.

(2) 역대 대통령 부인 NSM 작명 그래프 감정

- 우리 나라 역대 대통령 부인의 성명을 NSM 그래프로 나타내면 인연 예측의 성공선 발달은 총발생건수 77개로서 55.00 %를 차지하고, 실패선의 발달은 총 47개로서 33.57%인데 성공선의 형성이 비록 21.43 %가 많다. 이 결과는 역대 대통령의 것과 대등소이한 것으로 보아 대통령과 영부인의 인연은 전심이심인 것 같다.
- NSM 그래프의 성공 예측에서 나타나고 있는 성공패턴은 총발생건수 13개로서 68.42 %를 차지하고, 실패패턴은 총발생건수 6개로서 31.57 %를 나타내고 있는데, 역대 대통령과 비교하면 성공패턴과 실패패턴은 13.39 %가 낮게 나타나고 있으므로 대통령이 영부인보다 성공확률이 더 높은 성명을 가졌다는 것이다.
- NSM 그래프의 특성예측에서 웅비형이 나타나는 영부인은 프란체스카, 공덕귀의 성명이다. 특히 프란체스카의 성명에는 역웅비형 2개와 충돌형 6개는 무자식 및 4·19 혁명 등을 의미한다.
- NSM 그래프에서 실패 패턴은 프란체스카, 육영수, 이순자, 손명순, 이희호 성명에서 나타나고 있다.
- 육영수 NSM 그래프에서 충돌형이 없는 것은 8·15 경축행사에서 문세광이 저격한 것과는 전혀 맞지는 않으나, 이에 버금가는 실패선이 성공선보다 많고 성공패턴은 없고 후천성 실패패턴이 있는 것이 나쁘게 보인다. 그러나 안전패턴은 완벽하게 발달한 것이 특이하다.

(3) NSM 그래프의 좋은 작명잣대 감정 B의 결과

우리 나라 역대 대통령과 영부인의 NSM 그래프에서 나타난 총발생건수 평균비율은 인연선 예측에서 성공선은 55.27 %, 안전선은 10.57 %, 실패선은 34.14 %의 비율로 나타나는데 긍정적인 측면은 65.86 %이고 부정적인 측면은 34.14 %가 된다. 성공 예측에서 성공패턴은 75.31 %, 실패패턴은 24.68 %로서 성공패턴이 우세하다. 특성 예측에서 웅비형 13.86 %, 역웅비형 6.93 %, 충돌형 42.75 %, 다이아몬드형 2.17 %, 특질 34.26 %로 나타나고 있는데 특히 충돌형이 차지하는 비율이 높게 나타나고 있는 것은 전·후임 대통령의 말로가 이를 입증하고 있다. 또 총인원수 비율로 나타난 NSM 그래프의 분석은 인연선 예측에서 성공선 100 %, 안전선 87 %, 실패선 100 %의 소유자로 나타나는데, 모두가 성공선과 실패선은 빠짐없이 가졌다. 성공예측에서 성공패턴의 소유자는 93.5 %로서 성공패턴이 없는 사람은 2명이다.

그리고 실패패턴의 소유자는 9사람이고 실패패턴이 없는 사람은 7사람이다. 특성 예측에서 웅비형을 가지고 있는 사람은 박정희, 김대중, 프란체스카, 공덕귀 등이고, 역웅비형을 가지고 있는 사람은 전두환, 프란체스카이며, 충돌형의 소유자는 이승만, 박정희, 김영삼, 김대중, 프란체스카, 손명순의 6명인데 그 중에서 많은 사람은 박정희와 김대중이다. 다이아몬드형의 소유자는 박정희 한 사람 뿐이고, 특질의 소유자는 10사람으로 62.5 %이다.

검증 30 역대 대통령 및 영부인의 NSM 그래프 분석표 B　　　(단위 : 개)

역대	역대 대통령 성명	NSM 그래프 감정내용									
		인연예측			성공예측		특성예측				
		성공선	안전선	실패선	성공패턴	실패패턴	웅비형	역웅비형	충돌형	다이아몬드형	특질
1~3	이 승 만	5	1	9	1	2	·	·	1	·	·
4	윤 보 선	5	2	7	1	·	·	·	·	·	·
5~9	박 정 희	20	2	2	4	·	1	·	5	1	1
10	최 규 하	4	2	2	1	·	·	·	·	·	·
11~12	전 두 환	9	2	8	2	1	·	1	·	·	1
13	노 태 우	9	·	6	2	·	·	·	·	·	1
14	김 영 삼	12	3	8	3	1	·	·	2	·	2
15	김 대 중	16	2	8	4	·	1	·	4	·	2
계		80	14	50	18	4	2	1	12	1	7
발생 건수 비율(%)		55.55	9.72	34.72	81.81	18.18	8.69	4.34	52.17	4.34	30.43
조사인원수비율(%)		100	87	100	100	37	25	12	50	12	62
1~3	프란체스카	20	3	12	4	2	2	2	6	·	3
4	공 덕 귀	14	2	1	2	·	2	·	·	·	·
5~9	육 영 수	5	2	8	·	1	·	·	·	·	1
10	홍 기	3	·	1	·	·	·	·	·	·	·
11~12	이 순 자	5	1	5	1	1	·	·	·	·	1
13	김 옥 숙	9	3	6	2	·	·	·	·	·	1
14	손 명 순	13	3	7	3	1	·	·	1	·	1
15	이 희 호	8	2	7	1	1	·	·	·	·	1
계		77	16	47	13	6	4	2	7	·	8
발생 건수 비율(%)		55.00	11.42	33.57	68.42	31.57	19.04	9.52	33.33	·	38.09
조사인원수비율(%)		100	87	100	75	60	25.0	12.5	25	·	75
평균	총발생건수비율(%)	55.27	10.57	34.14	75.47	24.53	13.86	6.93	42.75	2.17	34.26
	총인원수비율(%)	100	87	100	87	48	25	12	37	6	68

| 참 고 | 검증22, 검증24, 검증26, 검증28, 검증30의 결과를 총괄하여 뽑아낸 좋은 작명잣대의 통계자료는 대단히 소중한 것이며, NSM 그래프를 감정하는 척도가 되므로 이를 잘 활용하기 위하여 제시한다. |

NSM 그래프의 좋은 작명잣대 검증 발생건수 비율 통계자료

(단위 : %)

검증잣대 / 검증대상	NSM 작명 그래프 감정내용									
	인연예측			성공예측		특 성 예 측				
	성공선	안전선	실패선	성공패턴	실패패턴	웅비형	역웅비형	충돌형	다이아몬드형	특질
4대 성인	63.20	7.54	29.24	68.75	31.25	22.85	2.85	45.71	11.42	17.14
예 수 12제자	66.44	10.52	23.02	89.47	10.52	15.38	7.69	7.69	30.76	38.46
석가모니 10대 제자	61.15	14.87	23.96	86.66	13.33	30.00	·	10.00	10.00	50.00
성 서 장수인	57.43	9.23	33.33	82.76	17.24	12.90	3.22	45.16	12.90	25.80
우리 나라 역대 대통령	55.55	9.72	34.72	81.81	18.18	8.69	4.34	52.17	4.34	30.43
우리 나라 대통령 부인	55.00	11.42	33.57	68.42	31.57	19.04	9.52	33.33	·	38.09
합 계	358.81	63.3	177.84	477.87	122.09	108.86	27.62	194.04	69.42	199.92
평 균 (오차범위 ±0.5%)	59.80	10.55	29.64	79.64	20.34	18.14	4.60	32.34	11.57	33.32

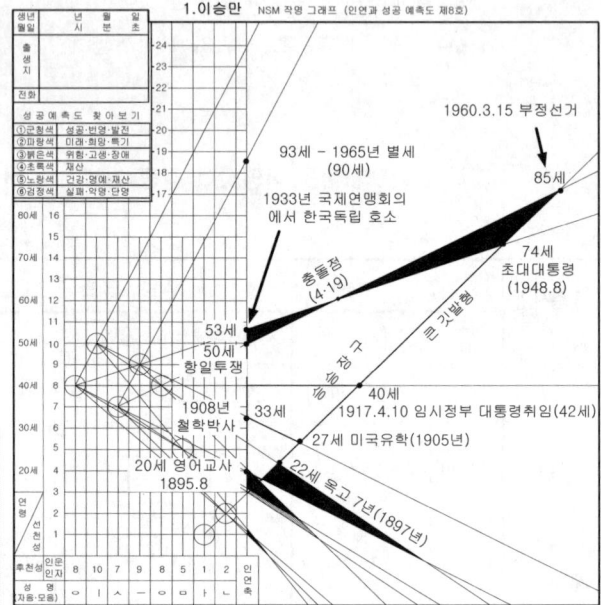

① 이승만

큰 깃발형의 점진적인
대성공형은 독재정권
을 나타내고, 충돌점
은 4 · 19를 의미한다.

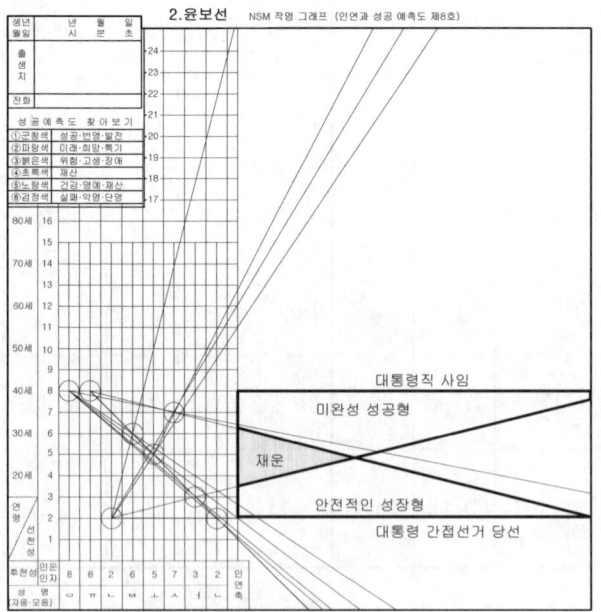

② 윤보선

건강 · 명예 · 재산이
안전적으로 발달된 직
삼각형은 매우 특징적
이고, 이것은 간선제에
의하여 처음으로 대통
령에 당선된 것과 상통
된다.

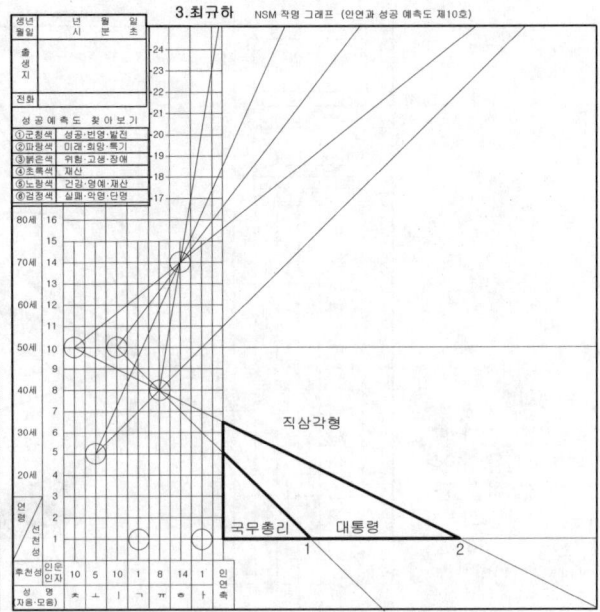

③ 최규하

1단계 직삼각형이 2단계 직삼각형으로 발전한 대성공형은 국무총리에서 대통령으로 당선되었고, 이 일은 헌정사상 처음이다.

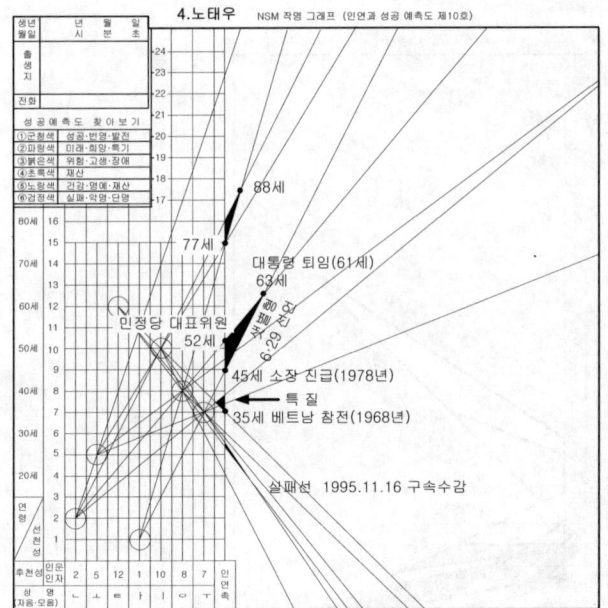

④ 노태우

샛별형의 성공패턴과 특질이 1개 있는 것은 6·29 선언을 의미한다.

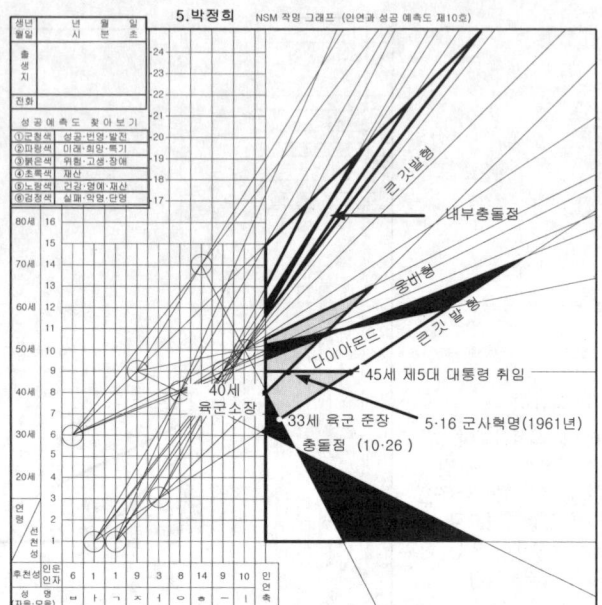

5.박정희 NSM 작명 그래프 (인연과 성공 예측도 제10호)

큰 깃발형

내부충돌점

웅비형

큰 깃발형

다이아몬드

45세 제5대 대통령 취임

40세 육군소장

33세 육군 준장
충돌점 (10·26)

5·16 군사혁명(1961년)

⑤ 박정희

겹웅비형은 장기집권과 경제 재건을 나타내고, 큰 깃발형은 5·16 군사혁명을 의미하며, 충돌형은 10·26 시해에 해당된다.

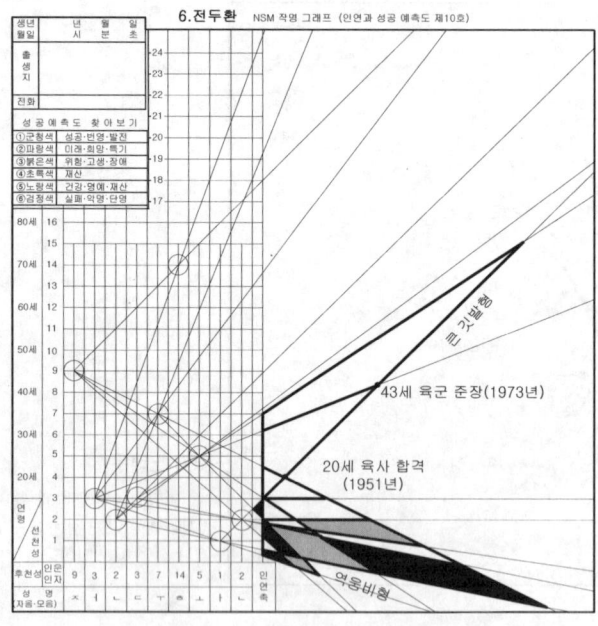

6.전두환 NSM 작명 그래프 (인연과 성공 예측도 제10호)

큰 깃발형

43세 육군 준장(1973년)

20세 육사 합격
(1951년)

역웅비형

⑥ 전두환

큰 깃발형은 12·12 사태를 성공시키고, 역웅비형은 5·18 사태와 옥고를 말한다. 박정희 NSM 그래프와 큰 깃발형은 비슷하다.

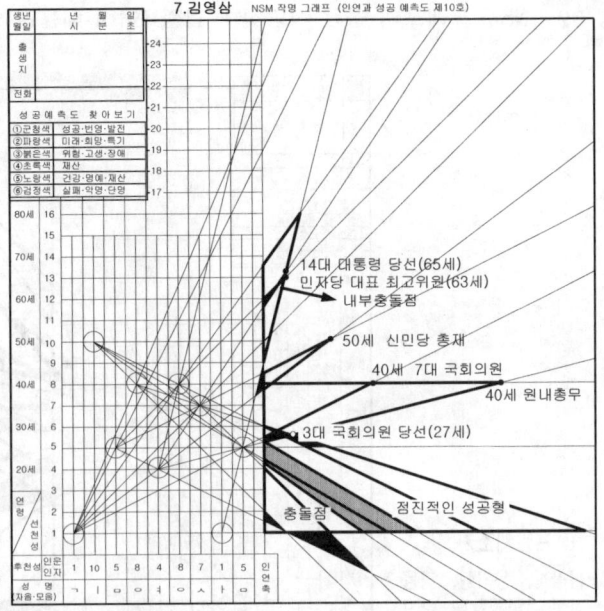

7.김영삼 NSM 작명 그래프 (인연과 성공 예측도 제10호)

14대 대통령 당선(65세)
민자당 대표 최고위원(63세)
내부충돌점
50세 신민당 총재
40세 7대 국회의원
40세 원내총무
3대 국회의원 당선(27세)
충돌점
점진적인 성공형

⑦ 김영삼

3단계 성공형은 정치 생활의 단계적인 성공을 의미하고 하부 충돌점은 독재정치와 투쟁한 것을 나타낸다.

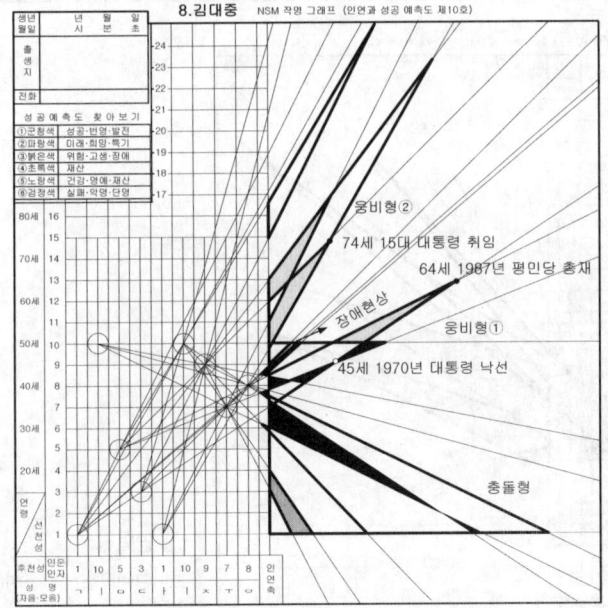

8.김대중 NSM 작명 그래프 (인연과 성공 예측도 제10호)

웅비형②
74세 15대 대통령 취임
64세 1987년 평민당 총재
장애현상
웅비형①
45세 1970년 대통령 낙선
충돌형

⑧ 김대중

충돌형 2개는 납치사건과 투옥생활을 의미하고, 웅비형 1개는 대기만성의 대통령과 또 다른 웅비형은 IMF를 극복한 경제업적을 나타내며 노후는 깃발형의 영광을 누린다.

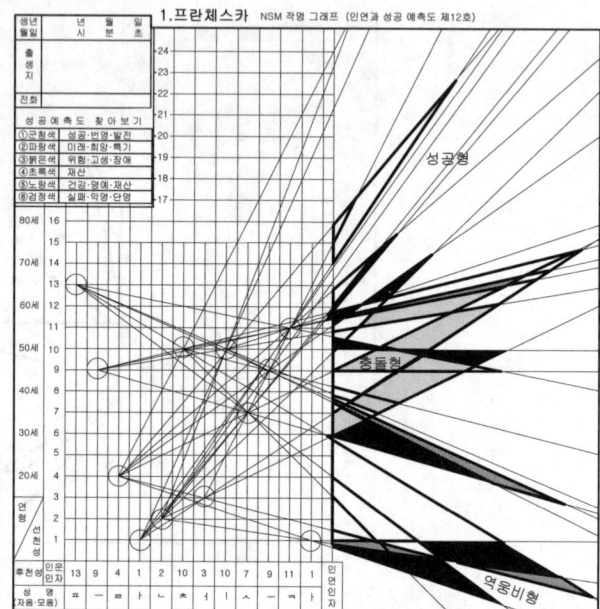

1. 프란체스카 NSM 작명 그래프 (인연과 성공 예측도 제12호)

① 프란체스카

성공형, 웅비형, 역웅
비형, 충돌형을 골고
루 갖추었다.

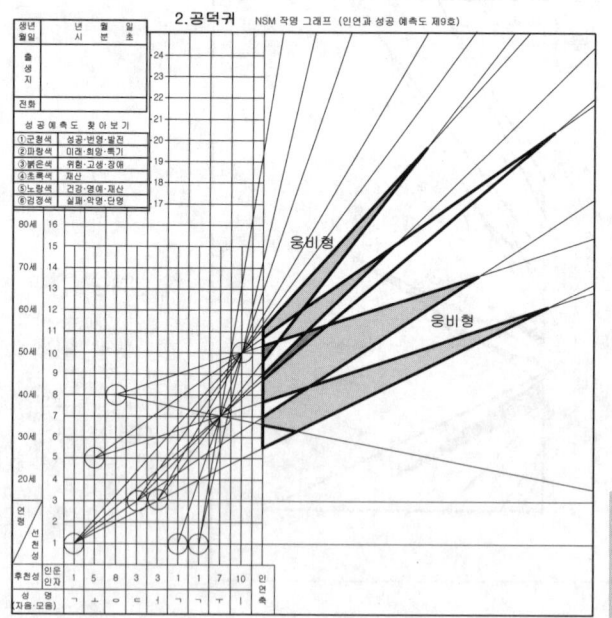

2. 공덕귀 NSM 작명 그래프 (인연과 성공 예측도 제9호)

② 공덕귀

웅비형이 매우 특징적
이다.

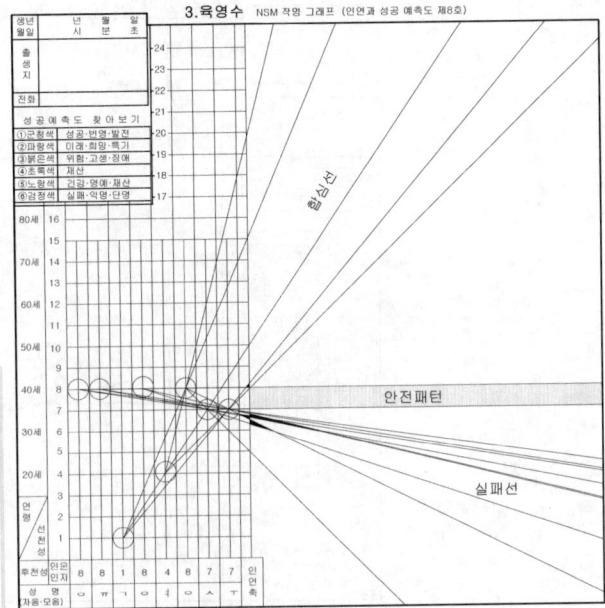

③ 육영수

중앙에 안전패턴이 특이하고 합십선은 종교적인 의미를 가지며 실패선이 많이 나타난 것은 문세광의 저격과 관련이 있다.

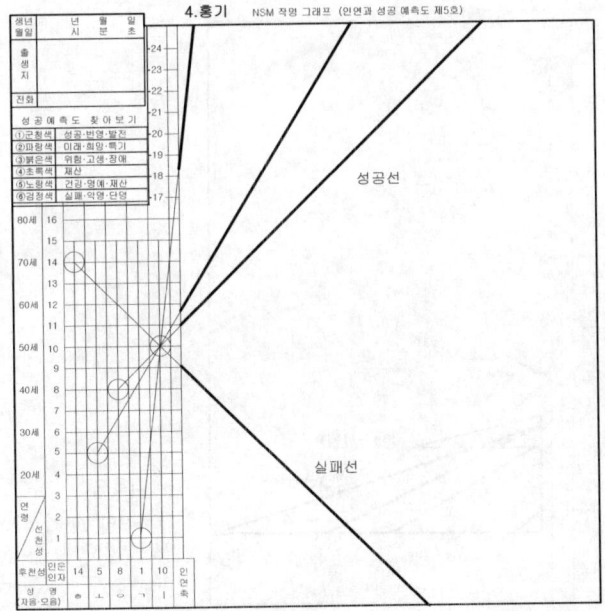

④ 홍 기

성공선 3개와 실패선 1개가 발달한 긍정적인 패턴이나 너무 간단하다.

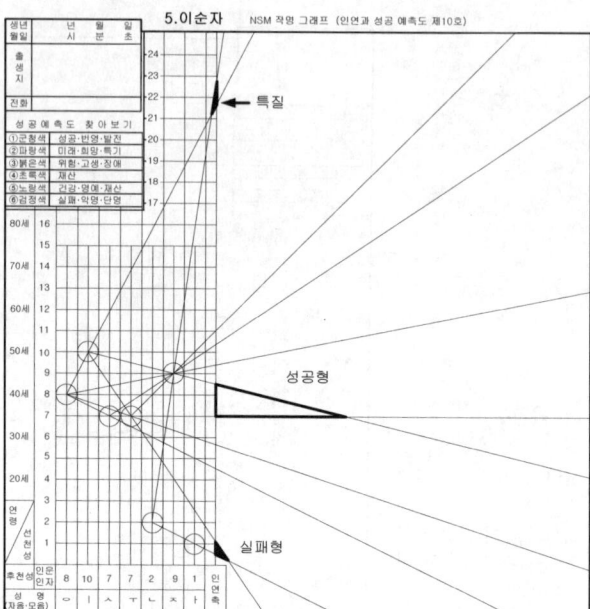

⑤ 이순자

직△형의 성공형과 미세한 실패형이 발달되었다.

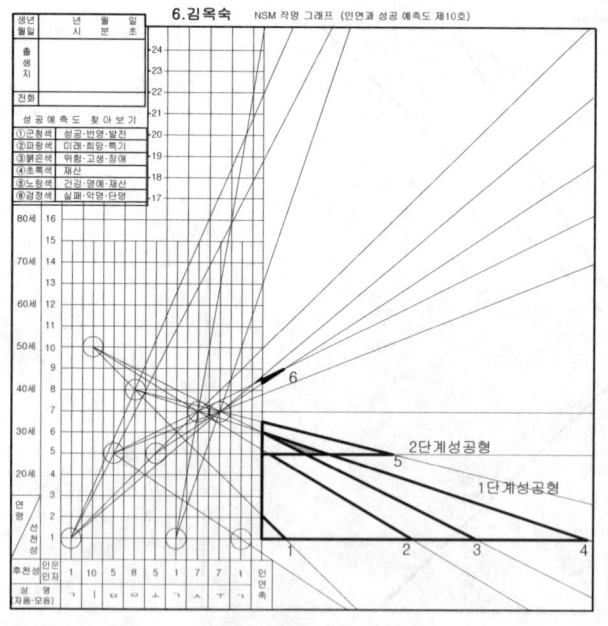

⑥ 김옥숙

균형 잡힌 2단계 직△형의 성공형이 특이하다.

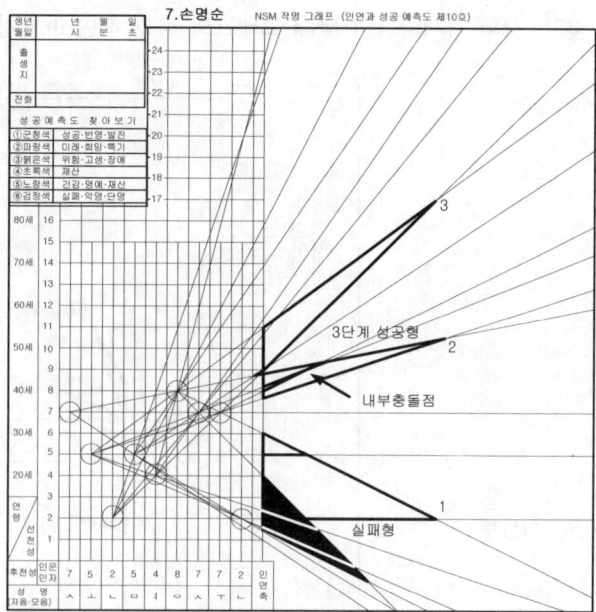

⑦ 손명순

3단계 성공형과 충돌형 및 실패형으로 형성되었다.

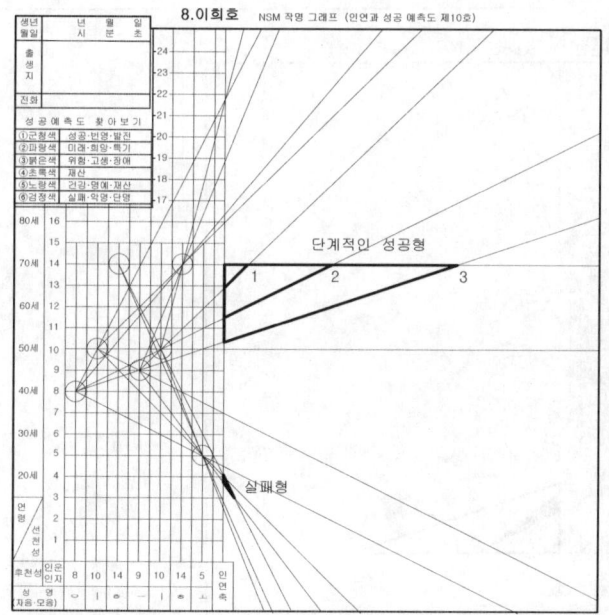

⑧ 이회호

단계별 발전을 의미하는 직△형의 성공형과 미세한 실패형이 발달했다.

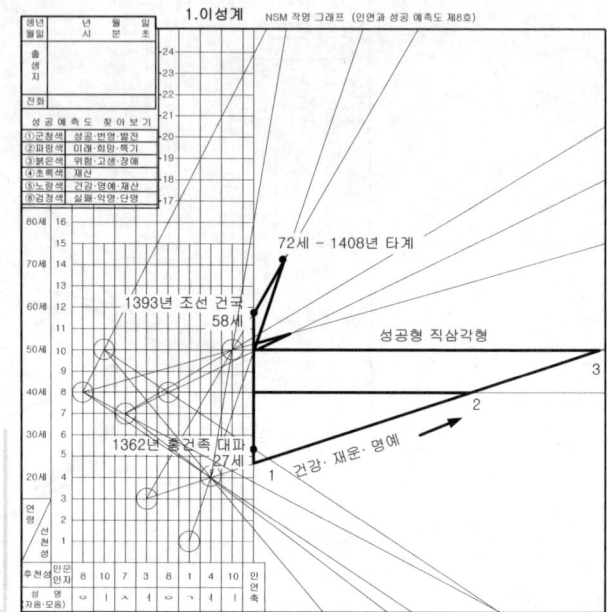

① 이성계

1335년 출생
조선 왕조 창건자
웅장한 직△형의 대성
공형

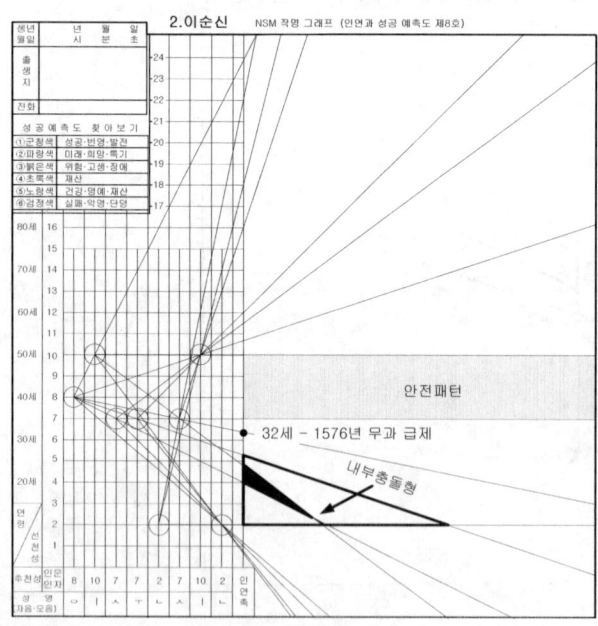

② 이순신

1545년 출생
조선의 명장
직△형의 성공형, 내
부 충돌형이 흠이고,
거북선 내에서 흉탄에
맞은 것과 관련된다.

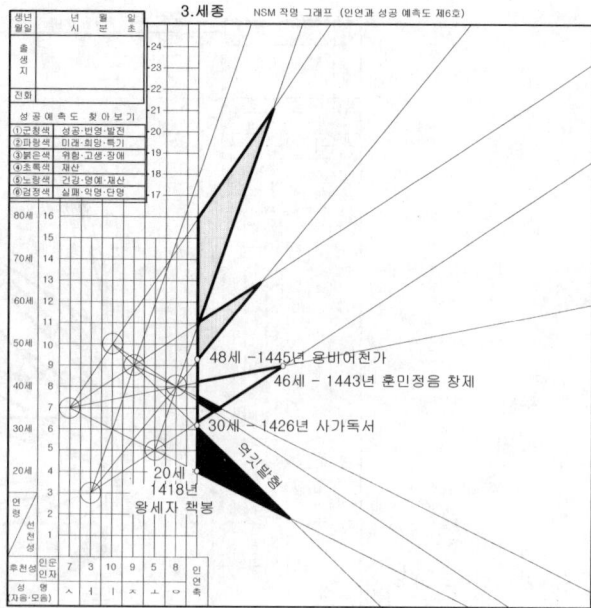

48세 –1445년 용바어천가
46세 – 1443년 훈민정음 창제
30세 – 1426년 사가독서
20세 1418년 왕세자 책봉

③ 세 종

1397년 출생
조선 4대왕 한글창제
3단계 성공형의 배열
이 돋보이는 가운데 역
깃발형이 흠이다.

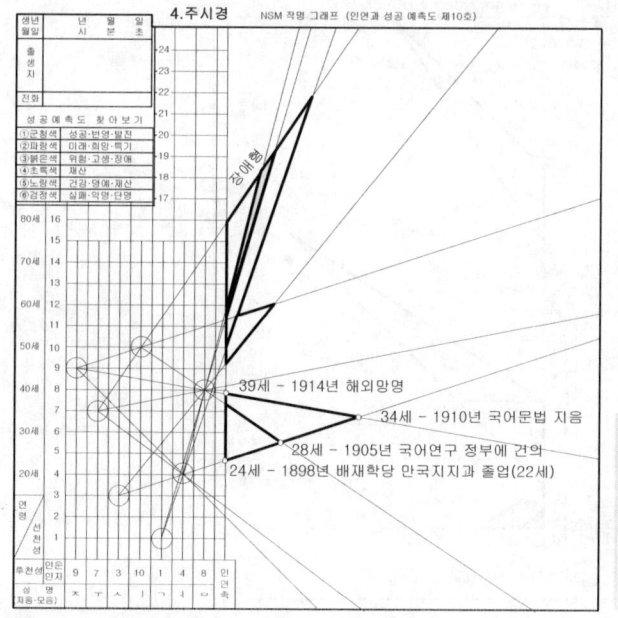

39세 – 1914년 해외망명
34세 – 1910년 국어문법 지음
28세 – 1905년 국어연구 정부에 건의
24세 – 1898년 배재학당 만국지지과 졸업(22세)

④ 주시경

1876년 출생
한글학자
3단계 성공형은 세종
대왕과 닮은 양상이다.

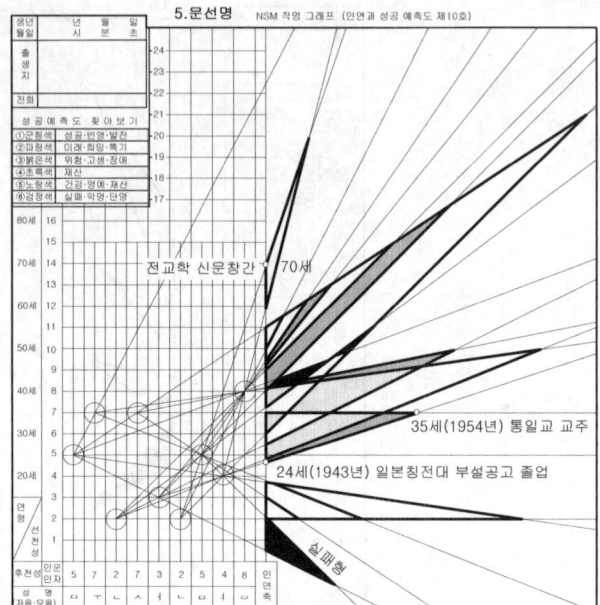

5.문선명 NSM 작명 그래프 (인연과 성공 예측도 제10호)

전교학 신문창간 70세

35세(1954년) 통일교 교주

24세(1943년) 일본청전대 부설공고 졸업

실패형

⑤ **문선명**

1920년 평북 정주 출생.

1954년 통일교 교주. 웅비형과 점진적인 성공형이 매우 훌륭하고 실패형이 발달되었다.

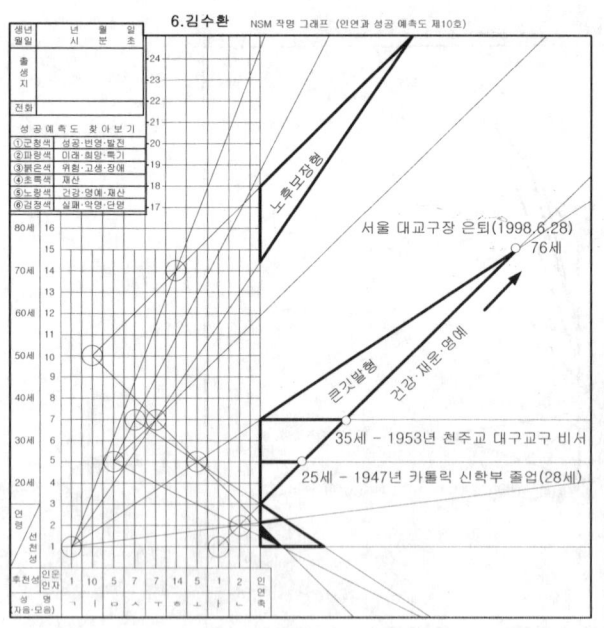

6.김수환 NSM 작명 그래프 (인연과 성공 예측도 제10호)

노후모정형

서울 대교구장 은퇴(1998.6.28) 76세

큰기발형 건강·재운·영예

35세 - 1953년 천주교 대구교구 비서

25세 - 1947년 카톨릭 신학부 졸업(28세)

⑥ **김수환**

1922년 대구 출생.

우리 나라 최초 천주교 추기경(1969년) 대성공형은 천하일품이며, 내부 실패형이 있다.

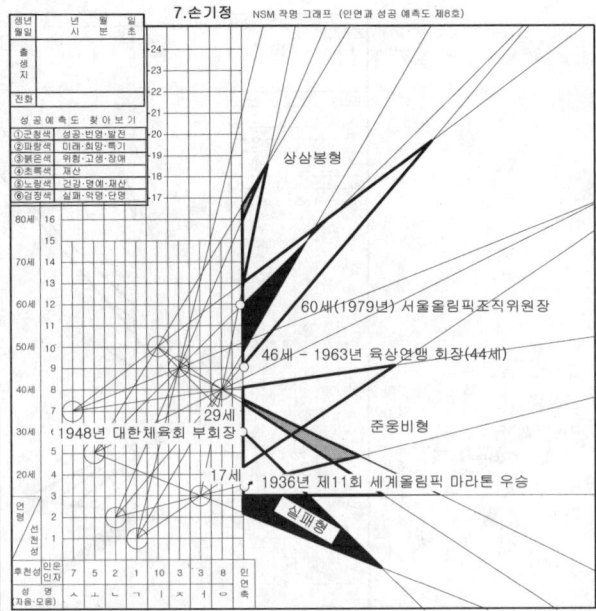

7. 손기정 NSM 작명 그래프 (인연과 성공 예측도 제8호)

상상봉형

60세(1979년) 서울올림픽조직위원장

46세 ~ 1963년 육상연맹 회장(44세)

29세

(1948년 대한체육회 부회장

준웅비형

17세 ~ 1936년 제11회 세계올림픽 마라톤 우승

실패형

⑦ 손기정

1936년 베를린 올림픽 마라톤 금메달리스트
훌륭한 대성공형이 발달되었고, 내·외부 충돌형과 실패형이 있다.

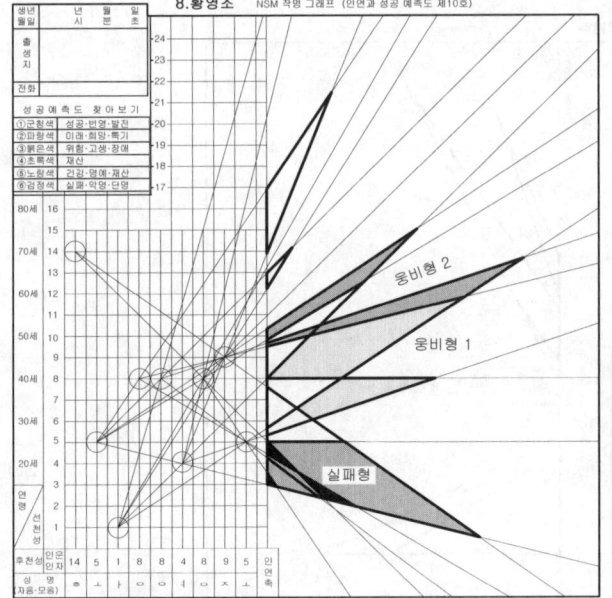

8. 황영조 NSM 작명 그래프 (인연과 성공 예측도 제10호)

웅비형 2

웅비형 1

실패형

⑧ 황영조

1996년 바르셀로나 올림픽 마라톤 금메달리스트
훌륭한 대성공형이 발달되었고, 내부 충돌형과 실패형이 있다.

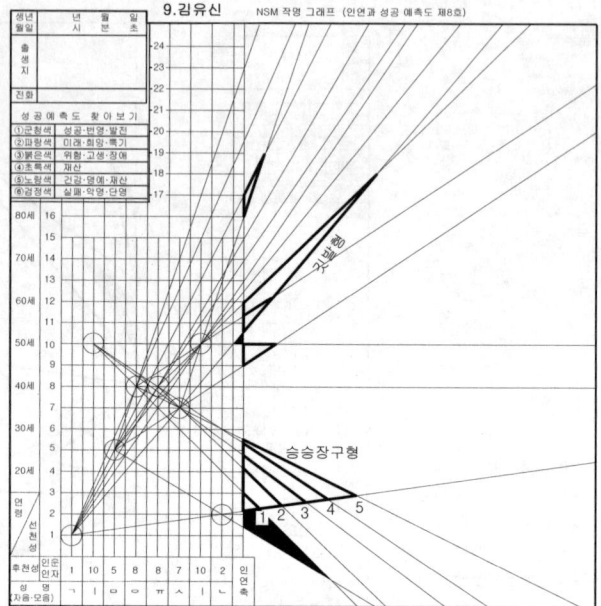

9.김유신 NSM 작명 그래프 (인연과 성공 예측도 제8호)

성공예측도 찾아보기
①군청색 성공·번영·발전
②파랑색 미래·희망·특기
③붉은색 위험·고생·장애
④초록색 재산
⑤노랑색 건강·명예·재산
⑥검정색 실패·악명·단명

깃발형 승승장구형

⑨ 김유신

삼국통일을 이룩한 신라의 명장.
정치가 (595～637).
성공형의 깃발과 직삼각형으로 형성되고 성공선과 실패선이 대조적이다.

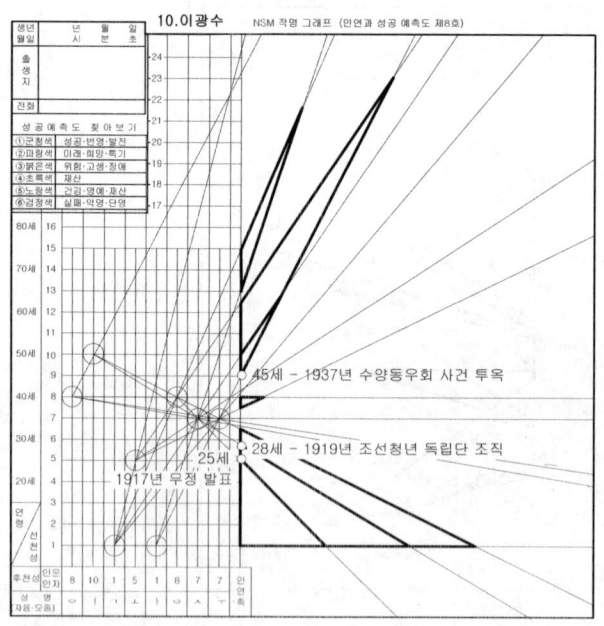

10.이광수 NSM 작명 그래프 (인연과 성공 예측도 제8호)

성공예측도 찾아보기
①군청색 성공·번영·발전
②파랑색 미래·희망·특기
③붉은색 위험·고생·장애
④초록색 재산
⑤노랑색 건강·명예·재산
⑥검정색 실패·악명·단명

45세 - 1937년 수양동우회 사건 투옥
28세 - 1919년 조선청년 독립단 조직
25세
1917년 무정 발표

⑩ 이광수

1892년 출생. 호 춘원.
작품은 개척자, 유정, 무정 등. 성공형의 깃발과 직삼각형으로 형성되었다.

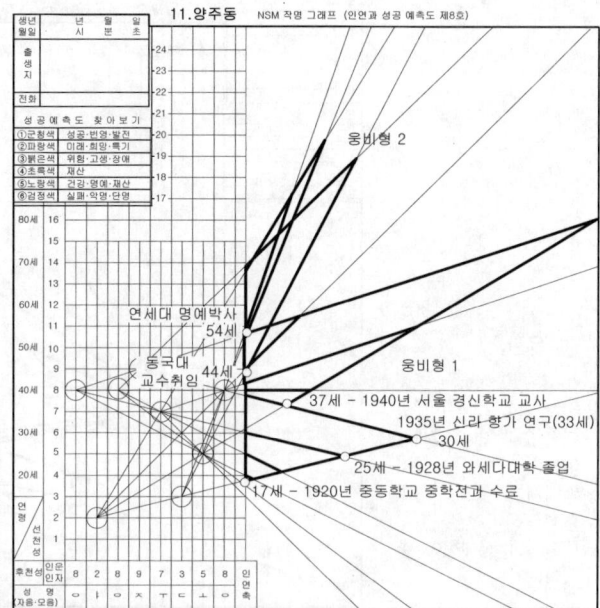

11.양주동   NSM 작명 그래프 (인연과 성공 예측도 제8호)

웅비형 2

연세대 명예박사
54세

동국대
교수취임 44세

웅비형 1

37세 - 1940년 서울 경신학교 교사
1935년 신라 향가 연구(33세)
30세
25세 - 1928년 와세다대학 졸업
17세 - 1920년 중동학교 중학전과 수료

성 공 예 측 도 찾 아 보 기
①군청색 성공·번영·발전
②파랑색 미래·희망·특기
③붉은색 위험·고생·장애
④초록색 재산
⑤노랑색 건강·명예·재산
⑥검정색 실패·악영·단명

⑪ 양주동

1903년 출생. 호 무애.
국문학자. 영문학자.
시인. 작품 : 조선고
가 연구, 벗.
웅비형이 일품이다.

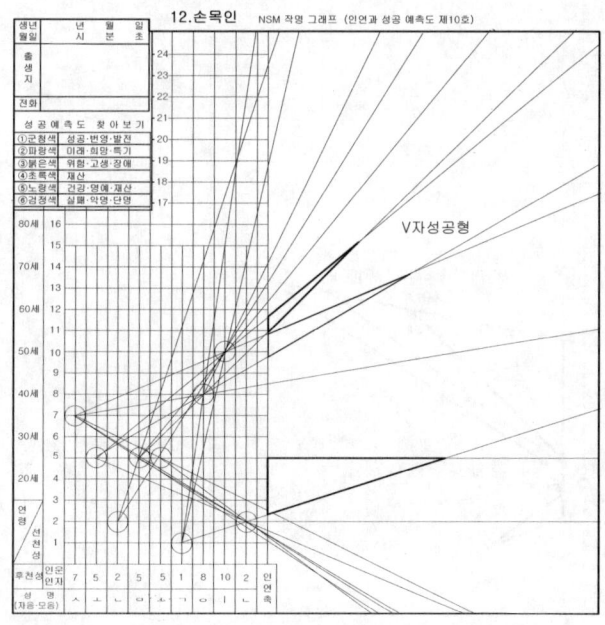

12.손목인   NSM 작명 그래프 (인연과 성공 예측도 제10호)

성 공 예 측 도 찾 아 보 기
①군청색 성공·번영·발전
②파랑색 미래·희망·특기
③붉은색 위험·고생·장애
④초록색 재산
⑤노랑색 건강·명예·재산
⑥검정색 실패·악영·단명

V자성공형

⑫ 손목인

1913년 출생. 작곡가.
성공선이 많이 발달하
고 준웅비형과 깃발형
으로 형성되었다.

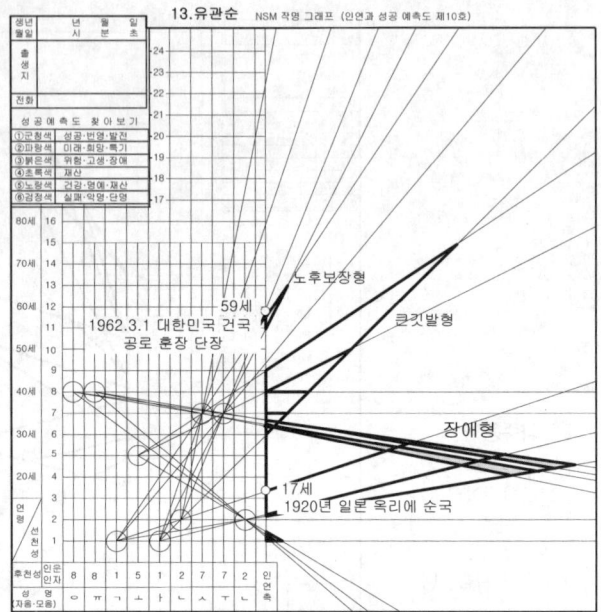

13.유관순 NSM 작명 그래프 (인연과 성공 예측도 제10호)

⑬ 유관순

1904~1920년. 충남 천안 출생. 3·1 운동 때의 순국 처녀(17세). 이등변△형은 보통사람에게는 없고, 웅비형과 다이아몬드형은 대단하나 장애형이 흠집이다.

노후보장형

크깃발형

장애형

59세
1962.3.1 대한민국 건국
공로 훈장 단장

17세
1920년 일본 옥리에 순국

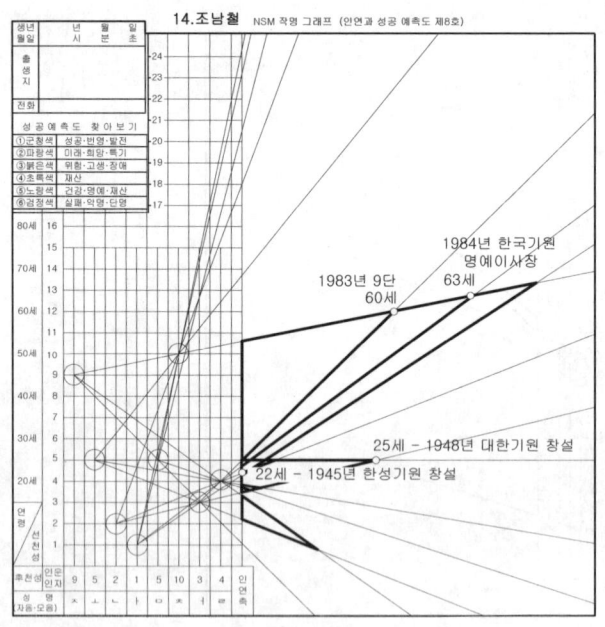

14.조남철 NSM 작명 그래프 (인연과 성공 예측도 제8호)

⑭ 조남철

1923년 부안 출생. 1983년 바둑왕 9단은 특질 2개와 승승장구형을 의미하고, 이 모양은 실패형을 압도하고 있다.

1984년 한국기원
명예이사장
63세

1983년 9단
60세

25세 - 1948년 대한기원 창설

22세 - 1945년 한성기원 창설

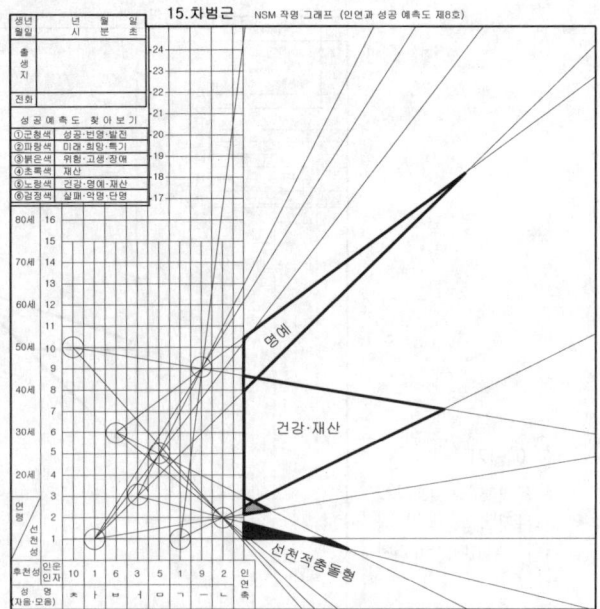

15. 차범근 NSM 작명 그래프 (인연과 성공 예측도 제8호)

⑮ **차범근**

유명한 축구선수 및 국가대표 축구감독은 이등변△을 의미하고 선천적인 충돌형이 나쁘다.

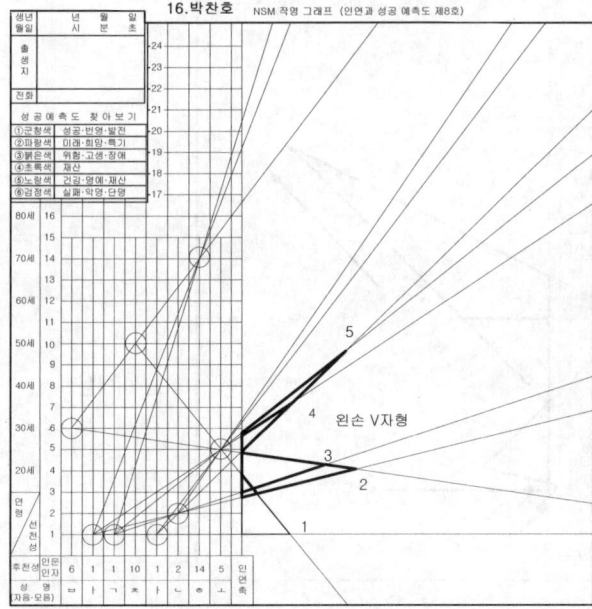

16. 박찬호 NSM 작명 그래프 (인연과 성공 예측도 제8호)

⑯ **박찬호**

LA 다저스 야구투수 (2000년 5월) 직△형의 성공패턴으로 50까지 3단계로 발전

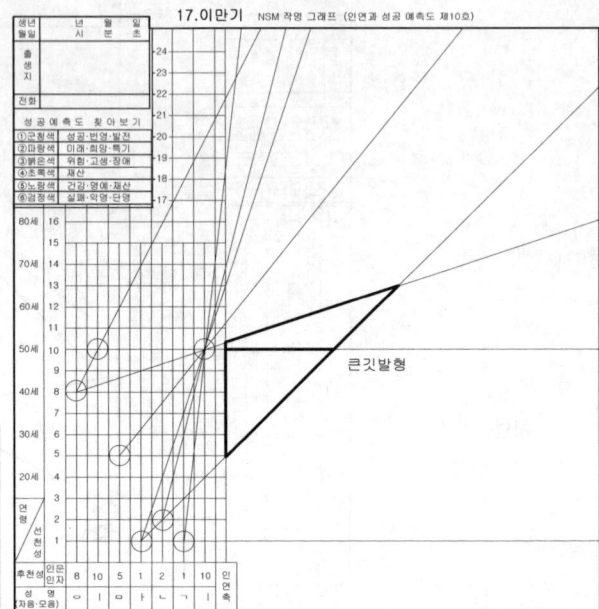

17.이만기 NSM 작명 그래프 (인연과 성공 예측도 제10호)

큰깃발형

⑰ **이만기**

한국 씨름 왕. 백두장
사(큰깃발형). 통산 상
금왕 1위(3억 5655만
원)

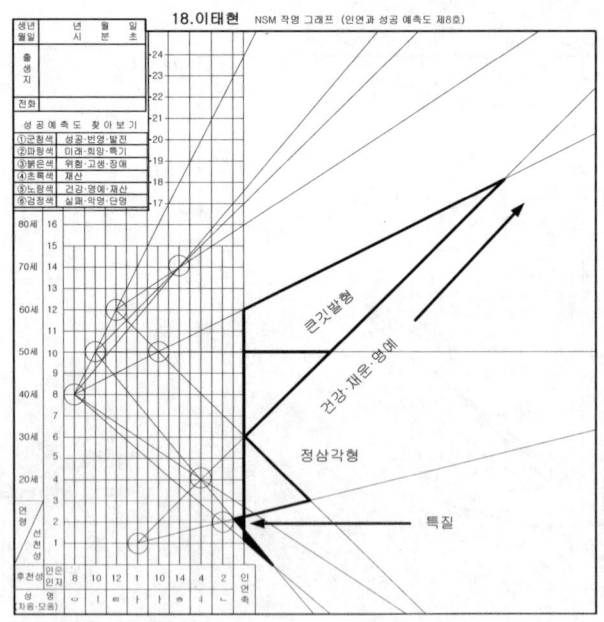

18.이태현 NSM 작명 그래프 (인연과 성공 예측도 제8호)

큰깃발형

건강·재운·영예

정삼각형

특질

⑱ **이태현**

새천년 첫 정규대회
통산 11번째 백두장사
우승(2000. 1. 17)
400전 모래판 기록
(큰 깃발형)

NSM 그래프의 나쁜 작명잣대 검증

1. 나쁜 작명잣대의 검증 필요성

고대로부터 오늘날까지 국내외 많은 성명 학자들은 자기 나름대로 나쁜 작명에 대한 철학을 가지고 있는 것 같다. 이에 따라 작명학에 대한 책들이 시중에 많이 출간되어 이용하는 사람이 많다.

작금에 신생아 이름을 짓는 것을 비롯하여 상호와 물건의 이름까지, 이를 업으로 하는 작명가도 수없이 많다.

우리 나라의 작명가는 무슨 비법을 쓰더라도 사람과 물건과 상호 등의 이름을 처음 지을 때, 나쁜 이름을 지어 주어서는 절대로 안 된다는 작명학적인 신념을 가지고 있다.

필자는 한글이름의 평가 잣대에 관하여 연구를 거듭하고, 검증을 통하여 오늘날에 NSM 그래프에 의한 나쁜 작명잣대를 창출한 것이다.

(1) 나쁜 작명잣대는 무엇인가

첫째는 성명 내재가치 산출에 의한 선천적 감정과 후천적 감정에 의하여 성공률보다 실패율이 많으면 나쁜 이름이다.

둘째는 NSM 그래프의 인연인자 생활권 내에서 형성되는 △형의 모양이 역웅비형, 역깃발형, 역다이아몬드형, 충돌형, 일몰형 등이 단독 또는 서로 결합하여 나타나면 나쁜 이름이다. 그러나 이를 대적할 수 있는 위력적인 성공패턴을 소유한 성명은 예외일 수가 있다.

셋째는 작명의 내재가치도 나쁘고, NSM 그래프의 △모양이 나쁜 작명잣대에 속한다면 그 이름은 나쁜 이름이다.

넷째는 NSM 그래프의 인연점이 홀수 인연인자가 많으면 많을수록 나쁜 이름이다.

다섯째는 성명의 내재가치는 성공형으로 감정되나, NSM 그래프의 △모양이 실패형이면 나쁜 이름으로 분류한다.

따라서 나쁜 작명잣대는 개체명에 따라 나타나는 정도가 다르지만, 나쁜 작명잣대의 충족요건이 모두 구비되면 될수록 가장 나쁜 개체명으로 분류된다.

(2) 나쁜 작명잣대는 실제로 어떤 일이 나쁜가

모든 나쁜 개체명은 성명에 준하여 풀이된다.

나쁜 작명은 건강·명예·재산상의 나쁜 일이 발생하게 된다.

나쁜 건강은 수명에 관계되는 일로 난치병으로 인하여 장기간 고통받는 사람을 비롯하여 장애자, 암 환자, 질병과 사고로 인한 단명 등이 포함된다.

나쁜 명예는 대형사건 사고를 일으켜 법적인 조치를 당하는 범죄자와 사회적인 지탄을 면하기 어려운 행위로 특수범죄자 패륜아, 절도, 납치, 사기, 윤간, 은닉, 살인, 강간치사, 유괴, 축첩 등 반인륜적인 행동이야말로 여기에 속한다.

나쁜 재산은 부정적인 방법으로 재산을 증식하는 사람을 위시하여 도산, 재난, 화재, 도둑, 사기, 손실, 소송, 분쟁 등으로 인하여 금전적인 손실을 얻어 의·식·주의 빈곤을 초래하는 일이다.

(3) 나쁜 작명잣대는 무조건 나쁜가

나쁜 작명잣대의 개체는 먼저 선천적인 것과 후천적인 것을 구별하여야 하고, 선천적으로 나쁜 개체명은 후천적으로 나쁜 개체명보다 강도가 높다. 나쁜 작명잣대의 발생시기와 종결시기는 연령별로 나타나서 그 발생범위를 한정하고 있다.

사람의 성명은 나쁜 작명잣대의 소유자라고 해서 건강·명예·재산상의 무엇인가의 나쁜 일이 무조건 일어나는 것은 아니지만 일생 동안 나쁜 일이 잠복하고 있다는 사실만은 틀림없고 그 효력은 그 성명이 생활하고 있는 인연 환경에 따라 지배를 받는다.

따라서 악연이나 나쁜 작명잣대와 만나서 생활하면 거의 나쁜 일이 발생하고, 그러하지 않으면 언제든지 나쁜 일이 일어날 위험성을 내포하고 있다.

(4) 나쁜 작명잣대를 가진 사람의 처신은 어떻게 하는가

- 성명의 인운인자 내재가치의 감정과 NSM 그래프를 작성하여 자신의 이름을 올바르게 감정해야 한다.
- 일상생활을 하고 있는 주변인들과의 인연감정과 그들의 NSM 그래프를 그려보고 비교 검토해야 한다.
- 상대자와 인연감정이 나쁘고 작명잣대도 나쁘다는 결론이 판정되면, 좋게 헤어지는 방법을 강구해야 한다. 따라서 스스로 현실적인 검증을 하여 행동의 결단을 내리는 것이 현명하다.
  하지만, 나쁜 인연과 나쁜 작명잣대를 가진 인연 환경의 지배를 받을 때는 인연 위계질서를 철저히 지키는 가운데, 지피지기면 백전백승의 자세로 인연해법에 의한 처세술을 지혜롭게 발휘한다면 의외로 좋은 결과를 얻을 수도 있다.
- 근본적으로 나쁜 작명잣대의 소유자는 사전에 상대자의 인연과 NSM 그래프를 감정하여 좋고 나쁨을 먼저 인식하고 피흉취길을 분명히 할 것이며, 가급적이면 처음부터 인연을 맺지 않는 것이 가장 바람직하다. 좋은 작명잣대를 가진 사람과 인연을 맺도록 항상 노력해야한다.
- NSM 그래프에서 나쁜 작명잣대가 형성되어 있더라도 두 사람과의 인연감정에서 결합상태가 좋으면 개선의 여지가 많다. 이 경우

에 나쁜 작명잣대는 잠복하여 수면 밑에서 활동하다가 기회만 있으면 언제든지 돌출할 가능성이 있으므로 생활 도중 위험한 무슨 일이 발생하면 그 일에 넘어지지 않도록 대책을 수립해야 한다. 또 평상시에 화근이 될 수 있는 일을 조기에 발견하여 원만하게 처리하는 것이 급선무이다.

- 자녀에 대해서는 신생아의 이름을 지을 때 동자삼의 나쁜 작명잣대에 해당되는 이름을 짓지 말아야 한다.

인류사상 처음으로 동자삼의 기를 받아 나쁜 작명잣대를 연구 개발하여 공개하고는 있으나, 이에 대한 해법은 아직도 미숙하므로 결코 완벽하거나 절대적인 것은 아니라는 생각을 하고 있다.

2. NSM 그래프의 나쁜 작명잣대 검증

(1) NSM 그래프의 나쁜 작명잣대 감정

NSM 그래프의 나쁜 작명잣대 검증 내용은 인연예측, 성공예측, 특성예측으로 구분하는데 역사적으로 나쁜 일을 한 사람들의 성명을 NSM 그래프에 그려서 나쁜 작명잣대와 비교 분석하는 것이다.

이를 위해 우리 나라의 고조선에서부터 현재까지의 유명한 인물상을 NSM 그래프가 말하는 나쁜 작명잣대와 비교 분석하여 검증결과로 얻어야 하는데, 여기까지 이르지 못한 점이 아쉽다.

앞으로 'NSM 그래프 인명사전'을 통하여 나쁜 작명잣대에 해당하는 사람들의 면면을 대조할 위대한 과업을 충실히 실행하겠지만, 우선 현실적으로 나쁜 작명잣대를 소유한 사람의 NSM 그래프와 그들의 행적을 비교하여 보면 나쁜 작명잣대의 유형이 무엇인가 실패한 그것과 비교될 수 있으므로 다음과 같은 검증 자료를 제시한다.

필자는 1998년 9월부터 1999년 4월까지 약 8개월 동안 국내에서 발생한 사건·사고 중에서 세인의 이목이 집중된 70건을 날짜별로 뽑아 NSM 그래프를 작성하였다.

사건·사고와 직접 관계가 있는 NSM 그래프의 특성예측만 강조하여 감정하였는데 총 대상자 70명 중에 흉악 범죄자형이 포함되어 직접적인 관계가 있는 특징적인 유형을 축출하여 분류한 결과 역응비형 16명(22.85%), 역깃발형 16명(22.85%), 충돌형 13명(18.57%), 실패형 5명(7.14%), 역다이아몬드형 3명(4.28%), 일몰형 2명(2.85%)의 순서이고, 좋은 작명잣대의 성공형은 15명(21.42%)을 차지하고 있다.

따라서 조사된 총인원수 중에서 흉악 범죄자형의 한글 성명 소유자는 55명으로 78.57 %를 차지하고 있는 셈이며, 사건·사고를 일으켜 구속 수감은 되었으나, 좋은 작명잣대로 분류된 사람은 15명으로 21.42 %를 차지하고 있다는 것이다.

결론적으로 나쁜 작명잣대의 나쁜 모양을 소유한 사람은 인생실패자요 대형사건 사고의 주범이고 가정파괴자이며, 이 모두는 예수 그리스도를 팔아넘긴 가롯유다 NSM 작명 그래프 중에서 역응비형의 속성을 닮았다.

검증내용에서 NSM 그래프의 인연예측과 성공예측이 조사되지 않았던 것은 매우 안타까운 일인데 지면상의 이유도 있거니와 특성예측만으로도 충분하기 때문이다.

사회적 물의를 일으킨 대상자 명단　　　　　　　　　(조사기간 : 1998. 9～1999. 4)

인원	사건발생일	사건사고 장본인	사 건 제 목	사건·사고 관련 NSM 그래프 특 성 예 측
70	99. 4. 28	최 기 택	사상최대병무비리사건(서울지방병무청7급직원)	성　공　형
69	99. 4. 28	임 영 호	사상최대병무사건(국군수도통합병원외과차장)	역 웅 비 형
68	99. 4. 26	문 대 원	충무공묘,세종대왕릉에 쇠말뚝 박음(무속인아들)	역 웅 비 형
67	99. 4. 24	양 순 자	충무공묘에 식칼, 쇠말뚝 박음(무속인)	역 웅 비 형
66	99. 4. 19	원 철 희	불법대출사례금 및 비자금조성(전농협회장)	실　패　형
65	99. 4. 15	최 일 선	가짜 PCS 무료 증정권 판매 6억 가로챈 혐의	역다이아몬드 형
64	99. 4. 15	홍 성 실	KAL기 공중폭발로 사망(기장)	역 웅 비 형
63	99. 4. 15	박 본 석	KAL기 공중폭발로 사망(부기장)	역 웅 비 형
62	99. 4. 7	최 양 용	순경 조시형으로부터 살해	실　패　형
61	99. 3. 25	전 오 진	수인번호 1568번 취객지갑 훔친 혐의(무죄)	성　공　형
60	99. 3. 24	곽 정 근	아파트 관리비 8,000만원 횡령(관리소장)	성　공　형
59	99. 3. 24	고 재 영	마카오 윤락가 불법 취업 20대 여성 40명 취업	충　돌　형
58	99. 3. 18	서 용 빈	병역 면죄를 위해 뇌물공여(야구선수)	역 깃 발 형
57	99. 3. 17	강 대 국	국산 양주 1만여 병의 트럭 탈취	역 깃 발 형
56	99. 3. 16	김 강 룡	고관집 절도 혐의 구속 기소	충　돌　형
55	99. 3. 13	강 영 욱	홍재형 전 부총리집 강도(구속)	성　공　형
54	99. 3. 13	유 재 영	홍재형 전 부총리집 강도(도주)	성　공　형
53	99. 3. 12	이 기 문	벌금형 선고로 국회의원직 상실(전 국회의원)	일　몰　형
52	99. 3. 12	홍 순 경	북한 공관원에게 납치 뒤 극적으로 구출됨	충　돌　형
51	99. 2. 25	박 완 규	비전향 장기수 석방 10명 중 6사람 해당	충　돌　형
50	99. 2. 14	손 운 진	거액 보험금 노려 발목절단 자작극 고백	역 깃 발 형
49	99. 2. 8	김 경 수	아내 불륜을 용서하지 못해 아들 살해	역 깃 발 형
48	99. 2. 4	임 상 순	출근길 교통사고로 사망·장기 기증(레지던트)	역 웅 비 형

인원	사건발생일	사건사고 장 본 인	사 건 제 목	사건 · 사고 관련 NSM 그래프 특 성 예 측
47	99. 2. 10	심 영 섭	음주운전자로 단속경찰에 뇌물공여	역 웅 비 형
46	99. 2. 5	심 재 륜	법무부 징계 위원회에서 대구고검장 면직 결정	역 웅 비 형
45	99. 2. 1	이 남 일	교수채용 과정에서 뇌물수수(안동대 교수)	역 깃 발 형
44	99. 2. 1	하 경 호	교수채용 과정에서 비리혐의(안동대 교수)	성 공 형
43	99. 2. 1	이 상 만	교수채용 과정에서 비리혐의(안동대 교수)	일 몰 형
42	99. 2. 1	정 성 범	민주노총 충남조사통계부장 사망 및 장기기증	역 웅 비 형
41	99. 2. 1	이 주 영	40억 보험금 노리고 청각장애 여동생 살해	역 깃 발 형
40	99. 1. 28	이 종 기	변호사법 위반 혐의 및 뇌물공여(변호사)	성 공 형
39	99. 1. 28	전 차 규	차에 치인 행인을 매장 후 도주	성 공 형
38	99. 1. 23	정 금 용	롯데 신격호 회장 부친묘소 유골 도굴범	역 깃 발 형
37	99. 1. 23	임 종 순	롯데 신격호 회장 부친묘소 유골 도굴범	역 깃 발 형
36	99. 1. 20	김 종 순	장례비 적립금 속여 영세노인 돈갈취	역 웅 비 형
35	99. 1. 20	최 완 배	청주 서원학원 비리수사건 관련(해외도주)	충 돌 형
34	99. 1. 20	김 진 경	뒷돈받고 건축허가 및 공사수주(동해시총무국장)	역다이아몬드형
33	99. 1. 19	이 명 재	씨받이 아들 살해 후 암매장	성 공 형
32	99. 1. 19	최 장 집	조선일보사 상대 5억원 손해배상 소송 취하	성 공 형
31	99. 1. 17	김 선 기	회삿돈 52억원횡령해외도주(홍콩현지법인대리)	성 공 형
30	99. 1. 15	김 희 복	현직 경찰간부가 매춘 거간꾼으로 활동	역 깃 발 형
29	99. 1. 10	이 동 만	대출연장 2억여원 수뢰(전 서울은행상무)	역 깃 발 형
28	99. 1. 19	변 인 호	3,700억원대 사기 15년 선고(해외도주)	역 웅 비 형
27	98. 12. 29	이 흥 주	증시교란사범 전 한국티타늄 사장	역 깃 발 형
26	98. 12. 29	이 회 성	대선자금 불법모금 사건 국가공무원법위반	역 웅 비 형
25	98. 12. 28	김 학 희	북한에 밀입국하려다 발각	충 돌 형
24	98. 12. 28	이 수 옥	북한에 밀입국하려다 발각	역 깃 발 형
23	98. 12. 25	박 영 용	탱크로리 운전자가 추돌하다가 9명 부상사고	역 깃 발 형

인원	사건발생일	사건사고 장 본 인	사 건 제 목	사건 · 사고 관련 NSM 그래프 특성예측
22	98. 12. 24	김 윤 환	사정대상(조익현, 백남치, 김중위, 황낙극, 오세웅)	충 돌 형
21	98. 12. 22	이 신 행	의원직 상실(국회의원)	실 패 형
20	98. 12. 20	서 상 목	국세청 동원 대선자금 모금(국회의원)	충 돌 형
19	98. 12. 20	이 석 회	국세청 동원 대선자금 모금(도주)	실 패 형
18	98. 12. 14	유 성 호	천안시 신방동 축협 권총강도 용의자	역 깃 발 형
17	98. 11. 28	박 진 봉	경남 김해 구봉초등학생 유괴 후 살해	충 돌 형
16	98. 11. 18	장 세 명	이웃 어린이 2명 성추행 후 살해(부산)	성 공 형
15	98. 11. 10	조 세 형	대도 청송감호소 출감	실 패 형
14	98. 11. 5	최 석 준	인터넷에 북한 찬양하는 사이트 개설	역 웅 비 형
13	98. 11. 5	이 재 오	6급 공무원이 200억 자산증식 뇌물 · 땅투기	성 공 형
12	98. 11. 3	배 재 욱	전 사정 비서관 기업돈 수수	충 돌 형
11	98. 11. 2	최 순 영	1억 6천만 달러 국외재산 도피혐의	역 깃 발 형
10	98. 10. 30	이 근 안	10년 동안 종적을 감춘 고문기술자	충 돌 형
9	98. 10. 26	김 성 수	집주인 살해범	성 공 형
8	98. 9. 23	정 덕 진	455만 달러 횡령 후 카지노에서 흥청망청	충 돌 형
7	98. 9. 23	권 영 해	북풍공작주도 혐의(전 안기부장)	충 돌 형
6	98. 9. 22	강 종 렬	보험금 노리기 위해 아들 손가락 절단	역 웅 비 형
5	98. 9. 22	김 영 세	요구르트에 농약 넣어 아들 살해	역 웅 비 형
4	98. 9. 2	박 정 원	전 경찰청형사국 특수수사과장 효산 수뢰(총경)	역 웅 비 형
3	98. 9. 2	정 대 철	경성그룹 비리사건(국민회의 부총재)	성 공 형
2	98. 9. 2	김 영 은	강남지역 고액과외 사기사건(학원장)	역 깃 발 형
1	97. 1. 20	신 창 원	부산 교도소 탈옥수 · 1999. 7.16. 순천에서 검거	역다이아몬드형

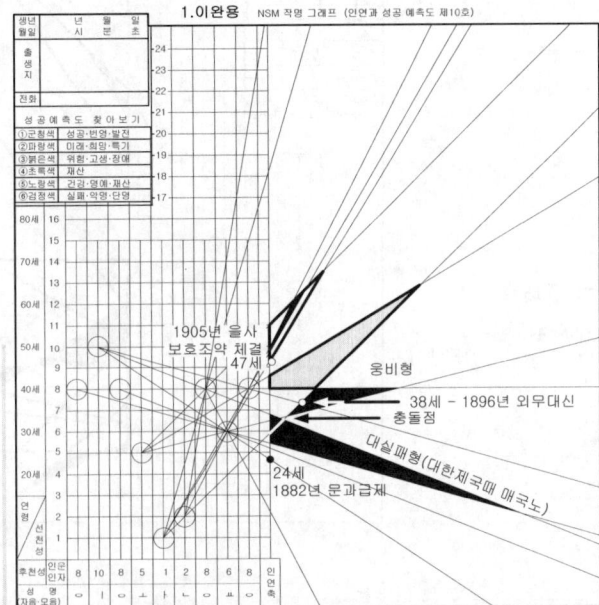

1.이완용 NSM 작명 그래프 (인연과 성공 예측도 제10호)

① 이완용

1905년 11월 17일
을사보호조약 및 주미
대리공사. 외무대신 (웅
비형과 다이아몬드형)

대한제국 매국노 및 매
족노 (역깃발형)

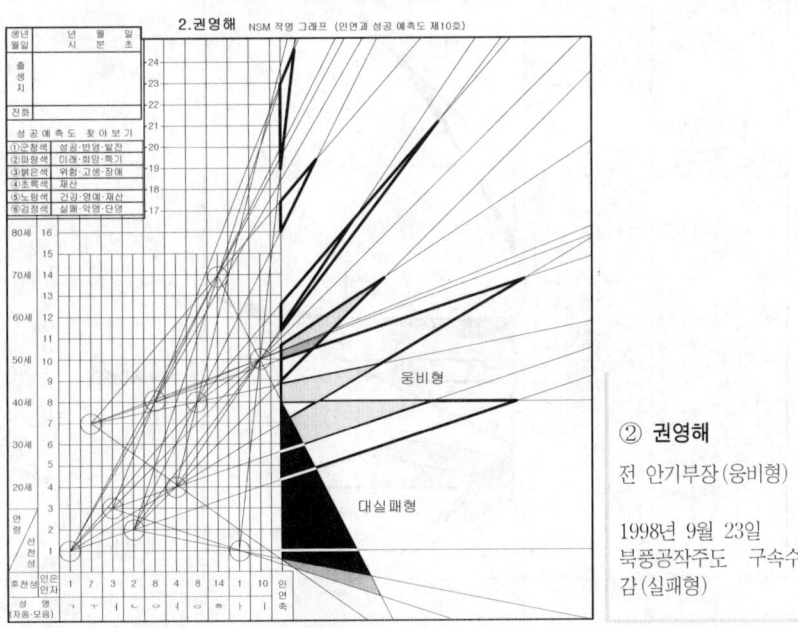

2.권영해 NSM 작명 그래프 (인연과 성공 예측도 제10호)

② 권영해

전 안기부장 (웅비형)

1998년 9월 23일
북풍공작주도 구속수
감 (실패형)

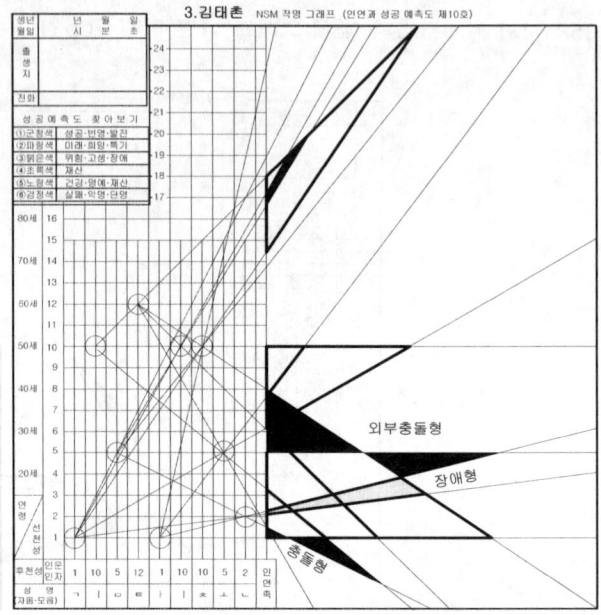

3. 김태촌 NSM 작명 그래프 (인연과 성공 예측도 제10호)

③ 김태촌

1990년 5월
범죄자와의 전쟁에서
범서방과 두목 청송교
도소 수감

폐암환자(일몰형, 충돌
형3개)

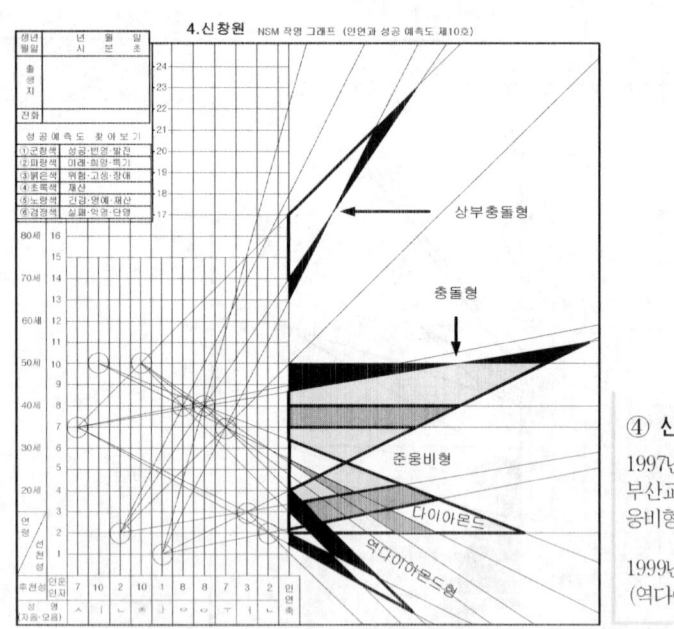

4. 신창원 NSM 작명 그래프 (인연과 성공 예측도 제10호)

④ 신창원

1997년 1월 20일
부산교도소 탈옥수(준
웅비형)

1999년 7월 16일 검거
(역다이아몬드형)

5.김선홍 NSM 작명 그래프 (인연과 성공 예측도 제10호)

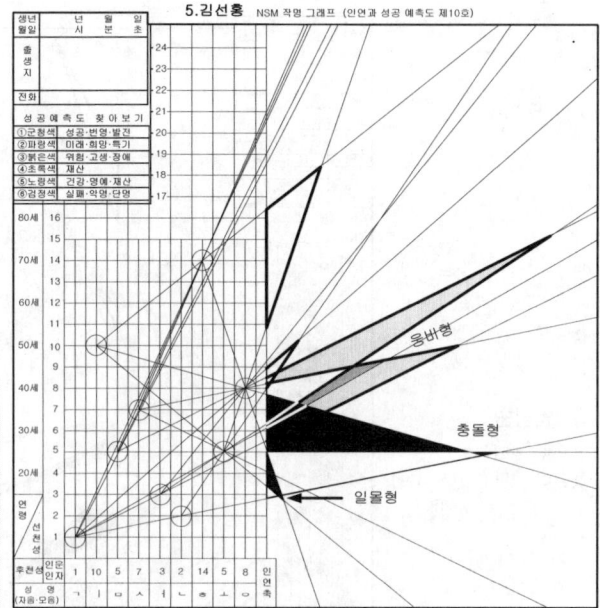

⑤ **김선홍**

기아그룹 김선홍 회장
(4단계 성공형)

업무상 횡령혐의로 7년
형선고. 서울구치소 수
감(충돌형2개, 실패형)

6.김우중 NSM 작명 그래프 (인연과 성공 예측도 제8호)

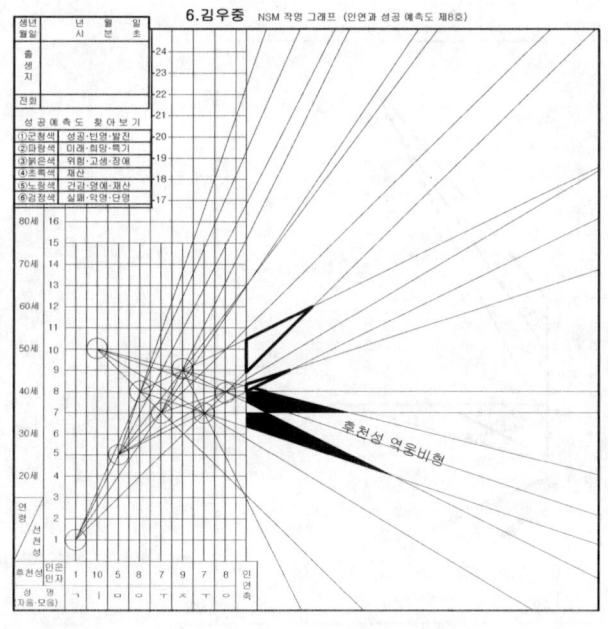

⑥ **김우중**

대우그룹 회장 (큰깃
발 성공형)

1999. 7. 16 대우그룹
구조조정 및 부도직전
(후천적 역옹비형 및
미완성 깃발형)

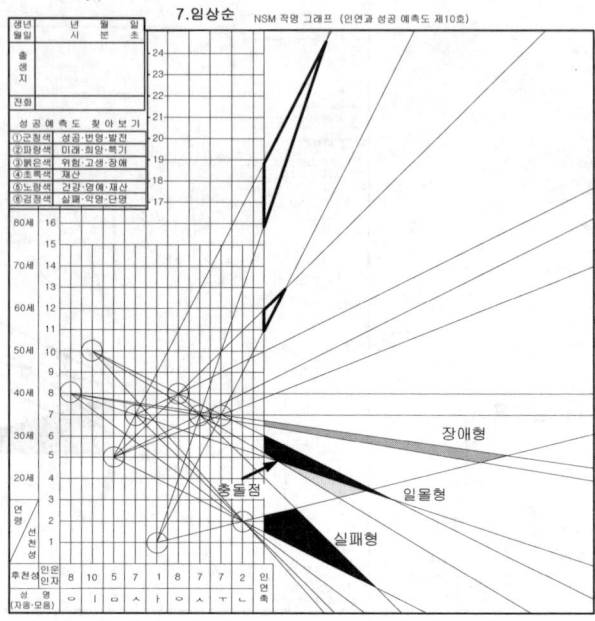

⑦ 임상순

1999년 2월 4일
출근길 교통사고로 사망
(역웅비형 및 일몰형)

장기기증 (2단계
성공형)

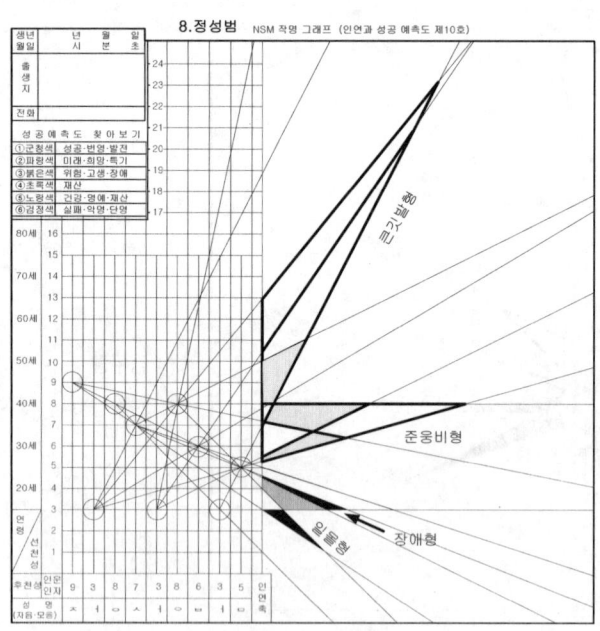

⑧ 정성범

1999년 2월 1일
민주노총 충남지역회
조사통계부장 (2단계
성공형)

폐결핵 사망(일몰형)
및 장기기증(다이아몬
드형)

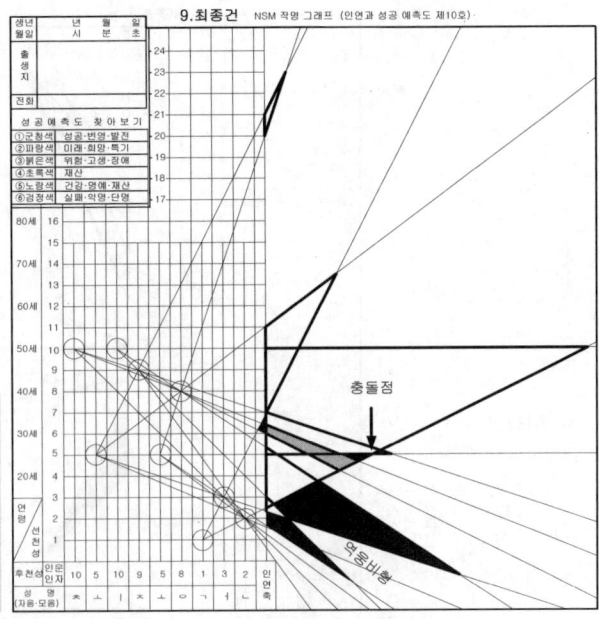

9. 최종건 NSM 작명 그래프 (인연과 성공 예측도 제10호)

충돌점

역웅비혈

⑨ 최종건

선경그룹 창업주(3단
계 성공형)

1973년 48세 급사(역
웅비형 및 충돌형)

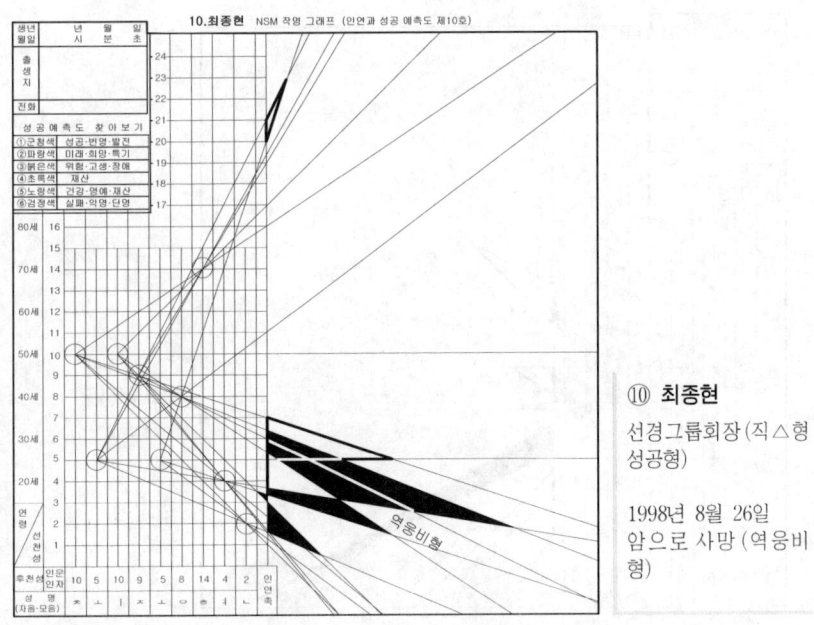

10. 최종현 NSM 작명 그래프 (인연과 성공 예측도 제10호)

역웅비혈

⑩ 최종현

선경그룹회장(직△형
성공형)

1998년 8월 26일
암으로 사망 (역웅비
형)

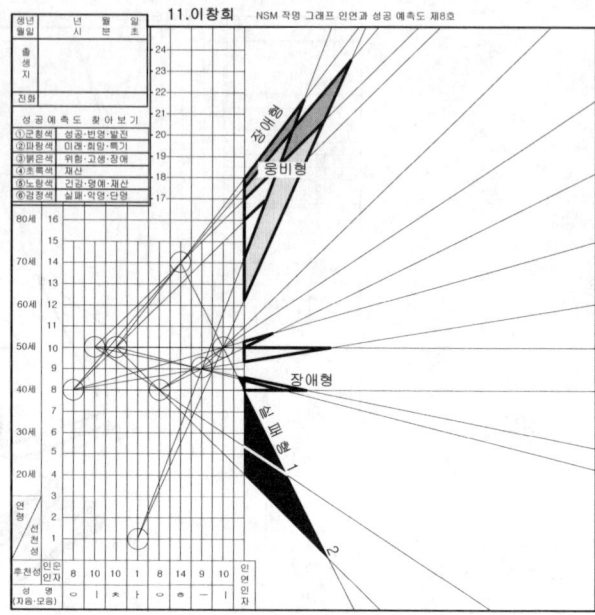

11.이창희 NSM 작명 그래프 인연과 성공 예측도 제8호

⑪ **이창희**

새한미디어 사장. 이병
철 차남(웅비형)

1991년 암으로 사망
(2단계 대실패형)

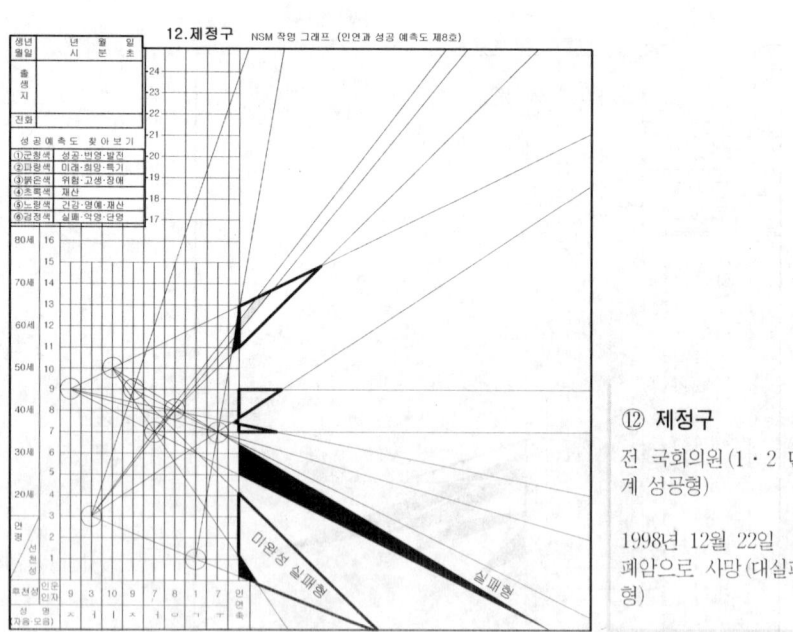

12.제정구 NSM 작명 그래프 (인연과 성공 예측도 제8호)

⑫ **제정구**

전 국회의원(1·2 단
계 성공형)

1998년 12월 22일
폐암으로 사망(대실패
형)

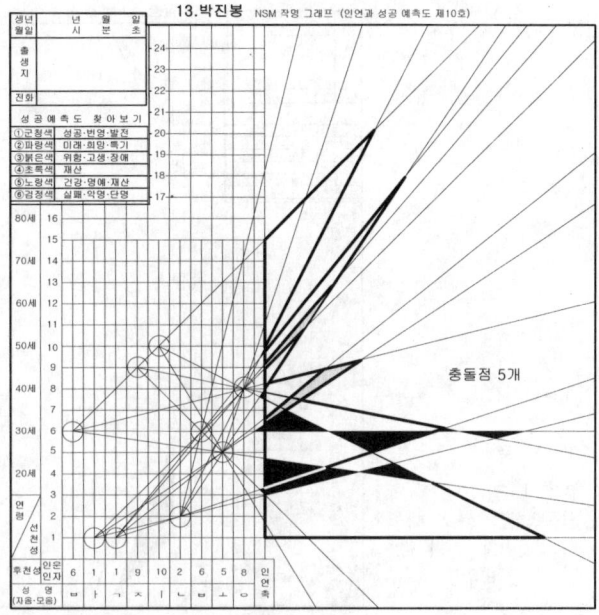

13.박진봉 NSM 작명 그래프 (인연과 성공 예측도 제10호)

성공예측도 찾아보기
①군청색 성공·번영·발전
②파랑색 미래·희망·특기
③붉은색 위험·고생·장애
④초록색 재산
⑤노랑색 건강·명예·재산
⑥검정색 실패·악명·단명

충돌점 5개

⑬ 박진봉

1998년 11월 28일
경남·김해 구봉초등
학교 학생유괴 후 살해
(충돌형 5개)

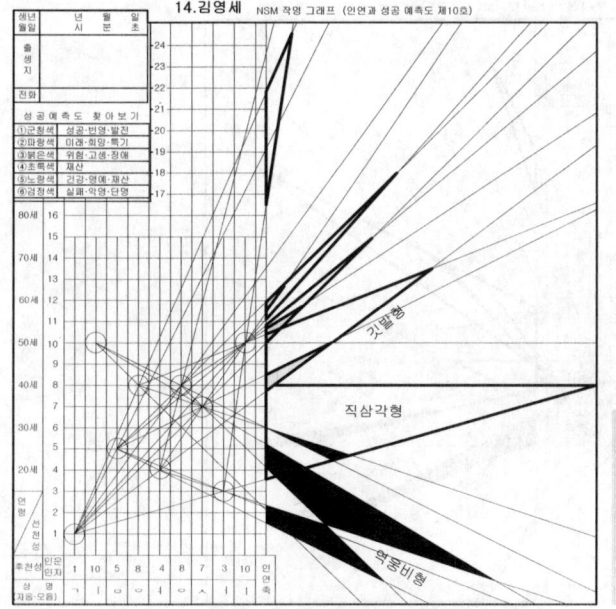

14.김영세 NSM 작명 그래프 (인연과 성공 예측도 제10호)

성공예측도 찾아보기
①군청색 성공·번영·발전
②파랑색 미래·희망·특기
③붉은색 위험·고생·장애
④초록색 재산
⑤노랑색 건강·명예·재산
⑥검정색 실패·악명·단명

깃발형

직삼각형

역웅비형

⑭ 김영세

1998년 9월 22일
요구르트에 농약을 넣
어 아들 살해(역웅비
형)

NSM 그래프의 나쁜 작명잣대 검증   429

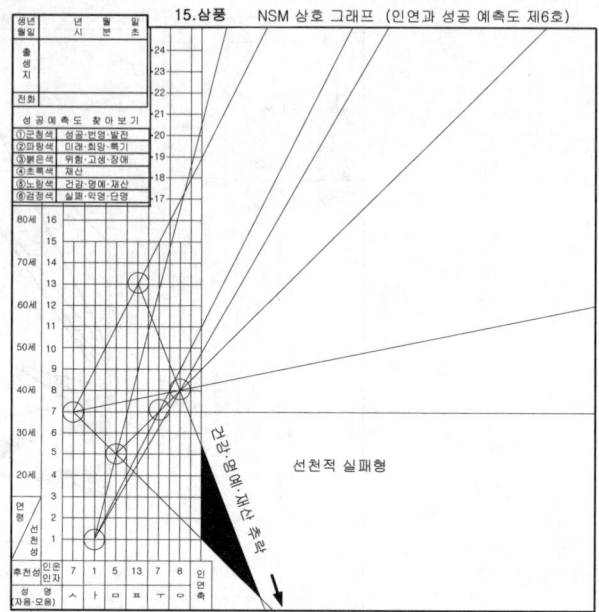

15.삼풍　NSM 상호 그래프 (인연과 성공 예측도 제6호)

선천적 실패형

⑮ 삼 풍

1995년 6월 29일 삼풍백화점 붕괴 대참사(역깃발형) 사망 502명, 부상 937명

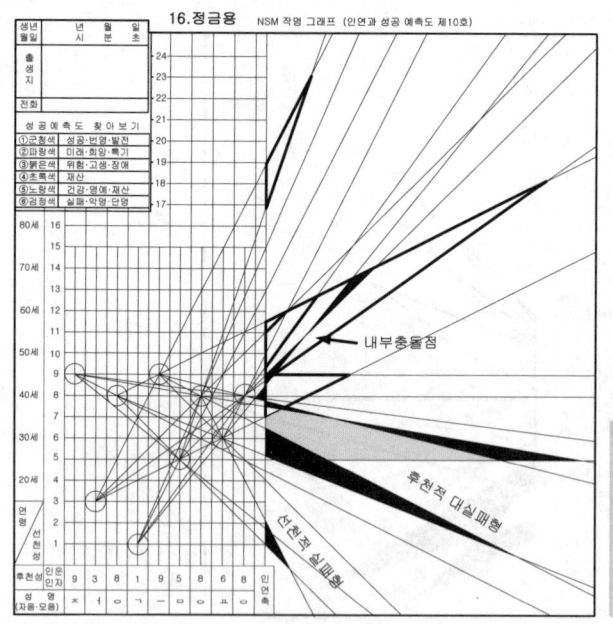

16.정금용　NSM 작명 그래프 (인연과 성공 예측도 제10호)

내부충돌점

⑯ 정금용

1999년 1월 23일 롯데그룹 신격호 회장 부친묘소 유골 도굴범 (역깃발형, 충돌형)

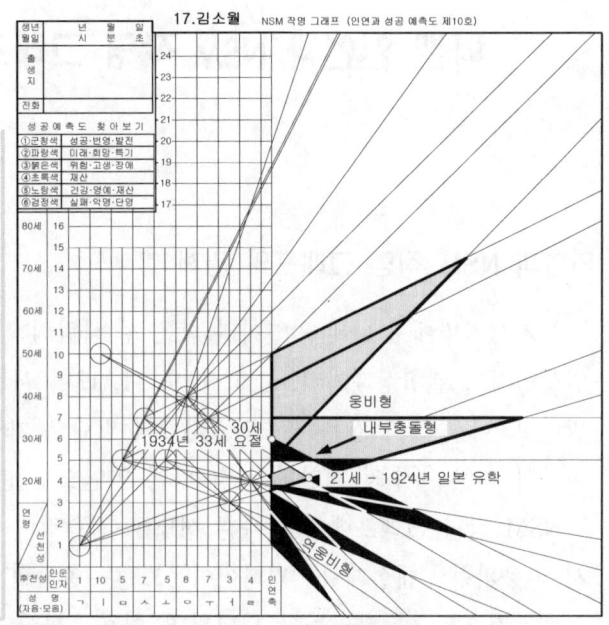

17.김소월 NSM 작명 그래프 (인연과 성공 예측도 제10호)

⑰ **김소월**

1903~1934년
시인. 본명 김정식.
1924년 일본 도쿄상과
대학 중퇴.
작품 : 장별리, 초혼,
산유화, 진달래꽃(웅
비형) 등.

동아일보지국을 경영
했으나 실패하고 기타
의 직업에 종사했으나
모두 성공을 보지 못했
다(내부충돌 실패형).
33세 요절 (역웅비형)

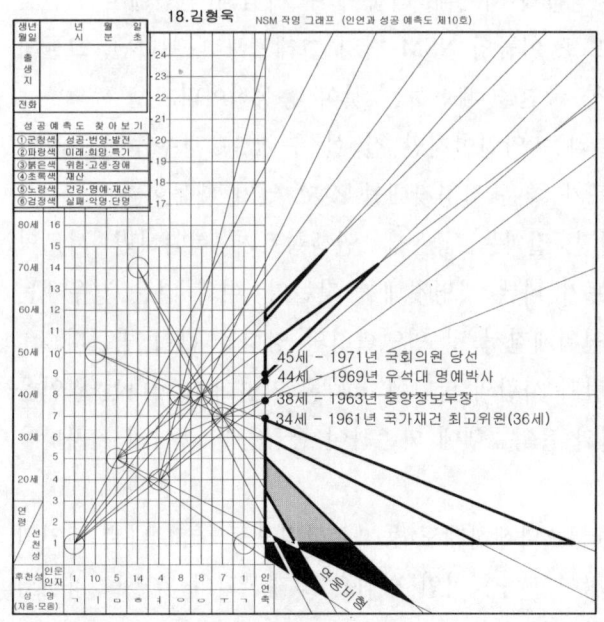

18.김형욱 NSM 작명 그래프 (인연과 성공 예측도 제10호)

⑱ **김형욱**

1963년 7월
중앙정보부장에 임명
(직△ 성공형).

1977년 6월 19일 미국
하원 국제관계위원회
에서 박동선 로비 활
동과 자금에 대해 증
언(충돌형)
1979년 10월 7일 파리
에서 실종(내부 충돌
형, 역웅비형)

나쁜 인연과 NSM 작명 그래프 검증

1. 악연과 NSM 작명 그래프의 관계

　동자삼작명에서 나쁜 인연이라 함은 두 사람의 성명에서 나타나는 인운인자의 결합상태가 1, 3, 5, 7, 9, 11, 13이 서로 결합하는 것을 말하고, 이 중에서 같은 홀수인 1과 3의 결합은 가장 나쁜 인연이며 이들과 다른 홀수의 결합도 역시 나쁜 인연으로 분류한다.

　NSM 작명 그래프에서의 나쁜 성명은 전형적인 실패형 △형으로서 역웅비형·대실패형·역다이아몬드형·충돌형 등이다.

　대체적으로 이 모양들이 나타나면 이혼·파산·소송·대형사건사고·암 등이 발생하게 되는데, 더욱이 두 사람의 인연에서 인연감정 결과도 나쁘고 또 이들의 NSM 작명 그래프도 나쁘다면, 그들의 인생항로는 위험한 국면을 체험하는 것이 통상적이다.

　또 인연감정 결과는 악연이지만 잘 살 수 있는 경우는 상호간의 NSM 작명 그래프가 좋은 작명잣대를 갖고 있기 때문이다.

　반대로 인연감정 결과는 좋은데 인생항로가 험악하면 서로의 NSM 작명 그래프가 나쁜 작명잣대를 갖는다. 이와 같은 경우에는 호불호변수와 인연위계질서 및 인연환경의 영향을 많이 받는다.

　지금까지는 사람과 사람의 만남에서 나쁜 인연이 일어나는 원인을 주로 사주와 한자와 음양오행에 의존하여 궁금증을 풀어내고 처방을 받아왔다.

　그러나 이제부터는 다행하게도 동자삼작명으로 좋고 나쁜 인연의 결연상태를 과학적이고 수학적인 방법으로 계산되어 스스로 자신의 운세를 잘 알 수 있게 되었다.

2. 나쁜 인연의 NSM 작명 그래프 검증

　　나쁜 인연과 NSM 작명 그래프와의 상관관계가 어떻게 되는지의 검증은 주변에 있는 많은 사람 중 대중성과 인지도가 가장 높은 사건사고자의 장본인을 대상으로 검증하였다. 주로 나쁜 운세 1, 3, 5 를 중점적으로 감정하였고, 중년운세를 중심으로 분석했는데 그 결과 나쁜 인연과 나쁜 작명잣대의 결합은 비극을 초래하였다.

　　비로소 사상 최초유로 사람의 악연과 불행이 과학적이고 수학적인 수치로 규명됨을 읽을 수 있을 것이다.

검증 36　나쁜 인연의 운세 검증

자신과 상대자의 후천적 운세풀이 산출표　　　　※ 참고 : 못 사는 유형(표33)

한국인연감정원 동자삼작명소(인)			사 업 진행단계	초기	중간	말기	인생항로변수	
			기준연령	30세 미만	31 ~ 50세	51세 이상	선	악
			인생항로 점유비율	15%	70%	15%	좋은일 발 전	나쁜일 촉 진
구　분		성 명	인운인자산출　　운세	초년 운세	중년 운세	말년 운세	호불호 변수기능	
							짝수변수	홀수변수
1960년 3·15 부정선거	초대~3 대통령	이승만	⑧ ⑩ ⑦ 9 ⑧ 5 ① 2	5	**3**	8	2	5, 9
	부통령	이기붕	⑧ ⑩ ① ⑩ 6 ⑦ ⑧	6	**1**	7	6	
1979년 10·26 시해사건	제9대 대통령	박정희	6 ① ① 9 ③ ⑧ 14 ⑨ ⑩	6	**3**	9	6, 14	3
	중 앙 정보부장	김재규	① ⑩ 5 9 ① ⑩ ① ⑧	7	**1**	8		5

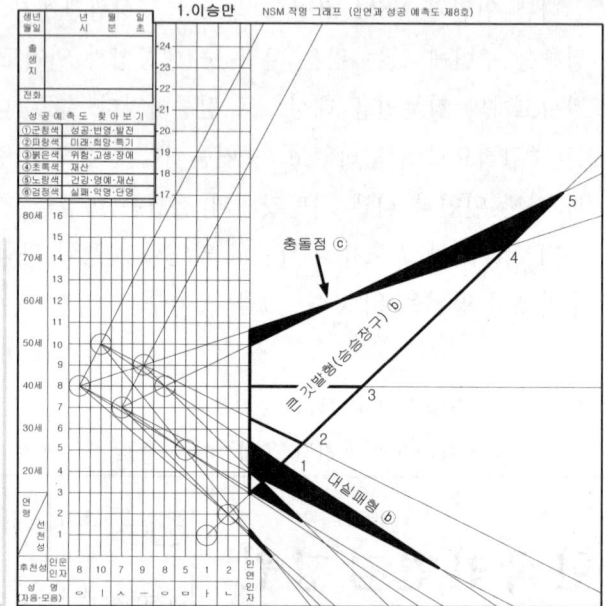

① 이승만

이승만과 이기붕의 중간운세는 이승만 3, 이기붕 1로 낭패형이다. 인연역설 해법에 의한 최악의 결연형이다.

상부의 외부충돌점은 4·19혁명을 맞게 되어 하야성명과 미국 망명생활을 하게 되었다.

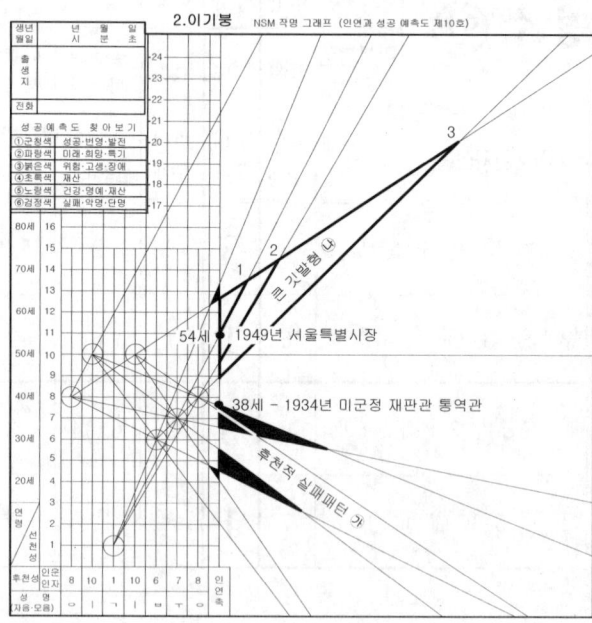

② 이기붕

이기붕의 큰 깃발형 ㉯는 이승만의 큰 깃발형 ⑧에 버금간다.

후천성 실패패턴 ㉮는 이승만의 외부충돌점 ⓒ와 결합하여 4·19혁명을 맞아 급기야 전 가족이 자살을 하게 되었다.

1. 박정희 NSM 작명 그래프 (인연과 성공 예측도 제10호)

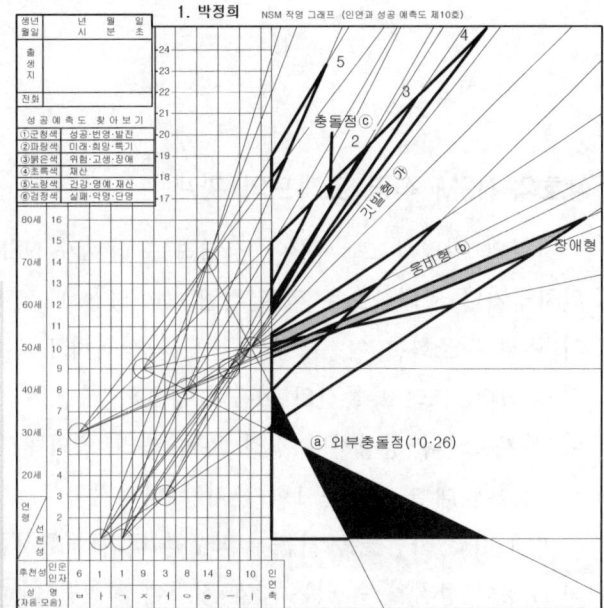

① 박정희

박정희와 김재규의 중간운세는 박정희 3, 김재규 1로 낭패형이다.

인연역설해법에 의한 최악의 결연형이다. 외부충돌형의 충돌점은 10·26사태를 초래하였다.

2. 김재규 NSM 작명 그래프 (인연과 성공 예측도 제8호)

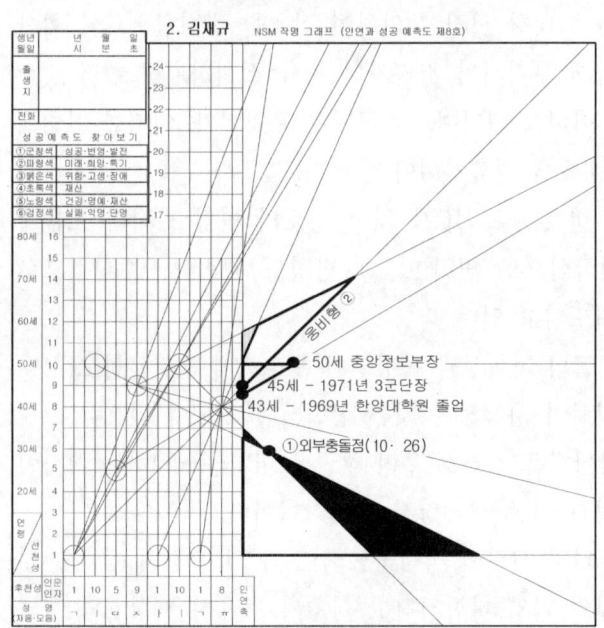

② 김재규

김재규의 웅비형 ②는 박정희의 웅비형 ⓑ 모양이 거꾸로 형성된 축소판이다.

외부충돌형 ①은 박정희 외부충돌점 ⓐ와 정면충돌현상을 일으켜 대통령을 시해했다.

상호와 NSM 작명 그래프 검증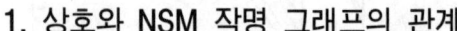

1. 상호와 NSM 작명 그래프의 관계

사람의 성명과 그 사람이 경영하는 상호가 NSM 작명 그래프에 일치하거나 최대한으로 서로 접근하고 있을 때 성명의 기와 상호의 기가 서로 조화를 이루어 공동목표를 성취하게 된다는 사실이 검증되고 있다. 그리고 물건의 이름과 상호의 개명은 원칙적으로는 개명이 불가능하나 경영자의 경영 뜻에 따라 임의대로 바꿀 수 있으며 한 직종에 대한 개명은 1회가 가장 바람직하다

이에 따라 사람들은 처음에 점포를 내거나 회사를 창립할 때 자기의 소망이 성취될 수 있는 상호 짓기에 정성을 다한다. 또 기존의 회사와 점포 이름을 여타한 사정에 의하여 상호를 변경함으로써 회사의 이미지를 새롭게 부각시켜 경영자의 뜻을 실현시키려 한다.

이러한 생각은 어디서 생기며, 그 근거는 무엇인가. 어떠한 기준에서 어떤 이름의 상호를 창출하여야 좋은가.

지금의 시대는 바야흐로 21C를 맞아 상호의 명칭도 시대 흐름에 따라 일본식 · 미국식으로 변하고, 그 방법도 과학적 · 수학적으로 놀라운 변화가 시도되고 있다.

그렇지만 우리 글의 과학성과 독창성이 우수함에도 불구하고 상호를 외래어로 표기하여 사용하는 것은 상업적인 의도가 있으나 그렇다고 해서 마구잡이식은 스스로 우리 한글을 비하(卑下)하는 처사이며 민족의 주체성과 자존심을 망각하는 작태이다.

그러므로 우리 나라 사람이 경영하는 점포와 회사 등의 상호는 한글로 작명하는 것이 가장 바람직하고 상호의 효율성은 상호와 경영

주간의 인연과 NSM 작성 그래프가 서로 맞아떨어질수록 건강, 명예, 재운이 깃발처럼 휘날린다.

현실적으로 이에 부응하는 우리 나라의 대표적인 삼성과 현대를 통해 상호명을 검증한다.

실제로 "상호와 경영자의 성명이 어떤 평가 기준에 의하여 합치된다면, 그 상호 아래 그 사람은 반드시 대성한다"라는 동자삼작명의 해법이 현실적으로 검증되고 있음은 놀라운 사실이다.

2. 삼성과 창업주와의 NSM 작명 그래프 검증

2000년 5월 현재 우리 나라 대표적인 기업의 명칭을 가진 회사는 삼성이다. 따라서 삼성이라는 상호를 NSM 작명 그래프 영역 내에서 평가하고, 여기에 창업주 성명 이병철을 결부시켜 과학적으로 검증한다. 먼저 아래에서 제시된 NSM 작명 그래프는 왼쪽의 것은 삼성이며 오른쪽의 것은 이병철 창업주의 성명이다.

다음과 같은 깃발형 △형은 무엇인가 성공을 상징하는 것으로 휘날리는 깃발은 건강·명예·재산이 함축된 뜻이다.

삼성의 건강이라 함은 기업의 내재가치가 튼튼하여 기업활동이 왕성하고 부를 축적하여 그 명예가 국내외에 깃발처럼 날리게 된다는 분석이다.

또 깃발형 △형의 위치와 각도는 가장 이상적이다.

'큰 △형 가다마'의 시발점은 '점 다'로서 연령이 22세이며 종점은 점 가의 41세로서 짝수인연점 22에서 41의 위치 선상에 자리잡아 '꼭지점 마'가 인연인자 생활권 중간지점에서 위로 치솟고 있다.

그리고 '작은 △형 나다라'는 '큰 △형 가다마'에 포함되어 균형을 이루어 형성되어 있는 자태가 조화를 이룬다. 즉 모양이 예쁜 미인형에 속하므로 삼성이 만들어 내는 물건이 예쁘고 좋다는 것이다. 또한 그 성능이 우수한 제품으로 인간이 만들어 내는 하나의 작품이다.

이렇게 된 △형의 기세는 언제든지 나부끼는 깃발처럼 생동감을 주고 있기 때문에 공장이 쉬지 않고 돌아가므로, 기업이 발전되고, 하는 일마다 일취월장한다. 세계 속에 한국을 대표하는 기업 곧 깃발형 △형의 상호가 바로 이것이다.

삼성 NSM 작명 그래프에서 나타나는 삼성의 형체는 깃발형 △형이 두 개인데 '큰 △형 가다마' 위에 '작은 △형 나다라'가 합하여 하나의 '△형 가다마'로 표시되고 있는데, 이병철의 NSM 작명 그래프에서도 이와 같은 모양이 나타나고 있다.

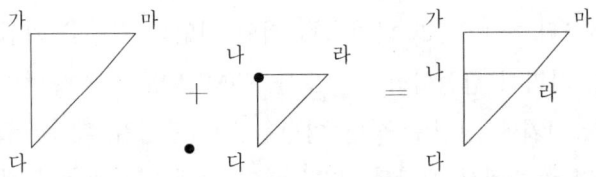

| 검증 39 | 삼성 NSM 그래프 | 이병철 NSM 작명 그래프 |

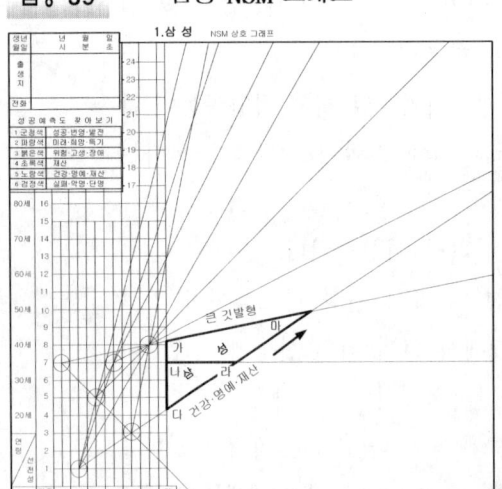
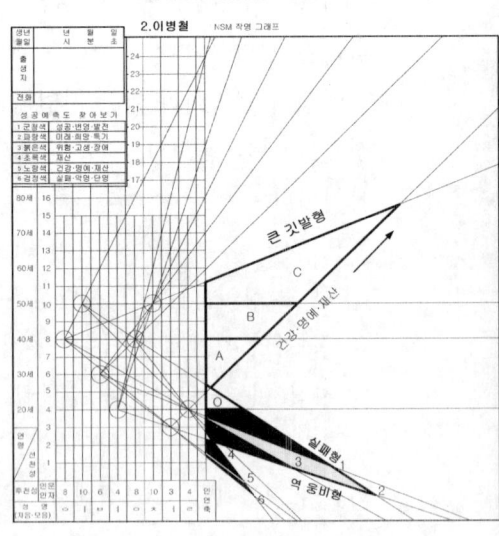

여기에 결합되는 창업주 이병철의 한글 성명 NSM 그래프에서 깃발형 △형의 몸체는 상호 NSM 작명 그래프의 △이 확대하여 발전된 것이다.

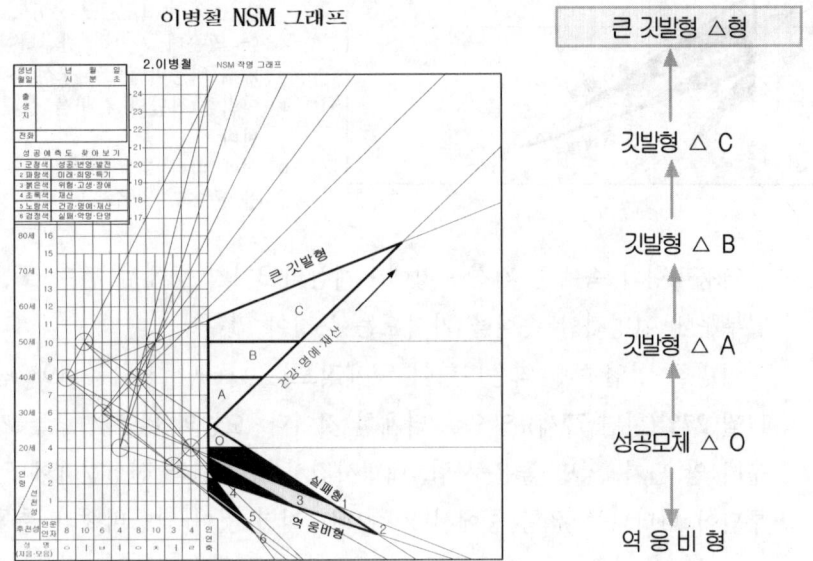

이병철 NSM 그래프

전후자의 깃발형 △형에서 창업주의 깃발형 △형은 상호 삼성의 깃발형 △형 위치가 상향조정된 것으로 이동과정에서 위치각도가 조금 차이가 났을 뿐이고, 질량적으로는 △형 1개가 추가되고 그 규모가 비대된 것이다.

이것은 삼성이라는 상호의 내재가치와 형상이 창업주 이병철의 성명과 꼭 맞아떨어진 것이다.

한마디로 말하면 삼성의 상호와 창업주간의 호흡이 일치가 되어 기업의 번영과 발전을 축하하고 있는 표상이다. 이렇듯 상호와 창업주와의 상호관계를 NSM 그래프가 과학적인 방법으로 규명하고 있다.

삼성의 창업주 이병철 NSM 작명 그래프에서 나타나고 있는 또 하나의 패턴은 역웅비형이다.

검증 41 이병철 NSM 작명 그래프의 역웅비형 검증

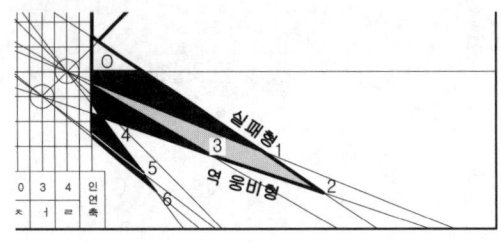

- 이병철 성명의 역웅비형은 △1, △2, △3, △4, △5, △6으로 형성되어 있는데 가만히 관찰하여 보면 2개의 역웅비형으로 구성되어 있다.
- 이러한 집단의 △형을 실패패턴이라 한다.
- 이에 따라 그는 재산은 있어도 건강을 돈으로 살 수 없었다.

역웅비형의 속뜻은 건강·명예·재산의 3가지 중에서 전부 또는 일부분에 치명적인 손실을 가져오는 특징이 있다.

이병철 창업주에 역웅비형이 구체적으로 나타난 효력은 1987년 11월 27일(향년 77세) 암으로 타계한 것이다. 오늘의 많은 사람들 가운데 암 환자, 악명 높은 사람, 대형사건사고, 개인적 신상문제에 연루되어 나타나는 유형 중에서 가장 대표적인 것이 역웅비형과 충돌점이다.

삼성그룹 후계자의 NSM 작명 그래프 중에서 가장 유념할 사항으로서는 이건희 NSM 작명 그래프의 외부충돌점을 지적할 수 있는데, 충돌점에 잠재한 악재들이 분출될 수 있으므로 50~59세, 72세 전후에 건강관리에 조심할 필요가 있다.

결론적으로 오늘날의 삼성그룹의 건강·명예·재산은 삼성의 NSM 작명 그래프와 창업주 이병철 성명의 일심동체에서 비롯된 것으로 감정된다.

차후 삼성이라는 상호의 수명문제는 이병철 창업주의 후계자와 연계하여 고도화된 감정을 해 보아야 진로를 알 수 있다.

이건희 NSM 그래프

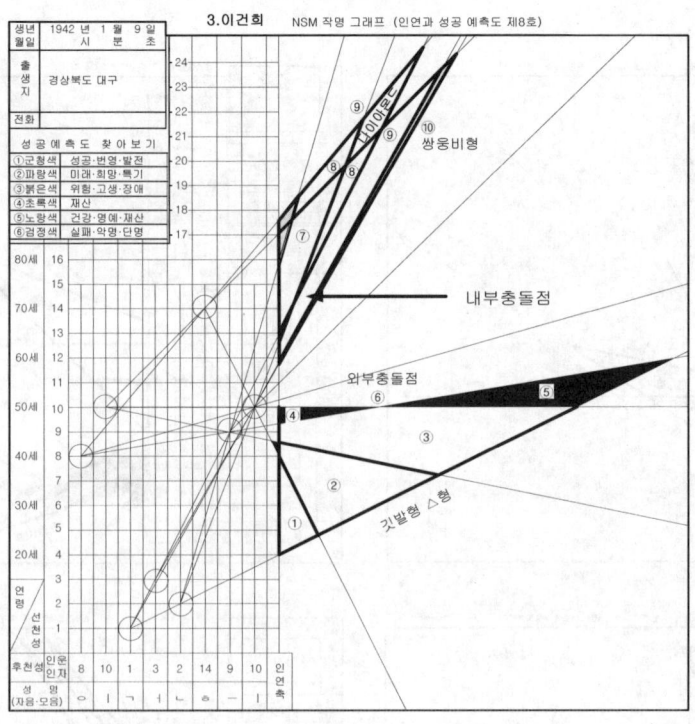

| 생년월일 | 1942 년 1 월 9 일 시 분 초 |

3.이건희   NSM 작명 그래프 (인연과 성공 예측도 제8호)

찾아 보기	건강·명예·재산 : △①, △②, △③, △⑦
	명예(웅비형) : △⑧, △⑨
	발전저해(장애형) : △⑩
	위험(외부충돌형) : 외부충돌점 ⑥

이 원리에 해당되는 검증은 상호 삼성, 창업주 이병철, 장손 이재현, 후계자
이건희의 NSM 작명 그래프에서 큰 깃발형이 공통적으로 실증되고 있다.

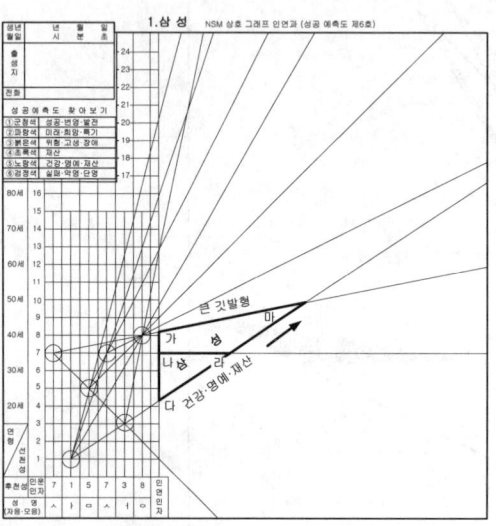

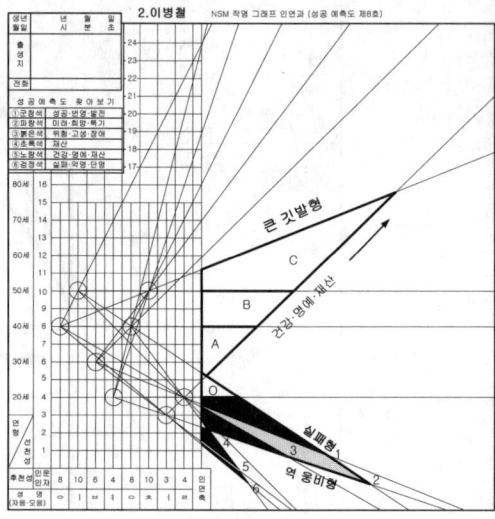

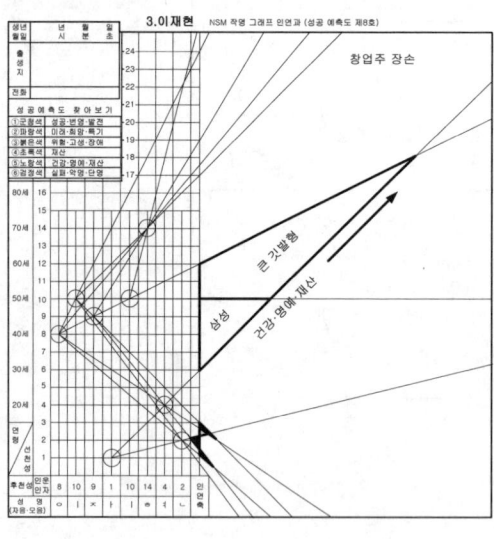

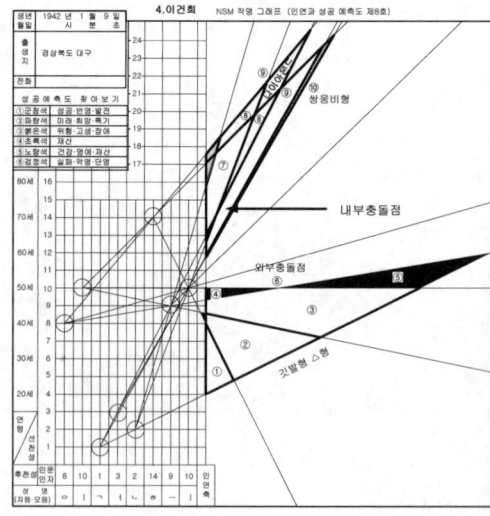

3. 삼성그룹의 후계자 인연환경 감정

앞에서 이건희 회장이 삼성그룹의 후계자로 승계된 사실을 NSM 작명 그래프를 통하여 검증하였다. 이것을 재확인하기 위하여 후계자의 인연환경을 감정하는 것이다.

이 부분에서 우리가 알 수 있는 것은 하나의 결과를 얻는 것에 대한 평가 잣대는 하나가 아니라, 2개 이상임을 깨닫게 된다. 따라서 동자삼의 정직성은 불변이나 해석은 감정자에 의하여 다르게 나타날 수 있으므로 이를 경계하기 위하여 여러 개의 잣대가 마련되어 있다.

이 사실은 삼성 후계자의 인연환경을 통하여 충분히 검증될 수 있으며 삼성 창업주와 아들 및 형제간의 후천적 운세풀이 산출표 (p.451)의 내용은 다음과 같다.

① 이병철과 장남 이맹희의 부자인연에서 아버지는 잘 사는 운세 4→4→8이고, 이맹희는 5→4→9로 전개되는데, 중간운세 4만은 좋으나 짝수 동일형의 4와 4에서 특별 보너스 성공률은 아버지가 10% 획득하게 되므로 그만큼 아버지는 좋고, 이맹희는 불리하다는 것이다.
이맹희는 이건희·이창희의 인연감정에서 중간운세가 각각 1로 나타나므로 최악연으로 감정되는데 이것은 인연환경 조성이라는 차원에서 볼 때 후계자로서는 부적합하다는 의미를 갖는다.
② 이병철과 2남 이창희의 부자인연에서 아버지는 4→4→8로 역시 잘 사는 운세형이지만, 이창희는 5→3→8로서 중간운세 3이 낭패형이고, 또 이창희는 이건희·이맹희 인연감정에서 중간운세가 각각 0이므로 최악연인 바 결국은 혈액암으로 사망했다는 것이다.
③ 이병철과 3남 이건희의 부자인연에서 아버지는 5→3→8의 운세로 중간운세 3이 낭패형이므로 2남 이창희와 같아서 폐암을 얻어 작고하게 된다.
그러나 이건희 회장은 아버지와의 인연에서 4→4→8의 잘 사는

운세로 발전되고 특히 이건희는 형 이맹희·이창희 인연감정에
서도 6→2→8의 운세로 각각 나타나므로 잘 사는 운세 복을 많
이 갖게 되는 것이다.

결론적으로 이건희 회장은 동자삼작명학에서 볼 때 삼성그룹의 후
계자로서 가장 좋은 인연환경을 골고루 갖추어 있다고 감정된다.

따라서 3남 이건희 회장은 아버지와의 인연감정에서도 가장 좋고,
형제간의 인연에서도, NSM 작명 그래프 감정에서도 가장 좋은 큰깃
발형을 가졌으니 그렇게 될 수밖에 없다.

위에서 언급된 '상호 = 창업주 = 후계자의 NSM 그래프가 동질성을
나타내어야 건강·명예·재산운이 영원한 발전을 기약한다' 라는
내용은 동자삼으로부터 받았지만 실제로 이것을 문자와 모양을 만들
고 실용화 및 검증은 지극히 어려운 것인데도 불구하고 창출된 것은
아마도 동자삼의 염력(念力)인가 보다.

이제 와서 조용히 생각하니 수많은 그런 형체들의 계시가 진정 이
것인지. 아니면 또 다른 것을 의미하는지 저자 역시 불확실하다.

하지만 연구 개발된 내용들로 보아 최대한으로 접근된 일로 생각
된다.

또 이것과 관련하여 그리스의 철학자, 종교가, 수학자인 피타고라
스는 '수는 만물의 근원물질에서 원형이고, 만물은 수의 관계에 따라
서 질서 있는 코스모스(cosmos)를 만든다'고 했다. 코스모스는 피타
고라스가 지은 이름이며 질서와 조화를 이루고 있는 우주 또는 세계
라는 뜻이다.

그의 피타고라스 정리는 동자삼의 계시와 무슨 관계가 있는지의
여부는 더욱 연구의 대상이라 볼 수 있다.

삼성 창업주와 아들 및 형제간의 후천적 운세 풀이 산출표

한국인연감정원 동자삼작명소(인)			사업 진행단계	초기	중간	말기	인생항로변수	
			기준연령	30세 미만	31~50세	51세 이상	선	악
			인생항로 점유비율	15%	70%	15%	좋은 일 발전	나쁜 일 촉진
관계	성명	인운인자 산출	운세	초년운세	중년운세	말년운세	호불호 변수기능	
							짝수변수	홀수변수
창업주	이병철	이 ㅂㅕ ㅇ ㅊㅓ ㄹ / 8 10 6 4 8 10 3 4		4	4	8	4.4.8	3
장남	이맹희	이 ㅁㅏ ㅣ ㅇ ㅎ ㅡ ㅣ / 8 10 5 1 10 8 14 9 10		5	4	9	14	1.5.9
창업주	이병철	이 ㅂㅕ ㅇ ㅊㅓ ㄹ / 8 10 6 4 8 10 3 4		4	4	8	4.4.6	3
2남	이창희	이 ㅊㅏ ㅇ ㅎ ㅡ ㅣ / 8 10 10 1 8 14 9 10		5	3	8	14	1.9
창업주	이병철	이 ㅂㅕ ㅇ ㅊㅓ ㄹ / 8 10 6 4 8 10 3 4		5	3	8	4.4.6	
3남	이건희	이 ㄱㅓ ㄴ ㅎ ㅡ ㅣ / 8 10 1 3 2 14 9 10		4	4	8	2.14	1.9
3남	이건희	이 ㄱㅓ ㄴ ㅎ ㅡ ㅣ / 8 10 1 3 2 14 9 10		6	2	8	2	3
장남	이맹희	이 ㅁㅏ ㅣ ㅇ ㅎ ㅡ ㅣ / 8 10 5 1 10 8 14 9 10		8	1	9		5
3남	이건희	이 ㄱㅓ ㄴ ㅎ ㅡ ㅣ / 8 10 1 3 2 14 9 10		6	2	8	2	3
2남	이창희	이 ㅊㅏ ㅇ ㅎ ㅡ ㅣ / 8 10 10 1 8 14 9 10		8	0	8		
장남	이맹희	이 ㅁㅏ ㅣ ㅇ ㅎ ㅡ ㅣ / 8 10 5 1 10 8 14 9 10		8	1	8		5
2남	이창희	이 ㅊㅏ ㅇ ㅎ ㅡ ㅣ / 8 10 10 1 8 14 9 10		8	0	8		

4. 현대와 창업주와 NSM 작명 그래프 검증

2000년 현재 우리 나라의 대표적인 기업은 역시 현대이다. 이제부터는 현대라는 상호를 NSM 작명 그래프 영역 내에서 평가하고, 여기에 창업주의 성명 정주영을 결부시켜 감정한다.

아래에 제시된 NSM 작명 그래프는 왼쪽의 것은 현대 NSM 그래프이고 오른쪽의 것은 창업주 정주영의 것이다. 다음 두 개의 NSM 작명 그래프에서 비슷한 모양은 무엇인지를 살펴보자!

검증 44 상호 현대와 창업주 정주영의 **NSM** 그래프 검증

① 현대 NSM 그래프   ② 정주영 NSM 그래프

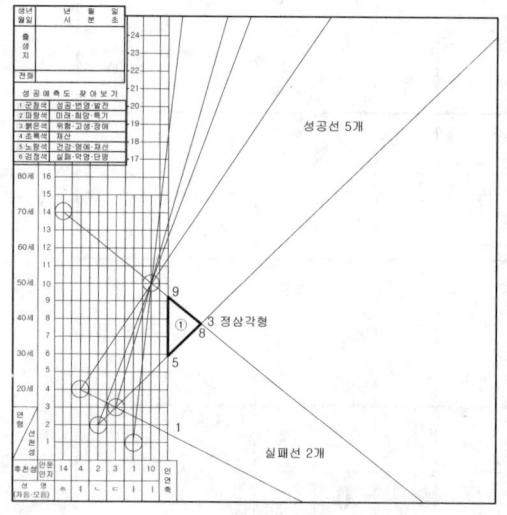

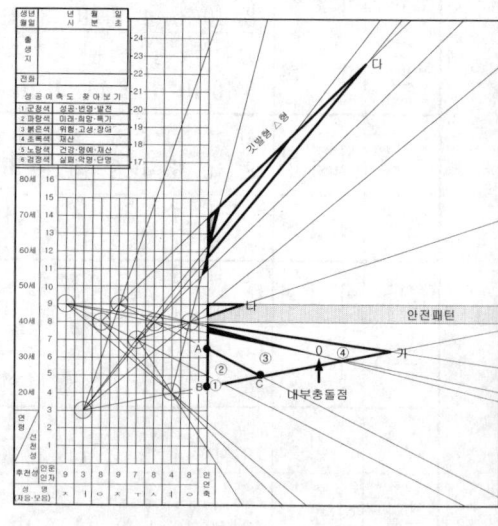

현대그룹 로고 :   정주영 NSM 그래프 밑바탕 : ②▷

앞의 **NSM** 작명 그래프에서 나타난 성공형 유형에서 가장 튼튼하고 강직하고 파괴될 수 없는 힘을 과시하는 것은 정삼각형이다. 이는 현대가 현재 사용하고 있는 상징적인 상호 ▲형 모양이 NSM 작명 그래프의 ▲형과 비슷한 실체를 누가 부인하겠는가?

현대의 원동력은 상호의 로고가 △형으로 표현되어 그 위력이 나타나고 있다. NSM 작명 그래프의 인연인자 생활권에서 나타나고 있는 내용을 설명하면 다음과 같다.

① 성공선 5개 : 성공선 5개 중에서 처음 1개는 인연점 5(29세)에서 출발하여 38세의 인연점을 통과하고, 다른 성공선은 55세 이상의 인연점을 형성하고 있다. 이것은 현대라는 상호가 갖고 있는 내재가치는 29세에서 시작하여 92세에 이르면 무엇인가를 성공하여 현대의 내재가치가 대성한다는 의미이다.

② 실패선 2개 : 실패선 2개 중에서 하나는 인운인자 14의 좌표에서 출발하여 인운인자 10의 좌표를 통과하면서 인연점 9를 형성하였고, 또 다른 하나는 인운인자 4의 좌표에서 인운인자 3의 좌표를 통과하여 인연점 ①을 형성하고 있다. 따라서 실패선 자체 의미는 나쁘지만 이들이 통과하는 인연점 14, 10, 4는 대단히 좋고, 인연점 9는 반신반의이며 인연점 3은 나쁘다.

③ 정▲형 창출 : 1개의 성공선과 1개의 실패선은 각각 상·하의 위치에서 하나는 위로 치솟고 하나는 아래로 향한 상대성 원리의 작용을 받는다. 그 과정에서 인연축을 한 변으로 한 세 변이 비슷한 ▲형의 모양을 창출한 것이다.

이 모양은 현재 현대를 상징하여 사용하고 있는 ▲형의 회사 마크와 거의 비슷하다. 이를 우연의 일치라고 말을 하는 사람도 있으나, 인위적으로 만들어진 것이 과학적으로 검증된다는 사실 외에는 한 점의 의혹이 있을 수 없다.

④ 여기에 결합되는 창업주 정주영 NSM 작명 그래프에서 깃발형 ▲

형은 성공패턴이 3개로 형성되어 있고 그 모체는 정▲형이 점진
적으로 발달된 것이다.

현대 정▲형이 모체가 되어 발전하는 창업주의 성공패턴

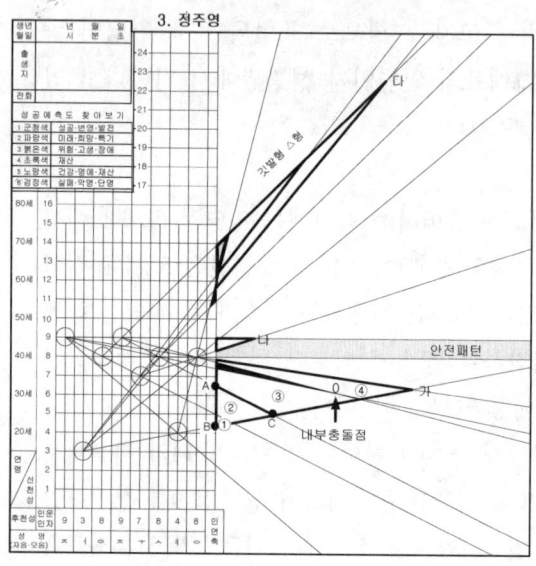

③ **정주영 현대그룹
명예회장**

상부에 발달한 깃발형
▲형은 △①②③의
결합체로서 늠름한 기
상을 나타내며 안전패
턴은 가장 이상적이
다.

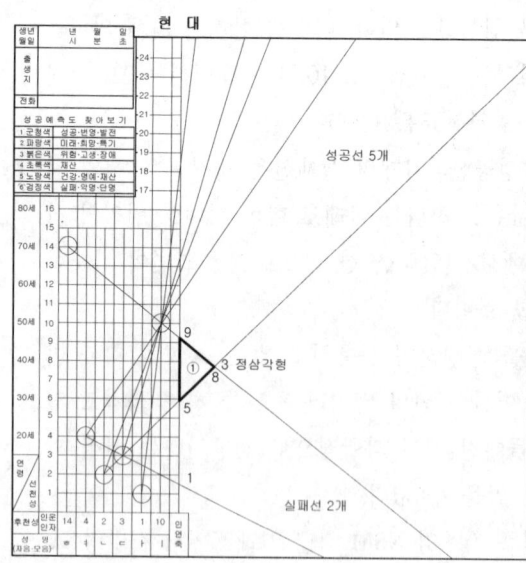

상표 △형 9, 5, 8과
창업주의 그래프에서
닮았다는 것은 △
ABC의 ②이다. 성공
형 ▲다의 패턴은 ▲
②가 바탕이 되어 점
진적으로 ▲① → ▲
② → ▲④로 발전하
여 우뚝 솟아난 것으로
노후보장형, 후손에
남겨줄 재운, 명예의
뜻이다.

다시 강조하면 현대라는 상호의 표현은 $\triangle 9,5,8 = \triangle ABC$의 등식이 성립된다.

따라서 창업주 정주영의 성명의 몸체는 ▲형이 기본틀이고 성공패턴은 3단계로 나누어 발전하게 되는데, 가장 특징적인 것은 3단계 ▲다 패턴의 꼭지점이 점진적으로 날카롭게 급성장 하여 인운인자 22의 좌표를 상회하고 있다는 것이다.

이와 같은 유형의 3단계 성공형 깃발의 위력은 기업의 성장성과 관련하여 한 번 무엇인가를 시작하면 끝을 보고야 마는 것을 의미한다. 그리고 그 힘은 높고 멀리 향해 있으므로 넓은 세상에 하늘 높음과 같이 현대라는 상호와 함께 창업주 정주영의 명성이 국제화되는 뜻이다.

⑤ 창업주 정주영의 성명은 NSM 그래프에서 내부충돌형이 나타나고 있는 것이 최대 단점인 바 그 감정내용은 아래와 같다.

④ 정주영 NSM 작명 그래프의 충돌형 : 점 ○

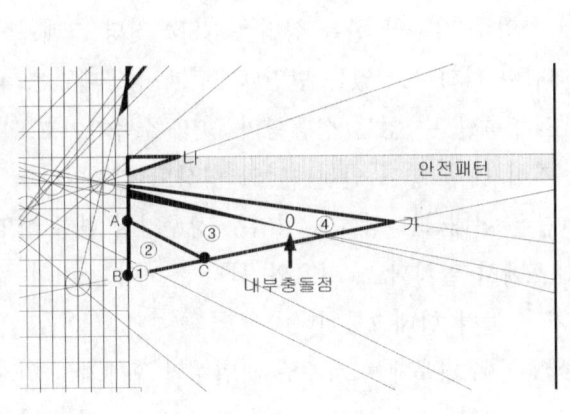

- 내부충돌 현상은 본인을 중심으로 건강·명예·재산의 우발성이며, 내부적인 소관사항이다.
- 부인 변중석 여사의 충돌점, 정신영의 충돌점, 정몽필의 충돌점 등은 일맥상통하여 불미스러운 일이 발생한 것으로 감정된다.

NSM 작명 그래프에서 흔히 등장하고 있는 내부충돌 패턴은 위험성을 의미한다. 인연과 연분을 맺음으로 인위적인 각종 충돌현상인데, 창업주와의 인간관계에서 싸움·이혼·도산·소송·사망·대형사고의 발생, 또는 상대자와의 경쟁으로 인한 건강·명예·재산의 막대한 손실을 의미한다.

그런데 내부충돌 패턴의 소유자는 이러한 위험한 일이 충돌될 수 있으나, 결과는 내부요인으로 수습되고 모면된다는 특징을 갖고 있다. 좌우지간에 창업주 정주영의 성명은 사업을 경영하면서 내부적인 충돌현상이 일어나지 않도록 항상 조심하지 않으면 안 된다.

여기서 우리가 짚고 넘어가야 할 내부충돌형의 분석에는 좀 더 정밀한 감정이 요구된다. 창업주에게 나타나는 내부충돌형의 성격은 잘 파악해야 하는 것인데, 내부충돌형이 발달된 제 1단계 성공형 ▲④가 모양에는 아래·위로 실패형이 없는 안전선 2개가 형성된 안전패턴과 연결되어 결합된 상태이므로 건강·명예·재산의 엄청난 몰락을 의미하지는 않는다.

앞에서도 지적한 바와 같이 위험한 일은 가족관계, 사업의 고비, 과욕 때문에 일어나는 문제 등으로 분석될 수 있다.

결과적으로 현대 창업주 정주영 한글 성명은 NSM 작명 그래프에서 내부적인 충돌패턴이 나타나고 있는 반면에 3단계 성공패턴은 국내의 어느 기업인도 추종할 수 없는 성공형의 성명 소유자이고, 실패형 패턴이 없는 것이 매우 좋고 안전패턴의 형성도 일품이다.

오늘날의 현대그룹은 현대라는 상호와 창업주 정주영의 한글 성명이 NSM 작명 그래프에서 일치되고, 상호와 서로 통하여 소기의 목적을 달성한 성과가 오늘의 현대그룹이다.

차후 현대라는 상호의 수명문제는 정주영 창업주의 후계자와 연계하여 초정밀 감정을 통하여 보면 사용의 지속성을 알 수 있다.

5. 현대그룹의 후계자 인연감정

① 택월택일 감정

오랫동안 현대그룹의 후계자가 누구일까에 대한 관심이 집중되어 오던 터에 드디어 지각변동이 일어났다.

2000년 3월 22일 정주영 명예회장은 청운동 자택을 정몽구 회장에게 물려주고 회동으로 이사했었다. 3월 24일 김재수 현대구조조정위원장은 현대그룹의 후계자는 5남 정몽헌임을 발표하였고 이 사실은 3월 27일 정주영 명예회장이 공식적으로 확인하였다.

이것도 잠깐, 5월 31일에는 정주영·정몽구·정몽헌의 정씨 3부자가 현대그룹에서 퇴진한다고 현대구조조정위원장이 전격적으로 발표하였다.

이 내용에 관계되는 동자삼작명학의 이론은 발표일자의 택월택일 감정이다. 통상적인 감정측면에서 보면 3월 22일과 3월 24일은 불월길일이고, 3월 27일과 5월 31일은 불월불일이다.

특히 후계자의 발표와 3부자 퇴진은 시작과 끝맺음이 불월불일에 해당됨이 매우 안타까운 심정이다.

기왕지사 이럴 바엔 차라리 한 달 앞당긴 2월 22일과 2월 24일, 아니면 한 달 늦은 4월 22일과 4월 24일 그리고 5월 28일이었다면 다행 중 다행으로 모든 것이 좋았을 텐데, 길월길일을 제쳐두고 하필이면 불월불일을 선택했음은 피길취흉이다.

② 인연환경 감정

현대그룹의 후계자 정몽헌은 창업주 정주영 명예회장과의 인연에서 6형제 중 가장 좋고, 형제간의 인연환경에서도 가장 좋다.

③ NSM 그래프 감정

정몽구·정몽근·정몽헌·정몽준·종몽윤·정몽일의 **NSM** 작명 그래프에서 상호와 창업주와 서로 통하는 성명은 정몽근이지만 NSM 작명 그래프에서 장래성 예측이 가장 월등한 이름은 정몽헌이다.

따라서 동자삼작명학 이론에 입각하여 현대그룹의 후계자를 감정한 결과 가장 희망적인 성명은 정몽헌이다. 다만 오늘날 현대그룹의 번영은 상호와 창업주의 상호관계가 이론에 합당하다는 것만은 분명하다.

6. 현대 창업주 일가의 **NSM** 그래프 나쁜 작명잣대 감정

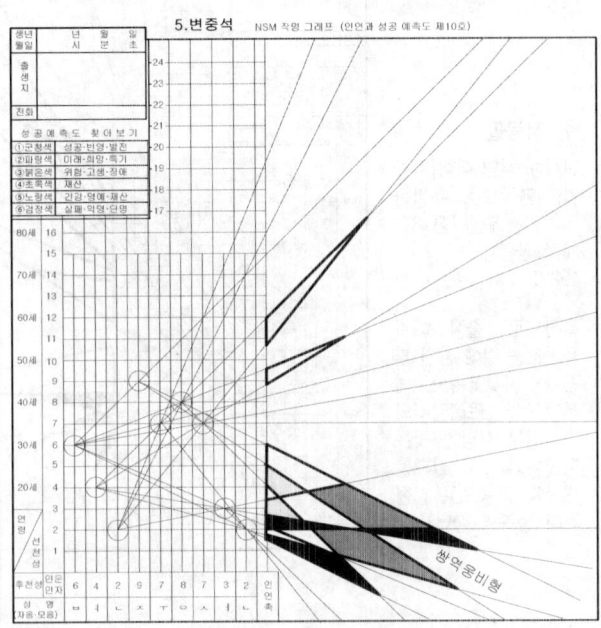

⑤ 변중석

서울중앙병원 본관 병실에서 10년째 입원 (2000. 3 현재)하고 있는데, 이것은 변중석 NSM 그래프에 나타나고 있는 역웅비형이 4개나 겹쳐 있는 것과 깊은 관련성이 있다.

NSM 그래프의 나쁜 작명잣대는 현실에서 외면할 수 없다는 감정이다 (정주영 부인).

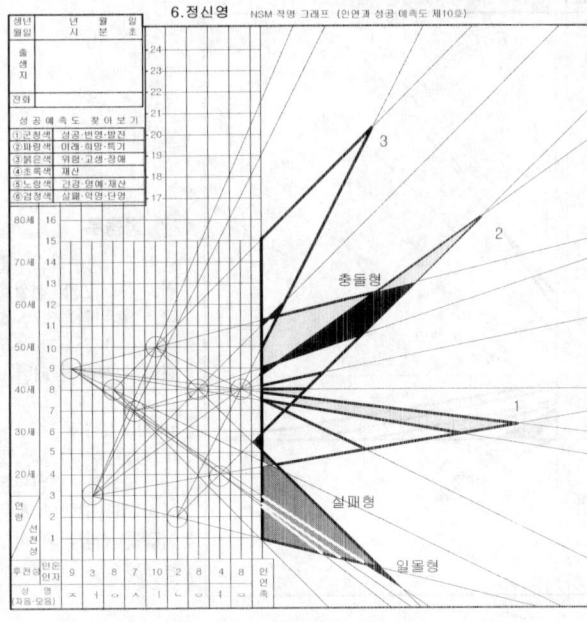

⑥ 정신영

서울법대 동대학원 출신 및 동아일보 정치부 기자, 독일유학 함브르크 대학에서 경제학 전공(3단계 성공형)

1962. 4. 14 당시 나이 32세
박사학위 논문 준비도 중 장폐색으로 사망한 것은 일몰형과 충돌형에 기인된다는 감정이다(정주영 넷째 동생).

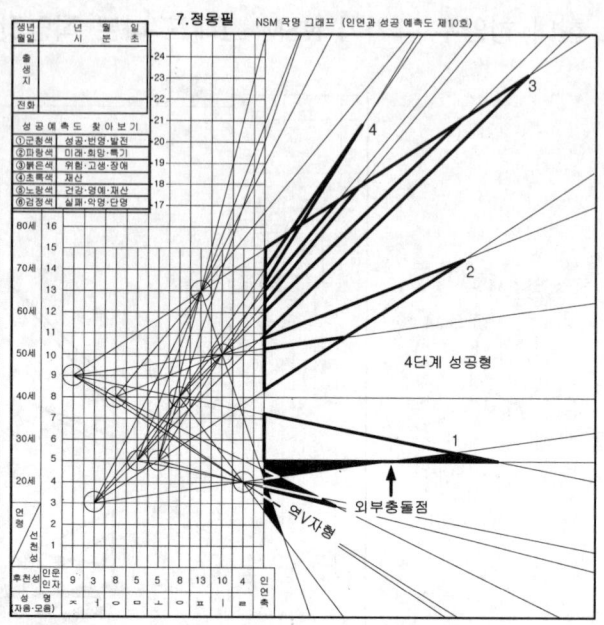

7. 정몽필 NSM 작명 그래프 (인연과 성공 예측도 제10호)

⑦ 정몽필

연세대 경영 대학원 졸업, 영국으로 유학한 뒤 인천제철사장(3단계 성공형)
1982. 4

울산으로 출장갔다가 돌아오는 길에 김천 부근의 경부고속도로에서 우연히 트레일러와 충돌하여 사망한 것은 충돌형과 V자 실패형 패턴의 작용으로 감정된다(정주영 장남).

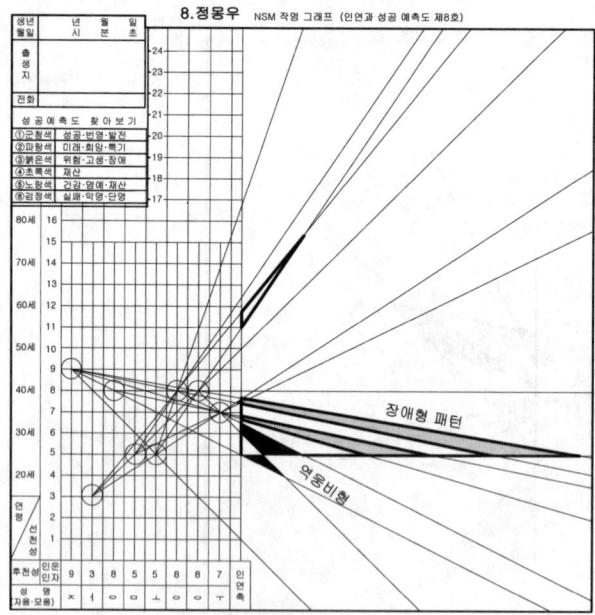

8. 정몽우 NSM 작명 그래프 (인연과 성공 예측도 제8호)

⑧ 정몽우

중앙대 영문학과 졸업, 현대포장 건설회장, 현대 알루미늄 회장, 서산 간척지 농장 책임자(장애형 패턴)

1990. 4. 24
우울증으로 자살한 것은 장애형 패턴으로 인한 역웅비형의 작용이라는 감정이다(정주영 4남).

제 7 장

개 운

개운의 길

1. 개운의 의미

개운은 사람에게 좋은 운수가 열리게 하는 힘이며, 일반적으로 좁은 의미의 개운은 사람이 태어나서 성장하여 생활하는 가운데 나쁜 운수를 당하면 인위적인 조치를 취하여 피흉취길되는 일이고, 넓은 의미의 개운은 태아에서 시작하여 한평생 동안 자신을 위하여 노력하는 일이다. 따라서 개운이 이루어지는 형성과정을 고려하여 선천적 개운과 후천적 개운으로 분류한다.

선천적 개운은 태아가 출생하기 전에 모태로부터 좋은 운수를 타고난 것이며, 부모의 유전성, 부모 성명과 태몽의 기와 정기, 태아교육 등이 관여하여 좋은 운명을 창출하는 것이다.

후천적 개운은 출생일로부터 시작하여 성명의 기와 정기를 바탕으로 한 부모인연, 부부연분, 생활주변의 인연환경 등에서 좋은 운세가 세상을 떠나는 날까지 전개되는 일인데 개운자와 개운 수혜자의 관계에서 개운수단과 방법이 서로 다르게 나타난다.

이에 따라 개운 유형은 종교에 의한 개운, 태교에 의한 개운, 노력에 의한 개운, 동자삼에 의한 개운, 사주에 의한 개운, 무속인에 의한 개운 등이 있다. 개운 수혜자는 이들의 개운 유형 중에 개운매체와 개운수혜자 간의 교감이 통하는 것을 골라 자신의 믿음에서 취사선택하여 개운을 하게 된다. 그리고 개운은 반드시 검증되어야 한다는 조건부가 수반되는 것이다.

2. 태교에 의한 개운

태교는 과학이라는 말이 무성할 정도가 아니라, 21세기에는 태아교육에 관한 교육기관이 설립될 수 있다는 것이다. 앞으로 태중시설물·태아교육용 제품·태아학교 등의 명칭을 사용하여 임신부를 대상으로 조기교육에서 태아교육으로 발전된다는 것이다.

이것은 세계적인 추세로 미루기보다는 국가적인 차원에서 영재성과 비범성의 바탕교육이기 때문이다. 태교가 정상적인 교육과정으로 결정되려면 실질적이고 구체적인 교육여건상의 연구가 지속적으로 이루어져야 할 것이다.

그렇지만 현실적으로 태아교육을 어떻게 하여야 선천적인 개운의 효과가 있느냐의 문제는 어느 한 영역에서 말할 수 없으며 우리 나라에서 전하고 있는 태중교육을 소개하여 임산부가 취사선택의 자료로 활용토록 한다.

우리 나라에는 1803년 사주당(師朱堂) 이(李) 씨가 쓴 『태교신기(胎教新記)』가 있는데 이것은 태교에 관한 단행본으로서 세계 최초로 인정되는 칠태도(七胎道)가 있다.

또 1973년 서민한국사(이규태 지음)에서 우리 나라 민간 태교에 관한 내용이 있는데 삼태도(三胎道)와 칠태도(七胎道) 등이 그것이다.

삼태도란 중요한 태교의 덕목을 세 가지로 분류하는 것이고 여기에 네 가지를 추가하여 칠태도라 한다.

삼태도는 일반적으로 중류 이하의 가정에서 활용하였고, 칠태도는 귀한 상류층의 사람들이 주로 사용하였다.

이제 우리는 조상의 지혜를 빌어 개운하는 마음으로 칠태도의 내용을 살펴보면 다음과 같다.

- 제1도 : 임신중에 머리를 감지 않을 것. 높은 바위, 또는 제기 위에 올라가지 않을 것. 술을 마시지 말며 담배를 피우지

말 것. 무거운 짐, 험한 산길과 위태로운 냇물을 건너지 않을 것. 밥을 먹을 때 색다른 맛을 금할 것 등이다.

- 제2도 : 말이 많거나, 지나치게 웃거나, 놀라거나, 겁먹거나, 곡소리 하거나, 울지 않는다.

- 제3도 : 태아를 해치는 살기(胎殺)가 서려 있는 것을 피한다. 임신 첫 달에는 마루, 둘째 달에는 창과 문, 셋째 달에는 문턱, 넷째 달에는 부뚜막 등이고, 여덟째 달에는 뒷간, 아홉째 달에는 문과 방을 피하라.

- 제4도 : 임산부가 조용히 앉아서 아름다움과 선현의 명구를 배우고 익히며 시를 읽고, 붓글씨를 쓰며 그림을 그리거나 양서를 많이 읽는 것과 품위 있는 음악과 명화를 감상하라. 좋은 꿈을 꾸어라.
  이 때는 3대 금기사항이 있는데 나쁜 말을 듣지 말고, 나쁜 일을 보지도 말며, 나쁜 생각은 품지도 말라.

- 제5도 : 임산부가 가로눕지 말고 기대지 말며 한 발만으로 갸우뚱하게 굽혀 서 있지 말 것이다. 다만 임신 후 홀수 달에는 왼쪽으로 가로누워야 한다.

- 제6도 : 임신 3개월이면 아이의 기품이 형성되므로 기품이 서있는 서상(犀象), 난봉(鸞鳳), 주옥(珠玉), 종고(鐘鼓), 명향(名香) 같은 것들을 가까이 하고 몸에 지니라.
  또 풍입송(風入松)이라 하여 소나무에 드는 바람소리를 듣고자 노력하는 일과 매화나 난초의 은근한 향을 맡으라.

- 제7도 : 임신중에는 금욕하고 해산달에 부부관계를 하면 아이가 병들거나 일찍 죽는다는 등이다.

태교신기에서 명심할 태교구절을 보면 '스승이 십 년을 잘 가르쳐도 어미가 열 달을 뱃속에서 잘 가르침만 못하고, 어미가 열 달을 뱃속에서 가르침이 아버지가 하룻밤 부부교합할 때 정심(正心)함만 못하니라'는 부성태교의 중요성을 강조하였다.

그러므로 남자가 합방할 때 지킬 일은 다음과 같다.

- 합방할 때 기피해야 할 기후환경 : 폭우 · 폭풍 · 강풍 · 천둥 · 번개 · 안개 낀 날 · 혹한 · 혹서
- 합방 시 기피해야 할 음식과 건강 : 과음 · 과식 · 과로 · 중병 · 숙취 · 약물 복용 · 정신과 육체적인 건강
- 합방시 기피해야 할 장소 : 대낮의 야외 또는 실내, 달밤과 칠흑 같은 밤의 야외, 절간, 신당, 뒷간, 묘지 옆, 위험한 장소, 소음장소, 운송내부
- 합방시 기피할 심적 요인 : 죄의식, 불안감, 공포, 초조, 나쁜 마음
- 합방시 기피할 성행위 : 흉칙한 성행위
- 임신기간 중 부성태교 : 임산부의 친절 봉사, 덕담, 사랑의 대화, 집안 분위기 조성, 좋은 음성, 올바른 행신, 경제적 안정

이상에서 보았듯이 우리 나라 전통 태교의 근본은 좋은 것을 보고 듣고 느끼며 심성을 곱게 가지고 몸가짐을 조심스럽게 행동하는 것이 태교의 기본상식이고 임산부의 정서, 스트레스, 환경오염 등에도 각별한 관심의 항목이다.

태교의 임산부와 남편이 공동적으로 노력하여야 태아가 개운의 길을 얻게 되는 것이다. 21세기에는 반드시 태아를 위한 교육기관이 창설된다는 믿음을 갖고 일찌감치 태교에 최선을 다할 것이다.

3. 종교에 의한 개운

사람이 신을 믿음으로써 꿈의 계시와 신의 축복을 받아 지혜 · 예언 · 능력 · 은총 · 임재 · 가호와 같은 일들이 자신의 건강과 재산과 명예를 발전시켜 의식주에 풍족을 얻게 되는 것이다.

이러한 개운 효과는 개인에서 멈추는 것이 아니라 이웃·사회·국가로 뻗어나가 모두를 좋게 하는 일이다.

종교인은 자신의 인생관을 종교적인 차원에서 구심점을 찾고, 신도는 교리에 의한 신앙생활을 한다.

또 인생의 생로병사·길흉화복·희로애락·흥망성쇠 등을 신에게 의지하고, 영적 대화를 통해 기도하고 간구하여 그 해답을 얻으려 한다.

그리고 각 종교의 성직을 맡은 신부·목사·스님·유림과 신흥종교의 교주는 신도들에게 교리를 설교하고 신의 역사를 통해 신도들의 개운이 있기를 갈구한다.

이 같은 차원에서 각 종교마다 예배·법회·기도·찬양집회·탄생일 등의 집단적인 종교운동을 전개하고 신도들은 이러한 행사에 동참하여 신의 은혜를 기원한다.

그러므로 종교에 의한 개운은 이 속세에서 고통 없이 신도들과 더불어 즐겁게 살다가 죽은 뒤에 신의 품으로 귀의하는 신앙적인 의미를 갖는다.

4. 사주에 의한 개운

인생은 그저 빈손으로 태어나 빈손으로 돌아가서 한 줌의 흙으로 될 뿐이다.

이 짧은 기간 동안 어떤 사람은 태어날 때부터 축복을 받고, 태어날 때부터 버림을 받는다. 또 어떤 사람은 생전에 돈이 많아 돈 때문에 문제가 있고, 돈이 없어 돈 때문에 삶이 원수로 여겨진다.

다 같은 귀한 생명인데 삶의 형평성이 무너져 빈부 차이가 일어나는 까닭은 무엇인가?

사람이 잘 살고 못사는 것은 사주에 있고 팔자소관이다. 이 법도를 모르고 좌왕우왕하므로 그럴 수밖에 없는 일이다.

자! 이 세상에 병들고, 가난하고, 직업 없고, 돈 못 버는 사람들아 모두 내게로 오라. 사랑에 불타는 젊은이들아 궁합을 모르거든 결혼을 하지 말며, 올해의 신수와 오늘의 일진을 모르는 사람이 어찌하여 황금을 구하느냐. 고시공부를 하려거든 내게 물어보고, 올해에 대학갈 것인지 재수할 것인지 고3은 모두 다 나한테로 와서 사주만 대어보라.

국회의원, 지방의원, 반장, 동장 출마자여 당선이냐 낙선이냐는 사주에 있다. 그래서 사람들은 용하다는 운명철학관과 무속인을 찾아가 사주에 의하여 개운을 받는다.

옛말에 '황금 천 냥이 귀한 것이 아니고, 사람에게 좋은 말 한 마디 듣는 것이 천금보다 낫다'는 말이 있다. 좋은 말 한 마디가 운명을 좌우하는 개운의 길이 될 수 있다.

현실적으로 나타나는 개운의 길은 절에 가면 스님, 교회에 나가면 목사님, 성당에 가면 신부님, 대학에 가면 교수님, 병원에 가면 의사선생님, 운명철학관에 가면 도사님과 무당님, 동자삼에 가면 NSM 작명 그래프가 있다.

이제 사람들은 누구의 말 한마디를 들어야 옳은지를 판단할 시기가 도래한 것이다. 개운의 길을 열어주는 사람도 궁지에 빠지면 일반 사람들과 다를 바가 없다. 심장이 약해지고 정신은 몽롱하며 마음은 갈대 같고 힘은 없고 성질은 급할 대로 급해진다. 또 심리적으로 갈등·초조·불안이 위험 수준에 이르면 안정을 찾을 수 있는 돌파구를 생각한다.

머릿속에는 부모형제를 원망하고 처자식도 원망하며 기쁨을 주는 것은 아무 것도 없다. 생각한 끝에 기왕지사이니 사주나 한 번 보자라는 충동을 느낀다. 그래서 운명철학관의 문을 두드린다.

사주에 의한 개운과 관계 깊은 항목을 열거하면 작명·개명·집터·묘터·이장·이삿날·입택일·결혼일·합방일·개업일·성주·기우제·장승제·서낭당·삼신당·국수당·사주·암좌기도·고사·궁합·부적·굿·푸닥거리·관상·수상·도장·복조리·만복래·입춘대길 등의 여러 가지 수단과 방법이 총동원되고 있다.

끝으로 개운의 방법과 효험이 설명될 것이다. 사람은 자신이 무너지면 믿고 위로하고 도와줄 사람은 오로지 자신뿐이다. 친구도 형제도 잠깐 만나 지나가는 나그네이다.

이런 지경에 이르면 심리적으로 연약하여 지푸라기라도 보이기만 하면 짚고 일어서려 하지만 이것마저 잡을 수가 없다.

바로 이 때다. 청천벽력의 소리가 엎친 데 겹친다. 그 소리, 그 말 한 마디 직접 들으면 이 세상에 어떤 강심자라도 그 앞에는 버틸 사람이 없다. 이 말은 진리요, 참이며 구세주다. 마음의 위로를 찾아 희망을 얻으려는 심리적인 발작을 일으키게 된다는 것이다.

단기간에 응급조치를 취하여 긴박한 발등의 불을 꺼야 한다. 이것이 사람의 심리이다.

현재 운명 철학관은 그 사람의 사주와 한자에 의하여 운명을 풀어내고 개운을 제시하며, 무당에 의한 개운은 그의 신풀이다.

세상에 모든 사람들이 무슨 말을 할지라도 자신이 이것을 믿으면 논리적이고 과학적이며 절대 믿음이다. 하지만, 자신이 믿지 않으면 비과학적이고 허실이며 미신이다.

5. 노력에 의한 개운

자신의 기력과 기교를 인적·물적·지적 자원을 통하여 인생관을 수립하고 이를 달성하기 위하여 굳은 신념과 좌우명을 근면·성실·인내·노력으로 자기의 운명을 스스로 개척하는 것이다.

세르반테스는 '사람은 각자 자기 운명을 만든다'고 말했듯이 자신의 인생관을 인생철학 측면에서 구심점을 구축하여 타고난 자기의 소질을 계발하고 지식과 기술을 배워 익혀 기술인, 전문인, 직업인, 자연인 등으로 삶을 영위한다.

인생의 성공과 실패는 좌우명의 대가로 인정하고 실패이면 좌절하지 않고 심기일전, 뼈를 깎는 각오로 하는 일과 맡은 일에 열정을 한없이 쏟아부어 성공하는 사람이 된다. 따라서 모든 사람들은 자신의 자력에 의한 노력으로 개운의 길을 걷는다.

그러므로 사람이 태어나서 성장과 함께 개운되는 통상적인 일은 백일잔치에서부터 시작하여 돌잔치·입학식과 졸업식·성년식·군필·취직·결혼·재혼·회갑·차례상·성묘·교육·수련·자격취득·자영업·기업인·정당인·취미·오락·예체능 등의 광범위한 개운 항목들이 있고 이에 따라 단계적으로 불철주야로 추진되어 인생항로를 개척하는 것이다.

이러한 노력에 의한 개운의 길 중에는 자신도 좋고 상대자도 좋은 효도·우애·사랑·선행·자선사업·봉사활동·불우이웃돕기·성금·사랑의 좀도리운동 등에 적극 참여하여 개운의 효과를 분담하여 인생의 즐거움을 나누어 갖는다.

그러나 어떤 사람들은 나쁜 일에 노력하여 개운의 결실을 얻으려고 하는데, 도둑·사기·공갈협박·흉악범·횡령·뇌물·유괴·도박·불륜·투기 등의 부정한 일로 한탕주의에 의한 불로소득을 얻어 잘 살려는 행위이다.

이 모든 일은 자신의 개운을 위한 장기전이며 하루라도 쉬지 않고 삶의 노력이 넘치는 오늘의 생활현장이다.

소크라테스는 '그대 자신을 알라'는 유명한 말을 남겼는데, 자신을 아는 길은 노력한 결과에 의하여 개운의 과정을 살펴보는 일이다. 인생의 개운은 자신의 성실근면과 인내와 노력이 심신을 담금질하여 스스로 자신의 운세를 개척하는 일이다.

6. 꿈에 의한 개운

오늘날 태아교육의 중요성에서 태몽을 **빼놓을** 수가 없었다. 그러므로 좋은 태몽은 그 사람의 장래에 대한 깊은 관계가 있다.

현실적으로 꿈도 개운의 일부분으로 취급하는 것이다. 꿈에서 나타나는 상징적·직설적·예언적인 것들이 현실화되는 일들은 고서의 기록이나 실제로 우리가 체험한 것들이 많다. 꿈이 개운에 깊숙이 관여한 기록은 성서에서도 찾아볼 수 있다.

'밭에서 곡식을 묶더니 내 단은 일어서고 당신들의 단은 내 단을 둘러서서 절하더라. 또 해와 달과 열한 별이 모두 내게 절하더이다.' (창세기 37장 7절~41장 끝)

요셉은 이러한 꿈을 꾸고 곧 말한 즉 동료들로부터 증오심을 받아 그들에 의하여 죽을 고비에서 구사일생한 바가 있고 또 누명으로 투옥중 애굽나라 바로왕의 꿈을 해몽하였다. '일곱 좋은 암소와 일곱 이삭은 7년의 풍년이요, 파리하고 흉악한 일곱 소와 동풍에 말라 속이 빈 일곱 이삭은 모두 7년의 흉년이 온다는 해몽과 동시에 대비책도 제시했더니 현실로 이루어진 결과 요셉은 세계적인 기근을 해결한 사람이다.

다니엘은 느부갓네살이 왕의 꿈을 두 차례나 해몽하였다. 그 당시 박사·술객·점쟁이·술사들은 꿈을 풀 수가 없으므로 왕으로부터 화를 당했다.

다니엘은 굶주린 사자의 먹이로 제공되었으나 사나운 사자의 입은 봉함되고 다니엘은 기적을 이루었다. 하나님께서 다니엘에게 모든 이상함과 몽조를 깨달아 아는 능력을 축복하여 주었다.

야곱은 땅에 누워 돌베개를 베고 꿈을 꾸었는데 사닥다리의 꼭대기가 하늘에 닿고 하나님의 사자가 그 위에 오르락내리락 하는 꿈으로 인하여 누워서 꿈 꾼 땅덩어리를 하나님으로부터 축복받았다(창세기 28장 12~18절). 이와 같이 하나님은 예정하신 일들을 실현하기 위하여 사람을 선택하고 그 사람에게 꿈으로 계시하여 신의 능력을 나타내었다.

이러한 일들에 대하여 사람들은 연구를 하였을 것이고 그 흔적은 고서에서도 찾아볼 수 있는데 길몽을 꾸기 위하여 해·별·달·용·호랑이·학·난초·불꽃·위인 등의 사진과 그림을 그려 명상하여 꿈에 나타나서 무엇인가 개운의 계시를 얻으려 했다.

또 명화·서예·자연풍치 등은 예술적인 가치 외에도 꿈과 관계가 있다. 이러한 것을 내실·집무실·건물 내부에 게시하여 여러 사람이 시각적으로 느끼는 단순한 효과보다는 다각적인 가치가 내포되는 일로 오래 보고 느낀 잔상은 기억으로 남게 되어 동경하는 마음이 생기면 꿈에 나타날 수 있다.

사람은 저마다 길몽을 꾸었을 때 기분 나쁜 사람은 한 사람도 없을 것이다. 실제적으로 복권 당첨자는 꿈에 조상으로부터 무엇인가 얻은 꿈과 돼지꿈, 별꿈 등을 꾸었다 한다. 이때는 왠지 아침부터 무엇인가 기분이 좋은 느낌이 들어서 힘을 얻을 것이고, 특히 생활 여건이 곤경에 처한 사람과 중환자에게는 길몽으로서 기쁜 소식을 기대하게 된다. 이와 같은 현상은 좋은 꿈의 기와 정기가 전수될 것으로 보는 예지몽의 기대일 것이다.

반대로 악몽과 흉몽을 꾸면 기상과 동시에 간밤의 꿈이 이상스러워 기분이 상하고 기운이 누진된다.

사람은 희망이 없으면 꿈조차 꿀 수 없고, 성현과 대인들은 이미 다 이루어졌기 때문에 꿈이 없다고 한다. 또 꿈은 허몽과 개꿈일 수도 있다. 이러한 무의미한 나쁜 꿈이 나타날 때는 나쁜 꿈을 꾸지 않는 비책이 있다.

『동의보감』은 여러 주술적인 처방을 제시한다.

첫째는 주문을 외는 방법이다. 나쁜 꿈을 꾸었으면 얼굴을 동쪽으로 향하고 칼을 쥐고 물을 뿜으면서 '나쁜 꿈은 초목에 가서 붙고 좋은 꿈은 주옥(珠玉)을 이루어라'라고 주문을 왼다.

둘째는 향기 요법이다.

사향을 오랫동안 먹으면 꿈을 꾸지 않고 가위에 눌리지도 않으며, 사향을 베개 속에 넣어 베면 사기를 막을 수 있고 나쁜 꿈을 꾸지 않는다고 한다.

마지막은 사나운 짐승의 정을 이용하는 방법이다. 호랑이의 머리뼈로 베개를 만들어 베거나 코뿔소 뿔을 먹거나 차면 나쁜 꿈도 꾸지 않으며 가위눌리지도 않는다고 한다.

그런데 꿈이 자기에게 맞다 안 맞다의 판단은 대체적으로 그 사람의 영적 능력발달과 깊은 관계가 있다.

이와 같은 여러 가지 정황을 보아 임산부는 임신 기간 동안에 좋은 꿈을 꾸어 태아의 선천적인 개운에 좋은 영향을 주도록 노력할 것이며 일반인들도 평소에 길몽을 꾸고 해몽을 잘하여 실질적으로 생활에 도움이 있다면 돈이 필요 없는 영적인 정신세계의 개운 방법일 것이다.

1. 동자삼 개운 의미

동자삼은 어린아이 모양과 비슷하게 생긴 산삼이며 오갈피나무과의 여러해살이풀로서 뿌리는 희고 비대한 다육질 방추근으로 봄에 녹황색의 꽃이 핀다. 산삼은 심신산중에 자생하며 너무나 희귀해서 구경조차 힘들고 부르는 것이 값이라 할만큼 비싸며 보통 사람은 산삼이 옆에 있어도 눈에 보이지 않는다. 그러므로 온갖 정성을 다한 사람의 눈에만 띤다고 하여 영초이고 영약이며 불로초라 한다.

또 산삼을 캐는 심마니들에 의하면 꿈의 계시를 받아 산삼을 캤다는 사람이 8할이나 된다. 이같은 사실이 동자삼의 개운을 검증하는 효시이다. 이에 따라 신비함을 느끼게 되고 산삼의 기와 정기에 대하여 집중적으로 연구한 결과 동자삼의 위력을 체감하게 되었다.

동자삼의 개운 방법은 꿈에 의한 것과 개명과 동자삼 개운 조치 등을 열거할 수 있으나 가장 좋은 개운은 동자삼 인연해법에 의하여 자신의 성명에 꼭 맞는 성명을 만나서 인연을 맺는 일이다.

앞으로 세월이 가면 갈수록 평범한 우리에게는 산삼을 볼 수도 없고, 캘 수도 없으며 사 먹는다는 것은 요원한 일이다. 그러나 희망은 있다. 꿈을 통하여 동자삼과 산삼을 캐고, 먹을 수도 있으며 개운이 열리게 된다는 것이다.

이 무슨 황당무계한 소리일까?

① 꿈을 통한 산삼의 기와 정기가 몸으로 전이되어 건강, 명예, 재산이 왕성하여질 수 있다는 논리이다.

산삼 꿈을 꿀 수 있는 사람은 효심이 강하고, 청렴결백하며, 생업을 위하여 정성이 지극한 참된 사람으로 남의 몸을 내 몸 같이 사랑하는 사람에게 산삼의 염력으로 꿈의 계시가 나타날 것이다.

드디어 21세기에는 동자삼과 산삼의 꿈이 꿈 중의 꿈으로, 꿈의 효력이 일파만파로 전하여 모든 사람의 입에 오르내릴 것이며, 시대는 변화무쌍하여 동자삼과 산삼의 꿈 시대가 온다는 것이다.

② 동자삼의 개운에서 개명은 제4장 '개명(p.330)' 부분에서 설명한 것으로 대신한다.

③ 동자삼의 개운조치는 동자삼과 개운 수혜자의 인연감정 및 NSM 작명 그래프의 감정결과에 따라 과학적인 개운조치가 이루어질 것이며, 개운조치에 주체가 된 동자삼은 목적이 달성되면 기와 정기가 소진되어 그곳에서 희생되고 동시에 개운 수혜자의 삶은 정상궤도에 진입하여 건강, 명예, 재운이 새 힘을 얻는다.

이리하여 잃었던 옛 것을 찾고, 광명의 앞날을 내다보면서 건전한 마음에 건전한 육체의 활동으로 삶의 보람을 갖게 되는 것이다.

2. 동자삼 개운 비결

동자삼의 개운 비결원리는 사람이 동자삼과 산삼의 기와 정기를 과학적인 방법으로 그 기운이 사람에게 전이되도록 하여 그 힘으로 인생항로의 위기를 극복하는데 활용하는 것이다.

① 개운 대상자

인연감정에서 초년과 중년의 운세가 0, 1, 3, 5로 결합되어 현실적으로 고통을 받거나 위험이 예견되는 사람으로서 그의 NSM 작명 그래프의 나쁜 작명잣대와 일치되고, 동자삼과 개운 수혜자의 중간 운세가 상생과 사생일 때 가능하다.

개운조치 대상자 기준

구 분	개운대상자	동자삼과 중간 운세 감정결과	조치여부
			효과
인 연 감 정	후천적 중간운세 0, 1, 3	상생(相生) : 동자삼과 개운대상자간에 똑같이 순실패율보다 순성공률이 높다.	필요
			효험 최대
		사생(死生) : 동자삼은 순성공률보다 순실패율이 높고, 개운대상자는 순실패율보다 순성공률이 높다.	필요
			효험 양호
		생사(生死) : 동자삼은 순실패율보다 순성공률이 높고, 대상자는 순성공률보다 순실패율이 높다.	불필요
			효험 극소
		사사(死死) : 동자삼과 개운대상자는 순성공률보다 순실패율이 높다.	불필요
			효험 전무
NSM 작명그래프 감정	역웅비형, 실패형, 역다이아몬드형, 충돌형, 장애형	선천적 중간운세 감정결과 상생, 사생, 생사, 사사의 판정에 의한다.	조기 발견
			치유기간 1~3년

② 개운절차

인연과 NSM 작명 그래프의 감정을 받아 감정결과를 합리성·객관성·타당성·현실성·미래성 등을 과학적으로 분석하고, 개운 수혜자가 이러한 상황을 직접 육안으로 거울 보듯이 확인하여 개운의 필요성을 느낄 때 개운조치를 결정한다.

③ 개운기간

개운기간은 감정내용의 상황에 따라 변화될 수 있는데 NSM 작명 그래프의 나쁜 작명잣대의 구성요소와 동자삼과 개운 수혜자의 인연 환경 등에 의하여 1~6년이 소요된다.

④ 개운조치

동자삼과 개운 수혜자는 개운 목적, 기간, 방법, 행동지침 등이 결정되고 개운 수혜자의 사정이 모두 다르기 때문에 일률적으로 설명하기는 어렵다. 개운조치 사항은 개인의 신상에 관한 소유이므로 특권이 보장되며 이를 타인에게 공개하는 것은 동자삼의 기와 정기를 누출함과 동시에 천기누설의 뜻이 있다. 산삼과 동자삼의 존재가 극비에 쌓여 있고 그 효력도 신비성을 갖고 있는데 함부로 왈가왈부는 동자삼작명학에 백해무익하기 때문이다.

⑤ 개운일자

사람의 처음 개운 시작일자는 출생일이고 동자삼의 개운조치를 받는 사람은 두 번째 개운일자라는 점에서 매우 중요한 일이므로 전항의 조건들이 모두 잘 이루어졌더라도 개운일자를 언제 택일하는가의 문제는 신중하게 결정되는데, 동자삼과 개운 수혜자의 역학관계가 완전히 일치되는 날이다. 이것 또한 구체적인 언급은 사실상 어려워서 표준이 되는 부분만 간략한다.

동자삼 개운일의 원칙은 연중 짝수 달에만 가능하고 홀수 달은 삼가하는 것이 좋다. 그리고 월중에는 0, 1, 3, 5, 7, 9의 날짜와 홀수가 결합되는 날은 하지 않는 것이 원칙이다.

이를테면 1월, 3월, 5월, 7월, 9월, 11월은 불월이고, 0, 1, 3, 5, 7, 9, 11, 15, 17, 19, 20, 21, 23, 25, 27, 30, 31은 불일이다. 다만 10, 12, 13, 14일은 예외로 하는데, 그 이유는 10, 12는 짝수 인운인자 중에서 최상급이고, 13은 홀수 인운인자 중에서 가장 높은 최고 숫자이며, 14는 짝수 인운인자 중에서 가장 높은 최고 숫자이기 때문이다. 그러므로 개운가능한 길월은 2월, 4월, 6월, 8월, 10월, 12월이며, 길일은 2, 4, 6, 8, 10, 12, 13, 14, 22, 24, 26, 28일이다.

개운일자의 택일은 동자삼과 개운 수혜자의 인연감정에서 결정된다.

첫째, 짝수변수가 개운 연 월 일로 산정될 수 있고, NSM 작명 그래프의 좋고 나쁜 작명잣대의 시작과 종료되는 인연점 사이에 짝수 인연점이 있으면 가장 좋다. 짝수변수와 짝수 인연점이 없을 경우 동자삼의 짝수변수를 이용하고, 동자삼도 짝수변수가 없으면 22, 24, 26, 28일을 택일한다.

둘째, NSM 작명 그래프와 출생일과 짝수변수를 맞추어 택일한다.

셋째, 개운 수혜자의 주체가 한 사람이냐 두 사람이냐에 따라 전항의 개운일정이 다르게 결정될 수 있다.

넷째, 개운일자의 시점은 대체적으로 당일의 오전이 좋고, 개운일자의 택일은 입택일, 결혼일, 개업일, 합방일 등에 적용한다.

광복 이후 우리 나라의 국경일을 비롯하여 헌정사에 기록적인 날을 동자삼 길월길일과 비교하여 검토하였다. 대체적으로 불월불일이 많고 그 중에서도 특이한 길월길일은 1970년 4월 22일 새마을운동의 시작 날짜이며, 2000년 4월 13일 총선일자도 길월길일이다.

또한 조국이 분단된 이후 역사적인 남북정상회담의 발표일자가 2000년 4월 10일, 김대중 대통령과 김정일 국방위원장의 회담일자가 6월 13일~15일로 결정되고, 5년 9개월만에 남북정상회담 준비접촉이 2000년 4월 22일 평화의 집에서 열린 것도 길월길일로서 희망의 날로 평가된다. 특히 13일과 14일은 한글 인운인자 치환(표2)에서 한글 자모음의 최고 숫자인데, 동자삼작명학의 가장 높은 숫자가 말해주듯이 광복 이후 55년만에 기록적인 날이다. 회담일자 3일 중에서 왕중일의 왕중일은 14일로 '피는 물보다 진하다'를 실감하는 날이다.

ⓖ 개운효력

산삼이 사람의 체질에 맞아야 약효가 잘 나타나듯이 동자삼과 인연과 NSM 작명 그래프의 기와 정기가 삼위일체이면 그 효력은 괄목할 정도이고, 일반적으로 조화와 융화의 정도에 따라 소원성취가 서서히 나타나서 차별화되는 경향이 있다. 그리고 산삼의 꿈 해몽은 효과가 즉시 나타난다.

개운조치가 단행되면 동자삼의 염력이 개운의 임무와 목적을 가지고 개운현장에 출동하여 악스러운일(악행), 흉스러운 일(흉행), 추하고 더러운 일(추행), 부정한 일(부도덕) 등을 장악하여 진두진휘하고 대수술을 감행하는데 추방, 축출, 파괴, 해체, 공중분해, 분산, 방어, 퇴치, 차단, 살상, 멸살 등의 조치를 유효적절하게 처리한다는 것이다.

이러한 개운작전이 전개되는 상황에서 개운 수혜자가 악한 마음과 부정한 일을 도모하여 분별하지 못하고 자행한다면 속 다르고 겉 달라 오히려 역효과가 나타나서 낭패를 볼 수 있으므로 개운기간 중에는 정성을 다한다는 일은 기본수칙이고 개운 수혜자의 사정과 형편에 따라 동자삼의 기와 정기를 한시적으로 보충하면 그 효력이 증강될 수 있다.

3. 동자삼 개운 조치이론 예시

1978년 10월 26일 박정희 대통령 시해사건을 동자삼 인연해법에 의하여 풀이될 수 있을까 없을까?

먼저 10월 26일은 동자삼작명학에 의하면 길월길일이다. 그러나 개인적인 입장으로 볼 때는 비참한 비운의 하루이고 헌정 사상 처음으로 근대사의 오점을 기록하는 날이기도 하다.

또 역사의 대세 흐름을 볼 때는 영원한 군정 종식의 날, 1인 장기집권 붕괴의 날, 국운이 새로운 장을 여는 날 등으로 풀이된다는 것이다.

다음으로는 동자삼의 개운조치의 여부와 개운조치 사항이 과학적으로 취하여졌다면 결과는 어떻게 될까 등의 궁금증을 예시를 들어 간단 명료하게 소개한다.

동자삼 개운조치 이론의 구심점은 중년운세이므로 이를 중심으로 풀이한다.

(1) 박정희 × 김재규의 중간운세 감정요약

두 사람의 중간운세는 박정희 3과 김재규 1의 인연역설 기법에 해당되는 악연으로 박정희 중간운세 3은 곤란형이고 김재규 중간운세 1은 패가망신형이다.

박정희 중간운세 3은 홀수변수 3의 원격 조정을 받으면 낭패형으로 되고, 김재규 중간운세 1은 홀수변수 5가 가세하면 함정에 걸리고 고집과 자존심이 강화된다.

이와 같은 인연이 결합되었으므로 뜻밖의 일이 일어났다는 것이다. 만약에 이 때 동자삼이 두 사람의 인연상태를 알고 적극적으로 개입하여 개운조치를 취했다면 어떻게 되었을까?

이 문제를 해결하기 위하여 동자삼과 두 사람의 인연을 감정하면 그 결과에 따라 개운여부가 판정된다.

(2) 동자삼 × 박정희의 중간운세 감정요약

동자삼 중간운세 3과 박정희 중간운세 3은 상극이고, 만나서는 안될 인연인데, 동자삼은 홀수변수 5, 5, 7을 가졌으므로 매우 나쁘고, 박정희는 짝수변수 6, 10, 14를 소유하고 있으므로 좋은 것이다. 박정희는 동자삼을 만나면 개운의 가능성을 의미한다.

동자삼은 박정희를 위하여 몸과 마음을 바쳐 희생될 수 있다는 것이다.

(3) 동자삼 × 김재규의 중간운세 감정요약

동자삼 중간운세 2와 김재규 중간운세 2의 결합은 짝수동일형으로 만복의 근원이다. 그러나 동자삼은 홀수변수 3, 7이 있어서 나쁘고 김재규는 짝수변수 10, 10이 있기 때문에 더욱 좋다.

김재규는 동자삼을 만나면 만날수록 좋고 동자삼은 김재규를 위하여 몸과 마음을 바쳐 헌신하게 된다는 것이다.

이상에서 보았듯이 두 사람의 인연은 낭패와 패가망신형이지만 두 사람이 각각 동자삼과 인연을 맺으면 동자삼은 희생되고 두 사람의 운은 확 트일 수 있다는 해설이다.

자신과 상대자와의 후천적 운세풀이 산출표

<table>
<tr><td rowspan="3" colspan="3">한국인연감정원
동자삼작명소(인)</td><td>사 업
진행단계</td><td>초기</td><td>중간</td><td>말기</td><td colspan="2">인생항로변수</td></tr>
<tr><td>기준연령</td><td>30세
미만</td><td>31
~50세</td><td>51세
이상</td><td>선</td><td>악</td></tr>
<tr><td>인생항로
점유비율</td><td>15%</td><td>70%</td><td>15%</td><td>좋은일
발전</td><td>나쁜일
촉진</td></tr>
<tr><td>관 계</td><td>성 명</td><td>인운인자산출</td><td>운세</td><td>초년
운세</td><td>중년
운세</td><td>말년
운세</td><td colspan="2">호불호 변수기능</td></tr>
<tr><td></td><td></td><td></td><td></td><td></td><td></td><td></td><td>짝수변수</td><td>홀수변수</td></tr>
<tr><td>제9대
대통령</td><td>박정희</td><td>ㅂ ㅏ ㄱ ㅈ ㅓ ㅇ ㅎ ㅡ ㅣ
6 ① ① ⑨ 3 ⑧ 14 ⑨ ⑩</td><td></td><td>6</td><td>**3**</td><td>9</td><td>6. 14</td><td>3</td></tr>
<tr><td>중앙정보
부장</td><td>김재규</td><td>ㄱ ㅣ ㅁ ㅈ ㅐ ㅣ ㄱㅠ
① ⑩ 5 ⑨ ① ⑩ ① ⑧</td><td></td><td>7</td><td>**1**</td><td>8</td><td></td><td>5</td></tr>
<tr><td>개운자</td><td>동자삼</td><td>ㄷ ㅗ ㅇ ㅈ ㅏ ㅅ ㅏ ㅁ
③ 5 ⑧ ⑨ ① 7 ① 5</td><td></td><td>5</td><td>**3**</td><td>8</td><td></td><td>5. 5. 7</td></tr>
<tr><td>개운
수혜자</td><td>박정희</td><td>ㅂ ㅏ ㄱ ㅈ ㅓ ㅇ ㅎ ㅡ ㅣ
6 ① ① ⑨ 3 ⑧ 14 ⑨ 10</td><td></td><td>6</td><td>**3**</td><td>9</td><td>6. 10. 14</td><td></td></tr>
<tr><td>개운자</td><td>동자삼</td><td>ㄷ ㅗ ㅇ ㅈ ㅏ ㅅ ㅏ ㅁ
3 ⑤ ⑧ ⑨ ① 7 ① ⑤</td><td></td><td>6</td><td>2</td><td>8</td><td></td><td>3. 7</td></tr>
<tr><td>개운
수혜자</td><td>김재규</td><td>ㄱ ㅣ ㅁ ㅈ ㅐ ㅣ ㄱㅠ
① 10 ⑤ ⑨ ① 10 ① ⑧</td><td></td><td>6</td><td>2</td><td>8</td><td>10. 10</td><td></td></tr>
</table>

(4) 동자삼 중간운세 3 × 박정희 중간운세 3의 내재가치 산출

동자삼 중간운세 3의 변수(단위 %)

홀수변수	성공률	실패율
5	30	70
5	30	70
7	40	60
보너스		30
계	100	230
초운15%	15	34.5
중운70%	70	161
말운15%	15	34.5

● 동자삼의 중간운세 3
　　　기본성공률 20%
　　　기본실패율 80%
● 동자삼의 중간운세 3은 **홀수변수 5, 5, 7의 영향을 받게 된 결과**
　　　총성공률 = 20 + 70 = 90(%)
　　　총실패율 = 80 + 161 = 241(%)
● 동자삼의 순실패율
　　　241 - 91 = ⬇151(%)
● 개운결과 : 사(死)
동자삼은 개운조치를 당하면 희생강도가 151%이다.

박정희 중간운세 3의 변수(단위 %)

홀수변수	성공률	실패율
6	70	
10	90	
14	110	
보너스	40	
계	310	
초운15%	46.5	
중운70%	217	
말운15%	46.5	

● 박정희의 중간운세 3
　　　기본성공률 20%
　　　특별보너스 성공률 10%
　　　기본실패율 80%
● 박정희의 중간운세 3은 **짝수변수 6, 10, 4의 영향을 받게 된 결과**
　　　총성공률 = 30 + 217 = 247(%)
　　　총실패율 = 80 + 0 = 80(%)
● 박정희의 순성공률
　　　247 - 80 = ⬆167(%)
● 개운결과 : 생(生)
박정희는 동자삼 개운조치를 받으면 성공강도가 167%이다.

(5) 동자삼 중간운세 2 × 김재규 중간운세 2의 내재가치 산출

동자삼 중간운세 2의 변수(단위 %)

홀수변수	성공률	실패율
3	20	80
7	40	60
보너스		20
계	60	160
초운15%	9	24
중운70%	42	112
말운15%	9	24

- 동자삼의 중간운세 2
  - 기본성공률 50%
  - 기본실패율 없음
- 동자삼의 중간운세 2는 **홀수변수 3, 7의 영향을 받게 된 결과**
  - 총성공률 = 50 + 42 = 92(%)
  - 총실패율 = 0 + 112 = 112(%)
- 동자삼의 순실패율
  - 92 - 112 = ↓20(%)
- 개운결과 : 사(死)
  동자삼은 개운조치를 당하면 희생강도가 20%이다.

김재규 중간운세 2의 변수(단위 %)

홀수변수	성공률	실패율
10	90	
10	90	
보너스	30	
계	210	
초운15%	31.5	
중운70%	147	
말운15%	31.5	

- 김재규의 중간운세 2
  - 기본성공률 50%
  - 보너스성공률 10%
- 김재규의 중간운세 2는 **짝수변수 10, 10의 영향을 받게 된 결과**
  - 총성공률 = 60 + 147 = 207(%)
  - 총실패율 = 없음
- 김재규의 순성공률 : ↑207%
- 개운결과 : 생(生)
  김재규는 동자삼 개운조치를 받으면 성공강도가 207%로 매우 높다.

위에서 보는 바와 같이 동자삼×박정희의 중간운세 3은 동자삼 순실패율 151%, 박정희 순성공률 167%이고, 동자삼×김재규의 중간운세 2는 동자삼 순실패율 20%, 김재규 순성공률 207%이다.

따라서 두 사람은 동자삼의 개운조치에 해당되지만 박정희는 기대성과가 16%이므로 사생은 맞아도 효험은 그만큼 적은 것이고, 김재규는 기대효과가 187%이므로 개운조치가 절대성을 갖는다.

(6) 동자삼의 개운은 과학이다

동자삼의 개운 수혜자는 동자삼의 개운상황을 돋보기로 보듯이 직접 확인할 수 있다.

박정희와 김재규의 작명 그래프에 나타나고 있는 충돌점에 동자삼이 직접 출동하여 악재들을 비범성과 염력으로 처리한다.

개운조치의 결정은 박정희 입장에서는 개운의 목적 실현보다 만약에 사태를 방지하기 위하여 조치할 필요가 있고, 김재규 입장에서는 불요불급한 일이다.

만약에 김재규가 동자삼의 힘을 빌어 개운조치를 취하였다면 김재규의 NSM 작명 그래프의 충돌점은 완전해소되어 하나의 성공형 직삼각형으로 통일되고 충돌점에 내재된 악재들이 소멸, 해산, 파괴 등의 조치를 당하게 된다는 원리가 작용한다. 돌발적인 10 · 26 사태의 주범자 김재규는 피흉취길로 무사할 수 있었다.

동자삼은 그때 그날까지 유심히 지켜보았고, 충돌점의 기능이 언제 어떻게 되는지가 최대 관심이었다. 드디어 이것이 검증되므로 동자삼을 믿었으며 마음을 정리하여 1980년도부터 적극적인 동자삼을 연구하였다.

10 · 26 사태는 필자가 동자삼을 확신하는 계기를 만들어 준 것이다.

동자삼 개운조치에 의하여 김재규 NSM 작명 그래프의 충돌점이 해소되면 박대통령과의 의견대립 등의 갈등이 없다는 것이며 손뼉도 마주쳐야 소리나듯이 어느 한 쪽의 충돌점이 해소되면 부딪치는 일이 일어나지 않는다는 것이다.

동자삼 작전이 성공되면 동자삼 6대 덕목이 이루어진다. 박정희와 김재규의 인간관계에서 사랑, 화합, 화목, 화평, 건강, 번영이 실현된

※ 동자삼의 개운작전

① 박정희 NSM 작명 그래프

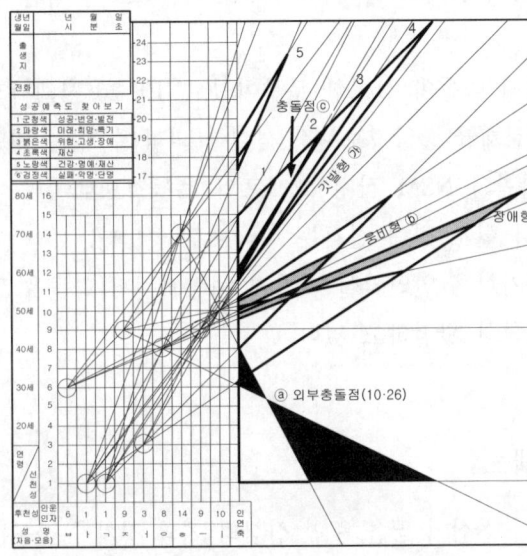

- 개운 목적 : 충돌점 파괴
- 개운 작전일
  시작 : 년 월 일
  종료 : 년 월 일
  기간 : 년
- 개운장소 : 외부충돌점 ⓐ
- 개운조치
  비공개 보안 유지
- 동자삼 기와 정기
  성공률 167%
  실패율 151%
- 기대성과 : 16%

② 김재규 NSM 작명 그래프

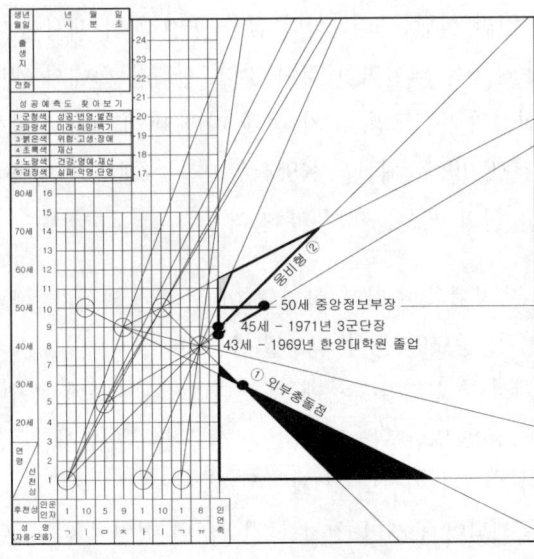

- 개운 목적 : 충돌점 파괴
- 개운 작전일
  시작 : 년 월 일
  종료 : 년 월 일
  기간 : 년
- 개운장소 : 외부충돌점 ①
- 개운조치
  비공개 보안 유지
- 동자삼 기와 정기
  성공률 207%
  실패율 20%
- 기대성과 : 187%

다는 것이다. 두 사람의 사이가 이렇게 발전되면 차지철 경호실장이 김재규 눈에 가시가 될 턱이 없다는 계산이다. 그런데 NSM 작명 그래프의 충돌점은 정면 충돌되어 끝내 유혈극을 만들었으니 이를 어떻게 한단 말입니까?

결론적으로 동자삼의 출동이 절실한 부분이었고, 10. 26 시해사건은 박정희 대통령과 김재규 중앙정보부장 사이에 피할 수 없는 내면적인 불화인데 두 사람의 NSM 작명 그래프의 충돌점으로 인하여 차지철의 존재가 옥의 티로 변해 결과는 비극으로 끝났다.

새 천년을 맞아 동자삼은 인연역설 기법에 해당되는 사람들을 발굴하여 그 진로를 묵묵히 관전하고 있다.

4. 동자삼 꿈에 의한 개운

임산부가 동자삼이나 산삼의 꿈을 꾸면 산삼의 기와 정기가 꿈꾸는 동안 태아의 탯줄을 타고 태아에게 전이되고 신생아가 태어나면 산삼의 정기를 이어받아 훌륭하게 된다. 훌륭하게 되는 정도는 산삼의 꿈 내용에 따라 차이가 있다. 일반 사람들도 산삼의 꿈을 꾸면 꿈의 계시에 따라 개운효과가 있는데 해몽은 직설적인 것이 많다. 산삼을 산에서 캐면 길운이고 그 효과는 산삼의 수, 모양, 크기 등에 따라 비례된다. 산삼을 꿈에서 얻으면 그의 건강, 명예, 재산은 NSM 동자삼 그래프의 해법에 준한다. 동자삼에 의한 꿈의 개운은 다음과 같다.

- 산삼을 먹는 꿈은 지혜와 총명이 함께 하여 위대한 과학자, 예술가, 실업가, 정치가, 종교인 등이 탄생될 수 있다.
- 산삼을 세 뿌리 캐서 줄로 엮거나 등에 메고 다니거나 지게에 지거나 머리에 이고 있는 꿈은 임산부는 왕을 낳을 징조이고, 일반사람들은 자녀가 큰 인물이 되거나 자신도 왕 노릇을 하는 사람이 된다.
- 산삼을 캤는데 부패되어 냄새가 천지를 진동하면 귀인이 되고, 냄

새를 맡아 자신이 죽으면 운수대통이며 부패만 되어 있다면 노력을 해도 성과가 전혀 없다.

- 산삼을 보고 캐는데 산삼은 없고 샘물이 솟아 나온다면 맑은 샘물이 가득차면 재운 복이 샘물량과 같고, 황토색의 샘물은 반대 현상이 일어난다. 만약에 맑은 샘물이 한강을 이룬다면 천하의 갑부가 된다.

- 산삼을 캐다가 돌이 무너져 못 캐면 하던 일이 방해가 되어 사업의 중단을 의미하고 자신의 몸이 돌에 깔려 죽으면 만사형통하여 새로운 일에 대성공한다.

- 산삼을 캐러 가는 길에 여인을 만나 아무 탈이 없으면 재수가 없고, 여인을 데리고 산속에 동침하면 소원이 성취된다.

- 산삼을 캐서 솥에 달여서 혼자 먹으면 혼자만 대성하고 여러 사람과 같이 먹으면 기업체를 가진 사람이면 대성공한다.

- 산삼을 타인에게 주거나 잃거나 버리는 꿈은 남을 위해 일하고 자신에게는 아무런 이득이 없다.

- 산삼을 보고도 캐낼 수 없다면 욕심만 있을 뿐이다.

- 산삼 한 뿌리만 캐면 한 번만은 대성공하는데 국가고시에 합격하여 큰 인물이 된다.

- 산삼을 캐러 갔는데 길을 잃어버리면 실직된다.

- 산삼을 캐는데 안개가 끼고 어두워져 산삼을 못 캐면 사업에 발전상 지장이 생겨 문을 닫는다.

- 산삼을 캐는데 학이 보이고 학이 산삼을 물고 하늘로 날아가면 반드시 여걸을 낳는다. 일반 사람들은 승진한다.

- 산삼을 캐는데 뱀이 나타나서 방해를 하면 여자 유혹에 낭패를 당하거나 사기를 당한다.

- 산삼을 캐러 가다가 넘어지거나 미끄러지면 하던 사업이 무너지고 부도처리된다.

- 산삼을 캐는데 산신령이 말리면서 3일 뒤에 캐러 오너라 하면 3일 뒤에 뜻밖의 행운이 온다.

- 산삼을 캐러 갔는데 산꼭대기에 올라가 큰소리를 질러 산천이 우렁차면 천하를 얻는 인물이 된다. 아니면 장군이 되거나 세계적인 명성을 얻는다.
- 산삼을 캐러 산에 올라갔는데 길을 잃어 헤매다가 호랑이를 만나면 실패 뒤에 성공한다.
- 산삼을 캐러 갔는데 호랑이를 만나 무서워 내려오면 명예를 빼앗기고 자신은 가난을 면치 못한다.
- 산삼을 캐러 갔는데 산돼지를 만나면 재산운과 관계가 있고 산돼지가 산아래로 모두 내려가면 재물이 나가는 것이며 산돼지 울음소리를 따라서 같이 하면 하는 일마다 대성한다. 또 산돼지 새끼가 12마리인데 자기에게 오면 1년 동안 경사가 있고 재물이 들어온다. 산돼지와 새끼가 수풀 속에 모여 있는 것을 보면 재산이 일고, 서로 싸우면 재산 싸움이 일어난다.
- 산삼을 굴에서 캐면 탄광업에 종사하는 사람은 금맥을 찾게 되고 일반 사람들은 고생 끝에 보람을 느낀다.
- 산삼을 캐러 가는 길에 비를 만나 젖은 옷을 벗어서 나체가 되면 자랑할 일거리가 생기고, 흠뻑 젖은 채로 있으면 중병을 앓고 이 상태에서 대소변을 보면 환자일 경우는 병이 곧 낫고 일반인들은 막혔던 일들이 잘 풀린다.
- 산삼을 캐러 갔는데 산불이 나서 산이 계속 타고 있으면 하는 일이 불과 같이 번창하고, 불이 타다가 꺼지면 사업이 융성하다가 점차 몰락하며 스스로 불끄기에 동참하면 스스로 자멸되는 일을 저지른다.
- 산삼을 캐러 갔는데 어두워서 헤매다가 해와 달과 별빛이 비추어 산삼을 캐면 만사형통, 구하는 대로 얻을 수 있고, 산삼은 못 캐도 노력하면 언제든지 가능하고 희망적이다.
- 산삼을 캐러 갔는데 갑자기 천둥이 치고 비가 쏟아져 비를 피하면 행운이 물러가고, 비를 맞으면서 계속 산삼을 캐면 하던 일이 계

속 잘되고, 천둥에 벼락이 떨어져 자신이 놀라 큰소리를 외치면 명성을 얻고, 죽게 되면 영광스러운 일이 생기고, 죽을 뻔하다가 살아나면 무슨 일이 될 듯 하다가 성사되지 않는다. 또 번개불이 동에서 서로 이동하는 것 같으면 사업이 발전되고 서에서 동으로 이동되는 것 같으면 사업이 후퇴된다.

새 천년에는 참된 사람마다 산삼의 꿈을 꾸고 계시를 얻어 개운의 길을 얻을 것이다.

5. 동자삼 NSM 작명 그래프

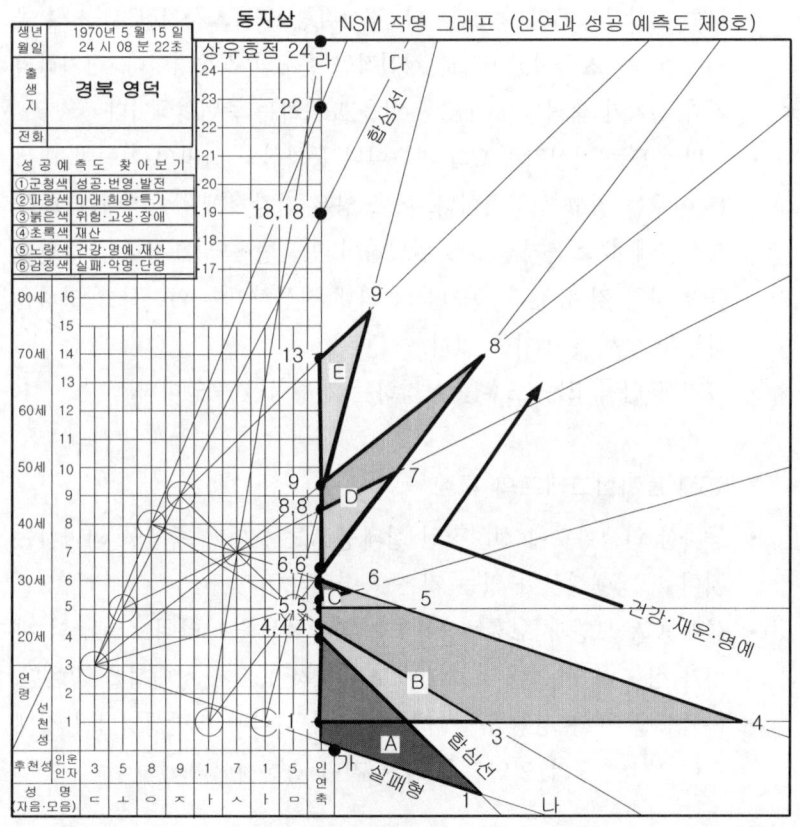

6. 동자삼 NSM 작명 그래프의 감정

① 동자삼은 실패형과 직삼각형과 깃발형으로 형성되었다.

- 실패형 A는 선천적이며 실패형 A의 ▼꼭지점 1은 땅바닥에 추락하여 있으므로 생명이 위험하다. 산삼은 심심산천에 숨어서 생육하는 반음지성 식물의 대표이고, 생존의 희귀성이 실패형 A를 의미한다.
- 직삼각형 B의 집단은 사람의 건강·재운·명예가 승승장구하는 대성공형으로 ▲꼭지점 3 → ▲꼭지점 4 단계적인 발전과 번영을 의미한다.
- 직삼각형 C는 25~30세 사이에 발달하고 있는데 백전백승의 승승장구형 직삼각형 B의 축소판이다. 직삼각형 B의 ▲꼭지점 4 → ▲꼭지점 5 → ▲꼭지점 6으로 점진적인 운세의 상승형이다. 동자삼의 기와 정기가 축적되고 새로운 일을 도모하는 준비형국이다.
- 깃발형 D는 직삼각형 C의 연속이며 동자삼의 성명의 기능이 대세를 이루는 최고 성공형이다. 이 모양은 건강·재운·명예가 ▲꼭지점 7에서 ▲꼭지점 8로 발달하여 만사형통의 표시로 삼각깃발을 게양한 것과 같다. 동자삼의 최대 전성시기를 의미하고 명성은 하늘을 향해 날아가고 있다.
- 쇄기형 삼각 E는 노후를 보장하는 전형적인 모양이다.

② NSM 동자삼그래프의 특징

- 동자삼 인생항로에 선천적인 실패형 A는 그의 부족함을 의미하는 것이고, 장애현상이 없는 것은 특이하다.
- 실패형 A 모양과 노후보장형 E는 양극현상을 나타내고 형성의 위치가 상·하 비슷한 위치에서 ▲꼭지점 1, 9가 상대성을 갖는다.
- 하합심선 ㉮와 상합십선 ㉰는 상·하 위치에서 발생기점이 상대적이고 짝수형의 인연점을 가진 것이 공통점이다.

- 하유효선 ⓝ와 상유효선 ⓓ는 동자삼의 모든 인연선을 아래·위에서 울타리 역할을 담당하고 있다.
- 동자삼 인연선은 인위적으로 조절한 것처럼 그 배열상태가 균형을 이루고 있다.
- 동자삼의 특질 3개는 생육환경이 심심유곡인 것과 사람의 개운작용과 만병통치의 약효를 의미한다.
- NSM 동자삼 그래프는 DJS 작명학의 모태이며, 근원지로서 동자삼의 진면목을 나타내어 스스로 과학성을 입증하고 있다.

7. 동자삼 선·후천적 작명 내재가치 산출표 -표 45-

(단위 %)

선천적 내재가치 감정 (표47) 제1항규정				후천적 내재가치 감정 (표47) 제2항규정			
인연인자의 내재가치는 표A에서 환산함				인운인자의 내재가치는 표A에서 환산함			
짝수인연점	홀수인연점	성공률	실패율	짝수인운인자	홀수인운인자	성공률	실패율
24		142			3	20	80
22		141			5	30	70
18		130		8		80	
18		130			9	50	50
	13	70	30		1	10	90
	9	50	50		7	40	60
8		80			1	10	90
8		80			5	30	70
6		70					
6		70					

※ 동자삼 내재가치 분석
· 선천적 내재가치는 자수성가할 수 있는 확률이 72.65%이므로 약효가 입증한다.
· 후천적 내재가치는 진퇴양난의 형편에서 실패할 확률이 94.82%이므로 생육환경이 어려워 희귀성을 나타낸다.
· 타고난 본성은 양호하나 후천적인 생활은 곤경에 처하는 형국이므로 노력하면 본래의 것을 찾는다.

짝수인연점	홀수인연점	성공률	실패율
	5	30	70
	5	30	70
4		60	
4		60	
4		60	
	1	10	90

소계	성 공 률	1213		소계	성 공 률	270	
	실 패 율		310		실 패 율		510
짝수인연인자 수효 (11)개 보너스 성공률 : 표B		85		짝수인운인자 수효 (1)개 보너스 실패율 : 표B		20	
홀수인연인자 수효 (5)개 보너스 실패율 : 표C			45	홀수인운인자 수효 (7)개 보너스 실패율 : 표C			55
총 계		1298	355	총 계		290	565
순성공률(○) 순실패율( )		943	성공률 72.65	순성공률( ) 순실패율(○)		270	실패율 94.82
선천적내재가치감정 제1항규정		성공형C급 (자수성가)		후천적내재가치감정 제2항규정		보통형 B급 (진퇴양난)	

선·후천적 내재가치 감정 제3항 규정	성공형 C급 (소원성취)	제1항 규정(선천성)	건강·명예·재산
		제2항 규정(후천성)	명예·재산
		제3항 규정(종 합)	재산

동자삼작명의
기본 양식

1. 한글 · 漢子 작명(개명) 위임장

신생아 작명 자료를 아래와 같이 제출하여 **NSM** 작명 그래프에 의한 작명을 위임합니다.

신생아의 출생신고시 호적주소					
구분 관계	한글성명	한자성명	본관	유의점	
조 부					
조 모				1. 돌림자	
외조부				· 중간자 : ( )	
외조모				· 끝 자 : ( )	
부				2. 신생아 작명	
모				· 신생아 사진 1매	
가 훈				· 부모사진 1매	
주 소	⑨ -			3. 개명	
전 화				· 10세 이하	
FAX				· 본명감정	
H/P				· 개명약정서 작성	
				· 돌 사진 및 부모사진 각 1매	
부 양력	년 월 일 시 분 초			4. 결과 통보	
부 음력	년 월 일 띠			· 접수일로부터 21일 이내	
모 양력	년 월 일 시 분 초			· NSM작명그래프 1부	
모 음력	년 월 일 띠			· 한자성명풀이 1부	
신생아 양력	년 월 일 시 분 초			5. 참고사항	
(남·여) 음력	년 월 일 띠				
태몽					
신생아 희망					
8촌이내 이름					
전제조건(○표)	돌림자 사용가( ) 불가( )	성명글자수	2, 3, 4, 5, 6		
접수일	년 월 일 요일	확인	⑨	⑨	

2. 이름 붙이기 제 1단계 작업표

작 명 5대 요 소		자음·모음 분리						
한글성명	부							
	모							
태 몽								
희 망								
생년월일 (남·여)	년월일시분초	년	월	일	시	분	초	
	한글 인운인자 치환표(표2)							
자음·모음 유전 상황								

자음	ㄱ	ㄴ	ㄷ	ㄹ	ㅁ	ㅂ	ㅅ	ㅇ	ㅈ	ㅊ	ㅋ	ㅌ	ㅍ	ㅎ
빈도														
%														
모음	ㅏ	ㅑ	ㅓ	ㅕ	ㅗ	ㅛ	ㅜ	ㅠ	ㅡ	ㅣ				
빈도														
%														

이름 붙이기 사용가 및 사용불가 한글		
한 글	사 용 가 능 한 글	사 용 불 가 한 글
자 음		
모 음		
이중모음		
된소리		

3. 신생아 작명 중간자 · 끝자 이름 붙이기 표

아 버 지 성 명	신 생 아 생년월일	년	월	일	시	분	초		어 머 니 성 명
	한 글 치 환	년	월	일	시	분	초		
자음 · 모음 분리									자음 · 모음 분리
장래희망									태 몽

NSM 작명 그래프에서 합격된 (   )자의 기와 정기 분석

구분 중간자 끝 자	중간자 ( )자의 기와 정기 표시 끝 자						분 석	
	자음	모음	인운 인자	성공률	실패율	유전 빈도		
보너스 (표 46)	짝수인운인자 수효(표B)	개						
	홀수인운인자 수효(표C)	개						

4. (   )의 선·후천적 성명 내재가치 산출표 -표 45-

(단위 %)

선천적 내재가치 감정 (표47) 제1항규정				후천적 내재가치 감정 (표47) 제2항규정			
인연인자의 내재가치는 표A에서 환산함				인운인자의 내재가치는 표A에서 환산함			
짝수인연점	홀수인연점	성공률	실패율	짝수인운인자	홀수인운인자	성공률	실패율
				※ 선·후천적 내재가치 분석			
소계	성 공 률			소계	성 공 률		
	실 패 율				실 패 율		
짝수인연점 수효 ( )개 보너스 성공률 : 표B				짝수인운인자 수효 ( )개 보너스 실패율 : 표B			
홀수인연점 수효 ( )개 보너스 실패율 : 표C				홀수인운인자 수효 ( )개 보너스 실패율 : 표C			
총 계				총 계			
순성공률(○) 순실패율( )		성공률		순성공률( ) 순실패율(○)			실패율
선천적 내재가치 감정 제1항규정				후천적 내재가치 감정 제2항규정			

선·후천적 내재가치 감정 제3항 규정		제1항 규정(선천성)	건강·명예·재산
		제2항 규정(후천성)	명예·재산
		제3항 규정(종 합)	재산

492 부 록

5. 선천적(후천적) 인연 감정표 -표 44-

(단위 %)

감정자료 항목	운세		초년운세	중년운세	말년운세	인생항로 변수 ❺ 짝수인자	인생항로 변수 ❻ 홀수인자	계
① 인연표시형식	상위치자 성명 (　　　)		―	―	―	❺ 짝수 인자	❻ 홀수 인자	계
	하위치자 성명 (　　　)					수효 개	수효 개	
② 인연결합형 : 짝수운세 동일형, 홀수운세 동일형, 짝수운세형, 홀수운세형, 혼합운세형, 예측불허형	분류							
	차이							
③ 인연결합기능 : %로 표시	표23							
④ 상·하위치자 성명(　　　)의 운세								
⑦ 짝수·홀수운세 강약원리에 의한	성공률	표A						
⑦ 짝수·홀수운세 강약원리에 의한	실패율	표A						
⑧ 짝수운세 동일형 홀수운세 동일형의 경우 짝수변수가 많은 사람	특별보너스 성공률	10% 획득						
⑨ 짝수·짝수운세 결합형의 경우 큰 짝수 소유자가	짝수운세형 추가성공률	표F						
⑩ 홀수·홀수운세 결합형의 경우 큰홀수 소유자가	홀수운세형 추가성공률	표G						
⑪ 짝수·홀수운세 혼합형의 경우 짝수 소유자가	혼합운세형 추가성공률	표H						
홀수·짝수운세 혼합형의 경우 홀수 소유자가	혼합운세형 추가실패율	표H						
❺ 짝수변수 수효에 의한	보너스 성공률	표B	배정률 15%	배정률 70%	배정률 15%	수효 %		
❺ 짝수변수 내재가치에 의한	성공률	표A	배정률 15%	배정률 70%	배정률 15%	내재값%		
❻ 홀수변수 내재가치에 의한	성공률	표A	배정률 15%	배정률 70%	배정률 15%		내재값%	
❻ 홀수변수 내재가치에 의한	실패율	표A	배정률 15%	배정률 70%	배정률 15%		내재값%	
❻ 홀수변수 수효에 의한	보너스 실패율	표C	배정률 15%	배정률 70%	배정률 15%		수효 %	
⑫ 총　계	성공률합계							
	실패율합계							
⑬ 인 운 해 독 결 과	순성공률							
	순실패율							
⑭ 재 운 예 측								
(　　　) 의 인 연 감 정 결 과			총순성공률 :			총순실패율 :		

※ 인연감정표는 두 사람의 결연에 따라 형성되는 건강, 명예, 재운에 대한 평가 잣대이다. 그러므로 총순성공률과 총순실패율은 두 사람의 소원성취가 100% 달성되었다고 보았을 때 나타나는 잉여 또는 부족을 나타낸다.

6. NSM 작명 그래프 기본양식 제5호

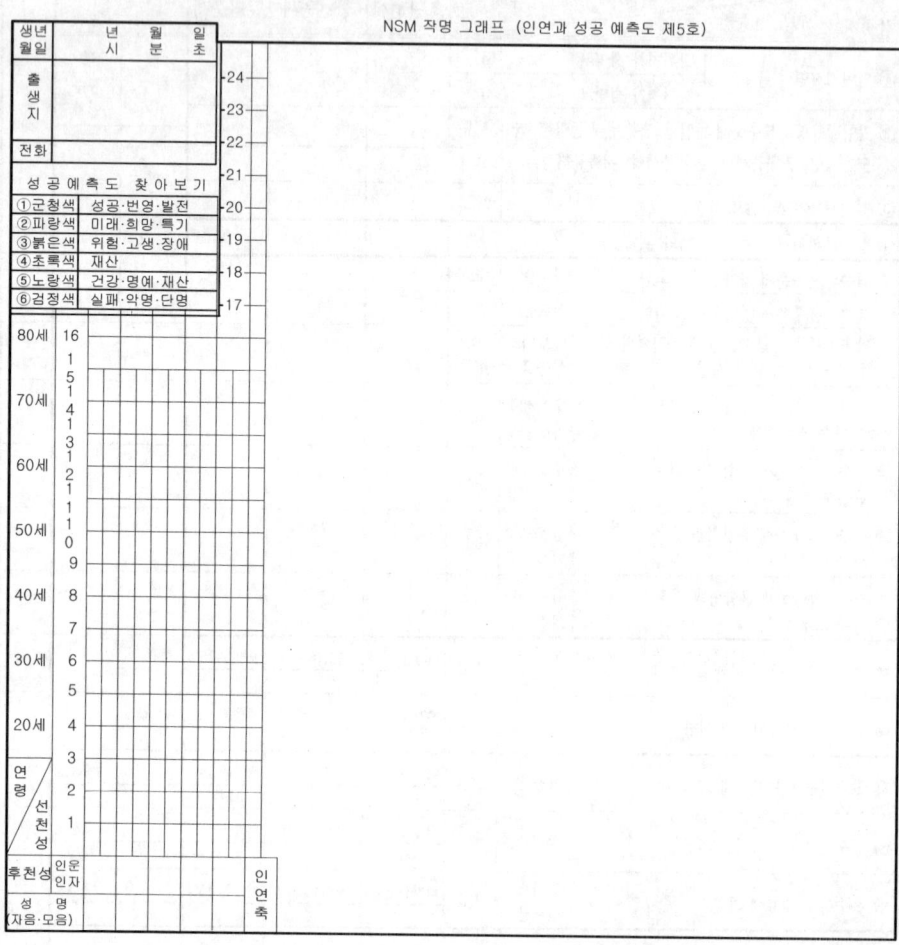

NSM 작명 그래프 (인연과 성공 예측도 제5호)

생년 월일	년 월 일 시 분 초
출 생 지	
전화	

성 공 예 측 도 찾 아 보 기	
①군청색	성공·번영·발전
②파랑색	미래·희망·특기
③붉은색	위험·고생·장애
④초록색	재산
⑤노랑색	건강·명예·재산
⑥검정색	실패·악명·단명

▶ 저자 연표 ◀

1942. 5. 15. 남강룡(南江龍) · 김순이(金順伊)의 4남으로 경북 영덕에서 출생
1966. 5. 1. 초 · 중 · 고등학교 교육경력 25년
1985. 8. 26. 연탄가스 중독사 3시간, 마당에 존치, 가랑비를 맞고 자연 소생
1987. 3. 1. 영양군 교육회 부회장 피선
1992. 1. 28. 진보종합고등학교 교사 의원면직
1992. 3. 26. 단독운전 중 차가 암석에 충돌 후 박살, 의식불명 30분 뒤 자생, 상처 전무
1999. 1. 26. 실용신안등록 제0143506호 취득

▶ 동자삼작명학 연표 ◀

1970. 동자삼작명학의 계시를 인식하다.
1980. 1. 1. 인연과 NSM 작명그래프 연구 본 궤도에 진입
1990. 12. 30. 동자삼작명학 1차 연구 완료
1993. 7. 22. 동자삼작명학 2차 검증연구
1996. 12. 30. 동자삼작명학 연구 완성
1997. 6. 17. 동자삼작명학 원리 공개검증 「기상천외한 기술적 예측」
1998. 8. 7. 〈일간스포츠〉 NSM 작명그래프 보도
1998. 8. 21. KBS 2TV 성명학 풀이 출연
1999. 월간 〈사람과 山〉 10월호~1999년 12월호 : NSM 작명그래프 감정 연재
      월간 〈Music Life〉 10월호~2000년 1월호 : 한글성명학 풀이 연재
      월간 〈Golf Guide〉 10월호~2000년 3월호 : 인연과 NSM 작명그래프 감정 연재
2000. 1. 1. 처음으로 「동자삼작명학」의 명칭을 사용하다.
2000. 8. 8. 〈21세기 수리와 과학적으로 검증되는 신운세론 동자삼작명학〉 출간

동자삼작명소/한국인연감정원   Tel 02-567-9696   Fax 02-555-2370
H.P 017-344-9696

21세기 수리와 과학적으로 검증되는 신운세론
동자삼작명학

2000년 8월 1일 제1판 1쇄 인쇄
2000년 8월 8일 제1판 1쇄 발행

지은이/남시모
펴낸이/강선희
펴낸곳/가림출판사
기획위원/강경무 · 김충호 · 석종복 · 이창석 · 지창영
기획 · 편집/장연수 · 이선희 · 김진호 · 민경진 · 홍경숙 · 이정아
마케팅/강명희 · 김종열

등록/1992. 10. 6. 제4-191호
주소/서울 광진구 구의동 57-71 부원빌딩 4층
대표전화/458-6451   팩스/458-6450
인터넷 http://www.galim.co.kr
e-mail galim@galim.co.kr
천리안 ID galimmb

값 15,000원

ISBN 89-7895-080-9 03140